Allende

Biografía política, semblanza humana

Allende

Biografía política, semblanza humana

Mario Amorós

El papel utilizado para la impresión de este libro ha sido fabricado a partir de madera procedente de bosques y plantaciones gestionadas con los más altos estándares ambientales, garantizando una explotación de los recursos sostenible con el medio ambiente y beneficiosa para las personas.

Penguin Random House Grupo Editorial

Allende
Biografía política, semblanza humana

Primera edición en Chile: septiembre, 2023
Primera edición en México: enero, 2024

penguinlibros.com

Diseño de portada: Julio Valdés B.
Fotografía de portada: Archivo CENFOTO-UDP, Fondo diario *La Nación*

ISBN: 978-607-384-006-4

Impreso en México – *Printed in Mexico*

A la memoria de Francisco Amorós Ribelles, mi padre

La memoria del hombre honrado y virtuoso
no muere en el corazón de sus conciudadanos,
la muerte es impotente para borrar el recuerdo...

Dr. Ramón Allende Padín
Valparaíso, 25 de febrero de 1872

Índice

Presentación. Salvador Allende en la historia 13

Capítulo I
El valor de los Allende 23

Capítulo II
Médico, socialista y masón 55

Capítulo III
Los años difíciles 95

Capítulo IV
La fuerza del *allendismo* 147

Capítulo V
La construcción de la Unidad Popular 197

Capítulo VI
El compañero presidente 247

Capítulo VII
El tiempo de las cerezas 301

Capítulo VIII
La burguesía en la escuela de Lenin 357

Capítulo IX
El valor de la democracia 405

Capítulo X
El coraje de un revolucionario 465

Fuentes y bibliografía 517

Presentación. Salvador Allende en la historia

Salvador Allende es una personalidad política realmente singular en el siglo xx. Nacido el 26 de junio de 1908 en Santiago de Chile en el seno de una familia acomodada, nieto de un médico ilustre y progresista, el doctor Ramón Allende Padín, descendiente de aquellos tres hermanos Allende Garcés que combatieron por la independencia nacional e incluso con Simón Bolívar, se aproximó a las ideas revolucionarias siendo un muchacho, guiado por la conciencia de clase de un carpintero anarquista de origen italiano, Juan Demarchi, en aquel Valparaíso de mediados de los años veinte.

Después de realizar el servicio militar de manera voluntaria, ingresó en la Escuela de Medicina de la Universidad de Chile en 1926 y pronto, en el contexto de la dictadura de Carlos Ibáñez del Campo, asumió un compromiso con la causa democrática como miembro de la Federación de Estudiantes y posteriormente como militante del Grupo Avance. En 1933, un año después de licenciarse como médico cirujano, participó en la fundación del Partido Socialista, una fuerza heterodoxa en la época por su adscripción al marxismo y su distanciamiento tanto de Moscú como de la Segunda Internacional. Su carrera política fue ciertamente meteórica, ya que, en marzo de 1937, a los veintiocho años, fue elegido diputado y en septiembre de 1939 designado ministro de Salubridad en el Gobierno del Frente Popular por el presidente Pedro Aguirre Cerda.

Fue en los difíciles años cuarenta, un periodo de divisiones ásperas en el socialismo chileno, atravesadas también por la situación internacional (la Segunda Guerra Mundial, el inicio de la Guerra Fría), cuando empezó a plantear el proyecto que él mismo encabezaría a partir de 1951: la alianza entre el Partido Socialista y el Partido Comunista para conquistar la presidencia de la República y desarrollar un programa de transformaciones profundas que superaran el capitalismo. En ningún otro país del hemisferio occidental socialistas y comunistas trabajaron y lucharon unidos durante tanto tiempo y Allende, senador desde 1945, contribuyó de manera decisiva a articular esa confluencia, que resistió las derrotas en las elecciones presidenciales de 1952, 1958 y 1964 y, al mismo tiempo, fue creciendo hasta alumbrar un impresionante movimiento político, social y cultural en torno a la Unidad Popular (UP).

En una época marcada en América Latina por la Revolución cubana y la agresión abierta (Guatemala, 1954; Cuba, 1961; República Dominicana, 1965) o encubierta (Brasil 1964) de Estados Unidos a diferentes países en su cruzada anticomunista, Salvador Allende defendió tenazmente durante muchos años que en Chile era posible construir el socialismo a partir de la institucionalidad vigente y evitando el enfrentamiento cruento entre clases sociales. El 4 de septiembre de 1970, alcanzó la victoria con el 36,2 por ciento de los votos, en una coyuntura en la que la derecha estaba aislada y la Democracia Cristiana (DC), el otro vértice del «triángulo» político, había presentado un candidato de su fracción progresista,

Radomiro Tomic, con un programa similar al suyo en varios aspectos relevantes.

En las semanas posteriores, la dirección de la DC, presidida por el senador Benjamín Prado, reconoció su triunfo y rechazó pactar con los conservadores en el Congreso Nacional para impedir su investidura y elegir a Jorge Alessandri, quien había quedado segundo en las urnas. El acuerdo entre la izquierda marxista y el centro socialcristiano, plasmado en el denominado Estatuto de Garantías Democráticas, franqueó a Salvador Allende las puertas de La Moneda.

Por su parte, las Fuerzas Armadas se mantuvieron al margen de la contingencia política y el alto mando del Ejército desoyó los mensajes incesantes, más o menos velados, que procedentes de la derecha, el sector afín al presidente Eduardo Frei y la CIA, les instaban a impedir la llegada de la UP al poder. El comandante en jefe del Ejército, el general René Schneider, pagó con su vida el respeto irrestricto de la Constitución. La *vía chilena al socialismo*, uno de los proyectos políticos más fascinantes del convulso siglo XX, concitaba ya la atención del mundo.

De inmediato, el Gobierno de la Unidad Popular desplegó su programa de transformaciones. Había llegado el momento largamente esperado por la izquierda; y en un país con un sistema político marcadamente presidencialista, pudo desarrollarlo sin grandes complicaciones durante el primer año. Inicialmente, además, se mantuvo el diálogo entre Allende, la UP y la Democracia Cristiana, que incluso en mayo de 1971 llegó a definirse como un «movimiento revolucionario» que aspiraba al «socialismo comunitario», y ello hizo posible que prosperara la reforma constitucional para la nacionalización de las grandes minas de cobre, la gran riqueza natural del país y su principal fuente de ingresos.

El presidente Allende confiaba en que perdurara esa interlocución, pero el asesinato del dirigente democratacristiano Edmundo Pérez Zujovic el 8 de junio de 1971 por un grupo ultraizquierdista, posiblemente manipulado,[1] modificó el escenario político y empezó a abrir un abismo entre la izquierda y el centro. A pesar de la oposición de la dirección de su propio partido, el Socialista, y de otras fuerzas a un entendimiento estable con la Democracia Cristiana, Salvador Allende buscó en diferentes momentos, y hasta el final, un acuerdo, primero para despejar de obstáculos el tránsito hacia el socialismo; en el invierno austral de 1973 para preservar la democracia.

Fue en junio de 1972 cuando estuvo más próximo, pero entonces el peso del sector más conservador y anticomunista ya era decisivo en la DC, que se alineaba de manera definitiva con la derecha. El paro de las organizaciones patronales en octubre de aquel año terminó de dividir al país en dos bloques antagónicos y las elecciones parlamentarias de marzo de 1973, en las que la Unidad Popular aumentó su apoyo electoral, mantuvieron el empate político entre el Congreso Nacional, dominado por la oposición, y el Gobierno.

El 22 de agosto, la mayoría antisocialista de la Cámara de Diputados aprobó una declaración que constituyó un llamamiento abierto al golpe de Estado. Y veinticuatro horas después, el comandante en jefe del Ejército, el general Carlos Prats, tras sufrir una larga campaña de asedio psicológico, presentó su dimisión al presidente Allende, quien designó al general Augusto Pinochet al frente de la más

---

[1] Así lo expresó, por ejemplo, el destacado dirigente democratacristiano Gabriel Valdés. Arancibia Clavel, Patricia, *Cita con la Historia*, Santiago de Chile, Editorial Biblioteca Americana, 2006, p. 29.

importante de las tres ramas de las Fuerzas Armadas. Con un discurso centrado en la soberanía nacional, el Gobierno había intentado incorporar a las instituciones armadas al proceso de transformaciones, respetando su independencia política; incluso, en sus discursos, de manera recurrente Allende ensalzaba su carácter profesional y su supuesta excepcionalidad en un subcontinente donde los cuartelazos estaban a la orden del día.

Los planes de defensa de la democracia ante una amenaza golpista cada vez más evidente pasaban, necesaria y principalmente, por la lealtad de un sector de las Fuerzas Armadas. Desde mayo de 1973, Allende y el Partido Comunista advirtieron del peligro de una guerra civil, posibilidad que también admitían, y previnieron, los oficiales y los civiles involucrados en la conspiración que condujo al 11 de septiembre.

Aquella mañana, el presidente Allende tenía previsto convocar al país a un plebiscito. Para conjurar el peligro de un enfrentamiento violento, iba apelar a la voluntad democrática de la ciudadanía, aun siendo consciente de la posibilidad cierta de una derrota en las urnas que pondría fin al proyecto político al que había consagrado un cuarto de siglo de su vida. Su resistencia en La Moneda, junto con algunos de sus ministros y de sus colaboradores más próximos, los jóvenes que integraban su escolta personal y un grupo de funcionarios de la Policía de Investigaciones, marcó definitivamente su ingreso en la historia. Y condenó para siempre a los facciosos.

El Gobierno de la Unidad Popular recuperó para Chile las grandes minas de cobre y profundizó la reforma agraria hasta erradicar el latifundio; nacionalizó la banca y los grandes monopolios industriales; desarrolló una política social avanzada, con el reparto de medio litro de leche diario a todos los niños y niñas como una de las medidas más emblemáticas; abrió paso a la participación de la clase obrera en la dirección de la economía; desplegó una política integral en áreas como la salud y la educación; promovió una gran obra cultural, con la Editora Nacional Quimantú como uno de sus mascarones de proa; favoreció el protagonismo histórico de «los de abajo», que demostraron una conciencia revolucionaria y una capacidad de organización y resistencia heroicas en momentos tan duros como el paro patronal de octubre de 1972; y desarrolló una política internacional ejemplar en el mundo de la Guerra Fría, que integró a Chile en el Movimiento de Países No Alineados y convirtió a Salvador Allende en uno de los líderes del Tercer Mundo. Durante aquellos *mil días* (1.044 exactamente), el pueblo chileno trabajó y luchó, con las armas de la democracia, para construir una nueva sociedad, más justa, más igualitaria y más participativa.

Tuvieron enemigos poderosos, dentro y fuera de las fronteras nacionales, que desde el mismo 5 de septiembre de 1970 hicieron todo lo posible por liquidar la *vía chilena al socialismo*. No solo el Gobierno de Richard Nixon y Henry Kissinger, como conocemos por los miles de documentos desclasificados, no solo los generales que traicionaron la Constitución. También aquella trama civil, que, desde el fascismo de Patria y Libertad a la derecha oligárquica del Partido Nacional, la dirección de la Democracia Cristiana presidida por Patricio Aylwin en 1973 y las organizaciones empresariales, preparó las condiciones políticas y sociales precisas para la sublevación militar. «Por lo general, la izquierda ha subestimado el miedo y el odio de la derecha, la facilidad con la que hombres y mujeres bien vestidos le toman el gusto a la sangre», escribió entonces el historiador británico Eric Hobsbawm.[2]

Seis años después del asesinato de Ernesto *Che* Guevara en Bolivia, un lustro más tarde del aplastamiento de la *Primavera de Praga* por los tanques del Pacto de Varsovia, cuando en Italia o Francia la izquierda luchaba por construir un proyecto unitario y en España el PCE y Comisiones Obreras eran el eje de la lucha por la libertad, la derrota cruenta de la Unidad Popular abrió una herida profunda en la memoria de toda una generación.[3] Y fue, también, el penúltimo eslabón de la cadena de golpes de Estado de nuevo tipo en Sudamérica, que se abrió con el de Brasil en 1964 y se clausuraría el 24 de marzo de 1976 en Argentina, que instalaron regímenes militares apoyados por Washington y coaligados en el Plan Cóndor para exterminar a la izquierda y los movimientos populares.

Las estremecedoras imágenes del bombardeo de La Moneda, la belleza casi poética y el dramatismo de sus últimas palabras a través de Radio Magallanes, su muerte en defensa de un siglo y medio de desarrollo democrático de Chile y la ominosa dictadura que se instaló en el país otorgaron una dimensión universal al nombre de Salvador Allende. Hoy está inscrito en avenidas, plazas, calles, colegios, hospitales, auditorios, puertos, centros culturales, asociaciones, cátedras universitarias, equipos de fútbol o comunidades

---

2 Hobsbawm, Eric, «El asesinato de Chile», en Alfredo Joignant y Patricio Navia, comps., *Ecos mundiales del golpe de Estado. Escritos sobre el 11 de septiembre de 1973*, Santiago de Chile, Ediciones de la Universidad Diego Portales, 2013, pp. 349-352.

3 Stern, Steve J., *Recordando el Chile de Pinochet. En vísperas de Londres 1998*, Santiago de Chile, Ediciones de la Universidad Diego Portales, 2009, p. 28.

indígenas de decenas de países. Es sinónimo de valores como democracia, justicia social, pluralismo, derechos humanos, libertad, socialismo. A cincuenta años de aquel 11 de septiembre de 1973 ha derrotado al paso del tiempo y a la muerte.

En cambio, Augusto Pinochet es uno de los paradigmas del dictador despiadado y entronizado desde la traición. Su régimen, gestado a partir de un acto de guerra que se convirtió en el símbolo dramático y elocuente de aquella ruptura histórica, procedió a la destrucción de la democracia más avanzada de América Latina, con la clausura del Congreso Nacional, la prohibición de los partidos políticos, la supresión de las libertades democráticas, el exilio y las violaciones masivas y sistemáticas de los derechos humanos.

Este libro es una versión revisada, sintetizada y actualizada del trabajo que presenté en 2013 en Chile y España (*Allende. La biografía*) y recupera el título que originalmente le di. Por razones de espacio he suprimido los apéndices que lo completaban, pero se enriquece con la bibliografía más reciente —hasta marzo de 2023— y documentación nueva procedente de diferentes archivos. Como entonces, dejo constancia de que no se adentra en los aspectos más recónditos de su vida privada, una dimensión explorada al detalle por Eduardo Labarca. Tampoco incursiona, más allá de su ingreso en 1935, en su actividad en la masonería, estudiada por Juan Gonzalo Rocha.

La mañana del 8 de septiembre de 1973 el presidente Allende concedió al periodista Jacques Ségui, enviado especial de la televisión pública francesa, la que fue su última entrevista. Ségui, nacido en Barcelona en 1938, le preguntó cuál creía que sería su lugar en la historia de Chile y del mundo... «Ah, no, eso lo juzgarán los historiadores», respondió con una media sonrisa.[4]

Esta biografía quiere ser una contribución a dicha tarea, porque los valores y las causas de Salvador Allende tienen plena vigencia y, como expresara en su discurso ante las Naciones Unidas aquel 4 de diciembre de 1972, son indestructibles.

---

[4] Entrevista disponible en línea: https://vimeo.com/139588283 Agradezco a la periodista Patricia Sau esta referencia.

Capítulo I

EL VALOR DE LOS ALLENDE

Los Allende llegaron al territorio que hoy constituye la República de Chile a mediados del siglo XVII, procedentes del valle de Gordejuela, en la parte occidental de Vizcaya, y en las décadas siguientes se asentaron en distintos enclaves del centro y sur del territorio bajo control de la monarquía hispánica.[1] Casi dos siglos después, los hermanos Gregorio, Ramón y José María Allende Garcés se unieron tempranamente a la pugna contra la Corona y su contribución al nacimiento de la República mereció una honrosa mención en un libro aparecido en 1872 del músico José Zapiola, quien destacó que «habían pertenecido a nuestro Ejército desde la campaña de 1813 y habían conquistado gran fama por su raro valor».[2] Aquel año las tropas realistas lanzaban una de sus últimas ofensivas sobre los patriotas chilenos, principalmente en Concepción y la frontera con el territorio mapuche, y era también entonces cuando empezaba a constituirse la fuerza militar que conquistaría la independencia en 1818.

---

1 Salazar Salvo, Manuel: «Allende biografía». Revista especial del diario *La Nación* con motivo del centenario de Salvador Allende. Santiago de Chile, 29 de junio de 2008, p. 29.

2 Zapiola, José, *Recuerdos de treinta años*, Santiago de Chile, Zig-Zag, 1945, p. 211.

Los Allende Garcés no escaparon a las pugnas entre los partidarios de Bernardo O'Higgins y de los hermanos Carrera. De hecho, el bisabuelo paterno de Salvador Allende, Gregorio Allende Garcés, llegó a ser el jefe de la guardia personal del Director Supremo... o, como escribió de manera divertida el periodista Carlos Jorquera (uno de sus mejores amigos): «Gregorio Allende Garcés, en esos años tumultuosos, fue algo así como el jefe del GAP de Bernardo O'Higgins, puesto que era el responsable de la guardia personal del padre de la patria...».[3] Su lealtad hacia O'Higgins le impelió a acompañarle en 1823 al exilio en Perú.

Sus hermanos Ramón y José María también tuvieron una existencia azarosa. Formaron parte del regimiento Húsares de la Muerte, creado después de la batalla de Cancha Rayada en marzo de 1818 y comandado por el legendario guerrillero Manuel Rodríguez. Dos años después, en abril de 1820, Ramón Allende Garcés participó en una conjura fracasada contra O'Higgins, por la que fue condenado a muerte, aunque finalmente el Director Supremo le conmutó la pena capital por el destierro perpetuo del territorio de la joven República.[4] En el exilio luchó junto a Simón Bolívar en las batallas de Boyacá y Carabobo, cruciales en la gesta de la emancipación de América Latina. Algunos cronistas destacan que el Libertador le señaló como «la mejor lanza» de su ejército[5] y, según

---

3 Jorquera, Carlos, *El Chicho Allende*, Santiago de Chile, Ediciones BAT, 1993, pp. 30-31.

4 Eyzaguirre, Jaime, *O'Higgins*, Santiago de Chile, Zig-Zag, 1946, p. 287.

5 Amunátegui, Miguel Luis y Vicuña Mackenna, Benjamín, *La dictadura de O'Higgins*, Madrid, Editorial América, 1930, p. 253.

Barros Arana, «conquistó allí cierto renombre por su bizarría en numerosas batallas».[6]

Al regresar a Chile en 1842, Gregorio Allende Garcés se asentó en Valparaíso, donde se ganó la vida como jefe de los serenos del puerto, y contrajo matrimonio con Salomé, hermana del doctor Vicente Padín, catedrático de Fisiología, decano de Medicina en la Universidad de Chile, fundador del hospital San Vicente de Paul y diputado liberal desde 1864 hasta su muerte en 1868.[7] El 19 de marzo de 1845 nació su primogénito, Ramón Allende Padín,[8] quien apenas vivió treinta y nueve años, pero asumió un compromiso político y social que inspiraría siempre a su nieto Salvador.

Fue una personalidad que sobresalió en la segunda mitad del siglo XIX chileno. Cursó sus estudios secundarios entre Valparaíso y el Instituto Nacional (fundado en 1813 como «el primer foco de luz de la nación», según proclama su himno) en Santiago. En 1865 se licenció como médico por la Universidad de Chile, con una memoria sobre el tifus, y con solo veinte años se convirtió en profesor de la Escuela de Medicina. Además, ya entonces era un activo voluntario del cuerpo de bomberos: el 8 de diciembre de 1863 había participado en la ayuda a las víctimas del incendio de la iglesia de la Compañía en la capital, que causó más de dos mil muertos.

---

6 Barros Arana, Diego, *Historia general de Chile, tomo XII*, Santiago de Chile, Rafael Jover Editor, 1892, pp. 606-607.

7 Revista *Punto Final*, nº 765, Santiago de Chile, 31 de agosto de 2012, p. 4.

8 De Ramón, Armando *et al.*, *Biografías de chilenos. Miembros de los poderes Ejecutivo, Legislativo y Judicial, tomo 1*, Santiago de Chile, Ediciones de la Universidad Católica de Chile, 1999, p. 62.

En 1869 se casó con Eugenia Castro del Fierro, con la que tuvo cinco hijos, el mayor de ellos Salvador Allende Castro. Ingresó en la masonería y se unió al Partido Radical justo cuando este, con líderes como Manuel Antonio Matta, se estaba estructurando a escala nacional para hacer frente a la hegemonía de los sectores oligárquicos del valle central, que conducían el destino de la República.[9] El radicalismo enarboló las principales banderas de la democratización de la sociedad: el sufragio universal, la libertad de prensa y de asociación y la educación obligatoria, gratuita y laica. Frente a conservadores y liberales, fue abriendo una cuña en el mundo político, si bien casi desde su origen convivieron en su seno dos almas, una próxima a la derecha y otra cercana a las ideas más avanzadas de la época, difundidas por grupos que, como la Sociedad de la Igualdad de Santiago Arcos y Francisco Bilbao, habían empezado a sembrar las ideas del cambio social. Con unos fuertes lazos con la masonería, el Partido Radical pronto se convertiría en el polo político y social de la clase media, posición central que mantuvo hasta el ascenso del Partido Demócrata Cristiano a partir de 1957.[10]

Cuando mencionaba a su abuelo paterno, Salvador Allende siempre destacaba, entre otros méritos, su condición de fundador, en Valparaíso, de la primera escuela laica y gratuita del país, la Blas Cuevas, hoy denominada Escuela Blas Cuevas-Ramón Allende. Promovida por la masonería con la herencia que le legó el comerciante de origen peruano que le dio su nombre originalmente, fue inaugurada en el populoso

---

[9] Arrate, Jorge y Rojas, Eduardo, *Memoria de la izquierda chilena. Tomo I: (1850-1970)*, Santiago de Chile, Javier Vergara Editor, 2003, p. 45.

[10] Gil, Federico G., *El sistema político de Chile*, Santiago de Chile, Andrés Bello, 1969, p. 278.

barrio de San Francisco el 25 de febrero de 1872 con la asistencia de «numerosos caballeros» y del intendente provincial. El primer orador en la ceremonia fue el doctor Allende Padín, quien subrayó que aquella iniciativa pretendía aliviar una de las más sentidas necesidades sociales de la ciudad, el analfabetismo, que en aquel tiempo golpeaba a más del 70 por ciento de sus habitantes mayores de siete años.[11] Al iniciar sus actividades contaba con ciento cuarenta alumnos matriculados y un programa de estudios muy avanzado.[12]

En 1873, Ramón Allende Padín regresó a Santiago, donde trabajó en los hospitales San Borja y San Vicente de Paul. Dos años después, el presidente de la República, Federico Errázuriz, lo nombró miembro de la comisión encargada de definir una política nacional de salud (integrada también por José Manuel Balmaceda y Benjamín Vicuña Mackenna), cuyo resultado a mediano plazo fue la duplicación del número de camas hospitalarias. Asimismo, defendió y teorizó la importancia de la vacunación universal obligatoria e impartió numerosas conferencias, algunas de ellas publicadas, sobre asuntos de salud pública.[13] También fundó un periódico de bello título decimonónico: *Guía del pueblo*.

En 1876, fue elegido diputado por la capital con el mayor número de sufragios y llegó a ostentar durante un año y medio la vicepresidencia de la Cámara. Tres años después, renovó

---

11 *El Mercurio de Valparaíso*, Valparaíso, 26 de febrero de 1872, p. 2. De aquel discurso procede la cita del doctor Allende Padín que abre esta biografía.

12 En enero de 1971, durante sus primeras semanas en La Moneda, Salvador Allende la visitó y promovió la construcción de un nuevo edificio, que inauguró el 24 de octubre de aquel año. Escuela Blas Cuevas, *Revista del centenario*, Valparaíso, 1971, p. 6.

13 Martínez, Jesús Manuel, *Salvador Allende*, Oviedo, Nobel, 2009, p. 25.

su escaño por Copiapó y Caldera y en 1882 sería senador suplente por Atacama. Presidente de la Sociedad Médica de Santiago desde 1876, al estallar la guerra del Pacífico contra Perú y Bolivia en 1879 se alistó como voluntario en el conflicto que otorgó a su país el *mar* de salitre del desierto de Atacama.

El 8 de diciembre de aquel año fue designado, «sin goce de sueldo», jefe del Servicio Sanitario del Ejército en Campaña[14] y el 23 de septiembre de 1880 superintendente de este, hasta su renuncia en junio de 1881.[15] Fue uno de los pioneros de la medicina militar chilena[16] y su nombre apareció en el «cuadro de los jefes superiores del Ejército expedicionario sobre Lima», junto al del general en jefe, Manuel Baquedano, y el del ministro de Guerra y Marina en campaña, José Francisco Vergara.

Ramón Allende Padín falleció en Santiago el 14 de octubre de 1884. En el mes de julio había sido distinguido con el máximo grado de la masonería nacional: Serenísimo Gran Maestro de la Gran Logia de Chile.[17] En su corta exis-

---

[14] Ríos V., Conrado, *El servicio sanitario militar en Chile*, Santiago de Chile, Imprenta Mejía, 1896, pp. 265-266. «El nombramiento del doctor Allende Padín», escribió Ríos, «fue recibido con entusiasmo. Era una de las notabilidades médicas del país...». En esta obra hay numerosas referencias a su labor durante la guerra del Pacífico. Posteriormente, el Congreso Nacional aprobó que recibiera una retribución de diez mil pesos por los servicios prestados.

[15] *Boletín de la guerra del Pacífico. 1879-1881*, Santiago de Chile, Editorial Andrés Bello, 1979, p. 783. El instrumental médico que utilizó durante la contienda se expone en el museo histórico de la Gran Logia de Chile, en Santiago.

[16] Cruz-Coke Madrid, Ricardo, *Historia de la medicina chilena*, Santiago de Chile, Andrés Bello, 1995, pp. 397-408.

[17] García Valenzuela, René, *Introducción a la historia de la francmasonería en Chile*, Santiago de Chile, Ediciones de la Gran Logia de Chile, 1991, p. 176.

tencia supo labrar una profunda huella y dejó el recuerdo de un ejercicio profundamente humanista y filantrópico de la medicina, según señaló el extenso obituario que le dedicó *El Mercurio de Valparaíso*, que añadió que legaba a sus hijos «ya que no una fortuna, un nombre que les hará alto honor».[18] Su funeral fue un acontecimiento nacional y portaron su féretro personalidades como José Manuel Balmaceda y Ramón Barros Luco, con posterioridad ambos presidentes de la República.[19]

Don Salvador y doña Laura

Sus cuatro hijos varones continuaron sus pasos e ingresaron en la Universidad de Chile: Ramón y Salvador siguieron la carrera de Derecho, Guillermo estudió Medicina y Tomás se formó como dentista. Todos ellos pertenecieron a la masonería y militaron también en las filas del Partido Radical, pero solo Ramón (concejal de Santiago) y Tomás (gobernador de San Antonio) ejercieron en algún momento cargos relevantes de representación política.[20] Su hija Ana quedó soltera y, en marzo de 1926, acogería en su casa de Santiago a su sobrino Salvador, llegado a la ciudad para iniciar los estudios de Medicina.

Salvador Allende Castro nació en Valparaíso el 22 de noviembre de 1871.[21] Como su padre, durante un tiempo

---

18 *El Mercurio de Valparaíso*, Valparaíso, 15 de octubre de 1884, p. 2.

19 Nolff, Max, *Salvador Allende. El político. El estadista*, Santiago de Chile, Ediciones Documentas, 1993, p. 23.

20 Martínez, pp. 29-30.

21 Figueroa, Virgilio, *Diccionario histórico y biográfico de Chile, vol. 1*, Nendeln (Liechtenstein), Kraus Reprint, 1974, p. 450.

estudió en el Instituto Nacional. Como su abuelo Gregorio y su progenitor, tuvo experiencia militar puesto que participó como alférez de artillería en la guerra civil de 1891 (la más cruenta del siglo XIX chileno, con más de diez mil víctimas), que terminó con el suicidio del presidente Balmaceda en la legación argentina en Santiago el 19 de septiembre.[22] Aquella contienda marcó una cesura en la evolución política del país y abrió paso al denominado «periodo parlamentario», que se prolongaría hasta la promulgación de la Constitución de 1925, que restauró el presidencialismo. Concluido el conflicto bélico, inició sus estudios de Derecho en la Universidad de Chile, un tiempo en el que entabló amistad con Arturo Alessandri Palma. En junio de 1897, empezó a trabajar en el Ministerio de Instrucción y después fue archivero del Ministerio de Guerra y secretario de la Dirección de Contabilidad de los Ferrocarriles del Estado.[23]

En 1898, contrajo matrimonio con una joven llamada Laura Gossens Uribe, hija de un inmigrante belga (Arsenio Gossens), de oficio comerciante, y de Laura Uribe, dama de una familia de la aristocracia colonial de origen vasco.[24] El contraste de la pareja no podía ser más llamativo: Salvador Allende Castro desplegaba una personalidad extrovertida, cautivadora, era un notable improvisador de versos y amante de los encuentros sociales, apegado a la tradición familiar de la masonería; su esposa, por el contrario, era una mujer seria, callada y de firmes creencias católicas, de misa y comunión diarias. Había recibido una cuidada educación y

---

22 Existen contradicciones entre los distintos autores sobre si Allende Castro participó en las tropas leales a Balmaceda o con los sublevados.

23 *El Mercurio de Valparaíso*, Valparaíso, 9 de septiembre de 1932, p. 5.

24 Labarca, Eduardo, *Salvador Allende. Biografía sentimental*, Santiago de Chile, Catalonia, 2007, p. 23.

conocía bien otros dos idiomas (inglés y francés), lo que le serviría para manejarse al frente de la notaría de su esposo al enviudar en 1932. Procreó seis hijos, aunque los dos primeros (Salvador y Laura) fallecieron a los tres y nueve años; más suerte tuvieron los siguientes, Alfredo (1903) e Inés (1905), quien en 1925 se casaría con el doctor Eduardo Grove.[25]

El 26 de junio de 1908 a la una y media de la madrugada, en el domicilio familiar del número 615 de la avenida España de Santiago, cerca del entonces llamado parque Cousiño (hoy parque O'Higgins), nació su hijo Salvador Guillermo Allende Gossens, en un país que entonces contaba con poco más de tres millones de habitantes. La fe religiosa de su madre prevaleció y fue bautizado por el rito católico en la iglesia San Lázaro el 12 de julio de 1908, el mismo día que Ricardo Eliécer Neftalí Reyes Basoalto (el futuro Pablo Neruda) cumplía cuatro años en Temuco, en el volcánico y lluvioso sur.[26] A fines de aquel año, la familia Allende Gossens se trasladó a vivir a la ciudad de Tacna, entonces parte de Chile, donde permaneció hasta 1918, ya que Salvador Allende Castro fue designado procurador de la Corte de Apelaciones y secretario de la Intendencia. En 1911, nació su hija menor, Laura, que siempre estuvo muy unida a su hermano Salvador.

Su infancia transcurrió rodeada del afecto maternal de dos mujeres, su madre y su *nana*, una joven campesina llamada Zoila Rosa Ovalle, natural de Lampa, quien había empezado a trabajar con los Allende Gossens en 1903, cuando tenía dieciocho años. Ya en el viaje en barco de vapor hacia

---

25 Puccio, Osvaldo, *Un cuarto de siglo con Allende. Recuerdos de su secretario privado*, Santiago de Chile, Emisión, 1985, p. 291.

26 Fuente: Fundación Salvador Allende.

Tacna, en diciembre de 1908, se ocupó del recién nacido y, a pesar de que en principio iba a dedicarse a las tareas de costura, acabó entregada tan solo a su cuidado.

A fines de 1912, esta mujer, a quien cariñosamente llamaba la «mama Rosa», lo acompañó a Santiago y permanecieron allí durante varios meses. «Llevaba a mi niño a mirar los monumentos que hay en la Alameda y él se aprendía de memoria las lecturas de las estatuas que le iba indicando», relató en agosto de 1970.[27] En las entrevistas que en distintas ocasiones concedió para hablar del candidato presidencial de la izquierda, narró a su manera cómo nació tempranamente su pasión política y su vocación de liderazgo entre juegos infantiles: «En Tacna reunía a los niños y, encaramado en un montón de arena, les decía discursos en los que les contaba lo que decían los monumentos». Este tipo de relatos tejieron toda una leyenda que el propio Allende minimizó en una entrevista que concedió a mediados de 1972. «Usted desde niño quería ser presidente...», afirmaron, más que preguntaron, los periodistas del semanario *Chile Hoy*, dirigido por Marta Harnecker. «¡No, hombre!», desmintió... Pero le insistieron: «Hay testimonios de sus compañeros de colegio que recuerdan que ya entonces quería ser presidente...».[28]

Según la «mama Rosa», nunca fue un niño caprichoso con la comida, se entusiasmaba con las cazuelas de ave y las humitas que le preparaba y se engolosinó con los helados desde muy chico, cuando también aprendió a cuidar a los perros y jugar con ellos. Tampoco fue miedoso: «Le apa-

---

[27] *Las Noticias de Última Hora*, Santiago de Chile, 25 de agosto de 1970, p. 7.

[28] *Chile Hoy*, nº 3, Santiago de Chile, 6 de julio de 1972, p. 32.

gaban la luz y se quedaba dormido tranquilamente».[29] En aquellos primeros años se ganó un afectuoso apelativo familiar, *Chichito*, cuando empezaba a balbucear el diminutivo de su nombre, Salvadorcito. Con el tiempo, el apodo también creció y se transformó en el *Chicho* que tantas veces utilizaron sus familiares, amigos y también el pueblo allendista.

Hasta que se licenció como médico en 1933 la «mama Rosa» vivió pendiente de Salvador Allende. Después, convertido en profesional y muy pronto en un líder político de talla nacional, fue él quien se preocupó de ella y de su familia a lo largo de toda su vida.

Juan Demarchi: la huella libertaria

La familia se trasladó de Tacna a Iquique en 1918, en una época de crisis de la economía salitrera y de luchas del movimiento obrero, que ya se organizaba con Luis Emilio Recabarren (elegido diputado en marzo de 1921) en el Partido Obrero Socialista y la Federación Obrera.[30] Al año siguiente, fue enviado a Santiago, donde vivió en la casa de su tío Ramón e ingresó en el colegio público más emblemático del país, el Instituto Nacional, en el que ya habían estudiado su abuelo paterno y su padre.

Los dos cursos siguientes los completó en Valdivia, donde su padre se empleó como abogado del Consejo Fiscal. «En el liceo se destaca por su cuidadosa indumentaria»,

29 *Las Noticias de Última Hora*, Santiago de Chile, 25 de agosto de 1970, p. 7.

30 Pinto V., Julio, *Luis Emilio Recabarren. Una biografía histórica*, Santiago de Chile, LOM Ediciones, 2016, p. 203.

recordó otro alumno de aquel tiempo, Raúl Rettig, quien entre 1971 y 1973 sería su embajador en Brasil,[31] y añadió: «Entre hijos de campesinos abrigados con mantas de lana o sacos harineros, Salvador es el único que viste de ciudad y se protege de la lluvia con un impermeable. Es un niño elegantito, las mujeres se vuelven en las calles alabando su pelo dorado y en la fiesta de primavera corona un carro alegórico vestido de príncipe».[32]

Según la biografía oficial distribuida en tres idiomas por la Oficina de Informaciones y Radiodifusión de la Presidencia de la República en 1972, la familia Allende Gossens se instaló en Valparaíso en 1922[33] porque Salvador Allende Castro fue designado relator de su Corte de Apelaciones y en 1924 se convertiría en el notario público y de hacienda de la ciudad. Una vez más, en su infancia itinerante por la geografía nacional, Allende tuvo que cambiar de lugar de estudios y con catorce años se matriculó en uno de los centros de mayor solera del puerto, el liceo Eduardo de la Barra (inaugurado en 1862), en el que culminaría sus estudios secundarios.

Habituado a que sus padres se relacionaran con las elites locales y los círculos sociales burgueses, sus primeras noticias de la política nacional debieron de corresponder probablemente a la histórica elección presidencial de 1920, que otorgó la victoria a un amigo de su progenitor, Arturo

---

[31] Y en 1990 presidió la Comisión Nacional de Verdad y Reconciliación, que elaboró un Informe imprescindible acerca de los crímenes de la dictadura del general Pinochet.

[32] Vial, Gonzalo, *Salvador Allende: el fracaso de una ilusión*, Santiago de Chile, Universidad Finis Terrae y Centro de Estudios Bicentenario, 2005, pp. 40-41.

[33] Departamento de Planificación de la Oficina de Informaciones y Radiodifusión, *Biografía del presidente Allende*, Santiago de Chile, 1972, p. 3. Documento consultado en la Biblioteca Nacional de Chile.

Alessandri Palma, «el león de Tarapacá». Y cuando se adentraba en la adolescencia, ya en Valparaíso, conoció a la persona que favoreció su primera aproximación a las ideas revolucionarias, un carpintero anarquista de origen italiano llamado Juan Demarchi, quien le enseñó a jugar al ajedrez y le habló de las injusticias sociales, unas lecciones que tendría presente a lo largo de toda su vida. Aquellas conversaciones sobre las luchas de los obreros en Europa y América, los principios libertarios y la situación de los proletarios chilenos empezaron a distanciar a Salvador Allende de lo que el futuro parecía reservarle: el ejercicio de una profesión liberal y la previsible adscripción al Partido Radical.

Nacido el 10 de junio de 1866 en Turín, Juan Demarchi desertó del Ejército italiano e inició el largo peregrinaje que marcó su vida, siempre amenazada por su tenaz voluntad de organizar a los trabajadores. Después de vivir en Portugal, Marruecos, Río de Janeiro y Barcelona, alrededor de 1898 arribó a Chile.[34] En los años veinte militaba en la Federación de Carpinteros de Valparaíso (adherida a la sección chilena del sindicato anarquista Trabajadores Industriales del Mundo, IWW en sus siglas en inglés), cuya sede en la céntrica calle San Ignacio era conocida como el Ateneo Obrero; disponía de un salón de actos, salas para reuniones y una biblioteca y estaba muy cerca del liceo Eduardo de la Barra y de su pequeño taller.[35]

Fue en enero de 1971 cuando el recién elegido presidente de la República lo mencionó como una influencia

---

34 *El Andamio*, Santiago de Chile, 27 de septiembre de 1945, p. 2.

35 Lagos Mieres, Manuel, *Juan Demarchi (1866-1943). La tempestuosa vida de un anarquista*, Valparaíso, 2021, pp. 102-103. Este autor es quien ha precisado su año y lugar de nacimiento.

importante en la formación de su conciencia política, sumada a la tradición familiar de adscripción al radicalismo y la masonería. Así, según explicó al filósofo y periodista francés Régis Debray, se acercaba al taller de Juan Demarchi «para oírle su conversación y para cambiar impresiones con él». «Cuando terminaba mis clases iba a conversar con ese anarquista que influyó mucho en mi vida de muchacho. Él tenía 60, o tal vez 63 años, y aceptaba conversar conmigo. Me enseñó a jugar ajedrez, me hablaba de cosas de la vida y me prestaba libros...». Pero más que la densa literatura libertaria, destacó las largas conversaciones que mantuvo con aquel modesto trabajador: «Y, sobre todo, los comentarios de él eran importantes, porque yo no tenía una vocación de lecturas profundas y él me simplificaba con esa sencillez y esa claridad que tienen los obreros que han asimilado las cosas».[36]

En 1926, Demarchi fue expulsado a Argentina[37] y cuando pudo regresar a Chile fue detenido y relegado a la isla Mocha, donde ya estaban desterrados el comunista Elías Lafertte y otros dirigentes de la izquierda.[38] Caída la dictadura de Ibáñez en 1931, pudo retornar a Valparaíso, pero de nuevo las autoridades quisieron deportarlo al retomar su actividad revolucionaria.[39] Es probable que en los años 30 se reencontrara con Allende en el puerto, donde este trabajaba como médico y donde, desde 1933, se dedicó a organizar el Partido Socialista, porque, como relató en 1974 Hortensia Bussi, su viuda: «Salvador me contaba siempre de

---

36 Debray, Régis, *Conversación con Allende*, México DF, Siglo XXI, 1974, p. 62.

37 *Bandera roja*, nº 4, Concepción, junio de 1926, p. 6.

38 *El Andamio*, Santiago de Chile, 27 de septiembre de 1945, p. 4.

39 *La Protesta*, Santiago de Chile, 6 de marzo de 1932, p. 4.

sus amigos que vivían en condiciones muy modestas. Eran anarquistas, zapateros remendones, panaderos, todos de los cerros de Valparaíso».[40] Demarchi falleció en abril de 1943.

Mientras fue alumno del liceo Eduardo de la Barra, se desplazaba diariamente a Valparaíso desde la casa familiar, en la avenida Libertad número 269 de Viña del Mar, frente al Palacio Carrasco, a cuatro esquinas de la plaza Vergara y muy cerca de la iglesia de las Carmelitas, adonde cada domingo acompañaba a su madre y la esperaba mientras ella asistía a misa. En este liceo se graduó en 1924, supuestamente con calificaciones excelentes según se ha repetido en numerosas ocasiones sin aportar la fuente. Sin embargo, el informe elaborado por la Logia Progreso nº 4 de Valparaíso en 1935 para valorar su admisión (una referencia fiable por su cercanía a aquellos años) señala al respecto: «Como estudiante secundario no fue brillante, pero tampoco perdió el tiempo».

Posteriormente, en una decisión inusual para un joven de su extracción social, decidió retrasar un año su ingreso en la universidad para, al igual que su bisabuelo, su abuelo y su progenitor, vestir el uniforme del Ejército de Chile y cumplir el servicio militar. Sus padres recibieron la decisión con sorpresa y disgusto, según relató la «mama Rosa». «Yo entonces dije que para ser bien hombrecito tenía que hacer el servicio. Y entonces el papá consiguió que lo hiciera de voluntario».[41] En 1970, su *nana* incluso explicó que en algún momento de su juventud meditó la posibilidad de ingresar en la Escuela Militar para formarse como oficial:

---

40 *Salvador Allende cercano*, Archivo Salvador Allende, nº 3, Chapingo (México), 1990, p. 146.

41 *El Siglo*, Santiago de Chile, 27 de octubre de 1963, p. 11.

«Quería ser militar cuando grande. Pero después se decidió por Medicina...».[42]

Acogido al régimen especial para estudiantes, el 6 de abril de 1925 ingresó en el escuadrón de ametralladoras del Regimiento de Caballería nº 4 Coraceros del General Prieto de Viña del Mar. Cumplidos seis meses y con el grado de cabo segundo, obtuvo el traslado al tercer escuadrón del Regimiento de Caballería nº 5 Lanceros del General Cruz, en Tacna, donde de nuevo vivían sus padres, puesto que Salvador Allende Castro había sido designado como abogado para integrar la Comisión del Plebiscito, que finalmente dejaría la ciudad bajo soberanía peruana en 1929. Allí fue trasladado el 3 de noviembre de aquel año y veinticinco días después dado de baja reglamentariamente con la calificación de buena conducta.[43] Su paso por el Ejército durante siete meses y veintitrés días le sirvió, entre otras cosas, para pasear orgulloso por Viña del Mar el uniforme militar, como atestiguan varias fotografías de la época; también perfeccionó su destreza en la equitación, que demostraría tantas veces en las largas giras como candidato, y aprendió a boxear, un deporte que entusiasmaba a su hermano mayor, Alfredo.

En varias ocasiones, se refirió con orgullo a su etapa en el Ejército. Así, en mayo de 1964, en los meses finales de su tercera campaña presidencial, afirmó en un programa de televisión: «Tengo confianza en el comportamiento de las Fuerzas Armadas porque las conozco. He vivido y he estado cerca de ellas; hice mi servicio militar y tengo tradición, los míos estuvieron muy cerca de las Fuerzas Armadas. Mi

[42] *Las Noticias de Última Hora*, Santiago de Chile, 25 de agosto de 1970, p. 7.

[43] Labarca (2007), p. 36.

abuelo fue el jefe de los servicios sanitarios del Ejército en la guerra del Pacífico; otros de mis antepasados estuvieron junto a O'Higgins y Manuel Rodríguez. Sé que el Ejército de Chile no es una guardia pretoriana, aquí no hay aprendices de *gorilas*...».[44]

Vocación por la medicina

Concluidos los estudios medios y cumplido el servicio militar, debía tomar una decisión tan importante para su futuro como la elección de los estudios universitarios que empezaría a cursar en 1926. A diferencia de su hermano Alfredo, quien se había decantado por la carrera jurídica, quiso ser médico, influido seguramente por la memoria de su abuelo y por el doctor Eduardo Grove, quien recientemente había contraído matrimonio con su hermana Inés. Inicialmente, como tantos estudiantes de provincias que se hospedaban en domicilios de familiares, se instaló en la casa de su tía Ana Allende Castro.

La Escuela de Medicina de la Universidad de Chile, enclavada en la popular avenida Independencia, era una de las más prestigiosas de América Latina. Estos estudios tenían una duración de seis años y en el primer curso ingresaban cien alumnos. El calendario académico se extendía del 1 de abril al 10 de enero y en aquella década se graduaban anualmente un promedio de setenta y dos médicos.[45] En esta casa de estudios, fundada por Andrés Bello en 1842 y

---

44 *Arauco*, nº 55, Santiago de Chile, agosto de 1964, p. 19.

45 Sierra, Lucas, *Cien años de enseñanza de la Medicina en Chile*, Santiago de Chile, 1934, p. 297.

que entonces contaba con unos cinco mil estudiantes,[46] se vivía un clima de efervescencia agitado por la Federación de Estudiantes (FECh, creada en 1906) e influido por la inestabilidad política nacional (en 1927, se instalaría la dictadura del coronel Carlos Ibáñez del Campo, que reprimiría a la izquierda), continental (todavía resonaban los ecos del movimiento por la reforma universitaria de 1918 en Córdoba, Argentina) y mundial (el impacto de la Revolución bolchevique, las primeras sombras del fascismo en Europa).

En mayo de 1926, el rector denegó a la FECh la utilización del Salón de Honor de la universidad, decisión que originó desórdenes y protestas que condujeron a una larga huelga estudiantil y al cierre de varias escuelas, así como a enfrentamientos con la policía. Muy pronto Allende destacó en la combativa Escuela de Medicina, donde fue elegido presidente del centro de alumnos.

Tampoco tardó en adoptar dos decisiones importantes. Por una parte, se independizó de la tutela de su tía Ana y se marchó a vivir a una de las numerosas pensiones estudiantiles que poblaban la zona de Recoleta. El descubrimiento de la falta de atención médica y de educación, de las precarias viviendas de las clases populares y, en definitiva, de la miseria de su pueblo ahondó la senda iluminada por Demarchi. «Vivíamos en esa época en un barrio que era muy modesto, convivíamos prácticamente con el pueblo, éramos la mayoría estudiantes de provincia y en las noches nos reuníamos los que vivíamos en la misma pensión y en voz alta leíamos *El capital*, a Lenin y también a Trotsky».[47]

---

46 Mellafe, Rolando *et al.*, *Historia de la Universidad de Chile*, Santiago de Chile, Ediciones de la Universidad de Chile, 1992, pp. 148 y 153.

47 Debray, pp. 59-60.

Por otra parte, como la economía familiar no era tan boyante como sugería la intensa vida social de su padre, tuvo que combinar estudios y trabajo y, dado que mostró interés por la psiquiatría, desde 1927 estuvo adscrito durante un tiempo como interno, con derecho a habitación y alimentación, en el Manicomio Nacional. «Desde el segundo año trabajé en la Casa de Orates, donde después llegué a ser jefe de internos. Cuando cursaba cuarto año de Medicina fui ayudante de Anatomía de los profesores Benavente y Muñoz Pal», recordaba en 1939.[48] Además, según señala el informe elaborado por la Logia Progreso nº 4 de Valparaíso en 1935, colaboró de manera desinteresada con un consultorio médico del sindicato anarquista IWW.

El enorme Manicomio Nacional estaba ubicado en la calle Olivos, muy cerca de la extensa avenida La Paz, también en Recoleta. Entonces contaba con unas tres mil camas y tres secciones (ingresos voluntarios y observación, enfermos peligrosos, y crónicos y alcohólicos) y su director era el destacado psiquiatra Jerónimo Letelier.[49] En 1952, al cumplirse cien años de su fundación, Salvador Allende rindió homenaje en un discurso en el Senado a este doctor y a otros especialistas que consagraron su vida a intentar sanar a los más parias entre los parias de la sociedad. Y planteó un proyecto de ley para que el presupuesto nacional de 1953 recogiera una partida destinada a la construcción de

---

48 *Hoy*, Santiago de Chile, 19 de octubre de 1939. Entrevista incluida en David Vásquez, ed., *Salvador Allende. Vida política y parlamentaria*, Santiago de Chile, Ediciones de la Biblioteca del Congreso Nacional de Chile, 2008, p. 276.

49 Escobar Miguel, Enrique *et al.*, eds., *De Casa de Orates a Instituto Psiquiátrico. 150 años de historia*, Santiago de Chile, Sociedad Chilena de Salud Mental, 2002, pp. 118-119.

un nuevo psiquiátrico y a trazar un plan para crear en los hospitales provinciales secciones dedicadas a la salud mental a fin de paliar la «pavorosa» atención que se brindaba a estos enfermos. La construcción del actual Instituto Psiquiátrico Dr. José Horwitz Barak concluyó en 1959 y en parte fue mérito de aquella iniciativa suya.[50]

Con todo, encontraba tiempo suficiente para el estudio, con la ayuda de una memoria privilegiada, y para el compromiso social, con su participación también en las escuelas nocturnas para obreros que organizaba la FECh. Además, pronto tuvo su primera experiencia militante, en la organización que reunía a los estudiantes revolucionarios de la Universidad de Chile. En 1931, Salvador Allende veía cada vez con mayor distancia la adscripción al Partido Radical de su padre, sus tíos y su abuelo. Había elegido su propio camino… y se acercaban días decisivos.

En el Grupo Avance

Su tantas veces recordado discurso en la Universidad de Guadalajara, el 2 de diciembre de 1972, consagró otra de las referencias míticas de su bautismo en la lucha política. Ante los estudiantes mexicanos que le escuchaban con fervor, evocó su militancia en el Grupo Avance para alertar frente al radicalismo estéril, contra el infantilismo revolucionario: «Entonces, uno se encuentra a veces con jóvenes que, como han leído el *Manifiesto Comunista* o lo han llevado largo rato debajo del brazo, creen que lo han asimilado y

---

50 Armijo Brescia, María Alejandra, ed., *La psiquiatría en Chile. Apuntes para una historia*, Santiago de Chile, 2010, p. 24.

dictan cátedra y exigen actitudes y critican a hombres que, por lo menos, tienen consecuencia en su vida».

Allende acostumbraba a destacar la lealtad a sus principios, porque sabía de las dificultades que ello entrañaba, como proclamó también en Guadalajara: «Y ser joven y no ser revolucionario es una contradicción hasta biológica, pero ir avanzando en los caminos de la vida y mantenerse como revolucionario, en una sociedad burguesa, es difícil». «Un ejemplo personal: yo era un orador universitario de un grupo que se llamaba Avance... el grupo más vigoroso de la izquierda. Un día se propuso que se firmara por el Grupo Avance un manifiesto —estoy hablando del año de 1931— para crear en Chile los sóviets de obreros, campesinos, soldados y estudiantes. Y yo dije que era una locura, que no había ninguna posibilidad, que era una torpeza infinita y que no quería, como estudiante, firmar algo que mañana, como profesional, no iba a aceptar. Éramos 400 los muchachos de la universidad que estábamos en el Grupo Avance, 395 votaron mi expulsión; de los 400 que éramos, solo dos quedamos en la lucha social. Los demás tienen depósitos bancarios, algunos en el extranjero; tuvieron latifundios —se los expropiamos— y a los de los monopolios les pasó lo mismo. Pero en el hecho dos hemos quedado y a mí me echaron por reaccionario, pero los trabajadores de mi patria me llaman el compañero presidente».[51]

Avance se fundó en junio de 1931 por iniciativa de Marcos Chamudes, un joven militante del Partido Comunista, primer secretario general del Grupo y... cuatro décadas

---

51 Witker, Alejandro, *Salvador Allende. 1908-1973. Prócer de la liberación nacional*, México DF, UNAM, 1980, pp. 4-5.

después furibundo enemigo del Gobierno de la Unidad Popular desde la tribuna insidiosa de la revista *PEC*. La militancia de Allende durante aproximadamente un año en esta organización, que le sirvió además para templar sus cualidades oratorias ante auditorios en ocasiones hostiles,[52] es también interesante porque estaba hegemonizada por dos sectores que se reclamaban como los herederos legítimos del Octubre soviético.

Así, en su interior se reprodujo la división entre *lafert-tistas* e *hidalguistas*, entre los seguidores de la dirección del Partido Comunista (encabezada por Elías Lafertte y sección nacional de la Internacional Comunista) y los partidarios de la fracción disidente de orientación trotskista (liderada por Manuel Hidalgo), comandados en Avance por Óscar Waiss. Había una tercera tendencia, más minoritaria y distanciada de las querellas del movimiento comunista internacional, a la que él se adscribía. El Grupo tuvo sus bastiones en las dos facultades que encabezaban la lucha contra la dictadura de Ibáñez: Derecho y Medicina.[53]

En el momento en que el régimen se tambaleaba, y en el contexto de una crisis profunda del Partido Comunista y del movimiento obrero, el Grupo Avance fue capaz de aglutinar a una corriente estudiantil revolucionaria que fue protagonista de importantes hechos políticos y sociales en aquellos convulsos años. Así, en 1931 y 1932 conquistó la presidencia de la FECh con Julio Barrenechea y René Frías

---

52 Waiss, Óscar, *Chile vivo. Memorias de un socialista. 1928-1970*, Madrid, Centro de Estudios Salvador Allende, 1986, pp. 21-22.

53 Moraga, Fabio, *Muchachos casi silvestres: la Federación de Estudiantes y el movimiento estudiantil chileno. 1906-1936*, Santiago de Chile, Ediciones de la Universidad de Chile, 2007, pp. 542-552.

Ojeda y debió de ser en aquel tiempo cuando Allende ocupó por un breve periodo la vicepresidencia de la Federación de Estudiantes.[54]

Y sobre todo el Grupo Avance tuvo un notable protagonismo en las movilizaciones que terminaron por derribar la dictadura. El 23 de julio de 1931 los estudiantes (entre ellos Allende) ocuparon el Salón de Honor de la Universidad y acusaron a Ibáñez de despótico. En una situación económica muy dura, marcada por el hambre y el desempleo de grandes capas de la población producto de las consecuencias devastadoras de la crisis capitalista de 1929, tres días después el tiranuelo no tuvo más remedio que abandonar el país.[55] Por su participación en las protestas contra Ibáñez, Allende llegó a ser expulsado de la universidad y estuvo preso, pero fue readmitido y a fines de 1931 elegido delegado en el nuevo Consejo Universitario.

En su etapa final como estudiante de Medicina, también conoció al grupo de muchachos católicos que pocos años después fundarían la Falange Nacional y que desde los años sesenta, ya como Partido Demócrata Cristiano, pugnaron con la izquierda por la hegemonía política. Los jóvenes socialcristianos que estudiaban en la Universidad de Chile formaron el grupo Renovación y, según Óscar Waiss, protagonizaron «una homérica lucha con Avance, desde el año 1931 hasta mediados de 1933». Al tiempo que iniciaban un debate entre marxismo y socialcristianismo, que se prolongaría hasta 1973, Allende forjó una relación de amistad

---

54 Departamento de Planificación de la Oficina de Informaciones y Radiodifusión, *Biografía del presidente Allende*, pp. 6-7.

55 *El Siglo*, Santiago de Chile, 16 de septiembre de 1957, p. 4.

con varios de ellos, como recordó el 12 de marzo de 1968 en el Senado.[56]

Aquellos encuentros debieron de ser muy interesantes porque permitieron una confrontación ideológica muchas veces acalorada, pero otras más sosegada y racional, sobre todo cuando el sacerdote que dirigía el Pensionado Católico reunía a los miembros de ambos grupos. «Nos sentábamos a un lado los de izquierda, generalmente Allende, Contreras Moroso, Roberto Alvarado, José Manuel Calvo, Julio Cabello y yo; al otro los de Renovación, casi siempre Bernardo Leighton, Manuel Garretón, Ignacio Palma y algún otro. Allí la discusión solía ser tranquila, llegaba a niveles extraordinarios y sirvió para establecer lazos humanos que se han conservado a través de más de cincuenta años», escribió Waiss.[57]

En diciembre de 1931, después de seis intensos cursos en la Universidad de Chile, Salvador Allende regresó a la casa familiar en Viña del Mar y el eje con Valparaíso volvió a ser el centro de su existencia cotidiana. Ya en la recta final de sus estudios, debía prepararse de manera concienzuda para los últimos exámenes y concentrarse en su investigación final de licenciatura.

No volvió a vivir en Santiago hasta su designación como ministro de Salubridad en septiembre de 1939, cuando se estableció en la capital de forma definitiva.

---

56 *Informe del señor presidente del Senado acerca de su reciente viaje a Pascua y Tahití.* Diario de Sesiones del Senado de la República de Chile. Sesión 65ª. Santiago de Chile, 12 de marzo de 1968. p. 13. Documento consultado en la Biblioteca Nacional de Chile.

57 Waiss, p. 22.

Mil quinientas autopsias

A lo largo de 1932 estuvo adscrito como médico interno al hospital San Agustín de Valparaíso. Su título universitario tiene fecha de 12 de abril de 1933 y señala que logró la «distinción máxima» en las pruebas prescritas;[58] un mes después, defendió su tesina de licenciatura, titulada *Higiene mental y delincuencia*, que fue aprobada con una calificación media por la comisión integrada por los profesores Jaime Vidal (especialista en Medicina Legal), Joaquín Luco (Psiquiatría) y Hugo Leal (Neurología).

Higiene mental y delincuencia fue el resultado de sus años de trabajo y convivencia con los pacientes del Manicomio Nacional, una labor animada (como expresó en su prefacio) por «el anhelo de días mejores y el recuerdo de largas horas de charla en que criminales y delincuentes nos abrieron el pórtico de su vida, derramando en torno nuestro su venero sentimental, salpicado en sangre, dolor y miseria». En el resumen obtenido en el Museo Nacional de Medicina podemos leer las cuatro principales conclusiones que el aspirante a médico planteaba después de varios años de atención psiquiátrica: la criminalidad en Chile era por esencia «de naturaleza homicida»; «la influencia evidente que tienen las taras hereditarias y enfermedades degenerativas en la etiología de la delincuencia»; «la importancia del analfabetismo y del alcoholismo en la génesis de los delitos de sangre»; y «la más

---

58 Su nota media fue de 5 sobre el máximo de 7 que rige en Chile. En sus materias preferidas (Neurología, Psiquiatría o Dermatología) alcanzó el 6. Veneros, Diana, *Allende. Un ensayo psicobiográfico*, Santiago de Chile, Sudamericana, 2003, p. 70. La Fundación Salvador Allende conserva su título de «médico cirujano» expedido por la Universidad de Chile.

relativa frecuencia de los trastornos endocrinos, sobre todo tiroideos, en los delincuentes». Ante esta realidad, sugería un conjunto de medidas, como la creación y la extensión por todo el país de los servicios de psiquiatría, también en los recintos penitenciarios, o la mejora de la formación de estos profesionales y que solo ellos pudieran servir como asesores en los juicios por crímenes.[59]

A pesar de su notable expediente académico, enfrentó grandes obstáculos para ejercer su profesión en Valparaíso, como explicó en 1971 al cineasta italiano Roberto Rossellini, en una entrevista grabada para varias cadenas de televisión: «Tuve muchas dificultades, porque, aunque fui un buen estudiante y me gradué con una calificación alta, me presenté por ejemplo a cuatro concursos en los que era el único concursante y sin embargo los cargos quedaron vacantes. ¿Por qué? Por mi vida estudiantil». La participación en las luchas contra Ibáñez y su notoriedad como dirigente universitario determinaron que las autoridades le negaran trabajo.

Solo encontró ocupación como asistente de anatomía patológica en el hospital Carlos Van Buren del puerto. «Con estas manos he hecho mil quinientas autopsias», señaló en aquella entrevista, en otra de sus sentencias recurrentes para evocar su trabajo de varios años como médico... y para rebatir a quienes con tanto empeño dibujaban la imagen del

---

[59] Su tesina de licenciatura quedó en el olvido hasta que en 2005 Víctor Farías publicó el primero (*Antisemitismo y eutanasia*) de tres opúsculos que pretendían la demolición del «mito» de Salvador Allende al imputarle planteamientos racistas similares a los del nazismo. Su libro fue conveniente y rápidamente respondido por una obra que analiza y reproduce íntegramente el trabajo de Allende de 1933: Pey, Víctor, coord., *Salvador Allende: Higiene mental y delincuencia. Respuesta al libro difamatorio de Víctor Farías*, Santiago de Chile, Fundación Presidente Allende y CESOC, 2005.

«pije Allende», le motejaban como un burgués que se disfrazaba de revolucionario para engañar al pueblo y apropiarse de sus votos. Eran jornadas muy intensas que se prolongaban hasta entrada la noche porque, al finalizar su trabajo, se dedicaba a organizar el PS. «Yo soy el fundador del Partido Socialista de Valparaíso. Me enorgullece haber mantenido desde cuando era estudiante hasta hoy una línea, un compromiso, una coherencia», le dijo a Rossellini.[60]

Y en abril de 1973, en una entrevista publicada con motivo del cuadragésimo aniversario de su creación, evocó su devenir en las filas del socialismo: «He sido de todo en el partido, desde fundador en Valparaíso, jefe de núcleo, secretario general, subsecretario general, diputado, senador, ministro. Lo que más me ha marcado es el espíritu socialista, la generosidad y el fervor de miles de militantes que he conocido en mi vida, que nunca pidieron nada personal y siempre tuvieron fe en la victoria del pueblo para construir el socialismo. Ahora, personalmente puedo decir que todo lo que soy y he sido se lo debo al Partido Socialista y al pueblo».[61] El 11 de septiembre de 1973 en La Moneda portaba en su cartera el carné del PS, uno de los pocos objetos personales que su familia conserva.[62]

El origen inmediato de esta fuerza política se remonta a junio de 1932, cuando en Chile se proclamó la primera República Socialista de América. Fue un proceso efímero, pero que alumbró liderazgos nuevos en la izquierda, singularmente

---

60 *De cara a la verdad. Diálogos con la prensa*, Archivo Salvador Allende, nº 12, México DF-Santiago de Chile, ILESCO-IELCO, 1993, pp. 67-74.

61 *Chile Hoy*, nº 45, Santiago de Chile, 19 de abril de 1973, p. 32.

62 Patricio Guzmán lo muestra en su documental *Salvador Allende* (2004).

el de Marmaduque Grove (el gran caudillo socialista en los años treinta),[63] y sobre todo impulsó la convergencia de distintos grupos.

La noche del 4 de junio de 1932, Grove, coronel de la Fuerza Aérea (y cuñado de Inés Allende), acompañado por un centenar de personas, entró en La Moneda y comunicó al presidente Juan Esteban Montero que, como comandante en jefe de las Fuerzas Armadas, tomaba el mando de la nación y establecía una república socialista. Se formó una Junta de Gobierno (integrada por el general retirado Arturo Puga, el dirigente socialista Eugenio Matte y el periodista Carlos Dávila) que duró doce días. Grove asumió el Ministerio de Defensa en un Gobierno copado por socialistas como el propio Matte, Eugenio González (Educación), Alfredo Lagarrigue (Hacienda) o Carlos Alberto Martínez (Tierras y Colonización). La República Socialista disolvió el «Congreso Termal», indultó a los marinos condenados por la sublevación de la escuadra de 1931 y planteó un programa económico que preveía la creación de un banco estatal y la reforma agraria. Pero el 16 de junio un grupo de militares, que acusó a Matte y Grove de pretender conducir el país al «comunismo», puso fin a la experiencia y desterró a sus principales líderes a Rapa Nui.[64] Carlos Dávila encabezó el nuevo Gobierno, que apenas duró tres meses, con formas autoritarias: clausuró el Congreso Nacional y declaró la ley marcial.

Aquellos agitados días sorprendieron a Allende en su entorno cotidiano del eje Viña del Mar-Valparaíso. Acerca

---

63 Elgueta Becker, Belarmino, *El socialismo en Chile. Una herencia yacente*, Santiago de Chile, Tiempo Robado Editoras, 2015, p. 193.

64 Amorós, Mario, *Rapa Nui. Una herida en el océano*, Santiago de Chile, Ediciones B, 2018, pp. 205-208.

de su participación en ese movimiento político, no hay más información que la que él mismo proporcionó a Debray en 1971: «Cuando vino la caída de la República Socialista de Marmaduque Grove, estaba haciendo mi internado de Medicina en Valparaíso. Entonces pronuncié un discurso como dirigente universitario en la Escuela de Derecho, como consecuencia del cual se me detuvo. Además, fueron detenidos otros familiares míos (...) Ahí nos juzgó una corte marcial que nos puso en libertad. Nuevamente nos tomaron presos y nos sometieron a una segunda corte marcial...».

Entonces su padre estaba gravemente enfermo, le habían amputado una pierna y tenía síntomas de gangrena en la otra. Su hermano Alfredo y él estaban detenidos, pero les permitieron visitarlo. «Allí como médico me di cuenta del estado de gravedad suma en que se encontraba. Pude conversar unos minutos con él y alcanzó a decirnos que solo nos legaba una formación limpia y honesta y ningún bien material». Falleció pocas horas después, el 8 de septiembre, en su hogar.[65] En su funeral tomó la palabra para hacer una promesa de hondo calado, según recordó solemnemente tres décadas después: «Hablé para decir que me consagraría a la lucha social, promesa que creo haber cumplido».[66]

---

65 *El Mercurio de Valparaíso*, Valparaíso, 9 de septiembre de 1932, p. 5.

66 Debray, p. 59.

Capítulo II

MÉDICO, SOCIALISTA Y MASÓN

La elección presidencial del 30 de octubre de 1932 clausuró un tormentoso periodo de inestabilidad, autoritarismo y anarquía, abriendo paso a cuatro décadas en las que presidentes constitucionales elegidos en las urnas se relevaron en La Moneda y los militares se mantuvieron recluidos en sus cuarteles. Entre 1932 y 1973 (el tiempo político de Salvador Allende), en una América Latina que estuvo sojuzgada por dictadores como Pérez Jiménez, Trujillo, Batista, Rojas Pinilla, Stroessner, Somoza o Duvalier o regida por caudillos populistas como Perón o Vargas, Chile exhibió un sistema estable de partidos, perfectamente alineados en el eje izquierda-centro-derecha, una sucesión ordenada en el poder político y una cierta capacidad de negociación de los sectores medios y populares.

En 1932, Arturo Alessandri Palma fue elegido de nuevo presidente de la República, con el 54,6 por ciento de los sufragios. La gran sorpresa fue la elevada votación (17,7 por ciento) obtenida por Marmaduque Grove, quien carecía de una organización política y ni siquiera pudo realizar campaña por estar preso; además, su hermano Hugo fue elegido senador por Valparaíso y Eugenio Matte, por

Santiago.[1] Aquel resultado coincidía con la profunda crisis del Partido Comunista, cuyo candidato, Elías Lafertte, apenas logró el 1,2 por ciento.[2] Fundado en 1912 por Luis Emilio Recabarren con el nombre de Partido Obrero Socialista, en enero de 1922 se transformó en Partido Comunista al adherirse a la III Internacional, tras una primera década de expansión y organización por todo el país, al igual que la Federación Obrera. Pero la represión del régimen de Ibáñez, el sectarismo de las directrices de la *Komintern* y las querellas con los sectores etiquetados como trotskistas le sumieron en la irrelevancia hasta la formación del Frente Popular.

El notable apoyo electoral a Grove aceleró la convergencia de varios grupos ciertamente heterogéneos: sectores que reivindicaban una identidad de apellido socialista, otros que cultivaban un nacionalismo progresista, militantes expulsados del Partido Comunista y también la Acción Revolucionaria Socialista de Óscar Schnake y Eugenio González, de inspiración anarcosindicalista, una matriz que aportó muchos militantes. Críticos con el reformismo de la Segunda Internacional, su principal referencia externa era la peruana Alianza Popular Revolucionaria Americana (APRA), dirigida por Víctor Raúl Haya de la Torre, por su latinoamericanismo y antiimperialismo, así como por su desafección hacia Moscú.[3]

---

1 Dinamarca, Manuel, *La República socialista chilena: orígenes legítimos del Partido Socialista*, Santiago de Chile, Ediciones Documentas, 1987, p. 226.

2 Cruz-Coke, Ricardo, *Historia electoral de Chile, 1925-1973*, Santiago de Chile, Editorial Jurídica de Chile, 1984, p. 99.

3 Quiroga Zamora, Patricio, *La dignidad de América. El retorno histórico a Salvador Allende*, Santiago de Chile, Ediciones Escaparate, 2016, pp. 78-80.

Todos estos grupos confluyeron en Santiago el 19 de abril de 1933 para formalizar la fundación de una organización cuya primera declaración de principios proclamó: «El Partido Socialista adopta como método de interpretación de la realidad el marxismo, enriquecido y rectificado por todos los aportes científicos del constante devenir social...». Aquel documento describía una sociedad dividida en clases antagónicas y subrayaba la necesidad de una especie de dictadura del proletariado, aunque no en términos leninistas, durante la transición de un modo de producción a otro. Incluso descartó la posibilidad de construir el socialismo «por medio del sistema democrático» porque «la clase dominante se ha organizado en cuerpos civiles armados y ha erigido su propia dictadura para mantener a los trabajadores en la miseria y en la ignorancia e impedir su emancipación». Su vocación era esencialmente latinoamericanista: «La doctrina socialista es de carácter internacional y exige una acción solidaria y coordinada de los trabajadores del mundo. Para resolver este postulado el Partido Socialista propugnará la unidad económica y política de los pueblos de Latinoamérica para llegar a la Federación de las Repúblicas Socialistas del continente y a la creación de una política antiimperialista».[4]

La personalidad de Marmaduque Grove (hijo de un abogado radical y masón, como Allende), caudillista y mesiánica, pero también carente de preparación ideológica y política, fue decisiva para la expansión y arraigo del Partido Socialista.[5] Con su liderazgo, durante aquella década el

---

4 Arrate y Rojas, tomo 1, p. 170.

5 Faletto, Enzo *et al.*, *Génesis histórica del proceso político chileno*, Santiago de Chile, Quimantú, 1972, p. 100.

socialismo fue forjando una cultura partidaria claramente diferenciada;[6] la bandera roja con el hacha mapuche incrustada en el mapa de América Latina se desplegaba por todo el país y todo Chile escuchaba su himno, «La Marsellesa socialista».

Salvador Allende, cuyo nombre no figura entre los signatarios del acta fundacional del PS, participó en su creación en Valparaíso, en los días en que se preparaba para defender su tesina *Higiene mental y delincuencia.* En su conversación con Debray en 1971 no renunció a explicar por qué se había unido a quienes postulaban una segunda fuerza política definida como marxista: «Efectivamente, cuando fundamos el Partido Socialista existía el Partido Comunista, pero analizamos la realidad chilena y creímos que había cabida para un partido que, teniendo un pensamiento filosófico doctrinario similar, un método como el marxismo para interpretar la historia, era un partido que no tenía vinculaciones de tipo internacional, lo cual no significaba que desconociéramos el internacionalismo proletario».[7]

Drake revisó el censo de los 447 primeros militantes del Partido Socialista en Santiago y de ellos solo nueve eran médicos.[8] Desconocemos cuántos de estos profesionales participaron en la primera seccional de Valparaíso, pero no resulta difícil intuir que muy pocos, puesto que este oficio, rodeado de un aura de prestigio social, invitaba a una vida burguesa y, en términos políticos, a alinearse con las fuerzas que garantizaban el orden capitalista. No fue esta

---

6 Arrate, Jorge e Hidalgo, Paulo, *Pasión y razón del socialismo chileno,* Santiago de Chile, Las Ediciones del Ornitorrinco, 1989, pp. 21-22.

7 Debray, pp. 57-58.

8 Drake, Paul W., *Socialismo y populismo. Chile: 1936-1973,* Valparaíso, Ediciones Universitarias de Valparaíso, 1992, p. 135.

la opción de Allende: las lecciones del viejo Demarchi, las batallas estudiantiles, la sensibilidad social demostrada con los pacientes del Manicomio Nacional, su participación en la República Socialista y la represión política y la discriminación laboral sufridas explican su contribución a la fundación del PS desde el ancho puerto observado por los cuarenta y dos cerros.

Un ascenso fulgurante

En apenas tres meses se constituyeron más de ochenta seccionales (organizaciones locales formadas por uno o varios núcleos) del PS, según la que fue su primera publicación, que señalaba acerca de la de Valparaíso: «En plena organización, reúne en su seno a amplias masas proletarias. Camaradas de mucho espíritu de lucha».[9] En los últimos días de octubre, el Partido Socialista celebró su I Congreso, que confirmó a los dirigentes designados de manera provisional en abril: Óscar Schnake como secretario general y Marmaduque Grove, Eugenio Matte o Carlos Alberto Martínez como tres de los miembros más destacados de su Comité Central.[10]

En 1934, Allende vivía en Viña del Mar con su madre, trabajaba en el departamento de Anatomía Patológica del hospital Van Buren y, como especialista en Medicina Interna y Psiquiatría, se integró en un consultorio médico junto

---

9 *Boletín del Partido Socialista*, nº 1, Santiago de Chile, primera quincena de agosto de 1933, p. 10.

10 Jobet, Julio César, *Historia del Partido Socialista de Chile, tomo 1*, Santiago de Chile, Prensa Latinoamericana, 1971, pp. 88-89.

con los hermanos Hugo, Eduardo y Jorge Grove y Lautaro Ponce conocido como el «Socorro Socialista», ubicado en el número 163 de la calle Aldunate de Valparaíso.[11]

En diciembre de ese año, esta ciudad acogió el II Congreso del PS, que se celebró en un amplio local de los trabajadores del tranvía. Por el periódico *Núcleo* (órgano de su seccional) tenemos constancia de su participación en aquel cónclave, en el que integró la comisión de salubridad y la representó ante el plenario la noche del 23 de diciembre para dar lectura al informe producto de su discusión, que fue aprobado. En su intervención planteó la política asistencial que el Estado debería desarrollar y ofreció un conjunto de estadísticas oficiales demoledoras: por ejemplo, señaló que, de cada mil niños nacidos vivos en Chile, 238 fallecían tempranamente (117 en España, 76 en Francia, 110 en Uruguay, 32 en Nueva Zelanda) y describió el devastador impacto de las enfermedades venéreas (sífilis, gonorrea).[12] También tomó la palabra para referirse a la labor que debían desarrollar los parlamentarios socialistas y en el debate acerca del trabajo de la comisión de cultura.

En aquellos días, además, se constituyó la primera plataforma unitaria que el Partido Socialista integró: los parlamentarios de varias fuerzas progresistas (Partido Radical Socialista, Partido Democrático, Izquierda Comunista y PS) se agruparon en el Block de Izquierdas para hacer frente

---

11 *Consigna*, Santiago de Chile, 2 de junio de 1934, p. 8.

12 Allende se refirió a su intervención en el II Congreso del Partido Socialista el 26 de julio de 1937, en el que fue uno de sus primeros discursos en la Cámara de Diputados. Quiroga, Patricio, comp., *Salvador Allende Gossens. Obras escogidas. 1933-1948, vol. I*, Santiago de Chile, LAR, 1988, pp. 47-48.

a la política del presidente Arturo Alessandri y su ministro de Hacienda, Gustavo Ross.

En 1935 la publicación de la seccional de Valparaíso se denominaba *El Socialista*. Los escasos ejemplares que se conservan en la Biblioteca Nacional de Chile permiten establecer que ya en marzo de aquel año Salvador Allende era el secretario regional del Partido Socialista en la provincia de Aconcagua y también que no fue candidato en las primeras elecciones nacionales en las que el PS compitió, las municipales de abril, en las que su compañero de consultorio, el doctor Ponce, fue elegido regidor. El resultado de aquellos comicios, a los que el partido concurrió sin alianzas, fue decepcionante, ya que solo obtuvo once regidores en todo el país, frente a los más de trescientos cincuenta de los partidos Conservador y Liberal o los 289 del Partido Radical.[13]

El 1 de mayo de 1935 por primera vez le correspondió subir a la tribuna en el Día del Trabajo. Fue en Viña del Mar, donde se concentraron alrededor de dos mil obreros, que aclamaron a Marmaduque Grove y a la delegación de dirigentes que le acompañaba, compuesta por Ricardo Latcham, Hugo Grove, Lautaro Ponce y él mismo.[14] Sus responsabilidades partidarias iban desde la gran a la pequeña política, puesto que en las semanas siguientes se dedicó a la preparación de la conmemoración del tercer aniversario de la República Socialista en distintos puntos de la provincia[15]

---

13 Sagues Jiménez, Nicolás, *Los partidos de izquierda y el Frente Popular.* Tesis para optar al grado académico de licenciado en Historia por la Pontificia Universidad Católica de Chile. Santiago de Chile, 1998, p. 51.

14 *Consigna*, Santiago de Chile, 11 de mayo de 1935, p. 4.

15 *Consigna*, Santiago de Chile, 1 de junio de 1935, p. 4.

y el 25 de junio participó en el cerro Santo Domingo en la elección del nuevo responsable socialista en esta zona.[16]

Fue en aquel tiempo cuando por primera vez hicieron acto de presencia, en una concentración en La Calera, las Milicias Socialistas, agrupación de militantes en formación militar, pero desarmadas, que durante aquellos años (hasta que el presidente Pedro Aguirre Cerda decretó la disolución de este tipo de grupos) se enfrentó en combates callejeros con las Milicias Republicanas de la derecha (grupos armados que contaron con hasta cincuenta mil hombres, reclutados entre las capas altas y conservadoras de la sociedad)[17] y con las escuadras de asalto del fascismo criollo: el Movimiento Nacional Socialista dirigido por el abogado Jorge González von Marées. Allende desfiló varias veces con su uniforme y, con su probada habilidad para el boxeo, tomó parte en los combates callejeros que expulsaron a las agrupaciones fascistas de Valparaíso.

Durante aquellos años compatibilizó el compromiso político con su trabajo como médico, y su actividad gremial y profesional era tan intensa como la política. En 1935, era miembro de la directiva de la Asociación Médica y director de su sección local y desde esta instancia era el secretario del *Boletín Médico de Chile* y fundó la *Revista de Medicina Social de Valparaíso*. En sus artículos y en las ponencias que presentó en las convenciones anuales de la Asociación

---

16 *Consigna*, Santiago de Chile, 27 de julio de 1935, p. 4.

17 Quiroga, Patricio y Maldonado, Carlos, *El prusianismo en las Fuerzas Armadas chilenas. Un estudio histórico. 1885-1945*, Santiago de Chile, Ediciones Documentas, 1988, p. 141. Las Milicias Republicanas se disolvieron en julio de 1936, aunque de sus *cenizas* surgieron varios movimientos políticos que heredaron su anticomunismo. Valdivia, Verónica, *La Milicia Republicana. Los civiles en armas. 1932-1936*, Santiago de Chile, Editorial América en Movimiento, 2016, pp. 130-131.

Médica ya dejó constancia de su interés por lograr la estructuración nacional de la atención sanitaria.[18]

La Logia Progreso nº 4

El ingreso temprano en la masonería, hija de las Luces de la Ilustración, decisiva en la emancipación de las repúblicas americanas, contribuyó a moldear, *con compás y escuadra*, la personalidad de Allende. Como le explicó a Régis Debray, la memoria de los suyos, principalmente de su abuelo Ramón Allende Padín, influyó en su adscripción: «Entonces, tú comprendes perfectamente bien que por esa tradición familiar y, además, porque la masonería luchó por principios fundamentales como Libertad, Igualdad y Fraternidad, uno puede tener esas conexiones. Ahora bien, he sostenido dentro de la masonería que no puede haber igualdad en el régimen capitalista, ni siquiera de oportunidades, por cierto; que no puede existir fraternidad cuando hay explotación de clase y que la auténtica libertad es concreta y no abstracta. Así es que le doy a los principios masónicos el contenido real que deben tener».[19]

Fue el dentista Jorge Grove (Venerable Maestro de la Logia Progreso nº 4 de Valparaíso, fundada en 1862) quien a fines de 1934 le propuso pertenecer a la masonería y el 18 de julio de 1935 suscribió el documento en que formalizaba su solicitud. Como era preceptivo, una comisión hizo una investigación sobre su vida y preparó un informe, fechado

---

18 Departamento de Planificación de la Oficina de Informaciones y Radiodifusión, *Biografía del presidente Allende*, p. 6.

19 Debray, p. 61.

el 23 de septiembre de aquel año. Este documento recogió datos como la fecha y lugar de nacimiento y la identidad de sus padres, destacó que había cumplido el servicio militar como «voluntario» y reseñó que como estudiante de Medicina había complementado sus estudios en el Manicomio Nacional y en la Escuela Dental de la Universidad de Chile. El documento añadía que era médico del hospital Carlos Van Buren y del «Socorro Socialista», así como secretario de redacción del *Boletín Médico de Chile*, que tenía «renta suficiente» y que vivía con su madre y la ayudaba. En la última página anotaron sus impresiones acerca del joven candidato: su honradez era «acrisolada», su capacidad intelectual, «muy superior» y su estilo de vida correspondía «a su edad». También destacaban como meritoria su condición de secretario regional del Partido Socialista y que sus amistades más cercanas fueran los hermanos Jorge, Eduardo y Hugo Grove.[20]

Fue aceptado en esta logia, en la que se inició como miembro de pleno derecho la tarde del 16 de noviembre de 1935, cuando suscribió el testamento masónico, que incluía tres preguntas. La tercera resulta muy interesante puesto que, preguntado por la «memoria» que desearía dejar de sí mismo, respondió a sus veintisiete años: «La de haber cumplido la obligación que me impusiera de haber sido útil a la sociedad, impulsando cada día su perfeccionamiento espiritual, moral y material».[21]

Salvador Allende estuvo adscrito a la Logia Progreso nº 4 de Valparaíso hasta 1940, cuando era ministro de Salubridad,

---

20 Documento cedido por el periodista Juan Gonzalo Rocha.

21 Yocelevzky Retamal, Rubén Alfredo, *Salvador Allende Gossens en la memoria de sus hermanos masones*, Santiago de Chile, Editorial Occidente, 2012, p. 35.

acababa de contraer matrimonio con Hortensia Bussi y había fijado su residencia en Santiago. El 8 de noviembre de aquel año se incorporó a la Logia Hiram nº 65 de la capital, a la que perteneció hasta su muerte[22] y en 1950 y 1951 fue su Venerable Maestro y posteriormente ejerció plenamente su condición de ex Venerable.[23] A lo largo de su vida, en no pocas ocasiones tuvo que defender su pertenencia a la masonería; así, cuando en el XVIII Congreso del PS, realizado en Valparaíso en octubre de 1959, el comité regional de Santiago presentó una resolución para que los estatutos prohibieran la doble condición de socialista y masón, fue el primero en rebatirla.[24]

Hacia el Frente Popular

Chile fue el único país de América donde las fuerzas de izquierda constituyeron un Frente Popular y, al igual que en Francia y España, fue victorioso. Entre sus antecedentes

---

22 Rocha, Juan Gonzalo, «Salvador Allende, un masón consecuente», en *Salvador Allende. Fragmentos para una historia*, Santiago de Chile, Fundación Salvador Allende, 2008, pp. 195-197. En otro de sus trabajos, Rocha relató que en 2008 al menos ocho logias masónicas en todo el mundo llevaban su nombre y que, con motivo del quincuagésimo aniversario de la Declaración Universal de los Derechos Humanos, en 1998 la Gran Logia de Italia incluyó a Allende en una relación de los cien masones más destacados, al lado de Gandhi, Garibaldi, Voltaire, Bolívar, Washington o Montesquieu. «Allende masón», *La Nación*, Santiago de Chile, 29 de junio de 2008. Revista especial con motivo del centenario de Salvador Allende, p. 37.

23 Rocha, Juan Gonzalo, *Allende masón*, Santiago de Chile, Sudamericana, 2001, pp. 88-89.

24 Suárez Bastidas, Jaime, *Allende. Visión de un militante*, Santiago de Chile, Ocho Libros, 2008, pp. 60-62.

estuvo el viraje estratégico del Partido Comunista, que apostó por construir alianzas amplias desde su Conferencia de 1933, una opción reforzada por el VII Congreso de la *Komintern*, celebrado en Moscú en el verano de 1935, cuando en Chile el funeral del senador radical Pedro León Ugalde también alimentaba el clima unitario.

El 28 de julio, en Valparaíso, Allende representó al PS en el acto de homenaje a Ugalde que tuvo lugar en el teatro Coliseo, en el que también participaron dirigentes de los partidos Radical, Comunista y Democrático, así como de diversos sindicatos. «El Partido Socialista, frente al pueblo hambriento y a la serie de males sociales, declara que estamos obligados a comprender que el mal es originado por el actual régimen», afirmó. Y, tras recordar las recientes muertes del periodista Luis Mesa Bell y del obrero Bascuñán Zurita, propugnó la convergencia de las fuerzas populares: «Los problemas actuales no son de hombres, sino de regímenes. Para combatirlos, debemos ir a la formación del *block* formidable de los trabajadores de todo el país».[25]

En medio de la represión desencadenada por el Gobierno de Arturo Alessandri contra las fuerzas de izquierda y la creciente organización del fascismo, también la dramática evolución de la política europea empezó a influir notablemente. El 27 de octubre, el Partido Socialista llenó el teatro Coliseo en protesta contra la amenaza parda y la guerra, así como para denunciar el asesinato de su militante Manuel Bastías. Ante más de tres mil personas, intervinieron los responsables políticos de las seccionales de Valparaíso, Quillota y Viña del Mar, antes de que Salvador Allende, el diputado porteño Hipólito Verdugo y Ricardo

---

25 *Consigna*, Santiago de Chile, 3 de agosto de 1935, p. 1.

Latcham clausuraran el acto. Las palabras del joven médico socialista obtuvieron una gran acogida, según destacó el semanario *Consigna*: «Su enérgica y sólida improvisación despertó el entusiasmo de la muchedumbre que llenaba el Coliseo».[26]

En el último trimestre de aquel año, Allende se concentró en la organización del primer congreso regional del PS, que se celebraría los días 29 y 30 de noviembre y 1 de diciembre en Quillota,[27] por lo que exhortó a los secretarios de cada seccional a «hacer trabajar en forma intensa a los militantes» de acuerdo con la pauta indicada.[28] Tuvieron que superar, además, el acoso de las autoridades locales, que intentaron impedir su celebración logrando que les negaran el local que habían arrendado y presionando al propietario del teatro para anular el acto político convocado para el domingo 1, al que Grove estaba invitado como orador central, ya que ese mismo día el presidente Alessandri hablaría en la Plaza de Armas. Finalmente, el cónclave tuvo que celebrarse en el pequeño local de la seccional; el informe político de Allende fue aprobado y fue reelegido como secretario político provincial.[29]

A fines de febrero de 1936, pocos días después de la victoria electoral de la izquierda en España, los partidos Radical, Comunista y Socialista instaron a la creación del Frente Popular,[30] que se concretó en las semanas siguientes con la elección de un comité directivo y la elaboración del

---

26 *Consigna*, Santiago de Chile, 2 de noviembre de 1935, p. 4.

27 *Consigna*, Santiago de Chile, 30 de noviembre de 1935, p. 4.

28 *Consigna*, Santiago de Chile, 28 de septiembre de 1935, p. 4.

29 *Consigna*, Santiago de Chile, 7 de diciembre de 1935, p. 4.

30 Milos, Pedro, *Frente Popular en Chile. Su configuración: 1935-1938*, Santiago de Chile, LOM Ediciones, 2008, p. 78.

programa.[31] Fue en aquellos primeros meses de 1936 cuando el Gobierno de Alessandri, que declaró el estado de sitio como reacción a la huelga de los trabajadores ferroviarios, debió de decretar la relegación de Salvador Allende en Caldera (más de ochocientos kilómetros al norte de Valparaíso), entonces un pueblito muy golpeado por la crisis de la minería del salitre y casi incomunicado, a excepción de la vieja vía del ferrocarril.[32]

De regreso en el puerto, reintegrado plenamente a la actividad política, a comienzos de 1937 entabló amistad con un joven abogado socialista, Carlos Briones, quien pronto se convertiría en uno de sus amigos más cercanos y que en 1987 lo evocó como «un hombre extraordinariamente inteligente, con una gran perspicacia, con una gran intuición política, que en ese momento vivía en un proceso de definiciones teóricas». A su juicio, entonces la influencia del anarquismo pugnaba con un conocimiento superficial del marxismo. Quien fue el ministro del Interior el 11 de septiembre de 1973 también ensalzó las cualidades humanas de una persona «de sabroso ingenio, de gran sentido del humor, de nobleza transparente y muy tolerante...».[33]

El domingo 3 de enero de 1937, a escasos dos meses de las elecciones parlamentarias, el Partido Socialista organizó un mitin en el teatro Coliseo con César Godoy Urrutia y

---

31 Véase el programa en: Garcés, Mario, *El movimiento obrero y el Frente Popular (1936-1939)*, Santiago de Chile, LOM Ediciones, 2018, pp. 143-145.

32 En cualquier caso, no guardó un recuerdo amargo de aquel destierro y en su casa de la calle Guardia Vieja 392 de Santiago colocó una fotografía del presidente Arturo Alessandri en su excepcional galería de retratos.

33 *Salvador Allende cercano*, Archivo Salvador Allende, nº 3, pp.163-167.

Marmaduque Grove como protagonistas y Salvador Allende como primer orador.[34] Gracias al prestigio social que ya se había labrado como médico y a su labor como secretario regional fue elegido, cuando contaba con veintiocho años, como uno de los tres candidatos de su partido a ocupar un escaño en la Cámara de Diputados por la zona, junto con el obrero panificador Hipólito Verdugo y el zapatero Amaro Castro.

Aquella fue la primera de las nueve campañas en las que fue candidato a lo largo de su vida y le correspondió recorrer Viña del Mar, Limache, por supuesto Valparaíso, La Calera, Quilpué o Quillota y participar en actos masivos, en los que en ocasiones contó con el apoyo de destacados dirigentes nacionales como Marmaduque Grove o Manuel Hidalgo.[35] El 7 de marzo fue elegido diputado por Valparaíso y Aconcagua: con 2.021 votos, fue el tercer candidato más apoyado de la lista del Frente Popular y de la sexta agrupación electoral departamental, solo por detrás del entonces comunista Marcos Chamudes y de su compañero Amaro Castro.[36] De un total de 412.812 votos válidos a escala nacional, el PS logró 46.050 (el 11,2 por ciento) y diecinueve de los 147 diputados electos. Los partidos Conservador y Liberal obtuvieron treinta y cinco escaños cada uno, el Radical, veintinueve y el Partido Comunista, seis (con el 4,2 por ciento).[37]

Desde su nacimiento, el Frente Popular mantuvo un profundo lazo afectivo con la suerte de sus compañeros españoles. La Guerra Civil, derivada del semifracasado golpe

---

34 *Consigna*, Santiago de Chile, 9 de enero de 1937, p. 1.

35 *Consigna*, Santiago de Chile, 6 de febrero de 1937, p. 2.

36 Fuente: Archivo del Servicio Electoral de la República de Chile.

37 Urzúa, Germán, *Historia política electoral de Chile (1931-1973)*, Santiago de Chile, s.e., 1986, p. 30.

de Estado militar del 17 de julio de 1936 y del ingente apoyo de las potencias fascistas a los facciosos, sacudió también a Chile, donde la opinión pública siguió de manera apasionada su evolución a través de la prensa. La izquierda, singularmente la Alianza Libertadora de la Juventud (rama juvenil del Frente Popular) y la Alianza de Intelectuales en Defensa de la Cultura (presidida por Pablo Neruda, quien en noviembre de 1937 publicaría su poemario *España en el corazón*), se volcó en las tareas de apoyo político, moral y material a la República. Además, en Valparaíso funcionaban la Unión Republicana Española y la Asociación de Amigos de España y en Santiago se formó el Comité Pro España Republicana. El 14 de abril de 1937 los emigrantes leales a la II República y los chilenos solidarios con la democracia en España celebraron actos en varias ciudades para recordar el sexto aniversario de su proclamación; [38] en la concentración de Valparaíso intervinieron el historiador Augusto D'Halmar, presidente de la Liga de los Derechos del Hombre, y Salvador Allende, quien en aquellas semanas debía de estar ocupado en organizar su vida y su trabajo político entre el puerto y la capital de la nación.[39]

---

[38] Sapag M., Pablo, *Chile, frente de combate de la guerra civil española*, Alzira, Centro Francisco Tomás y Valiente de la UNED, 2003, p. 218.

[39] El 25 de febrero de 1939, tras la caída de Cataluña y el éxodo hacia la frontera francesa de centenares de miles de personas, Allende se refirió a la España aplastada por el fascismo: «Alzo mi voz, con el pesar del hombre que mira la tragedia de Europa, ante el drama de España, que se desangra en defensa de su suelo contra el invasor, mientras las democracias la traicionan, con el pesar del hombre que lucha por la libertad y la cultura». Departamento de Planificación de la Oficina de Informaciones y Radiodifusión, *Biografía del presidente Allende*, p. 13.

En la Cámara representó a su partido en los debates en materia sanitaria. En una de sus primeras intervenciones, realizada el 26 de julio de aquel año para pronunciarse sobre el proyecto de ley que establecería los servicios de medicina preventiva, presentado por el ministro Eduardo Cruz-Coke (su antiguo profesor), puede apreciarse ya la argumentación que plasmaría dos años después en *La realidad médico-social chilena* y que inspiraría buena parte de su labor como ministro, parlamentario y presidente de la República.[40] Aquella ley entró en vigor el 31 de enero de 1938 y tuvo una importancia trascendental, puesto que estableció el examen médico para todos los trabajadores o el derecho al reposo para el cuidado de su salud. Como destacó Carlos Briones, Allende hizo una cierta contribución a su aprobación.[41]

En campaña con Pedro Aguirre Cerda

En abril de 1938 asistió como uno de los trescientos treinta delegados socialistas a la Convención Presidencial del Frente Popular, en la que pugnaron por la candidatura el socialista Marmaduque Grove y el radical Pedro Aguirre Cerda, quien finalmente fue proclamado, mientras que Grove asumió la jefatura política de la coalición.[42] Algunas semanas después, Salvador Allende fue convocado a la sede de su comando nacional por Arturo Olavarría Bravo, quien le

---

40 Quiroga (1988), pp. 54-55. Véase: Allende, Salvador, *La realidad médico-social chilena*, Santiago de Chile, Cuarto Propio, 1999, edición de Hernán Soto *et al.*

41 *Salvador Allende cercano*, Archivo Salvador Allende, nº 3, pp. 163-167.

42 Milos (2008), p. 268.

propuso asumir la dirección de la campaña en la provincia de Valparaíso ante la ineficacia del militante del Partido Radical que ejercía tal responsabilidad. «Estábamos conversando con Olavarría, a quien no conocía, cuando entró don Pedro Aguirre Cerda, a quien tampoco conocía. Con ese sentido claro y bonachón me dijo: "Doctor Allende, ayúdeme, sea usted el jefe de la campaña en Valparaíso". Medité unos instantes y le respondí: "Acepto don Pedro, pero pongo una sola condición". No había cumplido aún los treinta años, pero, según recordó en 1963, fue tajante: "Yo mando en Valparaíso"».

La primera concentración popular que le correspondió organizar fue en la localidad de Llay Llay. Parlamentarios comunistas, radicales y socialistas precedieron en la tribuna al candidato, cuya intervención lo defraudó porque su discurso fue demasiado ambiguo. En el viaje en tren hasta La Calera conversaron de ello con franqueza. «Creo que hay que plantear los problemas», le espetó Allende, pero Aguirre Cerda justificó su cautela: «Sé que debía haberlo hecho, pero estimé prudente no pronunciarme sobre esas cosas que pueden crear resistencia. Aunque estoy convencido de que hay que hacerlo». En esta ciudad su mensaje fue diferente y «allí empezó una confianza que salvó las distancias entre él y yo». A partir de septiembre de 1939 aquella relación se estrecharía y dejaría un hondo recuerdo en su memoria: «Era grato trabajar con don Pedro. Tenía una gran actitud humana. Sabía escuchar». Recordó también cómo atendía en silencio, con un cigarrillo, las razones de su interlocutor y después con firmeza y agilidad exponía su opinión y las razones que la fundamentaban.[43]

---

[43] *El Siglo*, Santiago de Chile, 27 de octubre de 1963, p. 4.

Con los ecos lejanos de la Guerra Civil española, el Frente Popular tuvo que defenderse de las acusaciones de comunismo y anticlericalismo. El 30 de agosto de 1938, Allende salió al paso de estos últimos dardos en una sesión ordinaria de la Cámara de Diputados, cuando en un impetuoso discurso preguntó a Ricardo Boizard, miembro de la socialcristiana Falange Nacional (todavía vinculada al Partido Conservador como su rama juvenil), por qué respaldaban la candidatura derechista de Gustavo Ross. Y, por si el motivo radicaba en la «cuestión religiosa», recalcó: «El Frente Popular ante el problema de la conciencia individual, ante la fe, ante la necesidad de creer de algunos hombres, ante su venero interno, se detiene respetuoso. Solo declaramos, con absoluta franqueza, que combatiremos a la Iglesia cuando esta transforme su poder espiritual en un poder político, al servicio de determinada causa...».[44]

Aquella elección presidencial estuvo condicionada finalmente por un suceso trágico que originó la retirada del tercer candidato, Carlos Ibáñez del Campo: la masacre acaecida el 5 de septiembre en el edificio del Seguro Obrero, donde cincuenta y nueve militantes del Movimiento Nacional Socialista fueron acribillados después del fracaso de su asonada golpista, que estuvo amparada por Ibáñez[45]. El 12 de octubre, desde la cárcel, este arrió su candidatura y sus partidarios llamaron a votar por el Frente Popular para derrotar a Gustavo Ross, candidato de la derecha y

---

44 Fuente: Especial del diario digital *Clarín* sobre Salvador Allende. https://www.elclarin.cl/fpa/pdf/p_180705_9.pdf

45 Valenzuela C., Emiliano, *La generación fusilada. Memorias del nacismo chileno (1932-1938)*, Santiago de Chile, Editorial Universitaria, 2017, pp. 452-462.

exministro en el Gobierno de Alessandri, responsable de la matanza.[46]

El 25 de octubre de 1938, después de conducir durante un largo siglo la construcción del Estado republicano, la oligarquía perdió por primera vez la presidencia, puesto que Pedro Aguirre Cerda derrotó a Ross por un estrecho margen de votos: 222.720 frente a 218.609. Aquella noche, ya muy tarde, Salvador Allende cenaba con un diputado comunista en un restaurante del centro de Valparaíso. «Habíamos tenido un resultado electoral satisfactorio, pero ignorábamos lo que pasaba en el resto de Chile», recordó.[47] Efectivamente, en esta provincia el candidato del Frente Popular alcanzó una victoria que a la postre fue decisiva: 22.667 votos frente a los 19.105 de su rival.[48] Hacia las once y media se difundieron los cómputos definitivos. «Había un silencio increíble en ese restaurante y lentamente la radio anunció que don Pedro Aguirre Cerda había triunfado (...) Fue un instante indescriptible y la verdad es que, de los que estábamos allí, los partidarios de don Pedro éramos minoría. Yo había saludado a unos adversarios conservadores y liberales. Cuando terminó la Canción Nacional, avanzaron desde la mesa en que se encontraban y me felicitaron. Fue una expresión democrática inolvidable porque era el reconocimiento a una victoria que había sido jalonada con dureza y dificultades en la lucha».[49]

El programa del Frente Popular significó un cambio notable, esencialmente en materia económica (con la creación

---

46 Milos (2008), pp. 294-303.

47 *El Siglo*, Santiago de Chile, 27 de octubre de 1963, p. 4.

48 Urzúa, p. 35.

49 *El Siglo*, Santiago de Chile, 27 de octubre de 1963, p. 4.

de la Corporación de Fomento de la Producción, CORFO) y cultural, además de la derogación de las leyes represivas promovidas por Alessandri. Era un proyecto de orientación reformista, pues, si bien propugnaba una distribución más equitativa de la riqueza, no se atrevía, por ejemplo, a nacionalizar las grandes minas de cobre y salitre, como aquel mismo año hizo el general mexicano Lázaro Cárdenas con el petróleo.[50]

El 26 de noviembre, justo un mes después de aquellos comicios, Allende suscribió junto con otros sesenta y cinco parlamentarios un telegrama enviado a Adolf Hitler como protesta por la extrema violencia que la comunidad judía había sufrido el 9 de noviembre durante lo que se conoció como «la noche de los cristales rotos»: «En nombre de los principios que informan la vida civilizada, consignamos nuestras más vivas protestas por la trágica persecución de que se hace víctima al pueblo judío en ese país y formulamos votos por que su excelencia haga cesar tal estado de cosas y restablezca para los israelitas el derecho a la vida y a la justicia, tan humana y elocuentemente reclamados por el presidente Roosevelt».[51]

En diciembre, el Partido Socialista celebró su V Congreso en Santiago con la asistencia de seiscientos delegados. El debate se polarizó en torno a la participación en el Gobierno que próximamente se constituiría, opción que defendió ante el plenario un invitado especial, el presidente electo Pedro Aguirre Cerda. El alma más izquierdista del socialismo chileno se encarnó en aquella ocasión en la delegación de Atacama, que manifestó: «El poder no se ejerce

---

50 Milos (2008), pp. 339-341.

51 Pey, p. XI.

desde uno o dos bandos ministeriales. No confundamos la participación en un Gobierno democrático burgués con el ejercicio del poder. Por el contrario, aquella participación puede significar la ruina de las esperanzas de capturarlo y ejercerlo con el propósito definido de implantar una sociedad sin clases privilegiadas, sin monopolios, sin concesiones al capital extranjero, de efectiva construcción socialista».

Finalmente, el Partido Socialista aceptó la invitación de Aguirre Cerda, quien en cambio no tuvo ese gesto con el PC, y reeligió a Schnake como secretario general. Para reforzar la dirección nacional, se acordó elegir como subsecretario general al diputado Allende. Aguirre Cerda asumió la presidencia el 24 de diciembre y entregó al PS tres carteras ministeriales: Fomento (Arturo Bianchi), Tierras y Colonización (Carlos Alberto Martínez) y Salubridad (el doctor Miguel Etchebarne).[52] Se aproximaba 1939, que traería la amarga derrota de la República en España y la invasión alemana de Polonia, que encendió la Segunda Guerra Mundial. En Chile, fue el año de la llegada del *Winnipeg*, en septiembre, con más de dos mil refugiados republicanos españoles a bordo,[53] y antes, del terremoto de Chillán...

Los ojos de Hortensia Bussi

A las once y media de la noche del 24 de enero de 1939 un violento sismo rasgó el sur de Chile y causó la muerte de

---

52 Jobet, pp. 128-131.

53 Al contrario de lo que se ha afirmado tantas veces, Salvador Allende no participó en Valparaíso en el recibimiento del *Winnipeg*. Entrevista del autor a Víctor Pey.

miles de personas. En aquellos instantes Allende participaba en Santiago en una reunión de la masonería y, como es costumbre, salieron a la calle para evitar los derrumbamientos, más aún él, quien tenía pánico a los movimientos telúricos. A escasos metros, una joven de veinticinco años llamada Hortensia Bussi había abandonado el cine Santa Lucía, en la Alameda (la principal arteria de la capital), junto con su amigo Manuel Mandujano, pero tuvo que regresar precipitadamente a buscar sus guantes. Al volver al exterior encontró a Mandujano charlando con un compañero suyo, el diputado Salvador Allende, quien, como reconocería en 1964, se quedó prendado de la belleza de sus ojos y los invitó a tomar un café frente al Teatro Municipal.[54]

Hortensia Bussi también se refirió a aquel primer encuentro en distintas entrevistas de prensa. Licenciada en Geografía e Historia por el Instituto Pedagógico de la Universidad de Chile, conversaron acerca de su adscripción masónica: «En efecto, le dije a Salvador que no concebía que fuera masón en el siglo XX, que no imaginaba a un hombre moderno siendo masón. Le dije que, como profesora de Historia, comprendía el papel jugado por la masonería en la independencia de toda Latinoamérica, muy decisivo, pero que en ese momento me costaba entender que alguien fuese todavía masón». Allende se explayó con orgullo sobre sus antepasados y destacó a Ramón Allende Padín, cuya muerte temprana había dejado casi sin recursos a la familia. Entonces, le explicó, la masonería había adquirido dos casas: una para que pudieran vivir su esposa y sus cinco hijos y la otra para que la pudieran arrendar,

---

54 *Ercilla*, Santiago de Chile, 20 de mayo de 1964, pp. 4-5.

un gesto que había reforzado su gratitud y adhesión a esta institución.[55]

Y en 1997, en una entrevista concedida al diario *La Época*, ella recordaba: «Fue un flechazo mutuo, tenía un algo, una atracción, una fuerza magnética. Salvador no era ni alto ni bajo, ni gordo ni flaco, sus facciones eran firmes. Pero tenía, en cambio, ese algo, ese... no sé cómo decirlo, que cautiva, que a una la embruja».[56] El 17 de septiembre de 1940 contrajeron matrimonio en el Registro Civil de Ñuñoa y disfrutaron de una breve luna de miel en la localidad costera de Algarrobo.

En los primeros meses vivieron en el piso que Allende compartía con Carlos Briones en la Galería Alessandri, en la calle Huérfanos 1160, en pleno centro de Santiago. El 10 de enero de 1941 nació la primera de sus tres hijas, Carmen Paz, y aquel mismo año arrendaron el departamento 26 de un edificio construido por el Seguro Obrero en el número 181 de la calle Victoria Subercaseaux, junto al cerro Santa Lucía.[57] En esta comunidad convivieron con un destacado exiliado venezolano, Rómulo Betancourt, dos dirigentes socialistas, Manuel Mandujano y Rolando Merino, el poeta Vicente Huidobro, los escritores Benjamín Subercaseaux y Fernando Alegría y el abogado Hernán Santa Cruz, entre otros. Muchas mañanas el futuro presidente de Venezuela y el futuro presidente de Chile se calzaban los guantes de boxeo y practicaban este deporte, guiados por un *sparring* singular, un hombre llamado Tulio Salinas Castillo, más

---

55 *Análisis*, Santiago de Chile, 11 de octubre de 1983. Número especial con motivo del décimo aniversario del golpe de Estado. pp. 5-14.

56 Zerán, Faride, *Desacatos al desencanto*, Santiago de Chile, LOM Ediciones, 1997, p. 33.

57 *Salvador Allende cercano*, Archivo Salvador Allende, nº 3, p. 166.

conocido como *el Chicharra*, que muchos años después llegaría a La Moneda preguntando por su amigo Salvador...[58]

En aquella casa también vivieron sus primeros años Beatriz (nacida el 8 de septiembre de 1943) e Isabel Allende Bussi (el 18 de enero de 1945) y creció la amistad entre Allende y Hernán Santa Cruz, quien había sido uno de sus dos padrinos de boda y apadrinó también a Carmen Paz, mientras que él asumió ese rol con Adriana Santa Cruz. «Una de las cualidades de Salvador era su sentido de amistad y lealtad no solo hacia sus amigos, sino hacia sus principios, sus ideas y sus compromisos», aseguró en 1988 Hernán Santa Cruz, uno de los redactores de la Declaración Universal de los Derechos Humanos en 1948 y embajador de Chile ante las Naciones Unidas entre 1966 y 1973.[59] Él no siempre coincidió con sus posiciones políticas; de hecho, también mantenía una amistad muy estrecha con otro joven político, Eduardo Frei. Como otras personas cercanas, destacó su gran capacidad de trabajo: «No dormía más de cuatro horas al día, ni se acostaba antes de las 2 de la mañana, (...) y antes de las 7 estaba llamando por teléfono a todo el mundo».[60]

En 1953, la familia Allende-Bussi se trasladó a vivir a una casa de dos pisos (proyectada por el arquitecto Fernando Castillo Velasco) ubicada en el número 392 de la calle Guardia Vieja, en Providencia, en el corazón del barrio alto.[61]

---

58 Jorquera, p. 43.

59 Ulloa Castillo, Erna, «Un llamado a la vida internacional: Hernán Santa Cruz en Naciones Unidas», en Ángel Soto y Cristián Garay, *Internacionalismo y anticomunismo en tiempos de Gabriel González Videla*, Santiago de Chile, RIL Editores, 2018, pp. 167-189.

60 *Salvador Allende cercano*, Archivo Salvador Allende, nº 3, pp. 169-171.

61 Labarca, Miguel, *Allende en persona. Testimonio de una intensa amistad y colaboración*, Santiago de Chile, CESOC, 2008, pp. 80-90.

La dignidad de un presidente

En la prensa socialista de los años treinta no hemos hallado ningún artículo de poso ideológico de Salvador Allende, ninguna reflexión teórica que refleje su visión del marxismo. Para conocer a fondo su pensamiento político, sus posiciones doctrinarias de la época, es imprescindible recurrir a sus primeras intervenciones parlamentarias, seleccionadas por el historiador Patricio Quiroga.

El 7 de junio de 1939, por ejemplo, pronunció un discurso en la Cámara de Diputados para contrarrestar las acusaciones de la derecha de que se estaba instalando un «clima revolucionario» en el país. En este texto hallamos la referencia más temprana a su concepción del cuerpo filosófico que inspiraba al PS: «Los diputados socialistas, a cuyo nombre hablo, analizamos los fenómenos sociales a través del marxismo, que no es un dogma, sino un método para interpretar la Historia, y cuyos fundamentos lo constituyen el materialismo y la lucha de clases. Esta nos evidencia que existen en la sociedad capitalista sectores sociales, grupos humanos antagónicos. Antagonismos que emanan de sus distintos intereses económicos. Los detentadores de la riqueza y del poder son los opresores o explotadores que oprimen a los que viven de su salario o jornal, a quienes explotan política y económicamente. Este panorama del mundo se evidencia con mucha nitidez en los países poco intelectualizados y de economía incipiente, como lo son los de América Latina».

Además, de manera implícita lanzó también una crítica al Partido Comunista por su adhesión incondicional a la *Komintern*: «El Partido Socialista, leal a la dialéctica marxista, se ha constituido como partido de clase, resuelto a empujar la lucha hasta la conquista del poder por los trabajadores, manuales e intelectuales, y la implantación de un régimen socialista. Condena los errores de los partidos de filiación internacional, la beligerancia suicida de las fracciones obreras, el agresivo desprecio por las clases medias o pequeños burgueses y la práctica de teorías universales que no contemplan la realidad indoamericana». Añadió también que luchaban contra el latifundismo y el imperialismo, «dos factores semicoloniales de nuestra economía», como primer paso hacia «una legítima democracia y un avance en la marcha ascendente hacia el socialismo».

Ya entonces valoró la experiencia del Frente Popular en los mismos términos en que lo haría tres décadas después en la conversación con Régis Debray: «No se puede confundir —dijo en junio de 1939— un Gobierno socialista con un Gobierno de Frente Popular. Un Gobierno frentista está creado para defender las garantías democráticas en contra de la amenaza tenebrosa del fascismo, cuya acción empieza ya a sentirse en estas tierras de América». Y subrayó que la participación del Partido Socialista en aquella coalición no implicaba el abandono de su propio programa, sino que en aquel momento histórico habían priorizado la defensa de la democracia frente a la oligarquía, el fascismo y el imperialismo.

Una evidencia palmaria de las limitaciones de la experiencia frentepopulista es que el Gobierno no se atrevió, como lo había prometido, a poner en marcha la reforma agraria, a expropiar las grandes haciendas heredadas de la colonia que constituían el símbolo del sector más reaccionario de la clase dominante. En aquel discurso, precisamente, criticó la persistencia del latifundio, una «rémora del progreso en nuestra patria», y expresó su confianza en la futura transformación del agro: «Día llegará en que sea posible nuestra aspiración: ni hombres sin tierra, ni tierras sin hombres». Tampoco dudó en denunciar la conspiración de sectores conservadores, que a su juicio no vacilarían siquiera en desencadenar una guerra civil para aplastar «la voluntad soberana de un pueblo que se ha dado un Gobierno de izquierda con hombres de izquierda».[62] Su advertencia se probó justificada pocas semanas después.

El 25 de agosto de 1939 el general retirado Ariosto Herrera (admirador de Hitler y Mussolini)[63] se sublevó desde el Regimiento Tacna de Santiago, con el apoyo de Carlos Ibáñez del Campo, pero aquel golpe de Estado, que ha quedado anotado en la historia nacional como el *Ariostazo*, fue sofocado rápidamente y unas doscientas mil personas se manifestaron por el centro de Santiago en defensa del Gobierno constitucional. La firmeza del presidente de la República, quien expresó que de ningún modo abandonaría La Moneda hasta culminar su mandato y conminó al general Herrera a deponer su actitud, fue decisiva.

El 14 de abril de 1970, en un discurso pronunciado en la Gran Logia de Chile, Allende evocó con sentimiento, ante sus hermanos masones, lo sucedido aquel día. En la que fue una de sus últimas comparecencias en la masonería antes de ser presidente, recordó que aquella madrugada estuvo en La Moneda y fue testigo de cómo Aguirre Cerda expresó a uno de sus edecanes: «Saldré de aquí con los pies hacia adelante, pero jamás abandonaré este cargo que el pueblo me entregó».[64]

---

62 Quiroga (1988), pp. 59-81.

63 Corvetto, Enrique y Valero, Gonzalo, *Gobernar es educar. Historias de Pedro Aguirre Cerda*, Santiago de Chile, TC Editorial, 2022, p. 79.

64 Rocha (2001), p. 35.

Ministro de Salubridad

El 16 de septiembre de 1939 realizó una de sus últimas intervenciones en la Cámara de Diputados, cuando tomó la palabra para presentar un proyecto de ley de alfabetización obrera y campesina. El joven parlamentario subrayó que el Partido Socialista y el Frente Popular no se contentaban con liberar de la ignorancia a los ochocientos cincuenta mil chilenos mayores de nueve años que no sabían ni leer ni escribir, sino que defendían el derecho a la cultura de todo el pueblo trabajador. Sus datos fueron apabullantes: en 1938, la población potencial en edad escolar (7-15 años) era de un millón de niños, pero solo se habían matriculado 609.719; desde 1920 los habitantes del país habían aumentado un 22,8 por ciento, pero el número de escuelas primarias solo un 12,1 por ciento y apenas existían instituciones educacionales para los adultos analfabetos. Por ello, propuso la construcción de escuelas y la contratación de maestros para incorporar al sistema educativo a los casi cuatrocientos mil niños excluidos y la inmediata creación de un cuerpo de instituciones alfabetizadoras destinado a los adultos con una formación insuficiente. En definitiva, para hacer realidad una de las principales aspiraciones formuladas por Aguirre Cerda, «Gobernar es educar», propugnó un incremento «generoso» del presupuesto destinado a educación. «¡Por un Chile sin analfabetos! ¡Que todo Chile sea una escuela!», exclamó.[65]

Diez días después, el 26 de septiembre, los tres ministros socialistas (Arturo Bianchi, Carlos Alberto Martínez y

[65] Quiroga (1988), pp. 139-148.

Miguel Etchebarne) dimitieron de manera irrevocable.[66] En la mañana del 28 de septiembre Marmaduque Grove, Óscar Schnake y Eliodoro Domínguez se reunieron con Aguirre Cerda y, tras conversar con el líder del Partido Radical y con su ministro del Interior (Pedro Enrique Alfonso), aquella misma tarde el presidente anunció los nuevos titulares de las tres carteras vacantes: Rolando Merino (Tierras), Óscar Schnake (Fomento) y Salvador Allende (Salubridad). En una ceremonia celebrada a las siete en el Salón Rojo de La Moneda, en presencia de Aguirre Cerda y de los tres dimisionarios, así como de otros altos cargos, el subsecretario de Interior, Raúl Rettig, procedió a tomar juramento a los tres ministros, que a continuación pasaron a una sala anexa para reunirse con el resto del gabinete.[67]

Al día siguiente, Allende se dirigió temprano a las dependencias del Ministerio de Salubridad, Previsión y Asistencia Social, donde cumplió con la tradición de despedir a su antecesor, el doctor Etchebarne, recorrió los diversos departamentos y conversó con los trabajadores. También atendió a los periodistas, a quienes explicó que su labor estaría inspirada en el programa del Frente Popular: «Habrá progreso y ayuda a las clases necesitadas».[68] Óscar Schnake, secretario general, y él, subsecretario general, cedieron sus responsabilidades en la dirección del partido a Marmaduque Grove y José Rodríguez.

Muy pronto, el ministro Allende hizo una amplia exposición de sus propósitos: «Sí, soy médico, pero ante todo soy socialista y declaro que el problema de la salud del pueblo

---

66 *El Mercurio de Valparaíso*, Valparaíso, 28 de septiembre de 1939, p. 1.
67 *El Mercurio de Valparaíso*, Valparaíso, 29 de septiembre de 1939, p. 1.
68 *El Mercurio de Valparaíso*, Valparaíso, 30 de septiembre de 1939, p. 1.

es, ante todo y sobre todo, un problema económico general. ¡Hay que combatir la miseria en todas partes, con todas las armas y recursos posibles, yendo directamente al fondo del asunto! El trascendental asunto de la salud del pueblo no es cuestión de medicinas, ni de drogas, es cuestión de pan y techo. El alza de los salarios, el control y la rebaja de los artículos alimenticios, la planificación en el fomento, una real política de habitación: tales cosas van a sanar nuestra raza. Es natural que eso tendrá que irse solucionando paulatinamente. ¡Pero no hay que dejarlo para mañana, hay que ponerle el hombro inmediatamente!».

En aquellas palabras al semanario socialista también anticipó el amplio programa de acción que intentaría desarrollar como ministro de Salubridad, una etapa que se prolongaría hasta el 7 de abril de 1942, con un paréntesis entre el 24 de octubre y el 15 de diciembre de 1941 en que fue sustituido por su compañero Rolando Merino:[69] «¡Comando Único en la lucha contra la tuberculosis, enfermedades venéreas, infecto-contagiosas y en la salvación de la madre y el niño! ¡Amplia función social en las Cajas de Previsión! ¡Cruzada de salvación nacional en defensa del niño proletario con intervención (...) del maestro y del médico, de los sindicatos y partidos políticos, de las organizaciones de la juventud! ¡Desayuno y almuerzo escolar! ¡400.000 niños más a las escuelas de la República! (...) Combatiremos a los especuladores en los medicamentos y al imperialismo farmacopea. Deben bajarse los precios de las drogas y debemos liberarnos del monopolio extranjero en este sentido. Finalmente, haré realidad un viejo y sentido deseo de nuestro

69 Fuente: Ministerio de Salud de Chile. https://www.minsal.cl/historial-de-ministros-de-salud/

partido: ¡Aire y sol para los niños de los trabajadores! ¡Vacaciones para obreros y obreras! ¡Contra el tugurio, el prostíbulo y el juego: montaña y mar!».[70]

El 8 de octubre, el Partido Socialista organizó un acto de masas en el teatro Caupolicán a fin de que los nuevos ministros explicaran sus objetivos. Lleno a rebosar, una parte de los asistentes tuvo que escuchar los discursos desde el exterior, en la populosa calle San Diego, bajo una persistente lluvia. Allende fue el primer orador y una vez más dejó constancia de su condición de médico socialista: «El medio más eficaz para defender la salud y la vida de los habitantes es yendo a la inmediata elevación del estándar de vida de las clases asalariadas: nada puede hacer la ciencia médica cuando los males físicos radican en la desnutrición del organismo». Se refirió también a las largas jornadas laborales y a los bajos salarios de los empleados de los hospitales, así como a la necesidad de pasar de una asistencia curativa a una esencialmente preventiva, principalmente en las zonas rurales, donde vivían dos millones de ciudadanos. En aquellos días concedió una entrevista muy interesante al periodista Ismael Edwards Matte en la que recorrió su trayectoria como médico y planteó sus impresiones acerca de su recién iniciada labor ministerial.[71] Tenía muy clara la necesidad de una salud pública integral e innovadora, que exigía y merecía un gran esfuerzo nacional: «Prefiero para el pueblo un plato de lentejas a un frasco de tónico. El alimento es la mejor medicina para la gran enfermedad nacional, que es

---

70 *Consigna*, Santiago de Chile, 8 de octubre de 1939, p. 1.

71 *Hoy*, Santiago de Chile, 19 de octubre de 1939. Reproducida en David Vásquez, ed., *Salvador Allende. Vida política y parlamentaria 1908-1973*, pp. 275-279.

la desnutrición. (...) Hemos recibido una herencia pesada. Necesitaremos una coordinación de todos los esfuerzos para hacer salir del sitio deprimente en que nos colocan los índices de morbilidad de Chile. Pero todo se hará».

En la tensión permanente que presidió la relación entre el Partido Socialista y el Gobierno, el ministro Óscar Schnake llamó en aquel mitin al cumplimiento del programa del Frente Popular.[72] Ese clima rebrotó en el VI Congreso celebrado en diciembre, cuando la tendencia «inconformista», liderada por el diputado César Godoy Urrutia, planteó una retirada honorable de sus ministros. La línea oficialista de Grove, Schnake y Allende triunfó, pero el sector crítico se escindió y fundó el Partido Socialista de los Trabajadores (PST).[73]

Las heridas de Chile

A fines de aquel año, el Ministerio de Salubridad publicó su trabajo *La realidad médico-social chilena*, un texto de 216 páginas que diseñaba un programa integral de actuación que su autor describió así en 1963: «Este libro trazaba un plan de gobierno. Este plan significó una concepción revolucionaria de la medicina y su aplicación a las masas populares. Fue el comienzo de una medicina integrada, o sea una medicina preventiva y curativa, sin separaciones artificiales, y señaló la importancia de (...) la atención permanente del grupo familiar; mejoró los subsidios por enfermedad y lactancia; estableció las pensiones de vejez y enfermedad».[74]

---

72 *Consigna*, Santiago de Chile, 13 de octubre de 1939, p. 1.

73 Jobet, pp. 134-139.

74 *El Siglo*, Santiago de Chile, 27 de octubre de 1963, pp. 4-5.

Entre sus iniciativas fundamentales como ministro estuvo la propuesta de reforma de una de las bases de la legislación social, la Ley nº 4.054, del 8 de septiembre de 1924, que había establecido el seguro obligatorio por enfermedad, invalidez y muerte para todas las personas asalariadas menores de sesenta y cinco años. El financiamiento se hacía con cargo al Estado, los patrones y el trabajador, y para organizar y dirigir ese seguro se habían creado una caja central y cajas locales con personalidad jurídica.[75]

El 9 de septiembre de 1940 intervino ante la Cámara de Diputados para ofrecer un resumen de su primer año al frente del Ministerio e hizo una mención especial de otra de sus medidas más impactantes de aquella etapa: la exposición sobre la situación dramática de la vivienda que había organizado frente al aristocrático Club de la Unión, en la Alameda: «Dijimos a la faz de todo Santiago, durante tres meses, que un millón quinientos mil chilenos viven en habitaciones insalubres, que tenemos un déficit de trescientas mil viviendas...». Recordó que había planteado este asunto en el gabinete y que el presidente les había designado al ministro de Hacienda y a él mismo para que redactaran un proyecto de ley que contemplaría otorgar a la Caja de Habitación una suma cercana a los trescientos millones de pesos para construir hasta diez mil casas anualmente.[76]

En sus conferencias, declaraciones a la prensa y artículos hizo un esfuerzo pedagógico por instalar una visión integral de la salud pública. En su labor como ministro, abordó los

---

75 Cruz-Coke Madrid, p. 482.

76 Un largo extracto de este discurso fue publicado aquel mismo año: Allende, Salvador, *Síntesis de la labor ministerial*, Santiago de Chile, 1940, pp. 8-9.

asuntos centrales de la vida de las clases populares: la atención médica, las pensiones, la protección ante los accidentes de trabajo, la vivienda o la alimentación. Por ejemplo, en agosto de 1940 publicó un artículo en el que planteó que, a pesar de que el trabajador invertía en su alimentación y la de su familia casi el 90 por ciento de sus ingresos y en las capas más pobres el 100 por ciento, estaba mal nutrido y la mayoría de la población sufría «hambre fisiológica».[77] Siempre enfrentó los grandes problemas nacionales desde el realismo y las acciones destinadas a corregirlos, no desde la retórica hueca e inflamada.

En marzo de 1941 hubo elecciones para renovar una parte del Senado y la Cámara de Diputados. El Partido Socialista concurrió en solitario, marginado del Frente Popular, y pese a ello obtuvo dos senadores (Grove por Santiago y Eliodoro Domínguez por Atacama y Coquimbo) y quince diputados, con un relevante 17 por ciento de los votos.[78] El distanciamiento respecto al resto de fuerzas de la coalición y el Gobierno llevó a que en el transcurso de la campaña sus tres ministros presentaran la dimisión, que Aguirre Cerda rehusó, como les explicó en una carta a Schnake, Merino y Allende.[79]

En aquellas semanas la comisión que había designado para estudiar la reforma de la Ley nº 4.054 concluyó la elaboración del proyecto, que fue enviado al Congreso Nacional en junio de aquel año con la firma del presidente de la República y la suya, pero aquella trascendental reforma legal languidecería durante más de una década. Asimismo,

---

77 Allende, Salvador, «El problema de la alimentación», *Consigna*, Santiago de Chile, 17 de agosto de 1940, p. 3.

78 Jobet, p. 147.

79 Aguirre Silva, Leónidas, *Epistolario de Pedro Aguirre Cerda (1938-1941)*, Santiago de Chile, LOM Ediciones, 2001, pp. 134-135.

en aquel tiempo presentó un proyecto de ley para la creación del Colegio Médico, pero la derecha, en dos ocasiones, lo rechazó.

A principios de octubre, viajó a Estados Unidos para asistir a la reunión de la Asociación Americana de Salud Pública, en la que criticó con contundencia el imperialismo y los préstamos otorgados por las instituciones de este país: «Hasta aquí los empréstitos han servido fundamentalmente para renovar el material bélico y no el material humano, que es el básico de una gran nación».[80]

El 25 de noviembre, falleció el presidente Pedro Aguirre Cerda. Se convocaron elecciones y, aunque el Partido Socialista levantó inicialmente la opción de Schnake, acabó apoyando al radical Juan Antonio Ríos, quien el 1 de febrero de 1942 derrotó ampliamente (con el 55,96 por ciento de los votos) a Carlos Ibáñez, impenitente candidato que aún tendría que esperar otra década para retornar a La Moneda. El 7 de abril, al constituirse el nuevo gabinete, Allende cesó como ministro de Salubridad, Previsión y Asistencia Social y fue nombrado vicepresidente y administrador de la Caja del Seguro Obrero Obligatorio, cargo que ejerció hasta enero de 1943, cuando el PS decidió retirarse del Ejecutivo y Allende se convirtió en su secretario general.

En 1963 valoró de este modo su etapa como ministro, en la que contó con el apoyo de la Asociación Médica: «Envié al Congreso Nacional los proyectos que modificaron el Seguro Obrero, la ley de Accidentes de Trabajo, el Servicio Nacional de Salud, que es hoy día la ley que, ampliada o modificada, contiene en esencia los puntos de vista que

---

80 Departamento de Planificación de la Oficina de Informaciones y Radiodifusión, *Biografía del presidente Allende*, p. 18.

planteara como ministro de don Pedro. Cambié fundamentalmente lo relativo al desayuno escolar, financié mejor la sanidad y el Instituto Bacteriológico».[81]

El Frente Popular representó una encrucijada decisiva en su trayectoria política.[82] Fueron los años en que se convirtió en un dirigente socialista de talla nacional. Como responsable de la campaña de 1938 en Valparaíso, recibió su bautismo en una gran contienda política, coronada con la histórica victoria del 25 de octubre. Como diputado novel empezó a interiorizar los secretos de las artes parlamentarias. Como ministro, supo de las dificultades de integrar una coalición plural y del sinuoso camino que debía recorrer un programa reformista sin mayoría en el Poder Legislativo.

La memoria de aquel tiempo le acompañó siempre e ilustra también su evolución política. El 25 de octubre de 1943 pronunció un discurso en un acto partidario de homenaje al primer presidente progresista del país: «A Pedro Aguirre Cerda se le respetó porque fue leal con el pueblo, porque creyó en el destino de las clases trabajadoras, porque bregó contra la incomprensión de muchos, la maldad de sus adversarios políticos y la terquedad de sus propios partidarios; porque anheló organizar un destino mejor para las masas ciudadanas y para Chile un desarrollo económico e industrial que le permitiera su independencia. Porque ejerció su misión con dignidad de hombre y con dignidad de gobernante».[83]

---

81 *El Siglo*, Santiago de Chile, 27 de octubre de 1963, p. 4.

82 El 7 de octubre de 1942 el Frente Popular se transformó en la Alianza Democrática, que estaba integrada por los partidos Radical, Socialista, Comunista, Socialista de los Trabajadores y Democrático y recibía el apoyo de la Confederación de Trabajadores.

83 *El Partido Socialista de Chile*, Archivo Salvador Allende, nº 6, México DF, 1990, pp. 33-43.

En 1963, tras ser elegido candidato presidencial del Frente de Acción Popular (FRAP), hizo hincapié en las diferencias entre ambas coaliciones, puesto que en el Frente Popular la hegemonía correspondió siempre al Partido Radical, mientras que en el FRAP la viga maestra era la confluencia de los partidos Comunista y Socialista. Además, subrayó la evolución de la izquierda hacia unas propuestas transformadoras de la sociedad capitalista. Así, al rememorar el histórico lema de «Pan, techo y abrigo», reflexionó: «Pero no se decía que para dar pan es menester una reforma agraria, porque entonces el problema del pan es el problema del trigo, es el problema de la tierra (...) Nunca se dijo que para dar techo era indispensable una planificación económica previa, vale decir de desarrollo industrial sobre bases permanentes y sólidas que permitieran efectivamente movilizar a las mayorías nacionales en función de que la producción alcanzara metas indispensables para su desarrollo».[84]

También a principios de 1971, ya como presidente de la República, analizó la trascendencia y las limitaciones de la experiencia frentepopulista: «Nosotros conscientemente actuábamos en el Frente Popular como una etapa, pero indiscutiblemente cada vez veíamos que los problemas de fondo no podían solucionarse. (...) Porque nuestras riquezas esenciales estaban en manos del capital extranjero. De ahí entonces que esa experiencia vivida fortificó nuestra convicción de que la lucha esencial en los países capitalistas dependientes o "en vías de desarrollo" es la lucha antiimperialista. Este es el fondo, la base de los otros cambios estructurales».[85]

---

84 *El Siglo*, Santiago de Chile, 27 de octubre de 1963, p. 5.

85 Debray, p. 66.

Capítulo III

LOS AÑOS DIFÍCILES

Entre el 22 y el 24 de enero de 1943 tuvo lugar en Rancagua el IX Congreso del Partido Socialista, en el que Salvador Allende fue elegido secretario general; además, se integraron en el nuevo Comité Central, entre otros, Carmen Lazo, Rolando Merino, Óscar Naranjo, Raúl Ampuero y Carlos Alberto Martínez. El debate más acalorado se produjo sobre el asunto que tensionaba el partido desde la misma victoria del Frente Popular en 1938: la permanencia o retirada de los ministros socialistas. Finalmente, se alcanzó un acuerdo gracias a su capacidad para aunar voluntades y tejer consensos, al despliegue eficaz de su «muñeca política», como relató la revista *Ercilla*: «Después de tres horas de discusión explicándose que la tesis "retirista" se justificaba antes por la no ruptura de relaciones con el Eje, el Congreso adoptó una tesis sustitutoria, redactada por Allende en el sentido de prestar colaboración y apoyo al Gobierno sin exigencias administrativas. Fue aprobada por cuarenta y seis votos contra treinta y cuatro». A consecuencia de la enconada discusión y del resultado de la votación posterior, los socialistas abandonaron el Ejecutivo de Juan Antonio Ríos y, tras su derrota interna, Marmaduque Grove encabezó una escisión.[1]

---

1 Cortés, Milton, *Juan Antonio Ríos. El presidente olvidado*, Santiago de Chile, Centro de Estudios Bicentenario, 2020, p. 87.

Fueron días complicados para Allende por sus vínculos familiares con Grove, a quien además acompañó su cuñado Eduardo. La polémica tuvo un gran eco en la prensa, pero no se arredró en la defensa de sus convicciones y señaló que su voluntad era dirigir el trabajo partidario con la mística de los años fundacionales, cuando el socialismo logró arraigar en todo el país.[2]

Durante los casi veinte meses en que, por única vez, ocupó la máxima responsabilidad en el socialismo, tuvo que abordar en varias ocasiones la relación con el Partido Comunista, con el que compartía trinchera en la Alianza Democrática y cuya línea política estaba condicionada por la evolución de la Segunda Guerra Mundial, en la que la Unión Soviética se jugaba su supervivencia. Así, a los pocos días de su elección como secretario general del PS, se celebró un encuentro en la sede del PC entre representantes de esta fuerza política, el Partido Socialista y el Partido Socialista de los Trabajadores porque los comunistas querían explorar la posibilidad de un acercamiento de las tres organizaciones para constituir un partido federado. Pero él propuso un camino distinto, que no cuajaría hasta una década después: el entendimiento desde la autonomía e identidad propia.[3]

En agosto de 1943 tuvo que rendir el informe ante el IV Congreso Extraordinario del Partido Socialista, en Valparaíso, convocado para formalizar el retorno de la fracción *grovista*, y fue reelegido como principal dirigente por unanimidad. En su extenso discurso, publicado después como

---

2 *Ercilla*, Santiago de Chile, 27 de enero de 1943, p. 9.

3 Millas, Orlando, *En tiempos del Frente Popular. Memorias*, Santiago de Chile, CESOC, 1993, pp. 287-288.

folleto,[4] analizó la trayectoria reciente de su fuerza política, la actuación en los Gobiernos de Aguirre Cerda y Ríos y la decisión de abandonar el Ejecutivo.

Con una visión más crítica que nunca de aquella experiencia, destacó que desde fines de 1938 habían dirigido ministerios secundarios, sin capacidad para determinar el rumbo de los grandes rubros de la economía nacional, y que el compromiso con la defensa de la democracia ante la amenaza fascista (expresada en el programa autoritario con el que Ibáñez concurrió a las elecciones de 1942) no les impedía apreciar la profunda crisis nacional: «Los socialistas abandonamos el Gobierno cuando vimos la imposibilidad de desarrollar una positiva política en beneficio del país, del pueblo, de sus clases trabajadoras. Dejamos de pertenecer al Ejecutivo cuando nos dimos cuenta de que nuestro esfuerzo en el poder era estéril y mal interpretado y que nuestras iniciativas eran amagadas por la derecha económica, que ha seguido controlando el crédito y las finanzas. Al abandonar el Gobierno dijimos que apoyaríamos todas sus iniciativas tendientes a mejorar las condiciones generales de vida y al desarrollo económico e industrial del país. Recalcamos que mantendríamos como siempre nuestra libertad de crítica y que la emplearíamos como la mejor colaboración al Gobierno democrático del señor Juan Antonio Ríos. Afirmamos que defenderíamos las libertades individuales y sociales que consagra nuestra Constitución».

Después de analizar la situación económica nacional de manera exhaustiva, desgranó un amplio conjunto de propuestas; así, abogó por «la acción orientadora del Estado» y la economía planificada para crear un sector industrial

[4] Allende, Salvador, *La contradicción de Chile: régimen de izquierda, poder económico de derecha*, Santiago de Chile, Talleres Olmos, 1943.

público, propugnó la nacionalización de los monopolios, defendió la necesidad de aprobar una legislación que reconociera mejor los derechos de los trabajadores y demandó una ley de alfabetización popular. Al mismo tiempo, de su severa autocrítica se infiere que la izquierda aún no estaba en condiciones de ofrecer al país un proyecto que pudiera disputar el poder político a la derecha y el Partido Radical, en parte, por la situación del propio PS, que analizó de manera descarnada en aquel informe ante el IV Congreso Extraordinario: «El partido ha perdido la mística, ha perdido la fe, ha perdido la confianza en sus destinos». Y llamó a abandonar las recurrentes luchas intestinas para fortalecer la cohesión en torno a un pensamiento uniforme y compartido y unas propuestas para el país: «Nuestra doctrina, nuestra filosofía, es el marxismo enriquecido por las experiencias del devenir social; el programa no lo tenemos y la táctica cambia de acuerdo con las realidades, que exigen acomodar la línea política o la táctica a esas realidades».

Durante su breve periodo como secretario general del Partido Socialista también le correspondió atender la propuesta comunista de fundirse en un único partido obrero, cuando la organización presidida por Elías Lafertte propugnaba la Unión Nacional frente al fascismo, la alianza de la izquierda con sectores de las clases medias y la pequeña burguesía. El 1 de diciembre de 1943 remitió a Carlos Contreras Labarca, secretario general del PC, las resoluciones adoptadas al respecto en el Congreso que habían celebrado en agosto en Valparaíso. Los socialistas valoraban de manera muy positiva la disolución de la *Komintern* en mayo de aquel año y compartían la concepción teórica de constituir una nueva fuerza a partir de la unificación de «los partidos populares». Sin embargo, después de tres meses de contactos en un comité de enlace, Allende también subrayó la oposición a los planteamientos de la Unión Nacional, ya que apostaban por la construcción de una alternativa desde la izquierda.[5] El diálogo socialista-comunista no tuvo ningún resultado concreto, entre otros motivos porque el PC mantenía su alianza estratégica con el Partido Radical.

A mediados de 1944, el senador Marmaduque Grove impulsó su última y definitiva escisión y creó el Partido Socialista Auténtico (PSA) al no poder imponer sus tesis de colaboración con el Gobierno de Ríos y de fusión con el Partido Comunista. En los primeros días de julio se consumó la ruptura política definitiva entre Grove y Allende al encabezar el primero el cónclave fundacional de su fracción, mientras que el segundo se desplazó a Talca para participar en el X Congreso del Partido Socialista,[6] que transcurrió en un clima dramático de disgregación, puesto que no solo Grove agrupaba a sus partidarios en el PSA, sino que el 18 de junio el Partido Socialista de los Trabajadores (el viejo sector «inconformista» liderado por Godoy Urrutia) había formalizado su ingreso en las filas comunistas.

En Talca, su informe político fue aprobado, pero anunció que, después de un lustro con importantes responsabilidades, no deseaba asumir ningún cargo ejecutivo.[7] Los socialistas eligieron como nuevo secretario general a Bernardo Ibáñez (diputado por Valparaíso y hasta ese momento líder de la Confederación de Trabajadores) y a él como uno de los veinticuatro miembros del Comité Central.[8]

---

5 Quiroga (1988), pp. 257-268.

6 *Las Noticias de Última Hora*, Santiago de Chile, 6 de julio de 1944, p. 5.

7 *Las Noticias de Última Hora*, Santiago de Chile, 8 de julio de 1944, p. 7.

8 Jobet, pp. 176-177.

Senador por el sur

El año 1945 fue crucial para Allende, puesto que, luego de su etapa como diputado, como ministro de Aguirre Cerda y como secretario general del PS, su carrera política corría el peligro de estancarse. Sin embargo, las elecciones parlamentarias le brindaron la oportunidad de probar que su estrella aún brillaba y, en lugar de optar a uno de los 147 escaños de la Cámara de Diputados, apuntó más alto, al Senado, donde ocupaban asiento los dirigentes más notables de cada partido, los prohombres de la política nacional. Y decidió pelear su cupo en uno de los feudos de la derecha, la novena agrupación, que entonces comprendía las provincias de Valdivia, Osorno, Llanquihue, Chiloé, Aysén y Magallanes.

Fue uno de los cinco senadores elegidos, el 4 de marzo, por este inmenso territorio austral, junto con los radicales Alfredo Duhalde y Alfonso Bórquez, el liberal progresista Carlos Haverbeck y el liberal José Maza, tras derrotar a los dos candidatos del Partido Socialista Auténtico de Grove.[9] Su victoria tuvo un gran mérito porque en aquellos comicios la cosecha del Partido Socialista se desplomó. En la votación para diputados logró el 7,2 por ciento de los votos y el PSA, el 5,6, frente al 22,1 por ciento alcanzado cuatro años antes por la suma del PS, el PST y otro grupo socialista. El Partido Comunista alcanzó el 10,3 por ciento y quince diputados, frente a los seis del PS y los tres del PSA,[10] y eligió también tres senadores: Elías Lafertte y Pablo Neruda por Tarapacá y Antofagasta y Salvador Ocampo por Ñuble, Concepción y Arauco. El Partido Socialista solo

---

9 Fuente: Archivo del Servicio Electoral de la República de Chile.

10 Cruz-Coke (1984), p. 81.

obtuvo otro senador, Carlos Alberto Martínez, por Valparaíso y Aconcagua.

El 14 de agosto, en uno de los primeros discursos de su nueva etapa como parlamentario, analizó en profundidad la situación política nacional e internacional tras el final de la Segunda Guerra Mundial y puso de relieve el distanciamiento de su partido respecto a la coalición radical-comunista. De manera significativa, habló de la política de «unidad popular»: «Los socialistas luchamos contra el fascismo nacional e internacional y en la lucha entre el fascismo y la democracia, estaremos con la democracia. Hoy, aplastado el fascismo, declaramos que lucharemos por el socialismo. Estamos contra la economía individualista y liberal. Luchamos por una economía social. (...) La izquierda chilena, agrupada, aparentemente cohesionada, en lo que se llama la Alianza Democrática, no tiene un programa en defensa de una posición ideológica común. Los compañeros del Partido Comunista han planteado frente a la Alianza su concepción sobre la política de unidad nacional que no aceptamos y que hemos combatido, porque sustentamos la política de unidad popular».[11]

Aquel año el Partido Socialista se retiró de la Alianza Democrática y optó por levantar el llamado Tercer Frente como alternativa a la entente radical-comunista y a la derecha y, por primera vez, probaría suerte en las elecciones presidenciales con un candidato propio, Bernardo Ibáñez, su secretario general. El 4 de septiembre de 1946 el radical Gabriel González Videla alcanzó la primera mayoría, con el 40,23 por ciento de los votos; llama la atención la elevada

---

11 *El Partido Socialista de Chile*, Archivo Salvador Allende, nº 6, pp. 67-76.

votación de la derecha, que perdió por su división entre las candidaturas de Eduardo Cruz-Coke (29,81 por ciento) y Fernando Alessandri (27,42 por ciento). Por su parte, Bernardo Ibáñez solo logró 12.114 votos (2,54 por ciento).[12]

Después de obtener su peor resultado electoral, el Partido Socialista celebró a mediados de octubre en Concepción su XI Congreso, en el que decidió apoyar en el Congreso Pleno la investidura de González Videla como presidente frente a Cruz-Coke. Raúl Ampuero fue designado nuevo secretario general y Allende fue elegido para la comisión de Programa, que tenía la misión de redactar el nuevo documento teórico que inspiraría la acción partidaria. Los trabajos de esta comisión culminaron en noviembre de 1947 con la celebración de una Conferencia Nacional que aprobó el histórico documento inspirado esencialmente por el profesor Eugenio González. Titulado *Por una democracia de trabajadores*, reivindicó el «sentido humanista y libertario del socialismo».[13]

Contra la «Ley Maldita»

Con González Videla en La Moneda, por primera vez tres dirigentes comunistas (Carlos Contreras Labarca, Miguel Concha y Víctor Contreras) asumieron otros tantos ministerios (Fomento, Agricultura y Tierras y Colonización).

---

12 Moulian, Tomás y Torres Dujisin, Isabel, *Discusiones entre honorables. Triunfos, fracasos y alianzas electorales de la derecha en Chile, 1938-2010*, Santiago de Chile, Akhilleus-ARCIS, 2011, p. 209.

13 Arrate MacNiven, Jorge y Ruiz Encina, Carlos, eds., *Génesis y ascenso del socialismo chileno. Una antología hasta 1973*, Santiago de Chile, LOM Ediciones, 2020, pp. 122-135.

Pero fue por poco tiempo... El estigma de la traición no cae sin justificación sobre el último presidente radical de Chile, quien había declarado: «No habrá fuerza humana ni divina que me aparte del pueblo. Sin el concurso del Partido Comunista, no sería presidente de la República».[14]

Razones internas, como explicó Olga Ulianova,[15] así como la instalación del clima político de la Guerra Fría y las presiones del Gobierno de Harry S. Truman[16] condujeron a la promulgación el 3 de septiembre de 1948 de la Ley de Defensa Permanente de la Democracia, por la que el Partido Comunista fue declarado ilegal y sus militantes privados de sus derechos políticos y excluidos de los registros electorales.[17] Sus parlamentarios debieron abandonar el Congreso Nacional cuando expiraron sus mandatos, los funcionarios públicos que militaban en sus filas fueron despedidos y se arrebató al PC sus bienes inmuebles.[18] Centenares de comunistas fueron confinados en el campo de concentración de la caleta de Pisagua, en el extremo septentrional del país.[19]

---

14 De Ramón, Armando, *Historia de Chile. Desde la invasión incaica hasta nuestros días (1500-2000)*, Santiago de Chile, Catalonia, 2004, p. 151.

15 Ulianova, Olga, «Algunas reflexiones sobre la Guerra Fría desde el fin del mundo», en Fernando Purcell y Alfredo Riquelme, eds., *Ampliando miradas. Chile y su historia en un tiempo global*, Santiago de Chile, RIL Editores, 2009, pp. 235-259.

16 Garcés, Joan E., *Soberanos e intervenidos. Estrategias globales, americanos y españoles*, Madrid, Siglo XXI, 1996, pp. 105-110.

17 Sandoval Ambiado, Carlos y Figueroa Ortiz, Enrique, *Carbón: Cien años de historia (1848-1960)*, Santiago de Chile, CEDAL, 1987, p. 253.

18 Barnard, Andrew, *El Partido Comunista de Chile. 1922-1947*, Santiago de Chile, Ariadna Ediciones, 2017, pp. 242-243.

19 Véase este trabajo reciente: Valdivia, Verónica, *Pisagua, 1948. Anticomunismo y militarización política en Chile*, Santiago de Chile, LOM Ediciones, 2021. Según alardeó en diferentes ocasiones, Augusto

Y fue en aquellos meses oscuros de peregrinaje clandestino cuando Pablo Neruda culminaría su obra cumbre, *Canto general*, en la que estampó a fuego el nombre de González Videla entre los renegados de la historia nacional.

Contra la proscripción y persecución del Partido Comunista, que en las elecciones municipales de 1947 había alcanzado el 17 por ciento de los votos y se había convertido en la segunda fuerza, se alzaron voces en la derecha, en la Falange Nacional y en el socialismo, aunque hubo parlamentarios de esta filiación que sí la apoyaron. Estas discrepancias internas desencadenaron en 1947 una nueva escisión en el Partido Socialista y, si la fracción anticomunista (liderada por Bernardo Ibáñez) mantuvo la denominación histórica, el sector integrado por Salvador Allende, Raúl Ampuero, Clodomiro Almeyda o Aniceto Rodríguez fundó el Partido Socialista Popular, cuya estrategia abogaba por la independencia de clase y postulaba ya entonces un «Frente de Trabajadores».

El 18 de junio de 1948, Allende intervino en el Senado en nombre de su partido para rechazar el proyecto de Ley de Defensa Permanente de la Democracia, denominada la «Ley Maldita» por sus detractores. Es uno de sus discursos más importantes, puesto que ilumina claramente algunos de los conceptos centrales de su pensamiento político: su concepción abierta del marxismo, su noción del concepto de revolución y su defensa del pluralismo y de una democracia que, para serlo realmente, debía incluir los derechos

---

Pinochet, capitán y jefe del campo de concentración de Pisagua en las primeras semanas de 1948, habría impedido al senador Salvador Allende que visitara allí a los presos comunistas. Correa, Raquel y Subercaseaux, Elizabeth, *Ego sum Pinochet*, Santiago de Chile, Zig-Zag, 1990, pp. 62-64.

económicos y sociales. Y, sobre todo, es especialmente meritorio su análisis de la Unión Soviética cuando su prestigio alcanzaba el cénit por la decisiva contribución a la derrota del nazismo y el monumental sacrificio humano y material que le supuso.[20]

El senador socialista no tuvo dudas acerca del significado de aquella iniciativa: «Esta ley, a mi juicio, barrena las bases fundamentales en que se sustenta la organización democrática del país, en términos tales que su repercusión tendrá alcances políticos, sociales y económicos de extraordinaria trascendencia. (...) Las disposiciones contenidas en ella son una verdadera bomba atómica caída en medio de nuestra convivencia social, asentada en largos años de una efectiva tradición democrática». Defendió el derecho de los comunistas a participar en la vida política con los mismos argumentos que habría empleado, según precisó, para los conservadores o los socialcristianos, y explicó las concepciones revolucionarias de su partido: «He dicho que somos marxistas, que creemos en el socialismo científico, que somos antiimperialistas, antifeudales y antioligárquicos y que tenemos un sentido revolucionario de la transformación económico-social que necesita la humanidad. Quiero destacar, sí, que este sentido de la revolución no tiene el contenido habitual y pequeño con que suele emplearse esta palabra. Por ejemplo, no es revolucionario el jefe militar que, a la cabeza de un regimiento, toma el poder: eso puede ser un motín. No es

---

20 Martner, Gonzalo, comp., *Salvador Allende. 1908-1973. Obras Escogidas*, Santiago de Chile, Centro de Estudios Políticos Latinoamericanos Simón Bolívar y Fundación Presidente Allende (España), 1992, pp. 143-178.

revolucionario el que, por la fuerza, logra, transitoriamente, mandar».

Entonces, a la altura de 1948, intuía la posibilidad de un camino al socialismo diferente al que marcaba el poderoso ejemplo de Petrogrado: «En cambio, puede ser revolucionario el gobernante que, llegando legalmente al poder, transforme el sentido social, la convivencia social y las bases económicas del país. Ese es el sentido que damos al concepto de revolución: transformación profunda y creadora. (...) Respetamos la democracia y actuaremos siempre dentro de sus cauces legales, mientras el régimen democrático respete el sufragio, los derechos sindicales y sociales y las garantías que establece nuestra Carta Fundamental: de libertad de pensamiento, de reunión y de prensa».

No ocultó las diferencias ideológicas y las polémicas mantenidas con el Partido Comunista, pero, como probó en aquella ocasión, jamás militó en las filas del anticomunismo: «El Partido Socialista no propicia la dictadura del proletariado, aunque estima necesaria una dictadura económica en la etapa de transición que lógicamente hay que vivir para pasar de la sociedad capitalista a la socialista. He sostenido y sostengo que el marxismo es un método para interpretar la Historia; no es un dogma ni algo inmutable falto de elasticidad». Además, afirmó que de los comunistas «los socialistas hemos sido sus más tenaces y permanentes adversarios» y evocó las discrepancias de los años del Frente Popular y el rechazo del PS a la creación del partido único y a la línea política de la Unión Nacional: «Para nosotros, no hay libertad efectiva si no hay una base económica que garantice al ser humano la posibilidad de su integral desarrollo. Para nosotros, la libertad que da la organización social actual es solo aparente y tan solo una pequeña minoría dueña del poder y de los medios de producción es prácticamente libre, política y económicamente. La mayoría de nuestros conciudadanos, los obreros de las industrias, el campesinado, los empleados, en suma, todos aquellos que tienen como única herramienta para ganarse la vida la fuerza de sus brazos o de su inteligencia, no son libres».

Su impugnación del capitalismo ya era absoluta entonces. En 1948 iba más allá de lo que entonces planteaba la socialdemocracia; no hablaba de humanizarlo, sino de un hondo proceso de transformaciones que debería alumbrar una nueva economía para una nueva sociedad. Y por su vocación latinoamericanista e internacionalista, tenía una visión global del sistema capitalista: «Sostenemos que este régimen de democracia política consagra permanentes privilegios e injusticias; opinamos que cientos, miles y miles de seres humanos en todas las latitudes de la Tierra y especialmente en los países de incipiente desarrollo económico e industrial como el nuestro viven como parias, huérfanos de toda posibilidad. Para ellos están vedados todos los caminos del intelecto y del espíritu. Sostenemos que la economía capitalista, dislocada e irracional, atropella al hombre y a los pequeños países. Sostenemos que la democracia burguesa que defienden sus señorías está en crisis y que ella dará necesariamente paso a la democracia económica».

En aquel extensísimo discurso también evocó con profundo orgullo al doctor Ramón Allende Padín y leyó una parte del artículo que este publicó en 1873 en un diario de Valparaíso en el que reivindicó el apelativo de «rojo» que le habían impuesto sus adversarios; además, mostró unas cartas que el líder radical Manuel Antonio Matta le dirigió a su abuelo paterno para sentenciar: «Aquí también hay hombres que tenemos una herencia, aunque modesta, al servicio de la República».[21]

Tampoco renunció a referirse, en los comienzos de la Guerra Fría, a las dos potencias hegemónicas y a los principios fundamentales que les distanciaban de la URSS: «Solo quiero destacar en forma muy somera que, a nuestro juicio, el mundo entero oscila entre la Rusia soviética, por un lado, y el capitalismo norteamericano, por otro. Los socialistas chilenos, que reconocemos ampliamente muchas de las realizaciones alcanzadas en la Rusia soviética, rechazamos su tipo de organización política, que ha llevado a la existencia de un solo partido, el Partido Comunista. No aceptamos tampoco una multitud de leyes que en ese país entraban y coartan la libertad individual y proscriben derechos que estimamos inalienables a la personalidad humana; tampoco aceptamos la forma en que Rusia actúa en su política expansionista. Innecesario me parece insistir en las razones que nos mueven a rechazar también la acción del capitalismo norteamericano, fundamentalmente su penetración imperialista...».

Creía que había dos alternativas a los modelos patrocinados por ambas potencias. Una de ellas era la Democracia Cristiana, que en abril de aquel año había ganado las elecciones en Italia frente a la izquierda unida (con una feroz campaña de propaganda anticomunista financiada por Estados Unidos, precedente de la que se desarrollaría en Chile en 1964), al año siguiente lo haría en la República Federal Alemana y cuya expresión en su país era la Falange Nacional. Pero la opción que él defendía era la del «socialismo científico», «cuyos conceptos económicos nadie desconoce,

---

21 Martner (1992), pp. 172-173.

pero que, muy al contrario de lo que muchos suponen, levanta y dignifica la personalidad humana y da al hombre todos los caminos de superación, una vez haya obtenido su liberación económica».

En la parte final de su intervención anunció su voto contra el proyecto de ley en discusión: «Los socialistas seguiremos nuestra lucha con nuestros perfiles propios, sin concomitancias con el Partido Comunista (...). Lucharemos como socialistas, como siempre lo hemos hecho, con honradez y con cariño, con emoción chilena, por el engrandecimiento y el progreso de nuestra patria. Lucharemos dentro de los cauces democráticos y combatiremos tenazmente esta ley que, tarde o temprano, tendrá que derogarse para que la democracia vuelva a imperar en nuestra tierra querida».

En la vida familiar

«Es casi imposible separar a mi padre de su vida política. Pero me quedo con las imágenes de un papá muy cariñoso, extremadamente vital, entretenido, de muy buen humor, al que le gustaba la naturaleza y por sobre todo el mar. Él fue quien nos enseñó a nadar a mis hermanas y a mí, a remar, a saltar por las rocas. De hecho, mi mejor recuerdo de la niñez está en Algarrobo, lugar hasta donde nos llevaba cada vez que tenía unos días libres», explicó su hija menor, Isabel, en 2007.[22]

---

22 *El Mercurio*, Santiago de Chile, 17 de junio de 2007, suplemento *Reportajes*, p. 5. Para una visión de la memoria del presidente chileno desde la óptica familiar más íntima, véase el documental de su nieta Marcia Tambutti, *Allende mi abuelo Allende*, premiado en 2015 en el Festival de Cannes.

Sus hábitos cotidianos partían con un desayuno temprano y muy frugal, apenas una taza de café (siempre sin azúcar), como mucho acompañada de una manzana. En cambio, agradecía la buena mesa en los almuerzos y las cenas; uno de sus platos favoritos, además de los que le preparaba su querida «mama Rosa», era el arroz graneado con carne, y prescindía del pan, así como del aliño en las ensaladas. Practicó deporte a lo largo de toda su vida (natación, equitación y ping-pong) y realizaba una tabla de gimnasia matinal. Hortensia Bussi y él acudían de manera asidua al teatro y al cine y su género preferido era el wéstern, que en las décadas centrales del siglo xx conocía su edad dorada.

En su personalidad brillaban también unas formas de conducta que llamaban la atención por su trato de caballero decimonónico con las mujeres, su sentido de la dignidad y del honor, su lenguaje educado y su dicción perfecta. Una de las escasas personas que lo tuteaban, el dirigente socialista Carlos Altamirano, ha recordado que en ningún caso empleaba palabras duras ni groseras, tampoco el chilenismo por excelencia: «Jamás le escuché decir "huevón" a nadie, nunca. Puede que en algún momento lo haya dicho, pero no en mi presencia. Era muy bien hablado, pero no impedía que los demás, que éramos mal hablados, dijéramos lo que se nos antojara delante de él. No se molestaba, ni llamaba la atención, pero él no usaba garabatos, ni palabras groseras para expresarse».[23]

Tanto en el departamento de Victoria Subercaseaux como posteriormente en la casa de la calle Guardia Vieja disfrutaba compartiendo una comida, un buen *whisky* escocés

---

[23] Salazar, Gabriel, *Conversaciones con Carlos Altamirano. Memorias críticas*, Santiago de Chile, Debate, 2011, p. 229.

y conversación con infinidad de amigos, compañeros y adversarios políticos, intelectuales y singularmente también distinguidos refugiados latinoamericanos, como el venezolano Rómulo Betancourt o el dominicano Juan Bosch. «Le gustaba tener la casa llena de invitados... escritores, artistas, gente de la cultura y políticos», añadió en 2007 Isabel Allende. «Era feliz como anfitrión y a nosotras nos instalaba ahí, junto a la mesa, la mayoría de las veces escuchando cuando éramos más chicas y participando después. Él animaba las conversaciones, contaba anécdotas, pedía opiniones, y lo veíamos feliz. Era muy extrovertido. Y, aunque intentaba almorzar con nosotras la mayor parte de los días, siempre consideramos que el tiempo junto a él era escaso, que necesitábamos más».

No fue un padre estricto ni autoritario, pero sí exigió a sus hijas responsabilidad y el compromiso de concluir los estudios con un título universitario, que ellas cumplieron: Carmen Paz trabajó como profesora de educación parvularia, Beatriz fue médico e hizo clases en la Universidad de Chile e Isabel finalizó los estudios de Sociología. «Esa fue su muletilla de toda la vida. Nos ayudaba con las tareas (le encantaba explicar biología) y también les enseñaba a nuestros amigos... era muy solidario en eso». Además, fue tolerante con determinadas costumbres muy arraigadas en un país mayoritariamente católico: sus tres hijas fueron bautizadas e hicieron la primera comunión (en parte, seguramente, para complacer a doña Laura Gossens). Su hija menor recordaba en 2007 que incluso en una época ella solía ir a misa y él, agnóstico y masón, nunca se opuso. «Años más tarde me alejé de la Iglesia y tampoco hizo preguntas».

En un extenso reportaje publicado en octubre de 1963 en el diario del Partido Comunista, Carmen Paz y Beatriz relataron muchas anécdotas de su padre, quien entonces iniciaba su tercera campaña presidencial. Su sentido del humor, por ejemplo, se expresaba en frecuentes bromas que se inspiraban en una probada y jocosa habilidad para la imitación. «Muchas veces me ha "hecho caer" hablando como mi pololo y pasan varios minutos antes de que me dé cuenta de que es mi papá en otra de sus bromas», contó Beatriz Allende.[24]

Uno de los sucesos más divertidos, repetido año tras año, tenía lugar en los primeros días de junio, cuando empezaba a dejar cartelitos a sus hijas por diferentes lugares de la casa avisando de la proximidad de su aniversario. Letreros del estilo: «Atención, faltan veinte días para mi cumpleaños. No olviden los regalos». Y cuantos menos días quedaban... más notas aparecían. La tradición familiar imponía que cada 26 de junio debían levantarse bien temprano y acudir a su cama para despertarlo con los cariños y los regalos correspondientes. «Este último cumpleaños lo hicimos igual. Todas, con la cara aún llena de sueño, corrimos a la pieza a saludarlo. Nos extrañó encontrarlo aún dormido y tapado hasta la cabeza. Con grandes risas corrimos a abrazarlo y nos dimos cuenta de que en la cama había un muñeco hecho con la ropa perfectamente simulando al papá. No salíamos aún del estupor cuando lo vimos aparecer de un clóset muerto de la risa al ver nuestras caras», relató Carmen Paz.

En la memoria de sus hijas quedaron grabados los juegos compartidos en la infancia, con los coloridos volantines tan típicos de Chile, los paseos por el cerro San Cristóbal o los baños en la playa de Algarrobo. Y, según fueron

---

24 *El Siglo*, Santiago de Chile, 12 de octubre de 1963, suplemento especial, pp. 4-5.

creciendo, participaron en las decisiones sobre los asuntos cotidianos propios de cualquier familia. «Nos acostumbramos a ser tomadas en cuenta y a que nuestras opiniones fueran importantes. Creo que es una magnífica forma de permitirnos desarrollar nuestra propia personalidad», prosiguió entonces Carmen Paz.

Salvador Allende tuvo un vínculo muy estrecho con sus hermanas, Inés y Laura, menos con su hermano Alfredo, abogado, quien se quedó soltero y vivió siempre en el centro de Santiago. Como era el miembro más destacado de la familia, gustaba de ejercer un cierto papel patriarcal, según evoca su sobrino Andrés Pascal, el hijo menor de Laura Allende Gossens. «Para mis hermanos y para mí era el tío *Chicho*», señala. «Era muy apegado a sus hermanas y a sus respectivas familias. Eso se expresaba, por un lado, socialmente. Por ejemplo, todos veraneábamos en Algarrobo, que en aquel tiempo era un balneario bastante pequeño, poco más que una caleta de pescadores. Mis padres, el *Chicho*, otro tío mío y otras familias amigas tenían casa allí, frente a la playa. En los veranos había una relación muy intensa, y uno de los ejes de esa vida social era la casa del *Chicho*, que a media tarde se transformaba en un centro de conversación política. Llegaban Eduardo Frei, Pablo Neruda, el escritor Manuel Rojas... lo que para nosotros, los niños, era bien entretenido porque nos sentábamos a escuchar las conversaciones».[25]

Además de los baños en Algarrobo, los paseos en su pequeño bote a vela por la bahía hasta la imponente roca San Pedro, que se alza frente al pueblo, y la práctica de la natación, Allende disfrutaba en aquellos inolvidables veranos de

---

25 Entrevista del autor a Andrés Pascal Allende.

los años cincuenta y sesenta de las partidas de ajedrez con algunos de sus amigos, juego en el que desplegaba las enseñanzas del viejo Demarchi, y de dominó con Neruda, quien llegaba desde la vecina Isla Negra.

«En aquellas largas vacaciones, el *Chicho* no siempre estaba ahí; por sus obligaciones políticas, venía los fines de semana en su Chevrolet, pero tenía una relación de mucha empatía con los sobrinos», explica Pascal Allende. También le unían unos lazos de enorme cariño y confianza con sus padres. «Tenía un vínculo estrecho con mi papá, que era un hombre liberal, no era socialista, era un empresario, pero estaba muy ligado también al *Chicho*. Entonces mi papá tenía actividades de negocio en las que él participaba. Tuvieron una empresa de pesca en el norte, una conservera en el sur, hacían importaciones y exportaciones a Cuba y a Argentina junto con otro cuñado. Podíamos decir que le manejaban la generación de recursos económicos, aunque no se metían en la parte política».

De Arica a Magallanes

En junio de 1950, el Partido Socialista Popular proclamó como su candidato presidencial para 1952 a Carlos Ibáñez del Campo, quien había regresado a la arena política impulsado por una curiosa y eficaz propaganda que lo presentaba como «el General de la Esperanza» que «barrería» la corrupción de los Gobiernos radicales, pero con un programa vago e impreciso.[26] Para este sector del socialismo estaba vigente

---

[26] Correa, Sofía *et al.*, *Historia del siglo XX chileno*, Santiago de Chile, Sudamericana, 2001, p. 190.

lo sucedido en Argentina, donde el Partido Socialista había perdido mucha influencia en el movimiento obrero al oponerse al peronismo.[27] Pero la discusión sobre Ibáñez abrió una brecha profunda en sus filas, tal y como anotó en sus memorias Clodomiro Almeyda, quien también evocó su fría relación inicial con Allende, a quien había conocido en 1946.[28]

Un largo año después, el 5 de octubre de 1951, cincuenta y dos dirigentes del Partido Socialista Popular, encabezados por Salvador Allende, suscribieron una declaración pública en la que anunciaron el abandono de la organización por el respaldo a Ibáñez, cuya candidatura representaba «una negación de los principios esenciales del socialismo». Indudablemente, pesaba la memoria de las duras batallas libradas contra su régimen a finales de los años veinte, en las que Allende tuvo su bautismo político y arriesgó su carrera profesional. Pero tampoco olvidaban su vinculación con el movimiento fascista en los años treinta y la representación de la derecha en la contienda de 1942. Por ello, denunciaron aquella «aventura populista», el apoyo a un hombre «sin principios», y reafirmaban su lealtad y la «adhesión de toda una vida» a los valores del socialismo chileno, llamando a

27 Fernández Abara, Joaquín, «Populismo, democracia y marxismo: el debate de la izquierda chilena y la candidatura presidencial de Salvador Allende en 1952», *Finis Terrae. Revista de Humanidades*, nº 1, Santiago de Chile, tercera época, primer semestre de 2013, pp. 41-58. Para un análisis en profundidad de su primera candidatura presidencial, véase Rojas Flores, Jorge, *Años turbulentos. Los comunistas durante el Gobierno de Gabriel González Videla, 1946-1952*, Santiago de Chile, Centro de Investigaciones Diego Barros Arana y Biblioteca Nacional de Chile, 2022, pp. 661-750.

28 Almeyda, Clodomiro, *Reencuentro con mi vida*, Santiago de Chile, Ediciones del Ornitorrinco, 1987, p. 168.

sus compañeros del PSP a trabajar por el reencuentro en torno a sus señas de identidad.

A pesar de la convulsa evolución de su partido en los años cuarenta, fue entonces cuando Allende sintió que abandonaba la organización que había contribuido a fundar en 1933.[29] Aunque en aquel momento no desveló qué rumbo tomaría, muy pronto su fracción reingresó en el Partido Socialista de Chile, que el 1 de noviembre lo designó candidato presidencial. Algunos días después, el PS difundió una declaración en la que esbozó los principales contenidos programáticos, que pivotaban en torno a la nacionalización de las grandes minas de cobre para sostener sobre ella la modernización de la agricultura, el establecimiento de una industria pesada y una política de construcción de viviendas populares. Desde el principio aquella candidatura se concibió, con optimismo, como «un camino para que por él marchen las aspiraciones del verdadero pueblo de Chile».[30]

Además, ensalzaban su trayectoria, desde el compromiso en la Universidad de Chile a su labor como diputado y ministro del Frente Popular. Elogiaban también su desempeño en el Senado (en el que entonces ejercía la vicepresidencia) en defensa de las libertades democráticas y de numerosos proyectos de ley en favor de las clases populares (como la alfabetización obrera y campesina o la reforma del Código del Trabajo) y sus esfuerzos por avanzar hacia la nacionalización de la principal riqueza natural del país. Pronto, desde la clandestinidad, el Partido Comunista le otorgó su apoyo.

---

29 *Las Noticias de Última Hora*, Santiago de Chile, 5 de octubre de 1951, pp. 3-4.

30 *El Mercurio*, Santiago de Chile, 5 de noviembre de 1951, p. 31.

La mañana del 25 de noviembre el teatro Caupolicán se llenó para su proclamación pública como candidato presidencial del Frente del Pueblo, una alianza que agrupaba al Partido Socialista, el PC, algunos sectores del Partido Radical, pequeñas formaciones de izquierda y personalidades sin adscripción partidista. En primer lugar, tomó la palabra Gustavo Molina, representante de los profesionales independientes, después Armando Mallet por el PS y, en nombre del Partido Comunista, su presidente, el senador Elías Lafertte. Con el ceremonial característico de este tipo de actos, antes de que el candidato se dirigiera a los miles de personas que llenaban incluso los pasillos y corredores, atronó la Canción Nacional: «Puro Chile es tu cielo azulado...».

Allende inició su discurso explicando el significado de su postulación y, en un momento en que los pueblos de Asia y África luchaban por liberarse del yugo colonial, cuando ya hacía dos años que China era comunista, subrayó la necesidad de profundos cambios en el país: «No somos la suma de dos partidos. Somos eso y mucho más; somos un vasto sector ciudadano que quiere acelerar, con sentido de progreso, el proceso evolutivo de nuestra democracia para transformarla en una democracia social. (...) El mundo, desde hace años, está en un hondo y amplio proceso de transformación que alcanza a lo político, a lo económico y social. No podemos estar al margen de él. La revolución está en marcha en la conciencia de los hombres, en la voluntad de los pueblos. Cada país la orienta y la conforma según sus características propias, geográficas, económicas y políticas».

Mencionó la trascendencia histórica de la Revolución de Octubre y habló del socialismo árabe que pugnaba por abrirse paso en Egipto, para plantear en su país un proceso de transformaciones de carácter constructivo y creador: «Para esto nació el Frente del Pueblo, como un potente movimiento nacional, antiimperialista, antioligárquico, antifeudal». Y finalizó su intervención con una denuncia de la Ley de Defensa Permanente de la Democracia y entre ovaciones prolongadas exigió su derogación y el fin de la persecución del PC.[31] Con el puño en alto, cantó «La Internacional» comunista y «La Marsellesa socialista» y con él todo el Caupolicán. Al término del acto, miles de personas, llenas de entusiasmo y haciendo frente al intenso calor, marcharon por la calle Arturo Prat en dirección al corazón del poder político, la plaza Bulnes, frente a La Moneda, donde de nuevo Allende tomó la palabra.[32]

Debutó como candidato presidencial en los comicios que clausurarían la era radical inaugurada por el triunfo de Aguirre Cerda en 1938, en las primeras elecciones presidenciales en que las ciudadanas mayores de veintiún años podrían votar, tras el reconocimiento del sufragio femenino para todo tipo de comicios en 1949.[33]

Entre diciembre de 1951 y el 1 de septiembre de 1970 su vida política fue, principalmente, una interminable campaña electoral. Cuatro batallas presidenciales y tres contiendas parlamentarias para renovar su puesto en el Senado lo llevaron a recorrer todos los rincones del país planteando un programa que se fue enriqueciendo progresivamente con la contribución de sectores cada vez más amplios y plurales.

---

31 *Las Noticias de Última Hora*, Santiago de Chile, 25 de noviembre de 1951, p. 16.

32 *Las Noticias de Última Hora*, Santiago de Chile, 26 de noviembre de 1951, p. 8.

33 En las elecciones municipales, las mujeres chilenas votaban desde 1935.

«De Arica a Magallanes», como acostumbraba a proclamar. Por tierra, mar y aire. En las tardes tórridas del verano en las polvorientas poblaciones marginales de Santiago y en las largas noches invernales del sur, cuando la lluvia, entonces incesante, calaba los huesos sin remedio. En la árida pampa salitrera y en la Patagonia llena de ríos y lagos, en los cerros de Valparaíso y en la cuenca minera de Arauco, en Chuquicamata y en Sewell. Con la «ardiente paciencia» de Rimbaud y Neruda, Allende y la izquierda fueron creciendo electoralmente, conquistando conciencias, aunando voluntades en torno a su proyecto político.

La primera gira como candidato presidencial lo llevó a Lota y Coronel, dos bastiones comunistas, y después, el 2 de diciembre, al teatro Central de Concepción. A mediados de mes viajó al Norte Grande: Arica, Iquique, Antofagasta y las oficinas salitreras La Alianza, Victoria, Humberstone y Huara. A su regreso a Santiago, el 20 de diciembre, lo recibió una concentración popular.

El 13 de enero de 1952 llegó a su querido puerto de Valparaíso, donde en un acto de masas definió la coalición que sustentaba su candidatura y los objetivos centrales de su programa, que aún no planteaba expresamente el socialismo: «Somos un movimiento de liberación nacional, antiimperialista, antioligárquico, con una meta que no termina en septiembre. Estamos protagonizando una gesta emancipadora por el pan y la libertad, por el trabajo y la salud, por la reforma agraria y la industrialización del país, por la paz, la democracia y la independencia nacional».[34]

---

34 *Allende, candidato en campaña. Del general Ibáñez a la Unidad Popular.* Revista *Apsi*, número extraordinario. Santiago de Chile, 3 de septiembre de 1987, pp. 3-4.

Sin embargo, proscrito el Partido Comunista, embrujado un amplio sector del socialismo por la «escoba» de Ibáñez, el entusiasmo y la convicción que exhibió no bastaban para aspirar a la victoria. El dirigente comunista Volodia Teitelboim, uno de los dos secretarios generales del comando del Frente del Pueblo, junto con el socialista Agustín Álvarez Villablanca, dejó constancia de la debilidad del movimiento popular: «Nos dolía en el alma ver que la campaña no cundía. La persecución de González Videla había producido un desplome de la confianza. La fractura de la izquierda, el movimiento sindical diezmado hicieron que gran parte del pueblo volcara su esperanza en el hombre que prometía soluciones milagrosas...».[35]

Homenaje del Colegio Médico

Desde su etapa al frente del Ministerio de Salubridad, Salvador Allende dedicó mucho esfuerzo a trabajar por la creación del Colegio Médico. El proyecto que presentara como ministro a principios de 1941 fue aprobado por fin y se publicó en el *Diario Oficial* el 10 de diciembre de 1948 como la Ley nº 9.263. Fue el 1 de agosto de 1949 cuando se formalizó su constitución y, según consta en el acta de la sesión, el doctor René García Valenzuela fue elegido el primer responsable de su Consejo General.[36]

El 9 de octubre de 1950 Allende fue designado su presidente en un momento crucial para el gremio, que pugnaba

---

35 Teitelboim, Volodia, *Un hombre de edad media*, Santiago de Chile, Sudamericana, 2000, pp. 350-351.

36 Fuente: Colegio Médico de Chile. http://www.colegiomedico.cl/Default.aspx?tabid=103

por la aprobación del Estatuto Médico Funcionario.[37] Su compromiso con las reivindicaciones corporativas y su condición de presidente de la Comisión de Salud, Higiene y Seguridad Social del Senado le convertían en la persona idónea para lograr la culminación de uno de los principales anhelos de la profesión. Un año después, el 17 de diciembre de 1951, la Ley nº 10.223 hizo realidad ese estatuto, que mejoró sustancialmente el marco vigente desde 1946, puesto que regulaba las condiciones de trabajo, remuneraciones y perfeccionamiento de los médicos que trabajaban en la red pública de salud. Durante toda su vida fue un activo miembro del Colegio Médico, fundó y encabezó su departamento de Salud Pública y se preocupó de la estructuración del Fondo de Solidaridad Gremial, cuya presidencia también ocupó.[38]

Inmerso en la campaña presidencial, el 13 de marzo de 1952 presentó su dimisión de manera irrevocable.[39] En la sesión ordinaria del 3 de abril, el Consejo General aceptó su renuncia y eligió a su sustituto, el doctor Gustavo Jirón. Su revista destacó la positiva valoración de su gestión y también de su tarea como senador: «Se dejó constancia por la unanimidad de los consejeros presentes del pesar con que veían alejarse de la presidencia al Dr. Allende, a quien se reconoció como el más eficaz impulsador de la Ley nº 10.223, de la reforma de la Ley nº 4.054 y creación del Servicio Nacional de Salud y de otras medidas legislativas igualmente

---

37 Veneros, pp. 120-121.

38 *Vida Médica*, nº 12, Santiago de Chile, diciembre de 1970, p. 27.

39 El auditorio de la sede nacional del Colegio Médico de Chile lleva el nombre de Salvador Allende, el primero de sus miembros que alcanzó la presidencia de la República. En 2006 y 2014, lo hizo la doctora Michelle Bachelet.

trascendentales, con lo cual se había granjeado la gratitud del cuerpo médico».[40]

El 26 de abril esta entidad aprovechó su asamblea anual para rendirle un homenaje público «en reconocimiento de los servicios prestados desde la presidencia del Colegio Médico y desde todos los cargos que ha desempeñado en su larga y brillante vida pública». Antes de entregarle un pergamino y una medalla que expresaban «el sentimiento agradecido de todos sus colegas», el doctor Jirón elogió su trayectoria como parlamentario, su labor como ministro de Salubridad y la honestidad de su dimisión tras convertirse en candidato presidencial. Por su parte, el presidente del Consejo Regional de Santiago, el doctor Guillermo Velasco, señaló: «Si al Estatuto del Médico Funcionario agregamos su papel en las leyes de reforma de la Ley nº 4.054 y del Servicio Nacional de Salud, podemos decir que ha contribuido en forma que podríamos llamar histórica a realizar y construir las piedras angulares de una nueva era de la salubridad en Chile...».[41]

El 8 de agosto de 1952 se publicó la Ley nº 10.383, que creó el Servicio Nacional de Salud y el Servicio de Seguro Social, el exitoso resultado final de la larga tramitación de la reforma de la Ley nº 4.054 que suscribiera junto con el presidente Aguirre Cerda en junio de 1941.[42] Esta ley proporcionó asistencia médica gratuita para los asegurados y sus familias y otros beneficios, tales como subsidios por enfermedad y lactancia o el aumento de las pensiones de orfandad y viudez.

---

40 *Colegio Médico*, Santiago de Chile, marzo-abril de 1952, p. 24.

41 *Colegio Médico*, Santiago de Chile, mayo de 1952, pp. 12-16.

42 Molina Bustos, Carlos Antonio, *Institucionalidad sanitaria chilena. 1889-1989*, Santiago de Chile, LOM Ediciones, 2010, p. 128.

La huella de su labor de un cuarto de siglo como senador, hasta 1970, también quedaría en la creación de la Sociedad Proayuda al Niño Lisiado (hoy Fundación Teletón) y de la Sociedad Protectora de la Infancia, en la construcción del edificio de la Asistencia Pública en Santiago y de la Escuela de Salubridad de la Universidad de Chile (actual Escuela de Salud Pública), en la concesión de financiación para el Departamento de Perfeccionamiento Científico del Colegio Médico y en la reconstrucción de la Escuela de Medicina tras el incendio de diciembre de 1948.[43] Y promovió las tres leyes (nº 12.401, nº 12.462 y nº 13.305) que otorgaron la asignación prenatal para las mujeres desde el quinto mes de embarazo, que favorecía cada año a unas trescientas mil madres, y la que creó las Juntas de Auxilio Escolar, que proporcionaban el desayuno a un millón de niños.[44]

Duelo a muerte con Raúl Rettig

La campaña presidencial avanzaba hacia la cita de septiembre con las urnas. El 18 de marzo de 1952, Allende llegó a Punta Arenas y desde el mismo aeropuerto encabezó una caravana de vehículos hasta la plaza Bulnes, donde protagonizó el primer acto; después se dirigió hasta el teatro de la ciudad, donde intervinieron distintos dirigentes locales y también el presidente de la FECh, José Tohá. En los días

43 Amar Díaz, Mauricio, «Salud, educación, vivienda y trabajo en el pensamiento de Salvador Allende Gossens», en *Salvador Allende. Vida política y parlamentaria 1908-1973*, Chile, Ediciones Biblioteca del Congreso Nacional de Chile, 2008, pp. 173-201.

44 Departamento de Planificación de la Oficina de Informaciones y Radiodifusión, *Biografía del presidente Allende*, p. 28.

posteriores visitó la zona petrolífera de Magallanes y algunas localidades de Tierra del Fuego.

Durante aquellos meses tuvo que desmentir el rumor de la retirada de su candidatura en favor del representante del Partido Radical, Pedro Enrique Alfonso, quien ya contaba con la adhesión de la Falange Nacional. En junio se movió por la zona centro-sur (Chanco, Cauquenes, San Fernando, Santa Cruz, San Javier y Parral) y a mediados de julio viajó al Norte Chico para recorrer Chañaral, Vallenar, Potrerillos, Tierra Amarilla, Freirina y el valle del Huayco. En agosto visitó la provincia de Valparaíso y recorrió Viña del Mar, Quilpué, Villa Alemana y Quillota.

El clima político se encrespó después de la aprobación final del Programa de Ayuda Militar suscrito con Estados Unidos, un acuerdo repudiado por la izquierda.[45] En virtud del mismo, se estableció en Washington una misión militar chilena que empezó a seleccionar el material más apropiado

---

45 Desde 1947, como el conjunto de América Latina, Chile había quedado ligado al sistema político-militar interamericano, parte esencial de su encuadramiento con Estados Unidos durante la Guerra Fría. El 2 de septiembre de aquel año, junto con otras dieciocho naciones, suscribió en Río de Janeiro el Tratado Interamericano de Asistencia Recíproca, que establece, hasta el día de hoy, la obligación de ayuda militar mutua en caso de agresión externa. Otro paso más en la política de contención de la «amenaza comunista» fue la fundación, el 30 de abril de 1948 en Bogotá, de la Organización de Estados Americanos (OEA), cuya carta fundacional, firmada por Chile, auspicia dos objetivos: promover una solución pacífica a los conflictos regionales y garantizar la «seguridad colectiva». Y el eslabón definitivo de la subordinación a Estados Unidos fue el Programa de Ayuda Militar que en el caso de Chile se formalizó el 9 de abril 1952, fue ratificado por el Congreso Nacional y publicado en el *Diario Oficial* el 21 de julio de ese año. Muñoz, Heraldo, *Una amistad esquiva. Las relaciones de Estados Unidos y Chile*, Santiago de Chile, Pehuén, 1987, p. 51.

y la reglamentación precisa para adaptar las normas vigentes en el Ejército a la doctrina elaborada por la potencia hemisférica tras su participación en la Segunda Guerra Mundial. Como contrapartida, desde 1956 se instalaría en Chile una misión militar estadounidense, integrada por oficiales y personal del ejército de tierra, que se radicaron en el séptimo piso del Ministerio de Defensa (frente al palacio de La Moneda), la armada (en Valparaíso) y la aviación (en la base aérea de El Bosque, en Santiago).[46]

La «ayuda» militar estadounidense a Chile entre 1953 y 1974 ascendió a 192,9 millones de dólares; de ellos, treinta y tres millones fueron entregados durante los años 1970-1973. Otro de los pilares de esta subordinación serían los programas de entrenamiento: entre 1950 y 1973, 5.679 oficiales de las tres ramas de las Fuerzas Armadas chilenas recibieron adiestramiento en bases militares estadounidenses,[47] lo que tuvo una honda repercusión y produjo cambios trascendentales, como ha expuesto el general de división retirado Alberto González.[48]

Por otra parte, a solo cuatro semanas de la elección, la prensa de Santiago informó ampliamente de un suceso que parecía más propio de los wésterns que tanto gustaban al candidato del Frente del Pueblo, puesto que el senador Raúl

---

46 *Historia del Ejército de Chile. Tomo IX: El Ejército después de la II Guerra Mundial (1940-1952)*, Santiago de Chile, Estado Mayor General del Ejército de Chile, 1985, pp. 85-86.

47 Varas, Augusto *et al.*, *Chile. Democracia. Fuerzas Armadas*, Santiago de Chile, FLACSO, 1980, pp. 89-90.

48 González Martín, Alberto, *La última influencia. Efectos de la ayuda militar norteamericana en el Ejército de Chile después de la II Guerra Mundial*, Santiago de Chile, Biblioteca del Oficial del Ejército de Chile, 2006, p. 153.

Rettig y él se batieron en un duelo a muerte al amanecer.[49] Compañeros de colegio en Valdivia en 1920 y 1921, tuvieron un duro enfrentamiento verbal en el Senado después de que el dirigente radical insinuara que la candidatura del Frente del Pueblo estaba financiada por la derecha para restar votos a Ibáñez y a Alfonso.[50] La mediación de Eduardo Frei y Radomiro Tomic impidió que se golpearan allí mismo, pero la interrupción de la sesión para aplacar los ánimos encolerizados por parte de Fernando Alessandri, presidente de la institución, fue estéril. Ambos se retiraron del Congreso Nacional en medio de un gran revuelo y a lo largo de aquel mismo día concertaron batirse para lavar el ultraje a su honor.[51]

Rettig designó a dos representantes que visitaron a Allende en su domicilio y le exigieron explicaciones por sus duros reproches o, en su defecto, «una reparación por las armas». Allende se negó a hacerlo y designó a Armando Mallet y Astolfo Tapia como sus portavoces. Todas las mediaciones a lo largo de la tarde, la noche y la madrugada fueron estériles y a las siete de la mañana del 6 de agosto, tras sortear el seguimiento de Carabineros y la Policía de Investigaciones, que debían evitar un enfrentamiento armado que estaba penado por la ley con condenas de cinco a diez años de cárcel,

---

49 Véase la narración de uno de los testigos: Ravest Santis, Guillermo, *Pretérito imperfecto. Memorias de un reportero en tiempos chilenos de la Guerra Fría*, Santiago de Chile, LOM Ediciones, 2009, pp. 25-32.

50 *Ercilla*, Santiago de Chile, 12 de agosto de 1952. Esta revista evocó en sus páginas centrales la llamativa tradición nacional en este tipo de enfrentamientos entre «caballeros». El último precedente que reseñó databa de 1937, cuando el dirigente radical Juan Antonio Ríos (presidente entre 1942 y 1946) se batió con su compañero Octavio Señoret, al que dejó cojo de por vida.

51 *El Mercurio*, Santiago de Chile, 6 de agosto de 1952, p. 21.

lograron llegar al lugar concertado. En la quinta del empresario Raúl Jara Barros, en Macul Alto, Rettig y Allende se colocaron frente a frente y, en presencia de varios testigos y periodistas (entre ellos Carlos Jorquera), cada uno disparó una sola vez. Ambos resultaron ilesos.[52] Allende declaró que había notado la bala muy cerca de su rostro, mientras que la suya, según Jorquera, «se perdió rumbo a la cordillera».

A finales de septiembre, tras las elecciones, una amiga en común los invitó a una cena y con los saludos afectuosos demostraron que habían olvidado el dramático e irresponsable episodio. La vieja amistad nacida en el sur tres décadas atrás quedó restaurada.[53]

El retorno de Neruda

En agosto de 1952, después de tres años y medio en el exilio, el poeta por fin pudo regresar a Chile y alcanzó a participar en la recta final de la campaña de Allende. El autor de *Veinte poemas de amor y una canción desesperada* concedió algunas entrevistas a los medios de comunicación y aprovechó esos espacios para desmentir los rumores interesados que planteaban una retirada de la izquierda ante sus nulas expectativas de victoria.[54] Así lo expresó el 16 de agosto en

---

52 *El Mercurio*, Santiago de Chile, 7 de agosto de 1952, p. 23.

53 Jorquera, pp. 297-305.

54 Volodia Teitelboim narró cómo en 1952 Carlos Ibáñez del Campo convocó a una reunión privada a la dirección del Partido Comunista para exhortarles a abandonar a Allende y apoyar su candidatura. «Respetamos nuestros compromisos», le respondió Lafertte. «No nos interesa triunfar de cualquier manera. Lo que queremos es que el pueblo abra un camino». Teitelboim, pp. 338-342.

declaraciones a Radio Minería: «El Frente del Pueblo mantendrá, naturalmente, la candidatura del senador Allende como el abanderado de un programa nacional y de las esperanzas populares».[55]

Tampoco a la prensa internacional le cabían dudas de quién era el principal favorito. «El general Ibáñez parece el candidato presidencial con más posibilidades de éxito», aseguraba el periódico español *ABC*, cuyo enviado especial tildaba a Allende, «prestigioso médico de ideas muy avanzadas», como «cabeza visible de los comunistas» y «capitán de las izquierdas chilenas».[56]

Sin caer en el desánimo, en la recta final volvió a recorrer el Norte Grande (Antofagasta, la oficina salitrera de Pedro de Valdivia, Chuquicamata),[57] Valparaíso y Santiago con un discurso nítido que llamaba a construir una alternativa: «Estamos contra la derecha y su candidato, porque ellos representan el feudalismo, el vasallaje económico, el hambre, la miseria y la explotación. Estamos contra el candidato del Gobierno porque representa estos años de ignominia, estos años sin libertad. Estamos contra el general Ibáñez porque el pueblo no acepta la asonada fascista, con caudillos de opereta, con generales sin batallas, que levantan como único programa una escoba. Los problemas de Chile son más profundos y ante la escoba del general levantamos el arado,

---

55 *Democracia*, Santiago de Chile, 17 de agosto de 1952, p. 1. Citado en Gutiérrez Revuelta, Pedro y Gutiérrez, Manuel J., eds., *Pablo Neruda. Yo respondo con mi obra*, Salamanca, Universidad de Salamanca, 2004, p. 321.

56 *ABC*, Madrid, 29 de agosto de 1952, p. 17.

57 Gutiérrez Rodríguez, Christian, *Candidatura de Salvador Allende Gossens, año 1952.* Tesina de licenciatura. Pontificia Universidad Católica de Chile. Santiago de Chile, 1997, pp. 86-89.

el yunque y la fragua donde se ha fundido el porvenir venturoso de Chile».[58]

El 2 de septiembre tuvo lugar la clausura de su campaña. Aquella tarde invernal los partidarios del Frente del Pueblo se congregaron en cuatro columnas en la plaza Baquedano, la avenida Vicuña Mackenna con la Alameda, el parque Forestal y la avenida Bustamante con plaza Italia. Cuando a las siete escucharon una salva de veintiún cañonazos, en medio del intenso frío, la lluvia y el viento, decenas de miles de personas empezaron a marchar con Allende hacia la plaza Bulnes y después al teatro Caupolicán, desde donde los discursos fueron transmitidos a todo el país por una cadena nacional de emisoras de radio.

Los principales oradores, Pablo Neruda y Salvador Allende, hablaron más de lo que vendría a partir del 4 de septiembre que de la victoria en las urnas. «Somos la juventud del mundo», exclamó el poeta con optimismo militante. «Sabemos a dónde vamos, somos la vanguardia organizada del pueblo». Neruda señaló también que el Partido Comunista, en el que militaba desde el 9 de julio de 1945, deseaba que la ciudadanía entendiera la necesidad de desarrollar una política unitaria que reagrupara a la izquierda y le permitiera crecer.

Cuando Salvador Allende se dirigió hacia los micrófonos, estalló «una ovación formidable» en el interior y el exterior del Caupolicán. Los aplausos dieron paso a la Canción Nacional y a las primeras palabras del candidato, quien ensalzó la gigantesca marcha que acababan de protagonizar y señaló su convicción de que estaban empezando a «forjar el porvenir de la patria». «El Frente del Pueblo se propone

---

58 *Allende, candidato en campaña. Del general Ibáñez a la Unidad Popular.* p. 6.

hacer la revolución constructiva y democrática que Chile necesita, es decir, la revolución antiimperialista, antioligárquica y antifeudal», proclamó. Resaltó que con la destacada participación del Partido Comunista y el retorno de Neruda habían derrotado políticamente a González Videla y expresó su orgullo por la reciente creación del Servicio Nacional de Salud, «que deberá atender a más de tres millones de chilenos».[59]

Sin el apoyo de ninguno de los principales partidos y con un programa que hacía concesiones a la izquierda (reforma agraria, derogación de la «Ley Maldita», rechazo de los acuerdos militares con Estados Unidos),[60] Ibáñez arrasó en las urnas, a pesar de sus setenta y cinco años y su pasado autoritario (46,8 por ciento y 446.439 votos). El derechista Arturo Matte obtuvo el 27,8 por ciento de las preferencias y el radical Pedro Enrique Alfonso el 19,9 por ciento, mientras que Allende quedó en último lugar con el 5,4 por ciento y apenas 51.975 sufragios. Las provincias donde el Frente del Pueblo logró más adhesiones fueron Santiago (22.762), Concepción (5.468) y Valparaíso (4.250), también las únicas en las que obtuvo más de mil sufragios femeninos.[61] Ya entonces su votación sufrió un acusado desequilibrio de género, puesto que solo logró 13.735 votos en las mesas donde sufragaban las mujeres (por 38.240 en las masculinas).[62]

---

59 *Las Noticias de Última Hora*, Santiago de Chile, 3 de septiembre de 1952, p. 3.

60 Solo cumplió con el segundo de estos tres puntos y en los últimos meses de su mandato.

61 Fuente: Archivo del Servicio Electoral de la República de Chile.

62 Garay Vera, Cristián, «La elección presidencial de 1952. La candidatura de Carlos Ibáñez del Campo y su retorno a La Moneda», en

Aquella misma noche el Frente del Pueblo reconoció mediante una declaración la victoria de Ibáñez, aunque advirtió que la ciudadanía no había elegido «el sendero más justo» debido a la ausencia de un programa definido y la visible heterogeneidad de las fuerzas que lo apoyaban. Asimismo, llamó a las bases del radicalismo a reflexionar sobre los errores de su partido y a la socialcristiana Falange Nacional y otras fuerzas «con sentido nacional y social» a abandonar sus posiciones subalternas para unirse a la mayoría necesitada de cambios reales y profundos. En cualquier caso, subrayó que su candidatura probaba «la existencia a través de todo el país de un sólido movimiento organizado» con perspectivas de desarrollo hacia el futuro y, con optimismo, exhortó a recorrer un camino ciertamente singular: «Levantemos más alta que nunca la bandera de la unidad popular en torno a las necesidades del país».[63]

El Frente del Pueblo fue la primera etapa de un largo proceso, que culminó en 1970, de convergencia social y política en torno a los dos partidos marxistas. La primera candidatura presidencial también forjó el entendimiento entre Allende y el Partido Comunista, su aliado más leal en la larga marcha hacia La Moneda y durante sus *mil días* como presidente de la República. La unidad de acción entre los socialistas y los comunistas chilenos, algo excepcional en aquel mundo de la Guerra Fría, resistiría aún dos derrotas presidenciales más.

Alejandro San Francisco y Ángel Soto, *Camino a La Moneda. Las elecciones presidenciales en la historia de Chile. 1920-2000*, Santiago de Chile, Centro de Estudios Bicentenario, 2005, p. 273.

63 *Las Noticias de Última Hora*, Santiago de Chile, 5 de septiembre de 1952, p. 9.

Igualmente importante fue la fundación de la Central Única de Trabajadores (CUT), que, tras la decadencia de la Confederación de Trabajadores, logró unir a los obreros de filiación comunista, socialista, socialcristiana, radical e incluso libertaria.[64] Su congreso fundacional se celebró entre el 12 y el 15 de febrero de 1953 en el teatro Coliseo de Santiago tras una convocatoria suscrita por 2.355 delegados que representaban a unos trescientos mil trabajadores sindicalizados y contó con la condescendencia del Gobierno, hasta el punto de que el ministro del Trabajo, Clodomiro Almeyda, intervino en la jornada inaugural. Si bien en torno al 40 por ciento de los delegados eran comunistas, su primera dirección estuvo presidida por Clotario Blest (un luchador social de profundas creencias cristianas), acompañado por representantes de todas las tendencias.[65]

La creación de la CUT antecedió a las elecciones parlamentarias del 1 de marzo, en las que el *ibañismo* conquistó una gran victoria al lograr la mitad de los escaños de la Cámara de Diputados y once de los cupos del Senado en disputa.[66] Con su discurso populista, el bloque gubernamental apoyó su fuerza en el Partido Agrario-Laborista (15,1 por ciento) y en el Partido Socialista Popular (8,3 por ciento), pero sobre todo en una amalgama de grupos improvisados sin doctrina, líderes ni programa, que sumaron el 22 por ciento de los votos. Ibáñez dinamitó el viejo sistema de partidos: las fuerzas de derecha pasaron del 40,7 por ciento de 1949 al 26 por ciento; en el centro político, la

---

64 Moulian, Tomás, *Fracturas. De Pedro Aguirre Cerda a Salvador Allende (1938-1973)*, Santiago de Chile, LOM Ediciones, 2006, pp. 180-182.

65 Arrate y Rojas, tomo 1, p. 290.

66 *Zig-Zag*, Santiago de Chile, 7 de marzo de 1953, pp. 34-36.

Falange Nacional seguía siendo testimonial (2,8 por ciento) y el radicalismo perdía casi la mitad de su apoyo (del 26,7 por ciento al 14 por ciento); en la izquierda, el Partido Socialista apenas logró el 1,5 por ciento de los votos y cinco diputados, que conformarían una diminuta bancada junto con otros cuatro adscritos al Frente del Pueblo.[67]

En aquella ocasión Allende se postuló por las circunscripciones de Tarapacá y Antofagasta y de nuevo fue elegido, por lo que quedó como el único senador de la alianza que había respaldado su candidatura presidencial. Sin embargo, a pesar de que concurrió por uno de los antiguos feudos comunistas y de que aspiraba a *heredar* uno de los escaños logrados por Neruda y Lafertte en 1945, solo fue el cuarto candidato más votado por esta zona, con 4.017 sufragios, por detrás del radical Marcial Moral (5.312), de uno de los hijos del «león de Tarapacá», Fernando Alessandri (5.245), y de Raúl Ampuero (5.117) y solo por delante del agrario-laborista Guillermo Izquierdo (3.230).[68]

No obstante, la alianza del Partido Socialista Popular con Ibáñez duró muy poco. En abril de 1953 sus militantes se retiraron de los ministerios y apenas mantuvieron su apoyo político al viejo caudillo durante algunos meses más. El sueño populista se desvaneció muy pronto.

Ante la muerte de Stalin

El 5 de marzo de 1953, el fallecimiento del presidente del Consejo de Ministros de la URSS y secretario general del

---

67 Urzúa, pp. 84-88.

68 Fuente: Archivo del Servicio Electoral de la República de Chile.

Partido Comunista de la Unión Soviética (PCUS) conmocionó al movimiento comunista internacional, que lloró al sucesor de Lenin, al constructor de «la patria de todos los trabajadores del mundo», al líder que había guiado a su pueblo a la heroica victoria sobre el nazismo, al «padre» de la inmensa nación que, en palabras de Luis Corvalán (secretario general del Partido Comunista de Chile entre 1958 y 1989), «había abierto para la humanidad la era del socialismo».

El XX Congreso del PCUS, en febrero de 1956, revelaría y condenaría sus crímenes y en los años noventa la apertura de los archivos soviéticos permitió a los historiadores iluminar los episodios ominosos de aquel tiempo... ignorados por quienes en Santiago de Chile acudieron la mañana dominical del 15 de marzo de 1953 al teatro Baquedano para asistir al «grandioso homenaje» al «gran constructor del socialismo y líder de la paz recientemente fallecido».[69] El aforo quedó pequeño y miles de personas tuvieron que seguir su desarrollo desde la calle por altoparlantes.[70]

En el proscenio dos banderas nacionales flanqueaban un enorme cuadro de Stalin y en las primeras filas del patio de butacas se sentaban las personalidades políticas e intelectuales más representativas de la izquierda, como el científico Alejandro Lipschutz, Roberto Parada, María Maluenda, Clotario Blest, Pablo Neruda y su esposa, Delia del Carril, Elías Lafertte, Salvador Allende, Margot Loyola o Volodia Teitelboim. El acto, lleno de emoción, estuvo conducido por

---

69 Así lo recordó Luis Corvalán, quien, en representación del PC chileno, asistió al XX Congreso del PCUS: «No teníamos idea de sus crasos errores o los tomábamos como invención del enemigo». Corvalán, Luis, *De lo vivido y lo peleado. Memorias*, Santiago de Chile, LOM Ediciones, 1997, p. 59.

70 *El Siglo*, Santiago de Chile, 16 de marzo de 1953, p. 1.

los periodistas José Miguel Varas y Eliana Mayerholz y empezó a las once de la mañana con la soprano Blanca Hauser cantando el himno soviético y la Canción Nacional acompañada al piano por Armando Carvajal. El dirigente obrero Juan Vargas Puebla intervino en nombre de los trabajadores; el presidente del Partido Radical, Justiniano Sotomayor, pronunció un vibrante discurso y María Maluenda y Roberto Parada declamaron el poema de Maiakovski sobre la muerte de Lenin. Lo clausuraron Salvador Allende (presidente del Frente del Pueblo), cuya intervención fue interrumpida por el público con recurrentes aplausos, y, en nombre del Partido Comunista, Pablo Neruda, quien fue recibido con una enorme ovación que precedió al canto «La Internacional» y leyó un poema suyo inédito dedicado a Stalin.[71]

El contenido de aquel discurso de Salvador Allende contrasta vivamente con su conocida posición acerca del sistema soviético.[72] En agosto de 1954, en un viaje gestionado por Pablo Neruda a través del Instituto Chileno-Soviético de Cultura, Allende llegaría por primera vez a la URSS[73] formando parte de una comitiva y entonces publicó un

---

71 Amorós, Mario, *Neruda. El príncipe de los poetas. Biografía*, Santiago de Chile, Ediciones B, 2015, p. 324.

72 *El Siglo*, Santiago de Chile, 16 de marzo de 1953, p. 5.

73 Aquel viaje se prolongó durante seis meses y se extendió a China, donde la delegación chilena asistió el 1 de octubre a la conmemoración del quinto aniversario del triunfo de la Revolución, presidida por Mao en la plaza de Tiananmén. Labarca (2007), pp. 86-90. En Moscú, Allende se reunió con Alexander Vishnevski, director del Instituto de Cirugía de la URSS. Pedemonte, Rafael, *Guerra por las ideas en América Latina, 1959-1973. Presencia soviética en Cuba y Chile*, Santiago de Chile, Ediciones de la Universidad Alberto Hurtado, 2020, p. 208. La comitiva estaba integrada también por Hortensia Bussi, el abogado comunista Sergio Insunza y su esposa, quien ofrece un relato detallado de aquel viaje en su autobiografía: Figueroa Yávar,

artículo en *Pravda* (el diario del PCUS) puramente descriptivo de la realidad nacional, así como del programa, la composición y los objetivos del Frente del Pueblo.[74] Junto con su esposa y sus acompañantes se alojó en el Hotel Nacional y visitó instituciones científicas y culturales, varias fábricas, el mausoleo de Lenin, el Museo de la Revolución y el Kremlin.[75] Regresaría a la URSS varias veces a lo largo de los años sesenta, una de ellas en noviembre de 1967 (con su hija Beatriz), cuando encabezó la delegación chilena invitada a la conmemoración del cincuentenario de la Revolución.[76] Y en diciembre de 1972 visitaría Moscú y Kiev en su gira exterior más importante como presidente de la República.

Aunque siempre reconoció la trascendencia histórica del Octubre soviético y el papel positivo de la URSS como aliado de los pueblos del Tercer Mundo que luchaban por la emancipación (singularmente elogió varias veces el caso de Vietnam), no vaciló en condenar dos sucesos que causaron un grave daño al prestigio del comunismo: las invasiones militares de Hungría y Checoslovaquia. Por la cercanía histórica a la muerte de Stalin, destaca el primer caso, ya que el 7 de diciembre de 1956 intervino en el Senado para rechazar la agresión y defender el principio de la libre determinación de los pueblos: «La experiencia vivida por la humanidad en estos días reafirma lo que hemos venido sosteniendo en cuanto a que los principios socialistas pueden y deben bus-

---

Aída, *Después de mucho vivir. Memorias*, Santiago de Chile, RIL Editores, 2016, pp. 89-102.

74 Allende, Salvador, «La lucha del pueblo de Chile por la independencia nacional», *Pravda*, Moscú, 11 de agosto de 1954, p. 3.

75 Lavretski, J., *Salvador Allende*, Moscú, Progreso, 1978, p. 67.

76 Guilisasti, Sergio, *Los partidos políticos chilenos*, Santiago de Chile, Nascimento, 1964, p. 270.

car los cauces de superación y reemplazo del capitalismo de acuerdo con las características de cada país. Es evidente el fracaso de todas las tendencias que han creído que los regímenes políticos pueden ser trasplantados o impuestos sobre los pueblos. No hay pueblo que acepte el colonialismo mental o espiritual y, tarde o temprano, su lucha emancipadora buscará sus legítimos y propios derroteros».

Y entonces se refirió también al XX Congreso del PCUS, celebrado aquel mismo año, en el que Nikita Jrushchov había presentado su demoledor informe sobre Stalin: «Lo acontecido en Europa y las conclusiones del Vigésimo Congreso del Partido Comunista vienen a reconocer los propios errores cometidos durante la etapa en que la orientación interna y externa de la Unión Soviética la tuvo el estalinismo». Defendió, asimismo, «los conceptos humanistas y libertarios» del socialismo y ni siquiera el supuesto peligro de restauración del capitalismo le indujo a justificar aquella invasión militar: «Nosotros, que somos partidarios de la autodeterminación de los pueblos, no podemos dejar de expresar claramente nuestra palabra condenatoria de la intervención armada de la Unión Soviética en Hungría».[77]

En cambio, su larguísimo discurso en aquella mañana del 15 de marzo de 1953 en el teatro Baquedano fue una verdadera oración fúnebre, una extraordinaria loa a Stalin. Sus últimas palabras las dedicó a su principal aliado, al que interpeló con un mensaje destinado a consolar su orfandad: «Camaradas del Partido Comunista, sabemos que hay sombra y dolor en vuestros corazones, que es ancha y profunda vuestra angustia. Vuestro consuelo, el saber que hay

---

77 *Salvador Allende: Frente al mundo*, Archivo Salvador Allende, nº 11, México DF, UNAM, 1990, pp. 139-141.

hombres que no mueren. Stalin es uno de ellos». Fue el discurso menos *allendista* de toda su vida.[78]

Un nuevo escenario político

La ruptura temprana con el presidente Ibáñez abocó al Partido Socialista Popular de manera irremisible al entendimiento con las fuerzas que integraban el Frente del Pueblo, aunque sin renunciar a su línea política marcadamente principista. A finales de octubre de 1955, el PSP realizó su XVI Congreso, en el que reafirmó su estrategia del Frente de Trabajadores,[79] declaró agotada la etapa de los acuerdos con los partidos burgueses y apostó por una alianza que agrupara solo a las fuerzas obreras y a la CUT. En cambio, en abril de 1956 el X Congreso del PC oficializó su apuesta por la «vía pacífica», explicitada en su tesis del Frente de Liberación Nacional, que volvía a defender la alianza con sectores de la burguesía progresista (cuyos intereses los enfrentaban con el capital monopolista y el imperialismo) para realizar los cambios profundos propios de la revolución

---

78 Véase este discurso íntegramente en: Amorós, Mario, *Allende. La biografía*, Barcelona, Ediciones B, 2013, pp. 572-585. Y también mi artículo «El día que Allende glosó a Stalin», *El País*, Blog *Historia/s*, Madrid, 16 de enero de 2014. https://blogs.elpais.com/historias/2014/01/allende-stalin.html

79 Esta estrategia política bebía del manantial trotskista que alimentó al PS desde los años treinta en cuanto a la naturaleza de la revolución en los países atrasados, el rechazo a la noción de «burguesía nacional» o la hostilidad a las alianzas interclasistas. Faúndez, Julio, *Izquierdas y democracia en Chile, 1932-1973*, Santiago de Chile, Ediciones BAT, 1992, p. 170.

democrático-burguesa y avanzar de manera gradual hacia el socialismo.[80]

El 1 de marzo de 1956 los dos partidos socialistas, el Partido del Trabajo (una fuerza instrumental que cobijaba a los pocos parlamentarios comunistas), el Partido Demócrata del Pueblo y el Partido Democrático, con la participación desde la clandestinidad del PC, suscribieron el acta fundacional del Frente de Acción Popular y eligieron presidente a Salvador Allende. Si la composición del FRAP se correspondía con las tesis clasistas del Frente de Trabajadores, su política y su programa se acercaban más a la línea comunista.

En las postrimerías de 1956, las medidas recomendadas por los economistas estadounidenses de la misión Klein-Saks, contratada por el Gobierno de Ibáñez, originaron una grave recesión y un elevado desempleo. Cada vez más aislado, repudiado por el sector de la izquierda que lo había apoyado inicialmente y despreciado por la derecha, Ibáñez desplegó una política represiva: el 17 de septiembre tres obreros cayeron muertos en la oficina salitrera Pedro de Valdivia y veinticuatro resultaron heridos. Y 1957 empezó en medio de un clima de movilización social: en Santiago y Valparaíso se formaron comités contra las alzas de precios con la participación de las Juventudes Comunistas, la Juventud Socialista, la FECh y la CUT.

A fines de marzo, como tantas veces en la Historia (como sucedió también en Chile en octubre de 2019), un hecho puntual encendió la rebelión social: el incremento del pasaje del transporte público en Valparaíso y Santiago sacó a miles de personas a las calles primero en el puerto y

---

80 Varas, Augusto, comp., *El Partido Comunista en Chile*, Santiago de Chile, FLACSO-CESOC, 1988, pp. 144-173.

a partir del 1 de abril también en la capital, donde los estudiantes se enfrentaron con los carabineros en una auténtica batalla campal. El Gobierno desplegó al Ejército y en el céntrico paseo Ahumada se instalaron ametralladoras. La imprenta comunista Horizonte fue destruida y el local del Partido Socialista Popular ubicado en la calle Londres, sitiado. El edificio de *El Mercurio*, el palacio de los tribunales, el Congreso Nacional e incluso La Moneda fueron apedreados por los rebeldes.

Los sucesos de abril de 1957 marcaron la memoria de la izquierda de los años sesenta. Chile había cambiado: inéditos sectores urbanos, como los habitantes de las modestas poblaciones que brotaban en la periferia, y nuevos componentes de la clase obrera, como las mujeres proletarias, se incorporaban a la lucha social.[81]

El 2 de abril, Salvador Allende se encontraba trabajando en el Senado y, cuando Osvaldo Puccio le informó de lo que sucedía, se dirigió a la Intendencia y exigió que cesara el uso de las armas; por la tarde ambos verificaron la destrucción del local del Partido del Trabajo y el saqueo de la imprenta Horizonte.[82] Tres días después, en el Senado, pronunció un durísimo discurso en el que señaló que la agitación estudiantil le recordó las convulsas semanas de julio de 1931, cuando en La Moneda estaba el mismo inquilino que entonces, y rechazó las críticas de los sectores derechistas, que acusaron al FRAP (instrumentalizado por «el comunismo», evidentemente) de alentar aquellas movilizaciones populares desde las sombras: «Prefiero el peor Gobierno civil, el actual Gobierno civil, a la mejor dictadura militar. En

---

81 Arrate y Rojas, tomo 1, pp. 313-318.

82 Puccio, pp. 37-40.

un régimen legal hay la posibilidad de hablar, de criticar, de formar conciencia (...). En las dictaduras, no (...) Nunca visité un cuartel sino para cumplir la obligación ciudadana de hacer mi servicio militar. Nunca conspiré, ni he creído jamás en los cuartelazos como solución para los problemas sociales».[83]

En junio, el XVII Congreso General del PSP culminó la reunificación de las filas socialistas y la recuperación de su nombre original.[84] Como secretario general fue elegido Salomón Corbalán, como subsecretario general, Manuel Mandujano y entre los miembros del Comité Central estuvieron Raúl Ampuero, Clodomiro Almeyda, José Tohá y Belarmino Elgueta, pero no Salvador Allende, quien nunca más volvió a integrar el máximo órgano de dirección.[85]

Otro acontecimiento decisivo de aquel año fue la creación del Partido Demócrata Cristiano el 27 de julio. En las elecciones de marzo los socialcristianos habían salido por fin de la marginalidad al obtener casi el 10 por ciento de los votos y catorce diputados. Los jóvenes de la Acción Católica que en 1938 habían transformado la rama juvenil del Partido Conservador en la Falange Nacional (Bernardo Leighton, Eduardo Frei, Radomiro Tomic o Rafael Agustín Gumucio) ya habían conquistado un espacio relevante.[86]

---

83 *Rumbo de liberación*, Archivo Salvador Allende, nº 5, Xochimilco, Universidad Autónoma Metropolitana de Xochimilco, 1990, pp. 209-221.

84 Casanueva Valencia, Fernando y Fernández Canque, Manuel, *El Partido Socialista y la lucha de clases en Chile*, Santiago de Chile, Quimantú, 1973, p. 190.

85 *Boletín del Comité Central del PS*, nº1, Santiago de Chile, julio-agosto de 1957, p. 7.

86 Grayson, George, *El Partido Demócrata Cristiano chileno*, Buenos Aires, Francisco de Aguirre, 1968, pp. 100-144.

Además, Frei había revalidado su asiento en el Senado por la circunscripción de Santiago con la primera mayoría nacional y rápidamente fue proclamado candidato presidencial. En septiembre, Salvador Allende sería nominado por el FRAP.

Allende contó siempre con la lealtad de un grupo de amigos que le acompañaron en sus cuatro campañas presidenciales y en sus *mil días* como presidente de Chile, como Augusto Olivares, Carlos Jorquera, Miguel Labarca, José Tohá u Osvaldo Puccio Giesen, quien fue su secretario durante más de dos décadas. «No era un secretario en el sentido clásico del señor que le llevaba la agenda, sino un compañero en la organización de las cosas, en la relación política y en los temas financieros. Mi padre no tuvo una relación laboral con él, en términos de trabajo remunerado y con un horario, hasta noviembre de 1970 en La Moneda, cuando asumió como su secretario, jugando un papel de mucha relevancia, aunque sin ninguna figuración pública», señala el mayor de sus tres hijos, Osvaldo Puccio Huidobro. «No tengo recuerdos de mi casa sin Allende», agrega.

De hecho, durante dos décadas también la vida de su familia se organizó en gran parte en función de la cita electoral que cada seis años le llevaba a pugnar por la presidencia de la República. «Mi padre era un hombre que se dedicaba a los negocios y le iba más o menos bien, pero cuando empezaban las campañas electorales con Allende dejaba todo y se centraba en exclusiva en ello. Antes de la campaña del 58 tenía una fábrica de empanadas y de vidrios, que después vendió. Hicieron muchos negocios con los países socialistas. Después de la campaña del 64 armaron con un grupo de amigos una empresa, Comercial Arauco, en la que Allende era socio y que tenía representaciones de Polonia, la República Democrática Alemana y algunas cosas probablemente soviéticas». «Era una relación de mucha cercanía, con un cierto sesgo de relación filial, ya que se llevaban unos veinte años. Mi padre siempre lo acompañó, le llevó durante años las platas a Allende, operaba todos los asuntos de búsqueda de recursos y financiación de las campañas y también le ayudaba en las relaciones políticas».

Esta situación tenía algunas consecuencias inesperadas para la familia Puccio: «En 1958, Salomón Corbalán y mi padre firmaron un sinnúmero de letras de cambio para ayudar a financiar la campaña y luego obviamente vino todo un periodo de hacer efectivas las letras y de embargo de los bienes de nuestra casa. Mis hermanos y yo éramos pequeños y nuestros padres ya nos dijeron que teníamos que hacer dos cosas: anotar la placa de los camiones de los receptores judiciales que se llevaban las cosas e impedir que se llevaran las camas, que según la legislación chilena son inembargables...».[87]

Fue en la campaña de 1958 cuando Osvaldo Puccio tuvo ya un rol muy destacado, entre otras cosas, como comisario del legendario «Tren de la Victoria», que aún tardaría doce años en llegar a su estación término.

---

87 Entrevista del autor a Osvaldo Puccio Huidobro.

Capítulo IV

LA FUERZA DEL *ALLENDISMO*

Con el lema «Un camino nuevo, un candidato popular y un programa de lucha», entre el 13 y el 15 de septiembre de 1957 el Salón de Honor del Congreso Nacional acogió la Convención Presidencial del Pueblo, en la que participaron casi dos mil delegados que debían escoger entre cinco precandidatos y definir las propuestas medulares del programa de la izquierda.[1] Allende concurrió como la opción del Partido Socialista, decisión que unas semanas antes Salomón Corbalán le había comunicado durante una cena en casa de Osvaldo Puccio.[2]

Un amplio número de personalidades políticas e intelectuales, escritores y artistas suscribieron la convocatoria de la Convención Presidencial, que constataba la profunda crisis económica y política del país y llamaba a los trabajadores, los campesinos, los técnicos y profesionales con conciencia social, los maestros, los jóvenes y las mujeres de izquierda a participar en una asamblea que abriera paso a un gran movimiento popular: «Así pretendemos iniciar la reconquista del poder para que lo detente y lo ejerza el pueblo mismo, ajeno a los designios antinacionales de los grupos oligárquicos e imperialistas».[3]

---

1 Arrate y Rojas, tomo 1, p. 322.

2 Puccio, p. 44.

3 *El Siglo*, Santiago de Chile, 12 de septiembre de 1957, p. 5.

En la jornada de clausura, Alejandro Serani, dirigente del Partido Democrático, comunicó que el senador socialista había sido elegido, «por unanimidad y aclamación», como candidato del FRAP.[4] Emocionado, Salvador Allende tomó la palabra para enhebrar un discurso que se prolongó durante una hora y media. Reagrupada la izquierda después de tres lustros de divisiones, reunificado el sector al que él mismo pertenecía, fracasado el experimento populista de Ibáñez, aparecía ante el país como el líder de una opción en ascenso. Así, resaltó la trascendencia política de la unidad de acción de los dos principales partidos marxistas: «He dicho y sostenido que en una verdadera democracia no puede haber sectores de la ciudadanía al margen de la ley y de sus derechos cívicos. Y he dicho también que es necesario restablecer al Partido Comunista la plenitud de sus derechos. He afirmado que no soy, no he sido, ni seré comunista, pero comprendo que en una democracia no puede haber parias, ni ciudadanos marginados de sus legítimos derechos. La unidad socialista-comunista debe ser la piedra angular de este gran movimiento que se ha puesto en marcha y esta unidad tenemos que irla extendiendo cada vez a más amplios sectores, sin sectarismos».[5]

El programa aprobado en aquella Convención se apoyaba en cuatro ejes principales (la reforma agraria, la nacionalización de las grandes minas de cobre y salitre, el control de la banca privada y la creación de un área de propiedad estatal en la economía), que articulaban una propuesta de transición gradual inspirada ya en los principios de lo que a partir de 1970 se conocería como *la vía chilena al socialismo*.[6]

---

4 *El Siglo*, Santiago de Chile, 16 de septiembre de 1957, p. 2

5 *El Siglo*, Santiago de Chile, 16 de septiembre de 1957, p. 5.

6 Nolff, pp. 59-62.

Desde el principio quedó claro que serían unos comicios muy reñidos, ya que pugnaban por La Moneda otros tres candidatos muy representativos: Jorge Alessandri por la derecha, Luis Bossay por el Partido Radical y, por primera vez, un democratacristiano, Eduardo Frei. Había un cuarto rival para Allende, salido de las propias filas de la izquierda, Antonio Zamorano, «el cura de Catapilco», quien, tras abandonar el sacerdocio en 1956, había ingresado en el Partido Socialista y había sido elegido diputado del FRAP por Valparaíso en marzo de 1957.[7]

Una de las novedades de aquella campaña de la izquierda fueron los métodos de captación de fondos, puesto que, ante las carencias para afrontar los innumerables gastos (publicidad en la radio y la prensa, impresión de carteles, empleados, viajes...), recurrieron a la práctica utilizada con éxito por los comunistas de organizar almuerzos para recaudar dinero. Así, el 26 de junio de 1958, con motivo del quincuagésimo cumpleaños del candidato, su comando nacional organizó una comida en el céntrico y elegante restaurante *El Pollo Dorado* con los cubiertos a cincuenta mil pesos. Aquel acto despertó las críticas de sus rivales, pero Allende salió al paso y los conminó a revelar sus fuentes de financiamiento.[8] Además, el FRAP instauró el «día de salario para la victoria», iniciativa promovida por los actores y gentes del espectáculo que simpatizaban con la izquierda y que fue asumida incluso por el «comando

---

7 Navia, Patricio y Soto Castro, Ignacio, «El efecto de Antonio Zamorano, el Cura de Catapilco, en la derrota de Salvador Allende en la elección presidencial de 1958», Santiago de Chile, *Historia*, nº 50, vol. 1, enero-junio de 2017, pp. 121-139. Estos autores niegan que la candidatura de Zamorano causara la derrota de Allende.

8 Puccio, pp. 59-63.

allendista de prostitutas», integrado por casi doscientas mujeres.[9]

Antes de que los ciudadanos concurrieran a las urnas el 4 de septiembre, el Congreso Nacional aprobó dos modificaciones legales promovidas por el Bloque de Saneamiento Democrático (integrado por el FRAP, la Democracia Cristiana y el Partido Radical) y apoyadas por el presidente Ibáñez: la derogación de la «Ley Maldita», con la oposición de los partidos Liberal y Conservador, y la institución de la cédula única electoral, decisiva para desterrar el cohecho y la compra de votos, ya que se liquidó el viejo procedimiento de que cada partido imprimía y repartía sus papeletas. A partir de entonces cada elector debía marcar su voto en un impreso oficial de la Dirección del Registro Electoral en el que constaba el nombre de todos los candidatos, ordenados numéricamente (a él le correspondió el 4), y además en cada recinto de votación se instalaban cámaras donde poder votar de manera confidencial.

El 7 de agosto el teatro Baquedano acogió una concentración de apoyo a la candidatura del FRAP, en la que en nombre de los escritores y artistas intervino Pablo Neruda, quien manifestó: «Pero sabemos, y por eso estamos aquí, que ante todo debe elevarse nuestro pueblo a la dignidad humana que merece. Y en esta lucha, en esta convicción combatiente, nos sentimos representados por Salvador Allende. (...) No queremos seguir siendo escritores de un pueblo que no puede leer. No queremos sentir la vergüenza, la ignominia de un pasado estático y leproso. Queremos

---

9 *Allende, candidato en campaña. Del general Ibáñez a la Unidad Popular*, p. 11.

más escuelas, más maestros, más periódicos, más libros, más editoriales, más revistas, más cultura».[10]

Tres días después, se celebró en el Caupolicán un acto multitudinario de los jóvenes del FRAP que culminó con una improvisada marcha hacia plaza Italia. Fue un mitin con momentos especiales, como cuando Elías Lafertte se sentó junto a los dirigentes juveniles y respondió a la ovación memorable que le tributaron mostrando con su mano el número 4 de Allende. El candidato llegó al mediodía, tras participar en un acto de los trabajadores de la Empresa de Transportes Colectivos del Estado, y, al ingresar en el recinto, desde el techo empezaron a caer cientos de flores de copihues rojas que habían sido prendidos en cordones que cruzaban de extremo a extremo.

En nombre de las Juventudes Comunistas, el doctor Enrique París Roa, quien quince años después acompañaría al presidente en La Moneda el 11 de septiembre, ensalzó la contribución de la juventud: «Cuando el mundo entero se transforma, cuando los pueblos de todo el planeta emprenden la marcha definitiva de la victoria, cuando el socialismo amanece en media humanidad, la juventud ha tomado el lugar que le corresponde junto a la clase obrera, junto a los partidos populares, junto a todos los sectores progresistas, para conseguir la liberación política y la emancipación económica, para el mantenimiento de la paz mundial...».

En su discurso, más breve de lo habitual porque le precedieron también otros dirigentes y hubo una presentación artística y musical, Salvador Allende habló a la juventud de la trayectoria de un socialista que acababa de cumplir cincuenta años: «Mi nombre no llegó al pueblo envuelto

---

10 Gutiérrez Revuelta y Gutiérrez, pp. 283-288.

de contrabando en paquetitos de comestibles enviados a las gentes que no tienen qué comer, en actitud denigrante y que, en vez de favorecer, humilla a los trabajadores de nuestra patria. No, mi nombre llegó al pueblo en treinta años de lucha insobornable, defendiendo los intereses populares; de limpia vida política al servicio del pueblo, sin que jamás mi mano se haya levantado para votar una ley represiva y sin que nunca mi voz se haya alzado sino para hablar defendiendo a los sectores populares».[11]

Aquella elección lo enfrentó con Eduardo Frei, con quien desde fines de los años treinta mantenía una relación de amistad y cercanía personal y familiar que se estrechó desde que este fuera elegido senador en 1949 y durante los veraneos en Algarrobo, donde más de una vez disfrutaron juntos de los baños en la playa y los paseos junto al mar, como recordó en sus memorias el democratacristiano Gabriel Valdés: «Todas las tardes, los tres caminábamos conversando sobre temas políticos hasta la Puntilla, en la playa, para ver la puesta de sol. Frei leía mucho y nos ilustraba y Allende leía poco, pero le gustaba conversar. Al volver nos deteníamos en su casa, donde tomábamos el mejor whisky, porque a él le gustaba lo bueno en el vestir, en el beber y en el comer».[12] En 1958 la amistad salió indemne, puesto que, a pesar de la victoria de Alessandri, ambos cosecharon un buen resultado que auguraba la reedición del enfrentamiento en 1964.[13]

---

11 *El Siglo*, Santiago de Chile, 11 de agosto de 1958, pp. 8-9.

12 Valdés, Gabriel, *Sueños y memorias*, Santiago de Chile, Taurus, 2009, p. 245.

13 *Zig-Zag*, Santiago de Chile, 27 de febrero de 1959, p. 20.

«A todo vapor con Salvador»

Lo más recordado de aquella campaña es el «Tren de la Victoria», una iniciativa que le permitió recorrer en apenas ocho días los mil kilómetros que separan Santiago de Puerto Montt (fin del trazado ferroviario austral) y pronunciar 147 discursos en decenas de ciudades, pueblos o simples paraderos. Alquilaron una vieja locomotora de carbón con pitido penetrante que arrastraba dos modernos vagones dormitorio, un vagón comedor y uno de primera clase. Pintada de negro, en su morro se incrustó un escudo de Chile y mientras en un lateral colgaron un letrero que decía «Tren de la Victoria», en el otro pusieron la consigna «A todo vapor con Salvador». El coordinador administrativo de la gira, con el pomposo título de Comisario del Tren, fue, evidentemente, Osvaldo Puccio.

Acompañado por algunos de sus colaboradores y amigos (como el periodista Carlos Jorquera) y de varios dirigentes políticos, el convoy partió de la Estación Central el 13 de agosto. A tres semanas de la votación y con un resultado electoral incierto, el recorrido fue apoteósico desde el primer momento, ya que en cada localidad centenares de personas se acercaban a la vía para saludar a su candidato presidencial. En la primera parada, frente a la maestranza de San Bernardo, Allende intervino acompañado por el recién elegido secretario general del Partido Comunista, Luis Corvalán; en Rancagua, en su plaza Central, prometió a los trabajadores de El Teniente y al país que, si era elegido presidente de la República, nacionalizaría las grandes minas de cobre.[14]

---

[14] Puccio, pp. 71-72.

El recorrido de aquel primer día concluyó en Chillán. Cerca de la medianoche, Allende y sus acompañantes, entre los que se encontraba José Tohá, decidieron cenar en el Club de Ñuble, donde un grupo de personas celebraba una fiesta en honor de una joven, Victoria Morales. «A medianoche, llegó una delegación de dirigentes de la candidatura de Allende para preguntar si podían tomar un café y un sándwich antes de irse a dormir», recuerda esta. «En principio, la gente que estaba en la fiesta se negó porque eran muy conservadores, pero el *maitre* señaló que no podíamos negar la entrada a un candidato presidencial. Entonces llegaron Salvador y José, quien quedó sentado a mi lado. Tuvimos un diálogo áspero porque yo era una muchacha de dieciocho años bastante ignorante. José me dio un pequeño curso: me preguntó a qué me dedicaba y le dije que vivía de mis rentas porque mi abuelo me había legado un campo y lo tenía arrendado. José me preguntó si me parecía justo que me aprovechara de un campo en el que no trabajaba. Entonces recordé el lema de la campaña de Allende: "La tierra para el que la trabaja". Todo lo que me dijo quedó dando vueltas en mi cabeza».

En 1964, después de la nueva derrota, José Tohá y Victoria Morales se casaron, con Allende como padrino.[15] Al año siguiente nació su hija Carolina (ministra del Interior con el presidente Gabriel Boric), quien lo evoca con gran afecto: «Le recuerdo como a un tío mío; venía a nuestra casa, era un amigo de nuestra familia, venía y jugaba y reía con nosotros; también íbamos a su casa».[16]

Entre el 14 y el 16 de agosto de 1958, el «Tren de la Victoria» recorrió Coelemu, Ranquelmo, Menque, Tomé,

---

15 Entrevista del autor a Victoria Morales.

16 Entrevista del autor a Carolina Tohá.

Lirquén, Penco, Yumbel, Cabreiro y San Rosendo. El domingo 17 tuvo lugar el acto central de la campaña en Concepción, al que asistieron más de treinta mil personas, con una impactante participación de centenares de mineros de la cuenca de Arauco y sus familias.[17] Presidieron el acto unos retratos gigantescos de O'Higgins, Aguirre Cerda y Allende para establecer la continuidad histórica entre los próceres de la patria, el presidente del Frente Popular y el candidato. Los discursos de Luis Corvalán, la abogada Graciela Álvarez, Raúl Ampuero y Allende fueron transmitidos por Radio Corporación de Santiago y Radio Simón Bolívar de Concepción.

Después, el «Tren de la Victoria» puso rumbo hacia el sur, con paradas en Las Viñas, Collipulli o Ercilla, y en los cuatro días siguientes recorrió Temuco, Valdivia y Osorno, hasta llegar a Puerto Montt el miércoles 20 por la tarde. El teatro Roxy, con capacidad para dos mil personas, se hizo pequeño y el candidato tuvo que hablar también desde su balcón a los miles de personas que estaban en el exterior.[18] Posteriormente, se desplazó a Puerto Varas y al día siguiente emprendió el regreso hacia Santiago, con treinta y cinco escalas (Parral, Linares, Talca, Curicó, San Fernando, Rancagua, Paine y San Bernardo, entre otras) hasta la llegada a la Estación Central cerca de las diez de la noche, donde fue recibido por una multitud que lo invitó a marchar hasta la plaza Bulnes para dirigirse a sus partidarios. Su proverbial resistencia física superó una auténtica prueba de fuego durante aquellos nueve días.

---

17 Toro, Carlos, *La Guardia muere, pero no se rinde... mierda*, Santiago de Chile, Partido Comunista de Chile, 2007, pp. 157-158.

18 *El Siglo*, Santiago de Chile, 21 de agosto de 1958, p. 1.

El 26 de agosto regresó a la zona donde un cuarto de siglo atrás se había fogueado como dirigente político. Por la mañana, desde el nudo ferroviario de La Calera partió en un tren que recorrió el departamento de Quillota: Limache, Peña Blanca, Villa Alemana y Quilpué. Como el convoy de catorce vagones fue insuficiente para acoger a todas las personas que querían acompañarle, otros dos de dieciséis vagones se incorporaron a lo largo del día a la ruta, aunque tampoco solucionaron el «problema» ...

Allende llegó a la estación Barón de Valparaíso en medio de una atmósfera apoteósica. Lo recibieron los trabajadores de las minas El Soldado y El Cobre con sus cascos y lámparas y una magnífica presentación de la Juventud Socialista le abrió paso para que encabezara la columna humana que enfiló la avenida Argentina hasta la avenida Pedro Montt y la plaza Sotomayor, donde se habían congregado más de setenta mil personas. Subió a la tribuna acompañado por su esposa y sus tres hijas, un viejo compañero socialista (el senador Carlos Alberto Martínez), Volodia Teitelboim, Graciela Álvarez, el pastor evangélico Manuel Vergara y el senador socialista Aniceto Rodríguez.

Entonces anunció lo que no pudo hacer realidad sino hasta la victoria de la Unidad Popular en 1970: «La tarea no será fácil, porque el Gobierno del pueblo, para cumplir su programa, tendrá que herir intereses que nadie antes se atrevió a tocar. Tendremos que terminar con la voracidad del capital foráneo, tendremos que acabar con los abusos de los terratenientes (...), tendremos que hacer la reforma agraria para que haya más alimentos para el pueblo y entregar la tierra a los campesinos a fin de que la cultiven en beneficio propio y de la colectividad».[19]

---

[19] *El Siglo*, Santiago de Chile, 27 de agosto de 1958, p. 16.

Aquella misma noche regresó en automóvil a Santiago, puesto que al día siguiente le esperaba otra ruta agotadora. El 27 de agosto se subió al «Avión de la Victoria», acompañado por Elías Lafertte, Raúl Ampuero y el dirigente juvenil Manuel Gómez, para recorrer las dos provincias del Norte Grande: la oficina salitrera María Elena, Calama, la gigantesca mina de Chuquicamata, la plaza Colón de Antofagasta y el puerto de Iquique.[20]

El domingo 31 de agosto el FRAP clausuró su campaña con un gran acto de masas en la plaza Bulnes, en la que desde cuatro puntos distintos de la ciudad confluyeron las columnas formadas por miles de personas. A pesar del frío de aquella mañana invernal, decenas de miles de personas marcharon con las banderas de los partidos Comunista y Socialista, con estandartes, lienzos, con la gigantesca «U» de la Brigada Universitaria Socialista, acompañados por bandas de música y artistas populares como Violeta Parra, el conjunto folclórico Cuncumén (integrado, entre otros, por Rolando Alarcón y Víctor Jara), Margot Loyola y Lautaro Manquilef y su grupo mapuche. Una marea humana inundó la Alameda desde el oriente y desde el poniente cantando «La Marsellesa socialista», «Hijos del pueblo», «La joven guardia» o «La Internacional» o coreando las consignas centrales de la campaña: «¡Allende... Allende... Allende... solo Allende!», «¡Ahora... ahora... ahora le toca al pueblo!».

Minutos después del mediodía, cuando el candidato apareció en el escenario, centenares de palomas fueron lanzadas al vuelo y miles de globos se elevaron hacia el cielo de Santiago. Acompañado por los principales dirigentes de los partidos del FRAP, Pablo Neruda proclamó: «Aquí, en

---

20 *El Siglo*, Santiago de Chile, 26 de agosto de 1958, p. 6.

estas plazas, se desbordó el río de la patria con sus grandes corrientes históricas, con su lucha indomable. Chilenos, saludemos a los que forjaron esta nueva victoria». Por su parte, Allende insistió en que su candidatura no tenía un carácter mesiánico ni providencial, sino que era la expresión de la voluntad de imprimir un cambio al rumbo histórico del país. Se dirigió especialmente a las bases del Partido Radical para que no votaran por Bossay y lo hicieran por él si deseaban «continuar la senda de Pedro Aguirre Cerda», y también trazó la línea esencial de su política internacional, que desarrollaría a partir del 3 de noviembre de 1970: «Orientaremos nuestra posición en los organismos internacionales hacia la preservación de la paz, el respeto a la integridad territorial y del derecho de autodeterminación de todos los pueblos... (...) Seremos altivos e inflexibles en la defensa de Chile, de su territorio, de sus riquezas y de su independencia».[21]

Por treinta y tres mil votos

El 4 de septiembre Salvador Allende, uno de los 1.497.902 ciudadanos inscritos en el censo electoral, emitió su sufragio en el liceo José Victorino Lastarria de Providencia. Al mediodía, compartió almuerzo en su domicilio con Salomón Corbalán, Luis Corvalán y otros dirigentes y después se dirigió a la Casa del Pueblo, situada en la calle Compañía. Por la noche, los primeros datos anunciaban una apretada pugna con Alessandri e incluso llegó a encabezar el escrutinio. «Todo el mundo se abrazaba y felicitaba», escribió Ozren

---

[21] *El Siglo*, Santiago de Chile, 1 de septiembre de 1958, pp. 4-9.

Agnic, entonces su secretario en el Senado. «La multitud que repletaba la vía bailaba y cantaba con alborozo. El segundo cómputo oficial fue similar e incluso incrementaba la ventaja sobre Alessandri». Pero la llegada del senador Humberto Martones (militante entonces del Partido Democrático del Pueblo) y las noticias que portaba cambiaron el semblante de todos: «Salvador, estamos jodidos; gana Alessandri en casi todas las mesas de mujeres y, aunque estamos ganando en las de hombres, la diferencia no se puede compensar».[22]

Cerca de la medianoche, Allende, quien estaba persuadido de que le habían robado la victoria,[23] habló en la plaza Bulnes para solicitar a sus partidarios que se retiraran con tranquilidad: «Pueblo de Santiago, vuestro deber es permanecer alerta y movilizado, así como debe hacerlo también todo el pueblo de Chile (...) hasta que dispongamos de cifras oficiales sobre los resultados de la elección. Pero, pase lo que pase, recuerden que su deber esencial de militantes de esta gran causa es mantener a toda costa la unidad del movimiento popular. Solo así nuestra lucha podrá seguir hacia delante, hacia la meta histórica que nos hemos trazado. Ya lo dije en 1952: no somos un movimiento meramente electoral, oportunista o aventurero. Somos una conciencia en marcha para cambiar hoy o mañana, pero un día cada vez

---

22 Agnic, Ozren, *Allende. El hombre y el político. Memorias de un secretario privado*, Santiago de Chile, RIL Editores, 2008, pp. 58-59.

23 En julio de 1964, ante las cámaras del Canal 9, recordó que en la elección presidencial anterior más de sesenta mil votos habían sido declarados nulos en lugares de votación donde el FRAP carecía de apoderados o en el mundo rural, donde era difícil enfrentarse en una discusión en la mesa electoral al patrón del fundo o a su representante, que apoyaban a Alessandri. *Arauco*, nº 55, Santiago de Chile, agosto de 1964, p. 88.

más próximo, la estructura económica, social, política y espiritual de Chile para bien de todos sus hijos».[24]

Solo a las tres de la madrugada se anunciaron los resultados finales. En definitiva, el derechista Jorge Alessandri se impuso con 389.909 votos (31,18 por ciento), siendo el más votado en diecisiete de las veinticinco provincias del país. Allende se quedó a 33.417 sufragios de la victoria al lograr 356.493 (28,51 por ciento) y Eduardo Frei obtuvo 255.769 (20,46 por ciento). En último lugar, muy lejos del radical Luis Bossay (192.077 votos, 15,36 por ciento), penó el exsacerdote Antonio Zamorano, quien con un discurso izquierdista logró 41.304 adhesiones (3,30 por ciento) y cumplió el objetivo de quienes alimentaron su candidatura: ayudar a impedir la victoria del FRAP. Allende no solo venció en las provincias del Norte Grande (Tarapacá y Antofagasta) y el Norte Chico (Atacama y Coquimbo) y en Arauco, Concepción y Magallanes, sino que logró penetrar con éxito en el electorado de las zonas rurales, puesto que en Ñuble, Talca o Curicó obtuvo casi los mismos votos que Alessandri. Además, fue el candidato más votado por la población masculina, aunque entre las mujeres quedó detrás de este y también de Frei.[25] La crónica del diario español *ABC* concluía así: «La elevada votación obtenida por el socialista doctor Allende significa, sin duda, una advertencia».[26]

Como ningún candidato había alcanzado la mayoría absoluta, correspondía entonces, en el plazo constitucionalmente marcado de cincuenta días, a los diputados y sena-

---

24 *El Siglo*, Santiago de Chile, 17 de septiembre de 1970, p. 2.

25 Fuente: Archivo del Servicio Electoral de la República de Chile.

26 *ABC*, Madrid, 7 de septiembre de 1958, p. 59.

dores reunidos en sesión plenaria conjunta en el Congreso Nacional elegir como presidente a uno de los dos más votados, aunque parecía segura la investidura de Alessandri. El 8 de septiembre, en un discurso transmitido por radio, el líder de la izquierda aceptó la derrota: «Para nosotros habría resultado fácil promover a lo largo del país un gran movimiento de masas que, desde las calles y a través de las formas de la violencia, exigiera nuestra proclamación por parte del Congreso Pleno. Al contrario, la misma noche del 4 de septiembre exigimos al pueblo su tranquilo retiro a los hogares, sin patrocinar ningún acto de esta naturaleza. Si deseáramos presionar, tendríamos otras herramientas, paralizaríamos los centros vitales del país, el cobre, el salitre, el carbón, donde nuestro poderío es incontrastable. Desmentimos, pues, la insidia de *El Mercurio*, vocero del *alessandrismo*, que, diariamente, tergiversa nuestra actitud y nos supone todos los sucios móviles que a él lo animan. No habrá nada ni nadie, óiganlo bien, que pueda inducirnos a buscar el camino aventurero del golpe o la asonada».

Y recordó cómo en 1939 los sectores conservadores conspiraron y alentaron la sublevación del general Ariosto Herrera: «Si no se oirán nuestras voces para implorar el apoyo de un partido político, menos irán nuestras manos a golpear las puertas de los cuarteles como lo hiciera la derecha después del triunfo de don Pedro Aguirre Cerda. Lo impide la fuerza de nuestras convicciones, la responsabilidad de dirigentes del movimiento popular. Y también el respeto que nos merecen las Fuerzas Armadas que, al igual que el Cuerpo de Carabineros, con motivo de esta elección han dado una vez más una muestra de patriótica prescindencia. Nuestra conducta de ahora y la del futuro habrá de ser la misma. Que los cauces constitucionales encaminen el proceso normalmente».[27]

El 24 de octubre el Congreso Pleno eligió a Jorge Alessandri presidente de la República, con la ausencia de los parlamentarios del FRAP en el momento de la votación. A pesar de la derrota, en ningún otro país de América Latina las fuerzas de izquierda tenían como en Chile la posibilidad de conquistar el Gobierno. El revés de 1958 tampoco los llevó a moderar sus posiciones, a renunciar a las grandes transformaciones que consideraban necesarias para poner fin a las injusticias que golpeaban a la mayor parte de la sociedad. Así, el 10 de diciembre en el Senado Allende defendió una vez más la necesidad de una reforma agraria al presentar una iniciativa para lograr una mejora sustancial en las remuneraciones de los campesinos.[28]

Ecos de la Sierra Maestra

Durante décadas, Salvador Allende y Fidel Castro fueron presentados de manera esquemática como los símbolos de las dos vías para construir el socialismo en América Latina, dos paradigmas descritos como una encrucijada de caminos que exigía necesariamente una elección irreversible. Sin embargo, ni Castro ni Allende fueron tan categóricos. El comandante cubano acogió al senador socialista como a un compañero y aceptó la posibilidad de la *vía chilena al socialismo.* Por su parte, el líder de la izquierda chilena se

[27] Quezada Lagos, Fernando, *La elección presidencial de 1970*, Santiago de Chile, 1985, pp. 97-98.

[28] *Rumbo de liberación*, Archivo Salvador Allende, nº 5, pp. 47-48.

convirtió desde 1959 en un paladín del derecho del pueblo cubano a rebelarse con las armas contra la dictadura de Fulgencio Batista, a construir su proceso histórico de transformaciones y a defenderse de la agresión estadounidense, sin que ello alterara jamás su convicción respecto a la estrategia del movimiento popular en su país.[29]

El triunfo de la Revolución cubana en enero de 1959 cambió la historia de América Latina. La gesta de los guerrilleros de la Sierra Maestra, el carisma de Fidel Castro y Ernesto *Che* Guevara, la estrepitosa derrota del imperialismo norteamericano en Playa Girón y la declaración del carácter socialista del proceso revolucionario convirtieron a esta isla del Caribe en el ejemplo luminoso para una gran parte de la izquierda latinoamericana. Pero al mismo tiempo endureció la intervención en el subcontinente de Washington, que en el marco de la Guerra Fría desplegaría todos sus recursos y opciones: la lucha contrainsurgente y la acentuación de la Doctrina de Seguridad Nacional, el patrocinio de golpes de Estado (Brasil, 1964), las invasiones militares (República Dominicana, 1965) y el financiamiento millonario de las fuerzas antimarxistas y de vastas operaciones de guerra psicológica, como fue el caso de Chile a partir, sobre todo, de 1964.

El 7 de diciembre de 1958 Rómulo Betancourt venció en las primeras elecciones democráticas en Venezuela tras la caída de la dictadura de Pérez Jiménez. A la ceremonia de toma de posesión, prevista para el 13 de febrero, invitó a

---

29 Sánchez Ibarra, Freddy, «La Revolución Cubana desde la visión de Salvador Allende Gossens: análisis de discursos del expresidente chileno en el contexto de Guerra Fría», México DF, *Revista de Historia de América*, nº 135, julio-diciembre de 2004, pp. 109-120.

dos buenos amigos chilenos, Eduardo Frei y Salvador Allende, quienes viajaron juntos con sus esposas y compartieron unos días en Caracas, en los que no faltaron ciertas anécdotas y situaciones hasta cómicas anotadas por Ozren Agnic y Carlos Jorquera.[30] De Caracas, Allende y Hortensia Bussi se dirigieron a La Habana y las vivencias de aquel primer viaje se las relató a Régis Debray.

Fue en la fortaleza de La Cabaña, que se eleva imponente sobre la bahía, donde conoció a Ernesto Guevara, médico como él, quien se reponía de un fuerte ataque de asma tumbado en un catre de campaña y con el dorso desnudo. «Mire, Allende, sé perfectamente bien quién es usted. Le oí en la campaña presidencial del 52 dos discursos: uno muy bueno y uno muy malo. Así es que conversemos con confianza, porque tengo una opinión clara de quién es usted», le dijo el guerrillero argentino, quien un año después le entregó un singular regalo, que él mostraría siempre con orgullo o incluso mencionaría para defender su condición de revolucionario ante quienes le arrojaban el estigma de «reformista». Se trataba de uno de los primeros ejemplares de su libro *La guerra de guerrillas,* con esta dedicatoria: «A Salvador Allende que por otros medios trata de obtener lo mismo. Afectuosamente, *Che*».[31]

En 1959, fue él quien lo puso en contacto con Raúl y Fidel Castro. «Recuerdo como si fuera hoy día: estaba en un consejo de gabinete. Me hizo entrar y presencié parte de la reunión. Hubo una cena y después salimos a conversar

---

30 Agnic, pp. 69-70. El texto de Jorquera (un relato de poco más de dos páginas escrito en 1998) se conserva en el archivo de la Fundación Salvador Allende.

31 Este libro se expone en la Fundación Salvador Allende.

con Fidel a un salón. Había guajiros jugando ajedrez y cartas, tendidos en el suelo, con metralletas y de todo. Ahí, en un pequeño rincón libre, nos quedamos largo rato. Ahí me di cuenta de lo que era, ahí tuve la concepción de lo que era Fidel».[32]

En mayo de 1960 participó en Maracay (Venezuela) en el II Congreso Interamericano Pro-Democracia y Libertad con otros doscientos cincuenta delegados de veintiuna repúblicas. La revista venezolana *Momento* lo escogió junto con otros siete «líderes continentales» para someterlo a un cuestionario de cinco preguntas. Interrogado sobre si América Latina vivía un «trance revolucionario» y en qué medida estaba influido por la Revolución cubana, respondió de manera afirmativa: «Lo demuestra el hecho de que hayan sido derrocados los dictadores de Perú, Colombia, Venezuela y Cuba. Además, porque existe conciencia en la mayoría de nuestros pueblos de que solo sobre un cambio profundo en las estructuras institucionales será posible el desarrollo económico, la elevación del nivel de vida de las masas y el camino para la industrialización nacional».

Subrayó la influencia de Cuba en aquellos momentos, pero también precisó que intentar copiar miméticamente su proceso en una realidad diferente constituía un «error tremendo»: «Cuba ha demostrado lo que es la revolución nacional, que tiene que ser, a mi juicio, antiimperialista y antifeudal. Las revoluciones tendrán características propias en cada país, ya que en los pueblos de América Latina existen distintas etapas de desarrollo. Pero, siendo nacionales, estas revoluciones tienen que proyectarse en el ámbito continental. Deben ser revoluciones humanas, en el sentido del

---

32 Debray, pp. 69-72.

respeto a la dignidad individual y colectiva, y democráticas, o sea, que expresen el sentimiento mayoritario. Aquellos que pretenden calcar la Revolución cubana, en sus procedimientos o métodos, cometen un error tremendo y aquellos que pretendan ignorar su realidad y su proyección en el futuro son unos cretinos».[33]

Salvador Allende tenía presente la posibilidad de que Washington agrediera al Gobierno revolucionario de La Habana, como le había sucedido en 1954 al presidente guatemalteco Jacobo Árbenz.[34] Por esta razón, el 27 de julio de 1960 subió a la tribuna del Senado y manifestó su convicción de que, con estrategias y tácticas distintas en cada país, «la revolución latinoamericana» tendría tres desafíos esenciales: la ruptura de la dependencia económica de estas naciones, una «batalla frontal contra el imperialismo» y la reforma agraria «para hacer posible el desarrollo económico y el cambio político capaces de crear un porvenir de dignidad y grandeza para el pueblo». En su discurso también denunció la política de Washington: «Ayer era Guatemala el polvorín comunista que ponía en peligro la hermandad americana. Hoy es Cuba. Ayer y hoy el Departamento de Estado defiende, impúdicamente y por los peores métodos de presión económica y atropello, los intereses de sus connacionales, su influencia política. Ayer y hoy, muchos Gobiernos de Latinoamérica aceptan dócil y servilmente la voz de orden del poderoso país del norte. Como siempre,

---

33 *América Latina: un pueblo continente*, Archivo Salvador Allende, nº 1, Santiago de Chile, UNAM, 1990, p. 15.

34 El 4 de diciembre de 1956 defendió desde la tribuna del Senado las reformas democráticas de Árbenz, a quien la derecha chilena, por supuesto, calificó recurrentemente de «comunista». *América Latina: un pueblo continente*, Archivo Salvador Allende, nº 1, pp. 127-128.

la raída bandera del anticomunismo se esgrime para atentar en contra de la soberanía de los pueblos: ayer, contra Guatemala; hoy, contra Cuba».[35]

A principios de febrero de 1962 volvió a viajar a la isla, por quinta vez en tres años, para participar en la Primera Conferencia de los Pueblos como miembro del Comité de Defensa y Solidaridad con la Revolución cubana. En el marco de aquel encuentro, que aprobó la Segunda Declaración de La Habana como reacción a la expulsión de Cuba de la Organización de Estados Americanos, Fidel Castro hizo un apasionado discurso en el que reivindicó que su pueblo había mostrado a América Latina que era posible hacer la revolución y llamó a superar el sectarismo y el divisionismo en la izquierda. El 18 de febrero Allende relató este viaje en un multitudinario acto en el teatro Caupolicán y convocó a la solidaridad con Cuba, pero, como siempre, con la «vía chilena» en la cabeza: «Recordaba que en otro viaje que hice a Cuba dije que Chile tiene su Sierra Maestra en la unidad popular (...) la unidad popular hará posible la revolución en Chile y la unidad de Latinoamérica permitirá la liberación de todos los países».[36]

Senador por Valparaíso y Aconcagua

A comienzos de 1960, los mineros del carbón de Lota iniciaron una huelga en demanda de mejoras notables de sus condiciones salariales y laborales. El Gobierno de Alessandri

---

35 *América Latina: un pueblo continente*, Archivo Salvador Allende, nº 1, pp. 59-83.

36 *Arauco*, nº 25, Santiago de Chile, febrero de 1962, pp. 37-38.

y los empresarios apostaron por llegar al agotamiento del conflicto sin hacer concesiones, puesto que los *stocks* permitían el funcionamiento de la empresa con el trabajo paralizado durante varios meses.[37] Desde el inicio de su lucha aquellos trabajadores recibieron una gran solidaridad: de todas las provincias llegaron caravanas de camiones con alimentos y centenares de niños fueron evacuados para aliviar la situación de las familias de uno de los bastiones del proletariado nacional.[38]

La principal movilización fue la legendaria marcha a pie de miles de personas hasta Concepción, encabezada por los dirigentes sindicales locales (Galvarino Melo, Isidoro Carrillo), acompañados por Salvador Allende, Luis Corvalán y otros diputados comunistas, socialistas, radicales e incluso democratacristianos.[39] Después de noventa y seis días, la huelga concluyó con un éxito relativo: un aumento salarial, bonificaciones por trabajo insalubre y algunos beneficios menores.

El fin del paro estuvo acompañado, el 22 de mayo, por un violento terremoto que devastó precisamente el sur del país, desde Concepción a Valdivia. Tras visitar la inmensa zona afectada por el sismo más grave jamás registrado (9,5 grados en la escala de Richter), Salvador Allende intervino en el Senado en su condición de presidente del FRAP para defender la aprobación de una ley que permitió a los damnificados recibir préstamos a largo plazo para reconstruir sus casas, la concesión de ayudas para que las industrias

---

37 Arrate y Rojas, tomo 1, p. 338.

38 En las elecciones presidenciales de 1958, Allende había obtenido en la provincia de Arauco casi tantos votos como sus cuatro rivales juntos.

39 Puccio, pp. 99-101.

mantuvieran los puestos de trabajo y la aprobación de obras estatales para crear empleos.[40]

Aquel mismo año, tuvo que decidir por qué circunscripción intentaría revalidar su presencia en el Senado. En 1953, Raúl Ampuero (respaldado por el *ibañismo*) y él (por el Frente del Pueblo) habían sido elegidos por Antofagasta y Tarapacá, pero en 1961 era seguro que los comunistas obtendrían un senador en estas provincias, donde tenían sus raíces históricas, por lo que el FRAP solo podría conquistar otro escaño más. No obstante, para sorpresa de la dirección de su partido, Allende solicitó ser candidato por Valparaíso y Aconcagua.[41]

Era consciente de la dificultad que entrañaba esta decisión, ya que el Partido Comunista postulaba al doctor Jaime Barros, muy apreciado por las clases populares del puerto gracias a su labor altruista, pero también sabía que, si demostraba una vez más el apoyo que concitaba, nadie en la izquierda discutiría su candidatura para las elecciones presidenciales de 1964. Durante semanas recorrió de nuevo los cerros de Valparaíso, Viña del Mar y las ciudades y pueblos del valle del río Aconcagua con su reconocible discurso político. La noche del domingo 5 de marzo de 1961 los resultados sorprendieron a todo el país, ya que efectivamente el FRAP fue la única fuerza que logró dos senadores por estas provincias: Allende (24.325 votos) y Barros (21.570). También fueron elegidos el democratacristiano Radomiro Tomic (29.362), Luis Bossay (30.076) y el liberal Pedro Ibáñez (26.858).[42]

---

40 *Arauco*, nº 9, Santiago de Chile, julio de 1960, pp. 17-19.

41 Puccio, p. 105.

42 Fuente: Archivo del Servicio Electoral de la República de Chile.

La alianza entre socialistas y comunistas resistiría también las discrepancias, los roces y las disputas ideológicas entre dos fuerzas que «competían» por la misma base social y que tenían una identidad política diferente. En los años sesenta la polémica de mayor repercusión tuvo lugar en 1962 a través de un intercambio epistolar entre sus secretarios generales, Raúl Ampuero y Luis Corvalán, quienes debatieron abiertamente acerca del papel de la Unión Soviética y del «campo socialista» en el mundo, la posibilidad de la «vía pacífica» y el carácter del marxismo en la teoría revolucionaria. Salvador Allende tenía su propia opinión sobre estos puntos, que coincidía con la del PS en el primer asunto y con la del PC en el segundo, pero siempre consideró secundarios este tipo de debates en favor del que consideraba el desafío esencial: preservar y cuidar la unidad de acción en torno a un programa y atraer a este entendimiento al conjunto de fuerzas de la izquierda y del mundo progresista.[43]

El notable resultado logrado en 1958 y la reelección como senador lo situaron de nuevo como previsible candidato de la izquierda en la elección presidencial de septiembre de 1964. Ya en diciembre de 1961, en su XIX Congreso celebrado en Los Andes, el PS aprobó proponer su nombre al FRAP y a principios de 1962 intervino como abanderado socialista en un acto partidario en el teatro Caupolicán para advertir de que la pelea de 1964 sería aún más difícil: «Las castas feudales se defienden y el imperialismo construye nuevas trincheras. Cuatro o cinco días antes del desembarco en Playa Girón, levantaron la Alianza para el Progreso como panacea para impulsar el desarrollo de América

[43] Martner (1992), pp. 200-201.

Latina. Los enemigos han llegado a hablar de "revolución", de cambios estructurales».[44]

Y como líder del movimiento popular habló a fines de noviembre de 1962 cuando el Gobierno de Alessandri perpetró una matanza en la población José María Caro, en la localidad santiaguina de La Cisterna, durante el transcurso de un paro nacional convocado por la CUT. Un cortejo impresionante acompañó los féretros de las seis personas muertas, y en su discurso en el mismo cementerio expuso: «El pueblo se reúne a expresar su dolor y congoja. Vivimos en una convivencia social que no es tal. También vivimos en una aparente democracia. El pueblo pide satisfacción a sus necesidades y el Gobierno le da represión y persecución. La CUT interpretó la inmensa amargura y desesperanza de los trabajadores y convocó al paro. Medida extrema, pero necesaria. El pueblo reclama su derecho a la vida, a tener alimentos, escuelas y trabajo».[45]

En aquellos mismos días, cuando faltaban aún casi dos años para los comicios, el Comité Central del Partido Socialista lo eligió por unanimidad como su candidato a la presidencia de la República, decisión que respaldó muy pronto el Partido Comunista.[46] A finales de enero de 1963 el Salón de Honor del Congreso Nacional acogió la Asamblea Presidencial del Pueblo para cumplir con el rito casi ceremonioso de su tercera designación, como representante del FRAP (coalición integrada entonces por los partidos Comunista, Socialista, Democrático Nacional, Vanguardia Nacional del Pueblo, Radical Doctrinario y Alianza Nacional de

44 *Arauco*, nº 29, Santiago de Chile, junio de 1962, p. 40.

45 Casanueva Valencia y Fernández Canque, p. 201.

46 *Arauco*, nº 34, Santiago de Chile, noviembre de 1962, p. 1.

Trabajadores), apoyado por el Movimiento Independiente de Izquierda, el Instituto Popular, la Asociación de Economistas de Izquierda y dos agrupaciones que reunían a militares retirados: el Frente Cívico Militar y el Baluarte del Pueblo.[47]

El acta de proclamación de su candidatura recogía el compromiso de conquistar el 4 de septiembre de 1964 un Gobierno «popular, nacional y revolucionario» que desarrollara la reforma agraria, nacionalizara la gran minería del cobre, del hierro y del salitre, así como la banca, asumiera una política exterior independiente, pusiera fin a los monopolios industriales y comerciales y mejorara de manera sustancial la sanidad, la educación y las pensiones.[48]

El Comando Nacional del FRAP estuvo presidido en aquella campaña por el diputado Luis Minchel, presidente del Partido Democrático Nacional, y como secretario general y jefe del Comité Nacional Ejecutivo fue designado el senador socialista Salomón Corbalán. Los comunistas Luis Corvalán y Óscar Astudillo, el socialista Raúl Ampuero, el independiente Carlos Vassallo y Guillermo del Pedregal, Mamerto Figueroa y Ricardo Dávila también formaban parte del equipo más próximo al candidato.

A partir de este núcleo central se estructuró una verdadera galaxia con diversos frentes de masas: el Comité Independiente de Mujeres Allendistas (dirigido por su hermana Laura), el Movimiento Católico Allendista, el Frente Cívico Militar, el Comando de Independientes y el Comando de Profesionales y Técnicos. El objetivo era penetrar en el

---

47 *Arauco*, nº 36, Santiago de Chile, enero de 1963, p. 1.

48 FRAP, *Programa del Gobierno Popular*, Santiago de Chile, s.f., pp. 12-13.

electorado femenino, los sectores cristianos que empezaban a aproximarse a la izquierda en el contexto del trascendental Concilio Vaticano II, los militares retirados con convicciones avanzadas y las clases medias. También se constituyó un Frente Creativo, que preparó la publicidad y elaboró los mensajes radiofónicos de la campaña; de hecho, fue entonces cuando se creó el símbolo del FRAP y después de la Unidad Popular: la equis mayúscula con una línea horizontal en la parte inferior que formaba una letra A en alusión al candidato.

Desde muy pronto, la atención de la izquierda se concentró en la provincia de Santiago, donde vivía un tercio de los 2.895.165 ciudadanos inscritos en los registros electorales. «Esta es nuestra Sierra Maestra», advertía en tono combativo la revista socialista *Arauco*.[49] Y hacia este territorio lanzó su primera ofensiva el candidato tras las vacaciones estivales de 1963, a un año y medio de la votación, en la que fue la campaña más larga de su vida. Así, entre el 25 de marzo y el 3 de abril recorrió veintiuna localidades del área metropolitana y el 4 de abril una masiva marcha inundó la capital de banderas del FRAP.[50]

Elogio de Juan XXIII

Masón, marxista y agnóstico en un país mayoritariamente católico, Salvador Allende fue educado por sus padres y formó a sus hijas en el respeto a todas las creencias. Nunca

---

49 *Arauco*, nº 37, Santiago de Chile, febrero de 1963, p. 3.

50 *Boletín del Comité Central del PS*, nº 28, Santiago de Chile, febrero-marzo de 1963, pp. 4-5.

fue un anticlerical y a lo largo de su vida tuvo gestos de reconocimiento hacia distintas personalidades del catolicismo. Así, el 10 de diciembre de 1958 intervino en el Senado para lamentar el fallecimiento del primer cardenal chileno, el arzobispo de Santiago José María Caro, a quien consideró «un símbolo nacional».[51]

El 5 de junio de 1963 demostró de nuevo tales convicciones cuando pronunció un largo discurso en esta cámara legislativa para manifestar su pesar por el fallecimiento dos días antes del papa Juan XXIII, el inspirador del Concilio Vaticano II (1962-1965), que abrió paso al *aggionarmento* de la Iglesia católica y que tanta influencia tuvo en América Latina y en Chile.[52] Del padre Roncalli destacó su «amor por los pobres», el «coraje moral», la «cálida sencillez campesina», la capacidad de diálogo con el resto de las confesiones cristianas, la apertura de la Iglesia al mundo, con el fin del anatema del socialismo y el comunismo, la defensa de la autodeterminación de los pueblos y el rechazo a todo tipo de imperialismo. Incluso leyó varios párrafos de *Pacem in terris*, la última de sus ocho encíclicas, publicada el 11 de abril de aquel mismo año.[53]

A principios de 1964 tres senadores pugnaban por conquistar La Moneda en septiembre: Julio Durán, candidato del Partido Radical con el respaldo de la derecha, Eduardo Frei y Salvador Allende. Pero en marzo un acontecimiento inesperado dio un vuelco al escenario: un terremoto político con epicentro en Curicó entregó a Frei el apoyo irrestricto

---

51 *Rumbo de liberación*, Archivo Salvador Allende, nº 5, pp. 223-224.

52 Amorós, Mario, *Antonio Llidó, un sacerdote revolucionario*, Valencia, Publicaciones de la Universidad de Valencia, 2007, p. 57.

53 *Arauco*, nº 50, Santiago de Chile, marzo de 1964, pp. 30-34.

de la derecha, anuló las posibilidades de Durán y dibujó una contienda bipolar entre los dos viejos amigos. El 15 de marzo se celebró allí la elección complementaria para elegir al diputado que cubriría la baja dejada por el fallecimiento del socialista Óscar Naranjo Jara. Tan solo podía participar el 1,17 por ciento del electorado nacional pero, en el fragor de la campaña presidencial, la derecha y el PDC la convirtieron en un plebiscito sobre qué fuerza ostentaba la primacía entre los votantes no marxistas.

La victoria del candidato del FRAP (Óscar Naranjo Arias, hijo del fallecido), con el 39,2 por ciento de los votos, frente al 32,5 del conservador Rodolfo Ramírez y el 27,7 del democratacristiano Mario Fuenzalida, desencadenó el pánico entre la burguesía, puesto que en las elecciones municipales del año anterior la derecha había vencido en la provincia con el 47,5 por ciento, frente al 27,2 de la izquierda y el 21,4 de la Democracia Cristiana. El crecimiento notable del FRAP, en una zona históricamente adversa, parecía augurar una probable victoria de Allende si la derecha mantenía su apoyo a Durán.[54]

Apenas se conoció el resultado, el PDC tuvo éxito al proclamar que constituía «la única alternativa real al marxismo». En los comicios municipales de 1963, esta fuerza política, que hacía gala de un enorme peso doctrinario (especialmente de las tesis de Jacques Maritain),[55] era reacia a las alianzas con los dos extremos del sistema político y

---

54 Moulian, Tomás, *La Democracia Cristiana en su fase ascendente*, FLACSO, Santiago de Chile, 1986, pp. 55-59.

55 Moulian, Tomás, «El contexto de la elección presidencial de 1964», en Carlos Huneeus y Javier Couso, eds., *Eduardo Frei Montalva: un Gobierno reformista. A 50 años de la «Revolución en Libertad»*, Santiago de Chile, Editorial Universitaria, 2018, pp. 23-33.

estaba empeñada en recorrer su «camino propio»,[56] se había convertido en la más votada.[57] De inmediato, los partidos Conservador y Liberal retiraron su respaldo a Durán y lo entregaron apresuradamente, sin contrapartida alguna, a Frei, quien aparecía como el último dique de contención de la «amenaza marxista».

La campaña de 1964 anunció el tiempo de polarización política y social extrema que sobrevendría a partir de la victoria de la Unidad Popular el 4 de septiembre de 1970. Sus ecos alcanzaron a Langley (Virginia), sede del cuartel general de la Agencia Central de Inteligencia (CIA), que financió con veinte millones de dólares más de la mitad de los gastos electorales de Frei, una inversión por votante superior a la que aquel mismo año realizaron los candidatos republicano y demócrata en las presidenciales de Estados Unidos.[58] Y, además, promovió una virulenta e incesante propaganda anticomunista que alcanzó proporciones desconocidas en el país, según reveló ya en 1975 el Informe Church,[59] con

---

56 «Camino propio» concebido como la superación de la pugna histórica entre capitalismo y socialismo o, en palabras de su principal teórico, «entre el individualismo liberal y el socialismo colectivista». Castillo Velasco, Jaime, *Teoría y práctica de la Democracia Cristiana chilena*, Santiago de Chile, Editorial del Pacífico, 1973, p. 38. Véase también Aguilera de Prat, Cesáreo R., «Democracia Cristiana», en Joan Antón Mellón, *Ideologías y movimientos políticos contemporáneos*, Madrid, Tecnos, 2006, pp. 295-320.

57 Moulian (1986), p. 19.

58 Garcés (1996), p. 138. Como admitió la propia CIA en septiembre del año 2000 en el *Informe Hinchey*, «la victoria de Frei el 4 de septiembre de 1964 marcó un hito en el desempeño de la CIA en las elecciones chilenas». Este documento está disponible en línea: http://www.derechos.org/nizkor/chile/doc/hinchey-e.html

59 Senado de Estados Unidos, *Covert Action in Chile. 1963-1973*, Washington, US Government Printing Office, 1975. Este documento se

un uso masivo de la prensa y la radio. Fue una verdadera campaña del terror, una guerra psicológica contra Allende dirigida sobre todo hacia el electorado femenino.[60]

Además de neutralizar la «amenaza marxista», el Gobierno de Lyndon Johnson pretendía promover el proyecto de Frei como un modelo de reformismo democrático para América Latina en el marco de la Alianza para el Progreso, la iniciativa lanzada por John F. Kennedy en marzo de 1961. En su batalla contra el «comunismo», el PDC también recibió treinta millones de dólares procedentes de la República Federal Alemana y otras cantidades importantes de las casas reales de Bélgica y Holanda y de la Iglesia católica de varios países europeos, canalizada esta última por el sacerdote jesuita belga y sociólogo Roger Vekemans.[61]

---

conoce como el Informe Church por Frank Church, senador demócrata por Idaho y presidente del Subcomité de Asuntos Latinoamericanos del Senado de Estados Unidos a mediados de los años setenta. Se incluye, traducido al español, en varios libros como Opaso, Cristián, comp., *Frei, Allende y la mano de la CIA. Informes del Senado de los Estados Unidos*, Santiago de Chile, Las Ediciones del Ornitorrinco, s.f. Y está disponible en línea: http://www.derechos.org/nizkor/chile/doc/encubierta.html

60 Por ejemplo, según el *Informe Hinchey*, durante la tercera semana de junio de 1964 un grupo de propaganda financiado por la CIA insertó veinte anuncios diarios en una emisora de radio de Santiago y en cuarenta y cuatro emisoras de cobertura provincial, doce minutos de noticias cinco veces diarias en tres emisoras de Santiago y en veinticuatro provinciales y numerosos anuncios en prensa escrita. Al final de aquel mes, el grupo producía veintisiete noticiarios radiofónicos en Santiago y provincias y veintiséis programas de «coloquios» semanales y distribuía tres mil carteles diarios.

61 *La Tercera*, Santiago de Chile, 12 de septiembre de 2004, suplemento *Reportajes*, pp. 18-19.

Imagen de un líder

En 1964 falleció su madre, con quien tenía una relación de extraordinario afecto, y en aquellas horas dolorosas solicitó a sus familiares y amigos que le permitieran velarla en solitario durante toda la noche.[62] La recordaría siempre de manera conmovedora, como aquel 6 de septiembre de 1970, dos días después de su victoria electoral, en que recibió en su casa a un grupo de sacerdotes que trabajaban en los sectores populares. «Cuando Allende comenzó a hablar», ha rememorado Alberto Jerez, presente en aquel encuentro, «hizo un recuerdo de su madre, que había sido una mujer creyente y con la cual le unieron muy fuertes lazos filiales. De pronto calló, se cubrió el rostro con las manos y sollozando de manera impresionante la siguió nombrando. Luego se tranquilizó, se secó el rostro y continuó hablando con sosiego».[63]

En mayo de 1964, la periodista Erika Vexler almorzó con Allende, su esposa y sus hijas en Guardia Vieja para escribir un amplio reportaje. Los acompañó en la mesa uno de los grandes amigos del candidato, el ingeniero Víctor Pey, quien llegó a Chile en el *Winnipeg*; se conocieron de manera fugaz en alguno de los actos de acogida a los refugiados republicanos españoles y desde 1940 empezaron a tejer una profunda amistad al coincidir en la tertulia semanal que convocaba el periodista Aníbal Jara Letelier, director del diario *La Hora*. «Sabía de los problemas de uno, le consultaba, se preocupaba, era muy generoso desde el

---

62 Jorquera, p. 205.

63 *El Mercurio*, Santiago de Chile, 10 de septiembre de 2000, suplemento *Reportajes*, pp. 16-19.

punto de vista sentimental y emocional. Buscaba siempre los consensos, también en los asuntos personales», destacó Pey. Su amistad se cimentó asimismo en las partidas de ajedrez que compartieron durante años.

En la esfera privada era una de las pocas personas que lo tuteaban y almorzaba con frecuencia en la casa de Guardia Vieja, donde trató mucho a Hortensia Bussi y a Carmen Paz, Beatriz e Isabel desde pequeñas. «Allende se sentaba en una cabecera de la mesa y la *Tencha* enfrente. Comía con una mano de la *Tati* tomada y, cuando ella se fue a estudiar Medicina a Concepción, le tomaba la mano a Isabel».[64]

Erika Vexler consignó su presencia en aquel almuerzo en el reportaje, un texto muy interesante porque ofrece una cierta «imagen fija» de la vida de la familia Allende Bussi. Con un delicioso menú compuesto por setas con salsa blanca, montadas sobre tostadas fritas, pastel de choclo y postre de manzanas con merengue, Salvador Allende mantuvo una conversación relajada con la periodista de *Ercilla*. Por ejemplo, le explicó que, de ser elegido, no concurriría a la ceremonia de transmisión de mando vestido de frac, porque era una indumentaria «incómoda», a pesar de que compró uno cuando fue nombrado ministro de Salubridad, momento en el que Hortensia Bussi apostilló: «Y conste que el frac tiene veinticinco años y le queda perfecto, cosa de la cual pocos hombres pueden jactarse».

Sobre su vida cotidiana, el candidato comentó que apenas dormía unas cinco horas (aunque después del almuerzo

64 Entrevista del autor a Víctor Pey. Véase la entrevista a Pey más extensa publicada: Mendoza, Marcelo, *Todos confesos*, Santiago de Chile, Mandrágora, 2011, pp. 111-133.

solía tomar una breve siesta). Luego paseó junto con Erika Vexler por la casa, mostrándole los cuadros del mexicano David Alfaro Siqueiros o del cubano René Portocarrero, los objetos que evocaban sus viajes por el mundo, con especial predilección por las piezas de artesanía popular como gredas, tallados en madera, marfiles y piedras, y las fotografías con personalidades de talla nacional o internacional, como Pedro Aguirre Cerda, Fidel Castro o Mao Tse-Tung.

Hábilmente, la periodista le preguntó qué libro salvaría de una hipotética destrucción de todos los textos. Candidato en un país mayoritariamente católico y con un rival democratacristiano, Allende fue aún más audaz en la respuesta: «La Biblia, porque condensa el pensamiento y la inquietud humanos». Al final de la entrevista, Vexler le inquirió qué pregunta le hubiera gustado que le hubiera hecho. De manera simpática, le señaló que le hubiera agradado responder a «qué recuerdo desearía dejarle al país una vez finalizado el periodo presidencial». Y su respuesta, en ese caso, habría sido: «Haber cumplido todo lo que prometí "y no dejar a ningún chileno sin zapatos". Supongo que esto último alegrará a los fabricantes de zapatos...».[65]

La televisión empezó a extenderse por el país a partir del Campeonato Mundial de Fútbol de 1962 y aquella fue la primera elección presidencial en la que este medio de comunicación tuvo una cierta influencia, pues ya hubo un programa, *Septiembre 1964*, que desde mayo sentó cada viernes a Frei, Durán y Allende ante las cámaras del Canal 9, propiedad de la Universidad de Chile, y frente a

---

[65] *Ercilla*, Santiago de Chile, 20 de mayo de 1964, pp. 4-5.

periodistas de diferentes posiciones ideológicas.[66] En agosto, el número 55 de *Arauco* (la revista mensual del Partido Socialista) reprodujo de manera textual las seis primeras participaciones de Allende en este espacio, un denso y excepcional documento que recibió el título de *Imagen de un líder*.[67]

En la primera entrevista, preguntado por su gran amigo Augusto Olivares, Salvador Allende destacó el pluralismo de las fuerzas políticas y sociales que apoyaban su candidatura y la amplia participación en la elaboración del programa. Por su parte, Rafael Kittsteiner lo interrogó acerca de su posición sobre la dura controversia entre China y la URSS que entonces empezaba a dividir al movimiento comunista internacional. Sin inmutarse, le explicó que estaba al corriente de la misma y que compartía la posición de su partido, que se había declarado neutral:[68] «Pero quiero reiterarle que la táctica, la estrategia y el proceso dialéctico nuestro tienen por asiento Chile y un camino chileno».

De hecho, en aquellas intervenciones reafirmó su confianza en la opción de la izquierda chilena: «Con satisfacción puedo decir que nosotros, teniendo un sentido exacto para valorizar lo que hemos hecho —y eso no es vanidad— hemos creado un camino distinto. No hay ningún país del mundo en que haya la unidad que hay aquí: dos partidos

---

66 Riveros, Cecilia, *Salvador Allende: un líder para la izquierda chilena. 1952-1970. Prólogo para un epílogo.* Tesis de licenciatura en Historia. Pontificia Universidad Católica de Chile. Santiago de Chile, 2006, p. 101.

67 Todas las citas sobre su participación en este programa de televisión pertenecen a este número de *Arauco*, disponible en línea: http://www.socialismo-chileno.org/PS/arauco/arauco_55/arauco_55.html#page=1

68 Faúndez, p. 172.

marxistas, con cuatro partidos no marxistas y amplios sectores que no tienen domicilio político. No hay ningún país del mundo en que se haya buscado el camino legal para hacer la revolución. Creemos que vamos a conquistar el poder a través del camino legal a fin de elegir un presidente socialista, que va a realizar un programa y un plan de gobierno...».

Uno de los puntos recurrentes para algunos periodistas en sus sucesivas comparecencias ante el Canal 9 fue Cuba, por su conocida amistad con los líderes de la Revolución y su abierta defensa de la misma. De manera capciosa, por ejemplo, Gastón Cruzat le preguntó «si el régimen marxista que usted piensa implantar en Chile será similar al de Cuba». Sin complejos, Allende explicó su posición de manera contundente: «La Revolución cubana es un hecho social de extraordinaria magnitud y significación en América Latina y en el mundo. Lo he dicho sin que nadie me lo pregunte: si hubiera nacido en Cuba, no habría trepidado un minuto en estar con Fidel Castro. Nací en Chile, en otra historia, en otra geografía, en otra tradición, en otra convivencia social». Y, seguramente para fastidio de Cruzat, repasó con pausa la historia de esta isla, desde la larga dominación española hasta la tutela neocolonial de Estados Unidos tras 1898 y la dictadura de Fulgencio Batista.

El 19 de junio se refirió a la relación personal con quien era su gran rival y admitió que la dureza de la campaña la había socavado. Pero dos semanas después esa amistad se pondría de manifiesto cuando su equipo informó que descansaría durante algunos días porque padecía una afonía aguda. Incluso durante unos días se trasladó a Viña del Mar, a casa de su hermana Inés, para alejarse del bullicio de la capital, de las tensiones de la campaña y de la presión de la prensa. El 5 de julio asistió en el Caupolicán a la clausura de la primera Conferencia Nacional de Independientes Allendistas, pero solicitó al actor Jorge Lillo que leyera su discurso, lo que motivó que sus adversarios esparcieran los más sombríos rumores sobre su salud: cáncer de pulmón, parálisis facial, obstrucción coronaria, hemorragia cerebral, incluso hemiplejia...[69]

Pudo recuperar su voz a tiempo para cumplir con su cita televisiva el 10 de julio y, sin mayor preocupación, explicó a la audiencia el episodio que acababa de sufrir, una laringitis producto de su reciente estancia en el sur, donde le afectaron las inclemencias meteorológicas.

Aquellas exageradas noticias alertaron no solo a la izquierda, también preocuparon a sus amigos de otras opciones políticas, entre ellos el mismo Eduardo Frei, quien el 7 de julio a través del abogado Hernán Santa Cruz le hizo llegar un cálido mensaje. Dos días después, Santa Cruz trasladó a Frei la reacción de Allende y la breve nota que le dirigía, garabateada con letra de médico, en cinco pequeñas hojas. «Como puedes ver reaccionó ante tu recado en la forma que yo preveía, conserva el sentido del humor que te ha hecho reír siempre y en nada ha mejorado su caligrafía». Y se preocupó de mecanografiar su mensaje para que lo comprendiera rápidamente: «Eduardo: Gracias por tu preocupación. Sé que es expresión legítima y sincera de tu amistad. Estoy tan bien que te voy a ganar. Cuando estuve en la Universidad Técnica y tú estabas enfermo, claro que los resfríos te duran más a ti que a mí, le dije a los jóvenes democratacristianos que te saludaran y que deseaba te mejoraras luego, porque no me gusta pelear con la sombra.

69 *Allende, candidato en campaña. Del general Ibáñez a la Unidad Popular*, pp. 20-21.

Tencha agradece tu deferencia. Saludos cariñosos a Maruja y los tuyos, cordialmente amigo, Salvador (Allende y de Chile)». E incluyó una simpática posdata: «Por la televisión te voy a pegar unos palos».[70]

El 15 de agosto, Irene Frei Montalva, la hermana mayor del candidato democratacristiano, falleció en un accidente de automóvil y Salvador Allende y su esposa lo visitaron para expresarle sus condolencias.

La arcilla de la patria

La campaña electoral no daba respiro. Su recta final se vio sacudida por la decisión de Alessandri, adoptada el 12 de agosto en concordancia con la posición de la OEA, de romper las relaciones diplomáticas con Cuba, medida a la que se opusieron el FRAP, el PDC y el Partido Radical. En una contundente declaración, Allende condenó la decisión del presidente, expresó su apoyo al pueblo cubano y señaló la necesidad de una «política exterior soberana, digna e independiente», además de anunciar que cuando la izquierda llegara a La Moneda haría todo lo posible en la escena internacional para que se anularan las sanciones contra Cuba.[71]

El 15 de agosto, el teatro Baquedano se llenó para un inusual acto denominado «La familia militar con Allende». Uno de los oficiales presentes más destacados era el general de la Fuerza Aérea (FACh) Arturo Merino Benítez (quien da hoy nombre al aeropuerto internacional de Santiago),

---

70 Este intercambio epistolar se conserva en el Archivo Histórico de la Casa Museo Eduardo Frei Montalva, Carpeta 18.

71 *El Siglo*, Santiago de Chile, 13 de agosto de 1964, p. 1.

junto con otros altos oficiales (generales, coroneles) de todas las ramas de las Fuerzas Armadas y también de Carabineros y la Policía de Investigaciones ya en retiro. Merino Benítez, fundador de la FACh, criticó el imperialismo norteamericano y la ruptura de relaciones con Cuba y aseguró que apoyaba al FRAP para que Chile pudiera recuperar su dignidad nacional y rescatar sus riquezas naturales.

Por otra parte, de nuevo el candidato de la izquierda recibió el apoyo de los principales escritores e intelectuales del país. Más de trescientos creadores suscribieron un manifiesto encabezado por cuatro premios nacionales de Literatura (Pablo Neruda, José Santos González Vera, Manuel Rojas y Ángel Cruchaga Santa María) y apoyado también por Volodia Teitelboim, Francisco Coloane, Nicanor Parra, Juvencio Valle, Luis Enrique Délano, Homero Arce, Diego Muñoz, Alejandro Lipschutz, Rubén Azócar, Ester Matte o Gonzalo Rojas.[72] «El *allendismo* representa la arcilla de nuestra patria», declaró Cruchaga Santa María.[73] Incluso el filósofo británico Bertrand Russell (premio Nobel de Literatura en 1950) le envió un mensaje personal para desearle la victoria.[74]

El 24 de agosto el candidato del FRAP volvió a subirse al «Tren de la Victoria». Adornado con un gran «1» (el número que en aquella ocasión le correspondió en el sorteo del Registro Electoral) en el morro de la locomotora diésel, el convoy viajó directamente hasta Puerto Montt para regresar desde allí deteniéndose en decenas de lugares. Además de quince periodistas nacionales y extranjeros, lo

---

72 *El Siglo*, Santiago de Chile, 16 de agosto de 1964, p. 1.

73 *El Siglo*, Santiago de Chile, 22 de agosto de 1964, p. 9.

74 *El Siglo*, Santiago de Chile, 21 de agosto de 1964, p. 7.

acompañaban Luis Corvalán, Raúl Ampuero y otros treinta destacados dirigentes de los partidos y organizaciones que sustentaban su candidatura, como el general retirado Teodoro Ruiz, presidente del Baluarte del Pueblo; el coronel retirado Ernesto Rejman, presidente del Frente Cívico Militar; Carlos Vassallo por el Movimiento Independiente de Izquierda; María Maluenda, secretaria general del Comando de Mujeres Allendistas, o Juan de Rosa, dirigente del Movimiento Católico Allendista.[75]

El domingo 30 de agosto tuvo lugar el gigantesco cierre electoral del FRAP en Santiago. Desde doce puntos diferentes de la ciudad, otras tantas columnas caminaron desde las nueve de la mañana hasta el parque Cousiño. En su discurso, pasado el mediodía, Allende prometió que cuando llegara a La Moneda habría un único grupo social privilegiado, las niñas y los niños: «Nunca más habrá niños sin escuela, niños desnutridos, niños que no puedan tomar leche». Manifestó también su confianza en que la conciencia y la movilización popular derrotarían la campaña del terror desarrollada por quienes sostenían la candidatura de Eduardo Frei y ensalzó el pluralismo del FRAP y de los nuevos sectores que se habían sumado a su candidatura, como algunas bases del Partido Radical o incluso núcleos liberales.[76] Su discurso finalizó cerca de las tres de la tarde y aquella misma noche viajó a Concepción, donde al día siguiente intervino en su penúltimo acto de masas, ya que clausuró la campaña en Valparaíso, donde el 1 de septiembre más de cien mil personas llenaron los cuatro kilómetros desde la plaza Sotomayor hasta el escenario instalado frente a la calle Victoria.

---

[75] *El Siglo*, Santiago de Chile, 25 de agosto de 1964, p. 1.

[76] *El Siglo*, Santiago de Chile, 31 de agosto de 1964, p. 4.

En la víspera de la votación publicó un artículo en el que planteó que su país, por la fortaleza del movimiento popular y la posibilidad de conquistar el Gobierno, constituía en cierta medida una excepción en el subcontinente. Como buen analista del periodo que le correspondió vivir, con su característico estilo de médico con profunda vocación social, presentó en primer lugar un diagnóstico de la situación latinoamericana. Y habló de la cesantía que sufrían más de la mitad de los doscientos millones de personas que vivían al sur del Río Grande, de los millones de trabajadores que percibían salarios insuficientes, de las carencias alimenticias «que dejan huella ya en la contextura biológica de las generaciones», de la falta de viviendas, del elevado índice de mortalidad prematura, de las «magnitudes aterradoras» de los decesos infantiles y de la persistencia de un analfabetismo dramático: «Alrededor del 60 por ciento de nuestras gentes jamás ha deletreado la palabra "libertad" ni escrito la palabra "democracia"». Ante esta dolorosa realidad, defendió la necesidad de un hondo proceso de transformaciones revolucionarias en cada país, en función de sus propias condiciones políticas, pero también previno sobre la respuesta de la burguesía y del imperialismo estadounidense.[77]

Juanita Castro en campaña

El 31 de julio, en su sexta participación en *Septiembre 1964*, se pronunció sobre la burda propaganda electoral que pretendía infundir miedo a la ciudadanía y llamaba a votar por

[77] Allende, Salvador, «¿A dónde va América Latina?», *Arauco*, nº 55, Santiago de Chile, agosto de 1964, pp. 1-8.

Frei para impedir la instalación de una sangrienta dictadura «comunista». A modo de ejemplo, citó este texto suscrito por el Partido Liberal: «Con Eduardo Frei la bandera de Chile continuará protegiendo a la patria en los mástiles de las unidades de los ejércitos; en las arboladuras de los barcos de la armada nacional que surcan los mares y en las alas de las máquinas de la Fuerza Aérea que cruzan raudas el espacio infinito. Con Allende y su fatídico trapo, la hoz y el martillo, solo encontraréis el paredón de ejecuciones».

Frente al contenido de este tipo de mensajes, reivindicó su trayectoria honesta y consecuente a lo largo de tres décadas, su pertenencia al movimiento popular, de «hondo sentido patriótico y nacional», y a una familia con una acción al servicio de Chile desde los albores de la independencia. También recordó que en 1891 la prensa conservadora ya motejó a Balmaceda de «comunista», en 1920 calificó a Arturo Alessandri como «el Lenin chileno» y en 1938 acusó a Aguirre Cerda de proteger a una serie de «fuerzas destructoras» que perseguían el «aniquilamiento» de la democracia y la libertad.

Si bien es cierto que Eduardo Frei eludía este discurso tan primario y soez, nunca lo repudió y, en el fondo, su mensaje, como el del sector más conservador de su partido, sí señalaba que su Gobierno no solo garantizaría el progreso económico, la justicia social y la participación popular, «sino que vamos a hacer esta tarea en libertad y en respeto a los derechos de la persona humana». «En libertad religiosa, sindical, política y de expresión (...) Nadie tiene que temer de nosotros», manifestó en su histórico discurso de «la patria joven» el 21 de junio de 1964 en el parque Cousiño.[78]

---

[78] Pinochet de la Barra, Óscar, ed., *Eduardo Frei M. Obras Escogidas (1931-1982)*, Santiago de Chile, Centro de Estudios Políticos Latinoamericanos Simón Bolívar, 1993, pp. 292-296.

La campaña desplegada por la derecha y financiada por Washington tuvo un epílogo especialmente impactante. No bastaba con los carteles que proclamaban «el comunismo es la muerte» o mostraban tanques soviéticos amenazando La Moneda. Tampoco era suficiente que la radio (el medio de comunicación más masivo entonces en el país) difundiera avisos en los que primero se escuchaba una ametralladora y después a una mujer gritando por la muerte de su hijo a manos de «los comunistas», mientras una voz masculina, con una música dramática de fondo, llamaba a votar por Frei para evitarlo.[79]

El punto culminante de aquella estrategia estaba reservado para los días previos a la votación, cuando desde Buenos Aires habló para Chile Juanita Castro Ruz, la hermana renegada de los líderes revolucionarios cubanos, que había abandonado su país el 19 de junio y, según reconoce en sus memorias, trabajaba para la CIA desde 1963.[80] El 2 de septiembre *El Mercurio* publicó un enorme anuncio anónimo que decía: «¡Juanita Castro habla a las mujeres de Chile! Escuche hoy este dramático mensaje de una mujer cubana...».[81] En el discurso que transmitieron Radio Minería y Radio Corporación afirmó: «Serán invadidos los templos y profanadas sus imágenes (...) Chilenos: el enemigo acecha; lo tienen en sus propias puertas (...) No se dejen engañar, estén alertas, recen por sus derechos, piensen en sus

---

79 Casals Araya, Marcelo, *La creación de la amenaza roja. Del surgimiento del anticomunismo en Chile a la «campaña del terror» de 1964*, Santiago de Chile, LOM Ediciones, 2016, p. 447.

80 En su autobiografía ignoró este episodio. Collins, María Antonieta y Castro, Juanita, *Fidel y Raúl, mis hermanos. Memorias de Juanita Castro*, Madrid, Aguilar, 2009, p. 380.

81 *El Mercurio*, Santiago de Chile, 2 de septiembre de 1964, p. 11.

familias, piensen en sus hijos. Campesinos, obreros, estudiantes, madres y pueblo chileno en general: en sus manos está el impedir que se repita en este país la dolorosa agonía que vive mi patria esclavizada por el yugo comunista».[82]

Salvador Allende utilizó distintos registros para responder a tales descalificaciones, incluido el sentido del humor, según recogió en su crónica Eduardo Galeano, cuando explicó a los periodistas: «Dicen que quiero sacar los niños a las madres. Quienes me conocen saben que esto es una infame calumnia. Quizás quiero sacar las madres a los niños, eso sí».[83] Pero, además, la noche del 3 de septiembre, haciendo uso formal del derecho de réplica, habló al país por cadena de radio para refutar estas invectivas: «Jamás (...) se había desfigurado más lo que constituye la esencia de todos los procesos democráticos: la honrada confrontación de programas, doctrinas y estrategias y tácticas políticas». Y no dudó en responsabilizar al partido de Frei de esta estrategia, financiada con fondos «de inconfesable procedencia».[84] En aquellos días la atención mundial se concentraba en Chile:

---

82 *Allende, candidato en campaña. Del general Ibáñez a la Unidad Popular*, p. 25.

83 *Marcha*, nº 1.222, Montevideo, 11 de septiembre de 1964, pp. 16-17. El paso del tiempo no horadó la memoria de aquella amistad en el gran escritor uruguayo, quien en 1979 recordaba: «En Montevideo lo acompañé a las reuniones políticas y a los actos; fuimos juntos al fútbol, compartimos la comida y los tragos, las milongas. (...) Adoraba el panqueque de manzanas en el *Morini* viejo y el vino *Cabernet* de Santa Rosa le hacía chasquear la lengua, por pura cortesía, porque bien sabíamos los dos que los vinos chilenos son mucho mejores. Bailaba con ganas, pero con un estilo de caballero antiguo y se inclinaba para besar la mano de las muchachas». Galeano, Eduardo, *Días y noches de amor y de guerra*, Barcelona, Laia, 1979, pp. 68-69.

84 *El Siglo*, Santiago de Chile, 4 de septiembre de 1964, pp. 1 y 4.

más de doscientos cincuenta periodistas extranjeros solicitaron el visado para cubrir la votación.

Una dura derrota

El 4 de septiembre de 1964, Salvador Allende votó a las diez y media de la mañana en Viña del Mar y regresó a Santiago al mediodía; tras descansar en Guardia Vieja, por la tarde se dirigió a la Casa del Pueblo, ubicada en la céntrica calle Teatinos. Sin embargo, el escrutinio no dejó margen a la emoción y la duda, como en 1958, ni a la esperanza fundada, como sucedería seis años después: la derrota fue contundente, amarga, dura, a pesar de que alcanzó el mayor porcentaje de votos de sus cuatro *combates* presidenciales.

Eduardo Frei se convirtió en el primer presidente de filiación socialcristiana en América Latina al lograr el 55,67 por ciento (1.409.012 votos) frente al 38,9 de Salvador Allende (977.902) y el 4,95 de Julio Durán (127.233). El FRAP volvió a vencer en las provincias de Tarapacá, Antofagasta, Atacama, Concepción, Arauco y Magallanes, pero en Santiago el candidato centrista casi le dobló (620.489 por 363.855) y, si bien en el electorado masculino se aproximaron (593.770 votos de Allende frente a los 652.895 de Frei), fue el femenino el que franqueó las puertas de La Moneda a Frei, quien obtuvo 756.117 sufragios de las mujeres frente a los 384.132 de Allende.[85]

Cerca de la medianoche, el FRAP distribuyó un comunicado que, junto con la consabida consigna («la lucha popular continúa»), ensalzaba el entusiasmo desplegado por

---

85 Fuente: Archivo del Servicio Electoral de la República de Chile.

sus adherentes y la cohesión de las fuerzas políticas y sociales en torno a la candidatura.[86] Por su parte, Allende entregó una declaración personal en la que reconocía la derrota y llamaba a reforzar la unidad del movimiento popular. Antes había salido a uno de los balcones de la Casa del Pueblo para dirigirse a los centenares de partidarios que se agolpaban en el exterior, a quienes reafirmó la importancia del crecimiento de la izquierda, sin parangón en el resto de América Latina: «Seguiremos adelante hasta conquistar mejores días». Acompañado de su esposa y sus hijas, se refirió con cariño al término por el que era conocido y reafirmó su compromiso: «Seguiré siendo el compañero Allende. Todo lo que soy y seré se lo debo al pueblo».[87] Fue después de aquella tercera derrota cuando en tono jocoso empezó a vaticinar el epitafio que colocarían en su tumba: «Aquí yace Salvador Allende, candidato a la presidencia de la República».

Mientras tanto, los democratacristianos festejaban su histórica victoria y la derecha respiraba reconfortada. También brindaron en la Embajada de Estados Unidos, como comunicaron sus funcionarios al Departamento de Estado: «Hemos roto todas las reglas. Abrimos champaña y estamos celebrando».[88] Horas después, el sábado 5 de septiembre, en una improvisada rueda de prensa en los jardines de la Casa Blanca, el presidente Lyndon Johnson exaltó el triunfo de Frei como «un refuerzo en nuestra esperanza de un brillante futuro para América».[89] A mediados de septiembre, el presidente electo se reunió con los diplomáticos de este

---

86 *El Siglo*, Santiago de Chile, 5 de septiembre de 1964, p. 1.

87 *El Siglo*, Santiago de Chile, 5 de septiembre de 1964, p. 7.

88 *La Tercera*, Santiago de Chile, 19 de septiembre de 2004, suplemento *Reportajes*, pp. 17-19.

89 *Madrid*, Madrid, 7 de septiembre de 1964, p. 5.

país para expresarles su agradecimiento por la cooperación prestada.[90]

En los días en que Frei iniciaba su mandato, Luis Hernández Parker realizó una extensa entrevista al líder de la izquierda en la que le preguntó por el escenario que la llegada de la Democracia Cristiana al Gobierno abría. «Como chileno que ama a su patria y a su pueblo le deseo éxito. Nosotros desde la oposición estimularemos todas sus iniciativas de real bienestar popular. Pero sabemos cuán difícil le será cumplir con los trabajadores y cuán fácil cumplirle a los poderosos», señaló Allende, quien en la conversación cordial y franca que mantuvo con uno de los principales periodistas de aquel tiempo no se mostró amargado o resentido.

De manera descarnada, analizó las dificultades objetivas que la izquierda enfrentó durante la campaña: «Sabía que era casi imposible una victoria electoral. Ya ella en sí misma habría significado un hecho histórico porque un movimiento auténticamente revolucionario y chileno (y como tal latinoamericano) iba a llegar al poder por la expresa y libre voluntad del pueblo manifestada en las urnas. Constituía un desafío sin precedentes al imperialismo, a la oligarquía...». Y recordó la propaganda desplegada por quienes sostenían la candidatura de Frei, aunque sin hacer mención a lo que desde 1975 está documentado: la intervención de Estados Unidos. «¿Se podía vencer en esas condiciones y cuando una diabólica "campaña del terror" pilló indefensos a grupos sociales inmaduros, sobre todo en las mujeres?». «Nunca hubo tanta plata para Frei porque nunca hubo tanto miedo».

---

90 *La Tercera*, Santiago de Chile, 12 de septiembre de 2004, suplemento *Reportajes*, pp. 18-19.

Este iba a ser, a su juicio, un Gobierno diferente a todos los anteriores, ya que su presidente militaba en un partido con raíces ideológicas mundiales y su proyecto de «Revolución en libertad» representaba una apuesta novedosa en la América Latina de la Guerra Fría: «Porque Frei tiene la tarea de desarrollar en Chile un plan piloto para Latinoamérica primero y luego para el resto de los países subdesarrollados. Un plan piloto en el que están interesados por igual el imperialismo, la oligarquía y la Iglesia católica. (...) Esto es el *freísmo*. Un apéndice chileno de un movimiento internacional perfectamente organizado y financiado». Respecto a la izquierda, tenía clara la necesidad de ampliar las fronteras e incluso de reforzar la «elasticidad» de su alianza: «El FRAP es hoy únicamente una combinación de partidos. Debe convertirse (y hasta cambiando el nombre si es necesario) en un movimiento de militantes y de independientes de izquierdas».[91]

---

91 *Ercilla*, Santiago de Chile, 4 de noviembre de 1964, pp. 6-7.

Capítulo V

LA CONSTRUCCIÓN DE LA UNIDAD POPULAR

A fines de diciembre de 1964, Salvador Allende se desplazó a Montevideo junto con el presidente de la CUT y el de la FECh, el comunista Luis Figueroa y el democratacristiano Pedro Felipe Ramírez, respectivamente. En la explanada de la Universidad de la República, en la emblemática avenida 18 de Julio, y ante unas cinco mil personas, dirigentes sindicales, estudiantiles y políticos de Argentina, Uruguay, Colombia y Chile denunciaron la represión de la dictadura militar brasileña, instalada tras el golpe de Estado contra el presidente Joao Goulart del 31 de marzo de 1964,[1] y llamaron a la solidaridad de los pueblos de América.

En el transcurso de aquel viaje Allende tuvo la oportunidad de conocer personalmente a Goulart, quien vivía asilado en la capital uruguaya.[2] Su derrocamiento conmovió a la izquierda chilena, que en los años siguientes recibió con los brazos abiertos a numerosos refugiados políticos de aquel país, incluidos destacados profesores universitarios e intelectuales como Theotonio dos Santos, Fernando Henrique

---

1 Bevins, Vincent, *El método Yakarta. La cruzada anticomunista y los asesinatos masivos que moldearon nuestro mundo*, Madrid, Capitán Swing, 2021, pp. 159-165.

2 Moniz Bandeira, Luiz Alberto, *Fórmula para el caos. La caída de Salvador Allende (1970-1973)*, Santiago de Chile, Debate, 2008, p. 25.

Cardoso, Ruy Mauro Maurini, Darcy Ribeiro o el pedagogo Paulo Freire.[3]

El 6 de enero de 1965, pronunció un discurso en el Senado para referirse a la situación de este país y recordó que Goulart había puesto en marcha algunas transformaciones importantes, como las reformas agraria y tributaria, así como una política internacional independiente guiada por los intereses nacionales: «En resumen, el presidente de Brasil quiso hacer enmiendas dentro de los cauces legales a fin de luchar contra la inflación y planificar el desarrollo económico del país, con profundo sentido nacional. Pero, como indiscutiblemente hería los intereses del capital foráneo, de los monopolios y de la reacción brasileña, estos sectores se unieron para desatar una campaña increíble, motejar al Gobierno de Goulart de comunista y romper los diques de la Constitución y la ley».

También mencionó el telegrama de felicitación que Lyndon Johnson remitió al dictador, el mariscal Humberto de Alencar Castelo Branco, tras el derrocamiento del presidente constitucional[4] y criticó el sometimiento del nuevo régimen al Fondo Monetario Internacional, la entrega de buena parte de los recursos naturales a multinacionales foráneas, el alza «brutal» del coste de la vida, la congelación de los salarios o la libertad de precios para alimentos,

---

3 Varios de ellos trabajarían entre 1970 y 1973 en los centros intelectuales próximos a la Unidad Popular y después del golpe de Estado tuvieron que volver a exiliarse.

4 El embajador estadounidense en Chile en 1973 recordó que aguardaron hasta el 24 de septiembre para reconocer a la Junta Militar encabezada por Pinochet a fin de evitar que su Gobierno fuera acusado de complicidad, como había sucedido en el caso de Brasil en 1964. Davis, Nathaniel, *Los dos últimos años de Salvador Allende*, Madrid, Plaza&Janés, 1986, pp. 336-337.

medicinas y otros artículos de primera necesidad. Asimismo, señaló la persecución contra el movimiento obrero, la Unión Nacional de Estudiantes y los religiosos progresistas, la clausura de periódicos y editoriales, la quema de libros y la expulsión o encarcelamiento de destacados intelectuales y científicos, entre los que citó al arquitecto Óscar Niemeyer y el economista Celso Furtado. «En estos momentos existen en Brasil más de 46.000 presos políticos, algunos de los cuales han sido implacablemente torturados o arrastrados al suicidio; otros han desaparecido».

Y denunció la responsabilidad de Washington en la destrucción de la democracia en este país sudamericano. «Ciento cincuenta millones de dólares ha prestado Estados Unidos a la dictadura de Brasil. ¡Ellos, que hablan de derechos humanos, que gastan sumas fabulosas en su propaganda contra Cuba, que vaciaron su capacidad de difamación contra el movimiento popular chileno!».[5]

Unos meses después, el 28 de abril, miles de *marines* desembarcaron en República Dominicana para derrocar al primer presidente elegido democráticamente, Juan Bosch, un notable intelectual que había vivido refugiado en 1954 en Chile y era buen amigo de Allende. El país quedó ocupado militarmente durante un año y medio, inmerso en una guerra civil, y Lyndon Johnson pidió a la OEA que «mediara» entre los partidarios y los enemigos de Bosch. Finalmente, lograron instalar en el palacio presidencial de Santo Domingo al neotrujillista Joaquín Balaguer, cuyos primeros doce años de gobierno fueron otra etapa oscura. Una vez

---

5 Allende, Salvador, *Persecuciones políticas en Brasil. Diario de Sesiones del Senado de la República de Chile.* Sesión 16ª. Miércoles 6 de enero de 1965. Documento consultado en la Biblioteca Nacional de Chile.

más, Washington dejaba claro, en aquella ocasión con un procedimiento aún más contundente, que impediría «una segunda Cuba», molde en el que encajaba toda experiencia democrática que intentara adoptar una posición independiente en la escena regional.

El 5 de mayo Salvador Allende volvió a alzar su voz en el Senado para condenar la nueva agresión de Estados Unidos a otro país latinoamericano. En aquella sesión leyó los telegramas de protesta que cinco senadores (Ampuero, Rafael Tarud, Aniceto Rodríguez, Carlos Altamirano y él) habían remitido tanto a Johnson como al secretario general de las Naciones Unidas, U Thant, y no tuvo reparo en elogiar la posición adoptada por Eduardo Frei, quien había solicitado la retirada de las tropas estadounidenses. Asimismo, le pidió que el Gobierno no invitara al embajador de este país al tradicional acto del 21 de mayo en el Congreso Nacional.[6]

Juicio a la Democracia Cristiana

La amplia victoria de septiembre de 1964 permitió a Frei formar el único Gobierno «monocolor» del siglo XX chileno. La predicción formulada por su compañero Radomiro Tomic en aquellos momentos de euforia desbordante («la Democracia Cristiana estará en el Gobierno por lo menos treinta años») parecía confirmarse seis meses después en las elecciones legislativas, cuando su partido alcanzó su mejor resultado, el 42,5 por ciento de los votos (frente al 9,4 por

---

6 *Salvador Allende. América Latina: un pueblo continente*, Archivo Salvador Allende, nº 1, pp. 157-159.

ciento de solo ocho años antes),[7] que permitió a Frei gozar durante los dos primeros tercios de su mandato de una amplísima mayoría en la Cámara de Diputados (ochenta y dos escaños) y una importante presencia en el Senado (trece representantes de cuarenta y cinco, aunque a partir de 1967 pasaron a ser cincuenta), algo desconocido en un país caracterizado por un acusado multipartidismo. En este contexto desechó cualquier alianza y optó por gobernar con un discurso revolucionario.[8] Sí se alió, en cambio, con los bancos privados estadounidenses, que le concedieron créditos por valor de trescientos millones de dólares, y con la Casa Blanca, ya que, según Henry Kissinger, la ayuda oficial de los Gobiernos de Johnson y Nixon a su administración sobrepasó los mil millones de dólares.[9]

Los aspectos más destacados del reformismo democratacristiano fueron la reforma agraria y la sindicalización campesina, las políticas de «promoción popular» de los sectores marginados urbanos, la nacionalización parcial y negociada de las grandes minas de cobre (llamada *chilenización*),[10] la extensión de la educación o el establecimiento de relaciones diplomáticas con la Unión Soviética. Estas medidas, encaminadas a tejer una base sólida de apoyos sociales, le enajenaron

---

7 Scully, Timothy R., *Los partidos de centro y la evolución política chilena*, Santiago de Chile, CIEPLAN, 1992, p. 204.

8 Garcés, Joan E., *Desarrollo político y desarrollo económico. Los casos de Chile y Colombia*, Madrid, Tecnos, 1972, p. 181.

9 Kissinger, Henry, *Mis memorias*, Buenos Aires, Atlántida, 1979, p. 460.

10 El Gobierno de Frei adquirió una parte importante de las acciones de estas minas, el 51 por ciento en el caso de las tres mayores (Chuquicamata, El Teniente y El Salvador), a un precio elevado (175 millones de dólares entregados a la Anaconda y 80 a la Kennecott) y con la obligación de la CORFO de asumir una gran parte de sus deudas.

el apoyo de la derecha, indignada especialmente con los cambios en el mundo rural, puesto que parte de su base electoral procedía de unas relaciones casi feudales cuyos ejes eran el latifundio, el caciquismo y el clientelismo político.

En noviembre de 1965, cuando la hegemonía del Partido Demócrata Cristiano parecía incontestable, Salvador Allende enjuició el primer año de Frei y su publicitada «Revolución en libertad». Recordó que tanto el PDC como el FRAP habían prometido un cambio profundo en las estructuras económicas y en la realidad social y política, pero subrayó que la izquierda había acertado al vaticinar que el Partido Demócrata Cristiano no podría transformar la sociedad: «Nos ha asistido la razón cuando advertimos de que la Democracia Cristiana no sería capaz de cumplir en Chile una revolución por la ambigüedad de su base teórica; por la composición contradictoria de las fuerzas que le brindaron sus votos; por su inspiración genuinamente imperialista; por su carencia de autonomía respecto de los grandes intereses monopólicos nacionales e internacionales y, en suma, por la esencia misma de su filosofía, su estrategia y sus tácticas».

También señaló que era un partido esencialmente procapitalista que, a pesar de las posiciones progresistas de algunos de sus miembros, tenía como misión histórica la preservación de ese modelo económico y social. Negó que hubiera una «tercera vía» entre capitalismo y socialismo y, por tanto, rechazó que el «comunitarismo» que preconizaban los teóricos del PDC fuera una alternativa creíble, ya que la doctrina social de la Iglesia jamás había propugnado la sustitución del capitalismo. Citó como ejemplos los casos de Italia y la República Federal Alemana, donde gobernaban los socialcristianos, cuya «acción se consagra a defender los regímenes burgueses».

Además, a su juicio, el proyecto del PDC se descalificaba por haberse aliado con el imperialismo y la derecha. Lo acusó también de estar sometido a una «dependencia efectiva de Estados Unidos» y citó la penetración de organizaciones imperialistas como los Cuerpos de Paz y el Instituto de Educación Campesina, los intentos de quebrar la unidad obrera en la CUT, el financiamiento de centros como el DESAL (dirigido por Roger Vekemans) y la actividad de la Iglesia alemana a través de Misereor, su organismo de ayuda a los países subdesarrollados.[11]

Por otra parte, la derrota de 1964 reforzó el escepticismo sobre la posibilidad de conquistar la presidencia de la República por la «vía pacífica» en algunos sectores de la izquierda, principalmente del Partido Socialista,[12] y contribuyó a la fundación del Movimiento de Izquierda Revolucionaria (MIR) en agosto de 1965, un partido de ideología guevarista que hasta 1970 se caracterizó por la acción directa.[13] Se desencadenó lo que Tomás Moulian ha denominado «una crisis de futuro»: la posibilidad de conquistar un «Gobierno popular» parecía una utopía inalcanzable.[14] En

---

11 *Punto Final*, nº 5, Santiago de Chile, noviembre de 1965. Número especial dedicado a este documento de Salvador Allende. Disponible en línea, como toda su colección. https://punto-final.org/PDFs/1965/PF_005.pdf

12 Vidal Molina, Paula, *El marxismo en Chile y la igualdad. Una reconstrucción de la izquierda socialista y comunista (1960-1973)*, Santiago de Chile, LOM Ediciones, 2022, pp. 134-135.

13 Palieraki, Eugenia, *¡La revolución ya viene! El MIR chileno en los años sesenta*, Santiago de Chile, LOM Ediciones, 2014. Entre la profusa bibliografía sobre el MIR, destacamos también este trabajo: Torres G., Osvaldo, *Democracia y lucha armada. MIR y MLN-Tupamaros*, Santiago de Chile, Pehuén, 2012.

14 Moulian, Tomás, *La forja de las ilusiones: el sistema de partidos, 1932-1973*, Santiago de Chile, Akhilleus, 2009, p. 267.

este contexto, el PS radicalizó sus definiciones ideológicas e infló su retórica revolucionaria, sin que ello tuviera la menor repercusión en su práctica política.

En diciembre de 1964, su Comité Central realizó una crítica durísima de la campaña electoral desarrollada por el FRAP, sin escatimar tampoco alusiones muy severas al candidato. Desde aquel momento el Partido Socialista se situó «en la oposición más irreductible e indivisible» a Frei porque, según aseguraban, la Democracia Cristiana representaba el papel que antaño ejerciera la derecha.[15] Y destacados dirigentes de sus filas se pronunciaron públicamente en contra de la «vía electoral», en *Arauco* primero y, tras su desaparición en febrero de 1967, en *Punto Final*, próxima al MIR. Por ejemplo, en enero de 1965 la revista socialista publicó un artículo extenso en el que su autor, además de plantear la vigencia de la línea política del Frente de Trabajadores y descartar el «tránsito pacífico y electoral hacia el socialismo», apostaba por la sustitución de la generación que hasta entonces había dirigido las riendas del partido...[16] No obstante, en su XXI Congreso, celebrado en Linares a finales de junio de 1965, el senador Aniceto Rodríguez (miembro de su sector moderado) fue elegido secretario general en sustitución de Raúl Ampuero.

En cambio, el 17 de octubre de 1965, en su discurso de clausura del XIII Congreso del Partido Comunista, Luis Corvalán llamó a fortalecer la unidad socialista-comunista, a continuar por la ruta trazada por el movimiento popular

15 Casanueva Valencia y Fernández Canque, pp. 213-217.

16 Espinoza Orellana, Manuel, «El socialismo chileno frente a una encrucijada», *Arauco*, nº 60, Santiago de Chile, enero de 1965, pp. 21-32.

desde 1951 y a mantener una posición abierta respecto al Gobierno de Frei, con la disposición a respaldar sus medidas más progresistas.[17]

Ante los pueblos del Tercer Mundo

A principios de enero de 1966, Salvador Allende regresó a La Habana para tomar parte en otra cita convocada por la Revolución cubana: la primera Conferencia de Solidaridad de los Pueblos de Asia, África y América Latina, conocida como la Tricontinental, en el hotel Habana Libre.[18] Cientos de delegados de organizaciones políticas, sindicales y sociales revolucionarias procedentes de ochenta y dos países escucharon su discurso en la jornada inaugural. Orgulloso de encontrarse en «el primer territorio libre de América Latina», como presidente de la delegación chilena saludó a los pueblos del Tercer Mundo que luchaban contra la explotación y la opresión, singularizando sus palabras en Vietnam, «con cuya heroica resistencia revolucionaria nos sentimos definitiva y totalmente solidarios». «Y denunciamos al agresor», añadió, porque ponía en peligro la paz mundial «con su acción criminal».

Censuró también la estrategia de Washington en América Latina y expuso los desafíos que compartían todos los presentes: «Unidad para pasar con decisión a la ofensiva y

---

17 Corvalán, Luis, *Camino de victoria*, Santiago de Chile, Sociedad Impresora Horizonte, 1971, pp. 140-142. Véase también Álvarez, Rolando, *Forjando la vía chilena al socialismo. El Partido Comunista de Chile en la disputa por la democracia y los movimientos sociales (1931-1970)*, Santiago de Chile, Editorial América en Movimiento, 2020.

18 *Bohemia*, La Habana, 14 de enero de 1966, p. 72.

conquistar la independencia económica y la soberanía política de nuestros pueblos. Unidad para darle al hombre la dignidad que hoy se le niega. Unidad para terminar con el hambre, la enfermedad y la miseria moral y fisiológica. Unidad para estructurar la nueva sociedad, sin explotados y explotadores. Unidad para construir el socialismo».[19]

El 7 de junio, emprendió viaje invitado por la Liga de los Comunistas Yugoslavos, que mantenía una relación estrecha con el Partido Socialista de Chile desde hacía años. Tras visitar el país que gobernaba el mariscal Tito, viajó por Polonia, Checoslovaquia y la República Democrática Alemana y, aunque tenía previsto seguir hacia la Unión Soviética, China y Vietnam, canceló esta última parte del itinerario. El 14 de septiembre, en un discurso en el Senado, relató su recorrido por aquellos cuatro países y se refirió al abismo que se había abierto en el campo comunista con las diferencias entre la URSS, que preconizaba la «coexistencia pacífica» con el bloque capitalista, y la China de Mao, que empezaba a plantear la Revolución Cultural y una política internacional diferenciada de la soviética, con un cierto eco en los partidos comunistas occidentales, aunque en el caso de Chile la escisión correspondiente, que daría lugar al Partido Comunista Revolucionario, fue insignificante.

Asimismo, subrayó que fue la «presencia de la Unión Soviética» después de la Segunda Guerra Mundial la que instauró el socialismo en estos países y que era mérito de la

---

19 Modak, Frida, coord., *Salvador Allende en el umbral del siglo XXI*, México DF, Plaza&Janés, 1998, pp. 299-301. Cinco años después, en la conversación con Régis Debray, dejó patente su lejanía de aquellos dirigentes y fuerzas políticas como Acción Democrática de Venezuela o el APRA peruano, que se habían convertido en organizaciones de perfil socialdemócrata y sumisas a Washington.

economía socialista la reconstrucción realizada en las dos últimas décadas. Pudo comprobar la preocupación, compartida en los países de Europa occidental, por la posibilidad de una nueva conflagración bélica, con armamento nuclear, atmósfera que conducía a la «coexistencia pacífica», pero que también hacía que los gobiernos del bloque del Este desconfiaran del crecimiento de la izquierda revolucionaria en América Latina: «No advierten que nosotros, al luchar contra el imperialismo, fortalecemos las posibilidades de paz, porque el imperialismo norteamericano, el gendarme del imperialismo mundial, tiene su base aquí en este continente, que es bodega y despensa para hacer posible la amenaza de la guerra».

Aquella reflexión no ocultaba una crítica que compartían los grupos más izquierdistas del momento: «Ellos no comprenden el contenido de nuestra lucha emancipadora. Y yo les dije, con pasión de chileno y de latinoamericano, que los veía indiferentes a las grandes batallas colectivas que este continente ha estado dando y tendrá que dar».[20] De hecho, antes de regresar a su país había asistido en Cuba al discurso de Fidel Castro del 26 de julio, con motivo de la conmemoración anual del asalto al cuartel Moncada, y en declaraciones al diario *Granma* criticó la invitación que la URSS dirigió en aquellas semanas al ministro del Trabajo chileno, quien se había caracterizado por su legislación antiobrera y sus maniobras para arrebatar a la izquierda la dirección de la CUT.[21]

20 *Salvador Allende: Frente al* mundo, Archivo Salvador Allende, nº 11, pp. 133-137.

21 Estas declaraciones también se publicaron en *Bohemia*, La Habana, 4 de agosto de 1966, pp. 70-71.

Un año después, entre el 31 de julio y el 10 de agosto de 1967, participó en La Habana en la primera Conferencia de la Organización Latinoamericana de Solidaridad (OLAS). A excepción de las delegaciones de Chile y Uruguay (hegemonizadas por socialistas y comunistas en el primer caso y por el PCU en el segundo), del resto de países llegaron representantes de fuerzas políticas plenamente identificadas con la estrategia revolucionaria que encarnaba Fidel Castro,[22] de tal modo que la declaración final señaló que la lucha armada constituía la estrategia fundamental de la revolución socialista en América Latina.[23] La leyenda sobre su papel en la OLAS empezó a tejerse ya en aquellos días, puesto que tanto el Gobierno de Frei como la derecha y los medios de comunicación conservadores protestaron por el hecho de que él, presidente del Senado desde el 27 de diciembre de 1966, compartiera estas tesis. Curiosamente, de la OLAS habló más la derecha (y sigue hablando aún hoy en el caso de Chile) que la izquierda latinoamericana, que no supo dotarla de contenido y en poco tiempo cayó para ella en el olvido.

En abril de 1967, durante su estancia en Montevideo para impartir una conferencia en la Universidad de la República titulada «El desarrollo económico latinoamericano», como réplica a la reunión de la Alianza para el Progreso que se celebraba de nuevo en el balneario turístico de Punta del

22 En el caso de la numerosa delegación chilena, acompañaron a Allende en aquel viaje los comunistas Jorge Montes, Carlos Cerda, Bernardo Araya y Volodia Teitelboim y los socialistas Clodomiro Almeyda y Carlos Altamirano, entre otros.

23 *Punto Final. Documentos*, suplemento del nº 36, Santiago de Chile, segunda quincena de agosto de 1967, pp. 17-20.

Este,[24] Allende concedió una entrevista al semanario *Marcha* en la que, si bien habló ampliamente de la situación de América Latina, también se refirió a la actualidad chilena. Cerca del ecuador del mandato de Eduardo Frei, destacó la caída en picada de los votos de la DC: del 56 por ciento de 1964 al 42 en las elecciones parlamentarias de 1965 y el 35 por ciento en las municipales celebradas hacía pocos días. Y apuntó que, mientras algunos dirigentes democratacristianos aún planteaban la necesidad de la «revolución» o de sustituir el sistema capitalista por una sociedad «comunitaria», nunca se había fortalecido tanto el capitalismo en Chile como en aquellos años. Fue muy crítico con la nacionalización parcial de las grandes minas de cobre, pero reconoció que la puesta en marcha de la reforma agraria constituía un avance indudable. De cara a 1970, declaró que era partidario de ampliar el FRAP a «los radicales auténticamente radicales» y a miles de independientes para crear «un verdadero movimiento nacional, revolucionario y antiimperialista con visión continental».[25] Por cierto, el «péndulo radical» seguía oscilando y en su Convención de aquel año el PR adoptó un nuevo viraje, en esta ocasión hacia la izquierda.

El senador Raúl Ampuero se opuso públicamente al acercamiento a esta fuerza política que planteaban también otros sectores de la izquierda, como el Partido Comunista, porque lo interpretaba como una claudicación.[26] Allende no tuvo reparo en salir al paso de sus críticas y, para impedir la escisión que se adivinaba, el 6 de julio envió una carta

---

24 Allende, Salvador, *Punta del Este. La nueva estrategia del imperialismo*, Montevideo, Diálogo, 1967.

25 *Marcha*, nº 1.349, Montevideo, 21 de abril de 1967, p. 9.

26 *Punto Final*, nº 34, Santiago de Chile, primera quincena de agosto de 1967, pp. 6-7.

a su compañero en la que le propuso que declararan que ninguno de los dos intentaría ser el próximo candidato socialista a la presidencia de la República. Además, se pronunció sobre el horizonte electoral de 1970 insistiendo en la necesidad de unir en torno a la columna vertebral del FRAP y su programa a todas las fuerzas antiimperialistas, aunque invitó a quienes creyeran en la necesidad de la lucha armada revolucionaria a «someter a ella toda la política»: «Sostengo que nadie puede ser instigador de guerrillas. Quien se halle convencido de que ese es el único camino debe actuar consecuentemente y asumir la responsabilidad respectiva. Si en Chile se cerraran todos los caminos que puede recorrer el pueblo para conquistar el poder, esta sería mi actitud».[27]

Aquella polémica concluyó con la expulsión de Ampuero (líder del socialismo durante dos décadas) y de sus seguidores (entre otros, seis diputados, seis alcaldes y catorce regidores), que terminaron por fundar a principios de octubre de 1967 la Unión Socialista Popular (USOPO).[28] En 1969, su líder explicaría aquella crisis interna y su salida como una maniobra para despejar el camino hacia la cuarta postulación presidencial de Allende.[29]

Seis semanas después de la creación de la USOPO y del asesinato de Ernesto Guevara en Bolivia, tuvo lugar en Chillán el XXII Congreso del Partido Socialista. Presidido por la senadora María Elena Carrera, entre el 24 y el

---

27 *Punto Final*, nº 35, Santiago de Chile, segunda quincena de agosto de 1967, pp. 6-7.

28 Magasich, Jorge, *Historia de la Unidad Popular. Tiempos de preparación: de los orígenes al 3 de septiembre de 1970, vol. I,* Santiago de Chile, LOM Ediciones, 2020, pp. 267-268.

29 Ampuero D., Raúl, *La izquierda en punto muerto*, Santiago de Chile, Orbe, 1969, p. 125.

26 de noviembre 115 delegados con derecho a voz y voto (entre ellos Allende), en representación de unos quince mil militantes activos, debatieron sobre la identidad del FRAP y su política de alianzas, con un posicionamiento contundente contra la confluencia con el Partido Radical, porque entendían que supondría una reedición del pacto frentepopulista y, por tanto, la renuncia a la superación del capitalismo. En la víspera del Congreso, Augusto Olivares había publicado una extensa entrevista a Clodomiro Almeyda cuyo título era muy significativo: «Dejar a un lado el ilusionismo electoral».[30]

Fue en Chillán, además, donde el PS se definió por primera vez, con la opinión en contra de Allende,[31] como marxista-leninista y propugnó, con una retórica impecable, una nueva estrategia revolucionaria: «El Partido Socialista, como organización marxista-leninista, plantea la toma del poder como objetivo estratégico a cumplir por esta generación para instaurar un Estado revolucionario que libere a Chile de la dependencia y del retraso económico y cultural e inicie la construcción del socialismo. La violencia revolucionaria es inevitable y legítima. Resulta necesariamente del carácter represivo y armado del Estado de clase. Constituye la única vía que conduce a la toma del poder político y económico y a su ulterior defensa y fortalecimiento. Solo destruyendo el aparato burocrático y militar del Estado burgués puede consolidarse la revolución socialista». Sin embargo, Aniceto Rodríguez fue reelegido como secretario general, mientras que el candidato presidencial que había rozado el 39 por

---

30 *Punto Final*, nº 42, Santiago de Chile, 22 de noviembre de 1967, suplemento, pp. 1-7.

31 Suárez Bastidas, p. 124.

ciento de los votos en 1964 no tuvo cabida entre los veintisiete miembros elegidos para el Comité Central.

Como la OLAS, el XXII Congreso socialista también ocupa un lugar privilegiado en el relato construido para justificar el golpe de Estado de 1973. Una tesis inválida, puesto que, después de aprobar aquellas definiciones ideológicas, el socialismo no se abocó al cambio de «vía revolucionaria», que hubiera exigido el desarrollo de la guerrilla urbana o rural. Al contrario, se concentró en la negociación de los candidatos para las elecciones parlamentarias de marzo de 1969 a fin de mantener su presencia en el Congreso Nacional, eso sí, calificado audazmente como el «Parlamento burgués».[32]

La huella del *Che*

Entre el 27 de diciembre de 1966 y el 15 de mayo de 1969, Salvador Allende fue la segunda autoridad de la nación en su condición de presidente del Senado. En uno de sus libros, el periodista Eugenio Lira Massi lo describió así, con su estilo inolvidable, en el ejercicio de esta función institucional: «Dio la gran pelea de su vida, hasta conseguirse la presidencia del Senado. Todo estaba en contra suya, pero se las arregló, nadie sabe cómo, para llegar a la "testera" con una solemnidad que ya se la quisiera el Papa para asomarse en la plaza San Pedro...».[33] En el desempeño de ese cargo le correspondió, por ejemplo, participar en el recibimiento

---

32 Jobet, Julio César, *El Partido Socialista de Chile, tomo II*, Santiago de Chile, Prensa Latinoamericana, 1971, pp. 123-141.

33 Lira Massi, Eugenio, *La cueva del Senado y los 45 senadores*, Santiago de Chile, TE-ELE, 1968, p. 110.

de la reina Isabel II en noviembre de 1968, y en una de las recepciones no dudó en aparecer con una elegante guayabera blanca.

El 9 de octubre de 1967, apenas dos meses después de la conferencia de la OLAS, una noticia conmovió a la izquierda: la ejecución en la sierra boliviana del *Che* por el Ejército y la CIA. Apenas diez días después, el Senado chileno, a petición de once senadores del FRAP, celebró una sesión especial dedicada a su memoria, en la que Allende pronunció un largo y emotivo discurso.[34] Evocó cuando lo conoció en los días luminosos de febrero de 1959 en La Habana, leyó su carta de despedida a Fidel Castro, trazó su biografía y destacó su largo viaje en motocicleta por América en 1952, así como su decisión de unirse a los guerrilleros cubanos que en noviembre de 1956, en México, se embarcaron en el *Granma*.

Mostró también el ejemplar de *La guerra de guerrillas* que el revolucionario argentino le dedicara en 1960, leyó pasajes de su ensayo *El socialismo y el hombre en Cuba* y de su discurso en Punta del Este en agosto de 1961, cuando denunció la Alianza para el Progreso, al tiempo que elogió su condición de estadista, probada en los primeros años de la Revolución: «En la lucha de los pueblos estará vivo su recuerdo como la acción legendaria del hombre que contribuyó a construir Cuba con sus manos y el destino de la Humanidad toda con su pensamiento y martirio».[35]

---

34 Sánchez Fuentes, Rigoberto, *Pueblo, continente y revolución. La construcción de América Latina en el discurso de Salvador Allende*, Santiago de Chile, Editorial América en Movimiento, 2015, pp. 170-171.

35 *América Latina: un pueblo continente*, Archivo Salvador Allende, nº 1, pp. 105-114.

Su admiración y respeto por Guevara no fue un simple ejercicio retórico y tuvo la oportunidad de demostrarlo cuatro meses después, cuando el 22 de febrero de 1968 tres combatientes cubanos, supervivientes del foco guerrillero de Ñancahuazú, aparecieron junto con dos guías bolivianos en la localidad de Camiña, en la provincia de Tarapacá, a 1.750 kilómetros de distancia de Vallegrande, donde el *Che* había sido asesinado. Los guerrilleros Harry Villegas, *Pombo*,[36] Leonardo Tamayo, *Urbano*, y Daniel Alarcón, *Benigno*, así como Efraín Quiñones y Estanislao Vilca habían logrado burlar a la CIA, los *rangers* y el Ejército tras sobrevivir a treinta y cinco combates y atravesar casi todo el territorio de este país.[37]

Ya en Chile, se encontraron con un periodista de *Las Últimas Noticias*, a quien expresaron su deseo de regresar a Cuba. Retenidos por Carabineros, fueron trasladados a Santiago, conducidos al hospital de este cuerpo policial, donde se les hizo una revisión médica, y al cuartel de la Policía de Investigaciones,[38] donde los visitaron Salvador Allende, Volodia Teitelboim y Gladys Marín, secretaria general de las Juventudes Comunistas. Las gestiones de los partidos Socialista y Comunista permitieron que los tres guerrilleros cubanos pudieran regresar a Cuba. Beatriz Allende, miembro del grupo de socialistas chilenos conocidos como *los elenos* por su apoyo al Ejército de Liberación Nacional boliviano y

---

36 *Pombo. Un hombre en la guerrilla del Che*, La Habana, Política, 1996, p. 238.

37 Minà, Gianni, *Un continente desaparecido*, Barcelona, Península, 1996, p. 135.

38 *Punto Final. Documentos*, suplemento del nº 49, Santiago de Chile, 27 de febrero de 1968.

la expedición del *Che*,[39] también participó activamente en aquella acción internacionalista.[40] El Gobierno de Frei resolvió expulsarlos a Tahití, en la Polinesia francesa, vía Rapa Nui y Allende los acompañó hasta esta isla chilena para garantizar su seguridad.

La *Primavera de Praga*

La noche del 20 al 21 de agosto de 1968 unos doscientos mil soldados y más de dos mil tanques de cinco países del Pacto de Varsovia (la Unión Soviética, Polonia, la República Democrática Alemana, Bulgaria y Hungría) invadieron Checoslovaquia para liquidar las reformas democráticas emprendidas por Alexander Dubcek. Solo algunas horas más tarde de aquellos dramáticos hechos que pusieron fin a la *Primavera de Praga* y restauraron un gobierno sumiso a Moscú, Salvador Allende habló en el Senado para condenar «enérgicamente» esta invasión militar. Entonces no podía aún avistarse que aquellos sucesos marcarían el fin de las esperanzas en la democratización del socialismo del Este europeo, que serían un punto de inflexión decisivo en la historia de la izquierda y un duro golpe para los comunistas que en otros muchos países, como España, luchaban por la

39 Valdés Navarro, Pedro, *El compromiso internacionalista. El Ejército de Liberación Nacional. Los elenos chilenos, 1966-1971. Formación e identidad*, Santiago de Chile, LOM Ediciones, 2018, p. 122.

40 Véase Harmer, Tanya, *Beatriz Allende. A revolutionary life in Cold War Latin America*, Chapel Hill, The University of North Carolina Press, 2020.

democracia y la libertad arriesgando la vida en condiciones de dura clandestinidad y represión.[41]

Precisamente por ello, tiene un mayor mérito la reacción de Allende, quien planteó que revestían una «extrema gravedad para las relaciones de los Estados socialistas y también para el movimiento socialista mundial» y señaló que se había producido una violación de los principios de no intervención y autodeterminación: «Creemos en el internacionalismo proletario, en la solidaridad de los países que usan el mismo lenguaje doctrinario, pero lo que ha sucedido es muy diferente. Afirmamos rotundamente que cada pueblo, sea socialista o no lo sea, debe resolver sus propios problemas». Su larga experiencia política le indicaba que la derecha haría una «inmisericorde explotación de este hecho doloroso», pero al mismo tiempo señaló la hipocresía de quienes entonces se rasgaban las vestiduras por Checoslovaquia y callaron cuando Árbenz fue derrocado o los *marines* invadieron República Dominicana.[42]

Mientras que el Partido Socialista, el Partido Radical o un por entonces minúsculo Movimiento de Izquierda Revolucionaria también condenaron aquella invasión militar, el Partido Comunista la apoyó a través de una declaración difundida el mismo día que Allende hizo aquel discurso en el Senado, porque, como planteó Moscú, consideraban necesario evitar que «las fuerzas reaccionarias» reconquistaran «para el capitalismo a Checoslovaquia y a ningún otro país socialista». Tres días más tarde el PC organizó un acto de

---

41 Véase Pala, Giaime y Nencioni, Tomasso, eds., *El inicio del fin del mito soviético. Los comunistas occidentales ante la Primavera de Praga*, Barcelona, El Viejo Topo, 2008.

42 *Salvador Allende: Frente al mundo*, Archivo Salvador Allende, nº 11, pp. 145-150.

masas en el Caupolicán en el que Luis Corvalán precisó que lo sucedido era «una verdadera tragedia» y que los comunistas chilenos, que defendían una concepción pluralista de la sociedad y la unidad de todas las fuerzas populares, consideraban «legítima y natural» la diversidad de formas de construcción del socialismo.[43]

En las elecciones parlamentarias de marzo de 1969, Allende decidió revalidar su escaño por la décima circunscripción, constituida por las provincias de Chiloé, Aysén y Magallanes. Como en 1945 en su primera postulación senatorial, regresó a los confines australes y después de casi dos décadas recorriendo el país, campaña tras campaña, su memoria prodigiosa le ayudaba a establecer el diálogo con la gente sencilla, como recordó Carlos Altamirano: «Llegábamos a Puerto Natales, un pueblito de Magallanes, adonde nos iban a recibir algunos compañeros ¡y él les sabía el nombre a todos! "Pedro, ¿cómo estás y cómo está tu señora, la Juanita?". Y casi sin parar le tiraba otra pregunta: "¿Y se mejoró tu hijo?". (...) Su memorión le ayudaba mucho para ganarse la confianza de toda clase de gente. Eran las cualidades propias y necesarias de un líder innato».[44]

Su quinto triunfo en los comicios legislativos tuvo de nuevo un simbolismo notable, ya que derrotó a Raúl Ampuero, quien había recibido el apoyo de las personalidades socialistas locales. Allende fue el más votado de los catorce candidatos que compitieron por aquella zona, con 14.483 sufragios, mientras que Ampuero tuvo que conformarse con tan solo 1.820. Fueron elegidos, además, dos democratacristianos (Alfredo Lorca y Juan Hamilton), un miembro

43 Corvalán (1997), p. 111.

44 Salazar, p. 227.

del Partido Radical (Raúl Morales) y uno del Partido Nacional (Fernando Ochagavía).[45]

Aquellos comicios delinearon varias tendencias importantes. En primer lugar, evidenciaron la crisis del Partido Demócrata Cristiano, cuya acción de gobierno se encontraba estancada y solo obtuvo el 29,7 por ciento de los votos en la elección de la Cámara de Diputados, que abarcaba todo el territorio nacional, a diferencia del Senado, que solo se renovaba parcialmente. En segundo lugar, se atisbó la recuperación de la derecha que, con la denominación de Partido Nacional (fundado en 1966 por la fusión de los viejos partidos Conservador y Liberal), logró el 20 por ciento, aunque quedaba muy lejos del 40 por ciento que solía obtener hasta 1952. En tercer lugar, después de una década de sostenido ascenso, el Partido Comunista se convirtió en la primera fuerza de la izquierda, con el 15,9 por ciento, por delante del Partido Socialista, que se quedó en el 12,2.

Una masacre en el sur agudizó el descrédito del PDC, que también aspiraba a representar a las capas sociales más humildes. A principios de aquel mes de marzo, unas setenta familias campesinas se habían instalado en unos terrenos pantanosos abandonados en un lugar conocido como Pampa Irigoin, a dos kilómetros de Puerto Montt. El domingo 9 el Ministerio del Interior envió doscientos agentes del Grupo Móvil de Carabineros armados con bombas lacrimógenas y fusiles ametralladoras, que expulsaron a los pobladores y quemaron sus humildes chozas. Ante un intento de resistencia, dispararon y mataron a once personas y otras veintisiete resultaron heridas.

---

45 Fuente: Archivo del Servicio Electoral de la República de Chile.

Allende formó parte del impresionante cortejo que acompañó el funeral de los pobladores asesinados y solicitó una sesión extraordinaria del Senado para evaluar esta tragedia. En ella inició su intervención citando las palabras de Frei del 21 de noviembre de 1962, cuando criticó la represión en la población José María Caro, y arremetió contra el ministro del Interior, Edmundo Pérez Zujovic, por acusar al Partido Socialista de ser el responsable de aquella matanza tras afirmar que hacía años que usaba la violencia como táctica y citar los acuerdos de su Congreso de 1967 en Chillán: «Señores senadores, los socialistas tenemos la entereza necesaria y suficiente, porque deseamos conducir, junto con las fuerzas populares, el movimiento revolucionario chileno, para decir al país entero que queremos una revolución; no la revolución que se han farreado sus señorías democratacristianas, sino la auténtica transformación de una sociedad de clases en una sociedad sin clases ni explotados. Hace cuarenta o cincuenta años se publicó un libro pequeño en cuanto al número de sus páginas, pero duro en el contenido de sus ideas. Se llama *El Estado y la Revolución*. Cuando se vaya ese ministro, y se irá luego ¡mándenselo de regalo! Allí aparece la interpretación que sustentamos los marxistas de lo que es la sociedad burguesa. No somos "golpistas" ni aventureros. Queremos sí, óiganlo bien, sépanlo bien sus señorías, la revolución, la transformación del Estado burgués en una república socialista».[46]

La masacre de Puerto Montt suscitó una agria polémica en el PDC, acentuó sus divisiones y mereció la condena enérgica de la actuación del Ejecutivo por parte de la Juventud Demócrata Cristiana (JDC). A finales de abril, la

---

46 *Rumbo de liberación*, Archivo Salvador Allende, nº 5, pp. 227-242.

crisis interna empezó a precipitarse hacia la primera escisión que sufrió cuando los parlamentarios Julio Silva Solar y Alberto Jerez dieron a conocer el documento titulado *El camino de la unidad popular*, en el que insistieron en que el partido debía resolver su indefinición ideológica, apostar por la sustitución del capitalismo y buscar la confluencia con la izquierda.[47]

En mayo, el presidente Frei tuvo que intervenir ante la Junta Nacional (el máximo órgano de decisión del partido entre sus congresos, que se celebraban cada cuatro años) para derrotar la posición favorable a la alianza con el FRAP. A consecuencia de ello, el senador Rafael Agustín Gumucio (uno de los fundadores de la Falange Nacional y del PDC) renunció a su militancia democratacristiana y Silva Solar, Jerez y Vicente Sota siguieron sus pasos.[48] Un grupo de militantes y dirigentes, significativo en el caso de la JDC, intelectuales y profesores universitarios los acompañaron y el 18 de mayo crearon el Movimiento de Acción Popular Unitaria (MAPU), con el ingeniero agrónomo Jacques Chonchol como secretario general.

El 15 de agosto la Junta Nacional del PDC designó como candidato presidencial a Radomiro Tomic (miembro de su sector progresista y exembajador en Washington), quien expresó su confianza en la victoria para poder profundizar las reformas emprendidas desde 1964. En octubre inició la campaña con la mirada puesta en el electorado de la izquierda, ya que creía que su gran rival sería el expresidente Jorge Alessandri, de ahí la radicalización de su discurso y su

---

47 Quezada Lagos, p. 41.

48 Pujadas, Ignacio, *Joan Alsina. Xile al cor*, Barcelona, Aedos, 1976, pp. 426-428.

programa, inimaginables de haberse podido postular Frei a la reelección.

Por su parte, la derecha no subordinó sus opciones de victoria a la prioridad de contener la «amenaza marxista», como en 1964, y promovió la candidatura de Alessandri. La fundación del Partido Nacional y la recuperación de cierta fuerza electoral, así como las reformas democratacristianas (en especial la agraria, que combatió con violencia verbal y física), implicaron que se arriesgara a levantar una opción propia en un escenario que sería tripolar.

Con el «tío Ho»

Después de su reelección como senador en marzo de 1969, Allende emprendió junto con el joven doctor y dirigente socialista Eduardo Paredes un viaje de tres meses por Moscú, Pekín, Camboya, Vietnam, Corea del Norte, México y finalmente, durante varias semanas, Cuba. «Lo visto, aprendido y vivido en este largo y duro viaje superan los treinta años de lucha política», escribió el 7 de junio desde México a Augusto Olivares. «Corea fue una grata sorpresa. Jamás imaginé el desarrollo que ha alcanzado y las metas logradas en los campos económicos, políticos y sociales». En Pionyang, el 6 de mayo[49] se reunió durante una hora y media con Kim Il Sung, de quien le dijo escuetamente: «Se las trae. (...) Claro, directo y con clara conciencia de la tarea histórica que tiene aún que alcanzar al conseguirse la reunificación de Corea».

---

49 *Rodong Sinmun* (diario oficial del Partido del Trabajo de Corea del Norte), Pionyang, 7 de mayo de 1969, p. 1. Agradezco al historiador Inchul Jung la cesión de esta información.

«La tierra del "tío Ho" me golpeó fuertemente y el viejo me produjo la más fuerte emoción de mi vida. Su palabra, su sencillez, el trato que nos dio son inolvidables. La media hora con Ho Chi Minh me ha significado una gran lección». La lucha épica de Vietnam contra la agresión norteamericana simbolizaba en los años sesenta la emancipación de los pueblos del Tercer Mundo: un pequeño país, que ya había derrotado al colonialismo francés, hacía frente al gigantesco despliegue militar de la mayor potencia bélica, que además recurrió al armamento más abyecto.

Pasaron después cuatro días en Camboya y otros tantos en Moscú. «La Unión Soviética nunca me produjo una sensación tan clara de su poderío, lo funcional de su estructura y los grandes avances logrados. En diez años Estados Unidos quedará muy atrás». Y al final de aquella carta, cuyo contenido el devenir histórico corregiría, le comentó a su amigo la necesidad de unir a la izquierda chilena, a «los viejos y los nuevos combatientes»: «Creo que como nunca la levadura social está sacudiendo nuestras patrias».[50]

De aquel largo viaje perduró en su memoria sobre todo el encuentro con el líder comunista vietnamita, que fallecería tres meses después. Acostumbrado a pronunciar largos y documentados discursos, tan solo pudo responder con el silencio cuando este le estrechó las manos. «En mi vida había tenido instantes de emoción como cuando fui abrazado por el presidente Ho Chi Minh. Créanme que hubo un instante, un momento largo en el que no fui capaz de articular palabra. Pienso que nunca había estado más elocuente que en esa ocasión en que no fui capaz de hablar», explicó unos meses después.

---

[50] *Punto Final*, nº 665, Santiago de Chile, 26 de junio de 2008, p. 32.

Conocía bien la biografía de aquel anciano de mirada sincera, de modestia infinita: su militancia en el Partido Comunista Francés, su trabajo como inmigrante en Europa, su papel en la fundación del Partido Comunista de Indochina, su tenaz y heroica lucha al frente de su pueblo contra el imperialismo japonés, francés y estadounidense. «Era alto, muy delgado, vestido con suma sencillez, calzaba sandalias y se cubría su cabeza de blancos cabellos con un *jockey*. Se acercó a nosotros con una sonrisa bondadosa, cordial. Extremadamente pálido, casi transparente, brillaban con más fuerza sus ojos profundamente azules. Se quitó el *jockey* y nos saludó con las dos manos entre las nuestras y un beso en la mejilla. Con ademán paternal, con voz suave nos invitó a sentarnos hablando un correcto español».

Ellos le agradecieron que los recibiera, pero su anfitrión precisó: «Somos nosotros, compañero, los que estamos agradecidos de su visita. De que ustedes vengan de un país tan lejano a conocernos, a ver nuestra lucha. Que nos traigan el cariño del pueblo chileno». La conversación fue muy fluida, puesto que había aprendido español cuando trabajó como pinche de cocina en un barco argentino. Les habló, «en voz baja, pausada, a veces muy tierna, con tono paternal», de los avances en la educación de los niños vietnamitas y de su papel en la lucha por la liberación de la patria.

Eduardo Paredes y Salvador Allende también comprobaron el respeto y afecto del pueblo hacia él: «Era tanto el cariño popular, sin caer en el culto a la personalidad, que los obreros trabajaron horas extraordinarias y noches enteras voluntarias para reconstruir un puente sobre el río Amarillo, derribado por los bombardeos yanquis, a fin de tenerlo listo para el cumpleaños del "tío Ho", como regalo. Y lo lograron. Ese fue un obsequio al cumplir los setenta y nueve años. Su vida de lucha sin treguas, su sacrificio, su humanismo, su condición de padre y creador de la República le dieron esa veneración del pueblo».[51]

Les mostró, además, una vieja libreta en la que con letra temblorosa anotaba a los alumnos que en los años recientes habían sido estudiantes distinguidos, a quienes les escribía una carta. Una lección que Allende jamás olvidó y que relataría en mayo de 1972 a los estudiantes de la Universidad de Concepción en el discurso de inauguración del curso académico.[52] El doctor Paredes y él recibieron como regalo sendos anillos hechos con metal del fuselaje del avión de combate número 3.200 abatido por las baterías antiaéreas de la República Democrática de Vietnam.

La última oportunidad

A mediados de junio, Salvador Allende concedió en La Habana una entrevista a la agencia Prensa Latina en la que señaló que había tenido conocimiento de que un grupo de independientes de izquierda lo había proclamado candidato presidencial y preparaban una recepción a su retorno, aclarando que, aunque agradecía esa demostración de lealtad, rechazaba aquel gesto «irrevocablemente», porque lo primordial para la izquierda entonces era centrarse en los aspectos esenciales de su proyecto: el programa y la composición de su frente político.[53]

---

51 *Las Noticias de Última Hora*, Santiago de Chile, 4 de septiembre de 1969, p. 9.

52 Witker, p. 244.

53 *Las Noticias de Última Hora*, Santiago de Chile, 15 de junio de 1969, p. 3.

Por eso, propuso crear, sobre la base del FRAP, una «herramienta revolucionaria y antiimperialista» que denominó el Frente de la Patria, concepto que había aprehendido en su reciente estancia en Vietnam.[54] Entendía que la base debía de ser la unidad socialista-comunista, pero tenía que incluir también a todos los que luchaban por la verdadera independencia de Chile y la construcción del socialismo: los partidos populares, las federaciones estudiantiles, la Central Única de Trabajadores, las confederaciones campesinas y los miles de independientes de izquierda. Y concluía que nunca como en aquel momento las condiciones internacionales y nacionales eran tan favorables para «la victoria del pueblo», para «la conquista del poder».[55]

La contienda presidencial se instalaba poco a poco en Chile, pero a diferencia de la ocasión anterior, cuando fue designado candidato en enero de 1963, en aquel momento la izquierda vivía un periodo de clara indefinición, mientras el PDC preparaba la designación de Tomic y la derecha continuaba con sus teatrales apelaciones al «retorno» de Alessandri. Incluso, el Partido Socialista tenía dudas serias por primera vez en muchos años, pero al mismo tiempo carecía de otro militante que pudiera concitar la adhesión necesaria para conquistar La Moneda, como su secretario general, Aniceto Rodríguez, reconoció en su libro autobiográfico.[56] Precisamente su nombre fue el que se barajó con más fuerza, aunque finalmente renunció a postularse, des-

---

54 *Las Noticias de Última Hora*, Santiago de Chile, 19 de junio de 1969, p. 3.

55 *Las Noticias de Última Hora*, Santiago de Chile, 1 de julio de 1969, p. 3.

56 Rodríguez, Aniceto, *Entre el miedo y la esperanza*, Santiago de Chile, Andrés Bello, 1995, pp. 312-314.

pués de que las bases y sus dirigentes medios dejaran clara su preferencia por Allende.[57]

A fines de mes, el Comité Central estuvo reunido durante varios días para despejar de manera definitiva la incógnita. El 29 de agosto, Rodríguez solicitó por carta que no consideraran su nombre y aquella misma noche Allende intervino ante el plenario para expresar que dejaba a los dirigentes de su organización la decisión acerca de la nueva candidatura.[58] Finalmente, el PS volvió a elegirlo, pero con una votación sin duda llamativa: con más abstenciones, catorce, que votos a favor, trece. Dirigentes tan importantes como Carlos Altamirano, Clodomiro Almeyda o el propio Aniceto Rodríguez eludieron respaldarlo.[59] En aquellos días su nombre ya solo era una opción más de las que iban surgiendo en las filas de izquierda, y durante cuatro meses y medio tuvo que dar una auténtica batalla política y emplear a fondo su proverbial *muñeca* para lograr la adhesión de todas las fuerzas que confluyeron en la Unidad Popular.

Por primera vez desde 1932, el PC eligió un candidato presidencial entre sus propias filas, al más universal de sus militantes, Pablo Neruda.[60] «El Partido Comunista en su legítimo derecho ha designado a uno de los militantes más sobresalientes y, además, a un poeta de prestancia mundial»,

---

[57] Arrate y Rojas, tomo 1, pp. 445-446.

[58] *Las Noticias de Última Hora*, Santiago de Chile, 30 de agosto de 1969, p. 16.

[59] En la autobiografía de Schnake encontramos descrito el escepticismo de la dirección socialista hacia su cuarta tentativa presidencial. Schnake, Erich, *Un socialista con historia. Memorias*, Santiago de Chile, Aguilar, 2004, p. 147.

[60] Neruda, Pablo, *Confieso que he vivido. Memorias*, Barcelona, Seix Barral, 1979, p. 459.

afirmó Salvador Allende. «Personalmente, soy viejo amigo de Pablo, tengo motivos especiales de reconocimiento y afecto, ya que él me acompañó en las campañas de 1958 y 1964 a muchas provincias del país y entregó a las masas y el pueblo el ideario de nuestro movimiento y la belleza profunda de su poesía».[61]

El 1 de octubre, Neruda compareció ante la prensa acompañado por los miembros de la Comisión Política de su partido, que resaltaron que aquella decisión no era un gesto simbólico, sino la expresión de la voluntad comunista de lograr el acuerdo en la izquierda en torno a un programa y un candidato que lo representara y que, si esta apuesta se frustraba, concurrirían a las elecciones del 4 de septiembre de 1970 en solitario. Un periodista les preguntó si creían que en América Latina un comunista podía ganar una elección presidencial, algo de lo que no había precedentes. «Hasta hace tres meses ningún hombre había llegado a la Luna», bromeó Jorge Insunza.[62]

Además de Allende y Neruda, otras tres personalidades aspiraban a liderar a la izquierda. En junio, la XXIV Convención del Partido Radical había apostado por la construcción del socialismo y expulsado a los dirigentes de su tendencia conservadora que, encabezados por Julio Durán,

---

61 *El Siglo*, Santiago de Chile, 4 de octubre de 1969, en *Neruda comunista*, Santiago de Chile, Ediciones El Siglo, 1969, p. 24.

62 *El Siglo*, Santiago de Chile, 2 de octubre de 1969, p. 12. El 6 de octubre, en su reunión con el funcionario de la embajada soviética A. F. Sherbachev, Volodia Teitelboim expresó esta misma posición, incluso si el acuerdo programático que se alcanzara incumplía los planteamientos del Partido Comunista. Informe de E. Kozlova, asesora del Departamento Internacional del Comité Central del PCUS, de noviembre de 1969. Archivo Estatal de Historia Política y Social (RGASPI) de Moscú, dossier sobre Pablo Neruda, p. 54.

fundaron Democracia Radical y anunciaron su apoyo a Alessandri. El PR, que designó al senador y economista Alberto Baltra como su candidato presidencial, aún conservaba, pese a su sostenido declive, una fuerza electoral que podía ser decisiva. Por otra parte, algunos sectores herederos de las fracciones progresistas del *ibañismo*, reagrupados en la Acción Popular Independiente (API), levantaron la candidatura del senador Rafael Tarud.

Y el MAPU eligió a su secretario general, Jacques Chonchol, pero, entre los socialistas, preferían a Carlos Altamirano en lugar del «socialdemócrata» Allende, tal y como ha recordado quien fuera otro de sus principales dirigentes, Jaime Gazmuri.[63] En uno de sus trabajos clásicos, Eduardo Labarca (destacado periodista de *El Siglo* en aquellos años) describió muy bien la percepción que prevalecía entonces en algunos sectores de la izquierda: «En opinión de muchos chilenos, en esos días de mediados de 1969 el senador Allende había entrado en el ocaso de su vida política». Sus extensos discursos sugerían que se había quedado anclado en 1964 y sus dos años y medio como presidente del Senado alimentaban la imagen de un político apegado a los «viejos y tradicionales vicios del parlamentarismo».[64]

El 7 de octubre, para encauzar esta situación de indefinición, los secretarios generales del Partido Comunista y del Partido Socialista, Luis Corvalán y Aniceto Rodríguez, se dirigieron al Partido Radical, al Partido Socialdemócrata, al MAPU y a la API para proponerles la elaboración de un

---

63 Gazmuri, Jaime y Martínez, Jesús Manuel, *El sol y la bruma*, Santiago de Chile, Ediciones B, 2000, pp. 76-79.

64 Labarca, Eduardo, *Chile al rojo. Reportaje a una revolución que nace*, Santiago de Chile, Ediciones de la Universidad Técnica del Estado, 1971, pp. 225-226.

programa común de gobierno y la apertura de conversaciones para elegir un único candidato. Dos días después, en la antesala del Salón de Honor del Congreso Nacional, nació la Unidad Popular y se constituyó un comité coordinador integrado por dos representantes de cada partido.

También entonces, Enrique Krauss, ministro secretario general del Gobierno y gran amigo de Osvaldo Puccio, visitó junto con Benjamín Prado, nuevo presidente del PDC, a Salvador Allende en Guardia Vieja. El Ejecutivo temía un golpe de Estado y Frei quería explorar la posición que la UP adoptaría ante aquella eventualidad: «Allende les contestó que él y las fuerzas de la izquierda siempre estarían por defender el sistema democrático de Chile», escribió Puccio. Prado le insinuó que, si triunfaba la sublevación militar, ya no tendría posibilidades de ser presidente de la República, pero le rebatió que esa posición correspondía a sus convicciones más profundas, no a sus ambiciones personales.[65]

Cuando el 21 de octubre el general Roberto Viaux se sublevó en el Regimiento Tacna de Santiago, Allende acudió a La Moneda, junto con otros dirigentes, para expresar a Frei su lealtad al sistema democrático y su apoyo al Gobierno constitucional. Por su parte, la Central Única de Trabajadores reunió a decenas de miles de personas en defensa de las libertades, además de convocar una huelga general de cuarenta y ocho horas.[66] Mientras el PC difundió un comunicado en el que condenaba la asonada como un atentado contra la democracia, el Partido Socialista expresaba

---

65 Puccio, pp. 184-187.

66 Torres Dujisin, Isabel, *La crisis del sistema democrático: las elecciones presidenciales y los proyectos políticos excluyentes. Chile, 1958-1970*, Santiago de Chile, Editorial Universitaria, 2014, pp. 290-293.

su comprensión hacia las demandas de los insurrectos.[67] La declaración de su Comité Central, que Allende rechazó,[68] señalaba además: «El Partido Socialista llama a los trabajadores, no a defender la institucionalidad burguesa, sino a movilizarse para imponer sus reivindicaciones sociales y políticas...».[69]

Por el primer intento de golpe de Estado en treinta años, desde el *Ariostazo* de agosto de 1939, Viaux fue pasado a retiro y condenado tan solo a trescientos días de cárcel, pena que se le conmutó por una suerte de libertad condicional. En el transcurso de aquella crisis, Frei designó al general René Schneider nuevo comandante en jefe del Ejército.

El 17 de diciembre, después de dos meses de trabajo, la Unidad Popular presentó su *Programa Básico de Gobierno* sin haber dilucidado todavía quién lo representaría el 4 de septiembre de 1970. En cualquier caso, el objetivo estaba formulado de manera transparente: «La única alternativa verdaderamente popular y, por lo tanto, la tarea fundamental que el Gobierno del pueblo tiene ante sí es terminar con el dominio de los imperialistas, de los monopolios, de la oligarquía terrateniente e iniciar la construcción del socialismo».[70]

La izquierda constató el agotamiento del sistema capitalista porque Chile era un país dependiente del imperialismo norteamericano, sojuzgado por una burguesía estructural-

---

67 Casals Araya, Marcelo, *El alba de una revolución. La izquierda y el proceso de construcción estratégica de la «vía chilena al socialismo». 1956-1970*, Santiago de Chile, LOM Ediciones, 2010, pp. 240-241.

68 Garcés (1996), p. 151.

69 Esta declaración se reproduce íntegramente en Casanueva Valencia y Fernández Canque, pp. 230-231.

70 Véase el programa de gobierno de la Unidad Popular en *Salvador Allende: Chile, hacia el socialismo*, Madrid, Zero, 1971.

mente ligada al capital transnacional y que jamás renunciaría a sus privilegios. Además, consideraba que las recetas desarrollistas aplicadas por Frei habían fracasado porque el suyo había sido otro Gobierno más sometido a los intereses de la clase dominante y del capital extranjero, cuyos «débiles» intentos reformistas habían naufragado «entre el estancamiento económico, la carestía y la represión violenta contra el pueblo». También denunciaba el saqueo de las riquezas nacionales por el capital norteamericano, en particular del cobre; la falta de más de medio millón de viviendas y la precariedad de muchas de las existentes (sin alcantarillado, agua potable ni luz); la difícil situación de más de la mitad de los trabajadores, que percibían salarios insuficientes para atender sus necesidades vitales; la persistencia del latifundio y la injusta distribución de la renta, ya que solo el 10 por ciento más rico de la población acaparaba la mitad de la total nacional; la desnutrición que afectaba a la mitad de los menores de quince años y el estancamiento del crecimiento económico en el 2 por ciento anual.

La Unidad Popular propugnaba, para acompañar el proceso de transformaciones sociales y económicas, la discusión y aprobación de una nueva constitución que reconocería los derechos democráticos y las conquistas de la clase obrera y establecería una única cámara legislativa («la Asamblea del Pueblo») y propuestas tan avanzadas como el control popular de los representantes electos o la posibilidad de revocación mediante mecanismos de consulta.

Otro objetivo central era la construcción de una economía socialista planificada democráticamente con la participación de los trabajadores, con la nacionalización del capital monopolista nacional y extranjero y la reforma agraria que acabaría con el latifundismo, para dedicar la capacidad productiva del país a atender los problemas inmediatos de las grandes mayorías, con la producción de artículos de consumo popular, baratos y de buena calidad, y garantizar la plena ocupación con unos salarios adecuados. En el terreno social, la UP preveía medidas para satisfacer la aspiración a una vivienda digna y a precios asequibles, el acceso popular a la enseñanza media y la universidad, la atención médica, la extensión del alumbrado público, la distribución de agua potable, la pavimentación de calles y aceras, el establecimiento de pensiones dignas, la construcción de escuelas infantiles e instalaciones deportivas...

Salió «humo blanco»

Las últimas semanas de 1969 fueron muy intensas para los dirigentes de los partidos de la Unidad Popular, que mantuvieron infinidad de encuentros con el objetivo de consensuar el candidato presidencial, mientras Tomic y Alessandri ya recorrían el país.

Salvador Allende se reunió con todos los sectores para defender su postulación y el Partido Comunista le planteó sus dudas de manera sincera, como reflejó Corvalán en sus memorias: «Habíamos observado, sin embargo, que en el último tiempo se repetía en sus discursos, caía en lugares comunes y en frases hechas. Daba muestras de estagnación. El movimiento popular había crecido más que él. Se lo dijimos fraternal y francamente en una conversación que *exprofeso* tuvimos en mi casa. Allende era una personalidad fuerte y quisquillosa, quien no admitía fácilmente una observación...».[71]

Otro día, el candidato socialista invitó a Guardia Vieja a una delegación del MAPU integrada por Jacques Chonchol, Rafael Agustín Gumucio, Jaime Gazmuri, Julio Silva Solar, Alberto Jerez y Vicente Sota. Los recibió en su escritorio de trabajo, rodeado por su impresionante galería de fotografías, y después del almuerzo les preguntó con franqueza por qué no respaldaban su candidatura si ya habían retirado la de Chonchol.[72] Cuando le explicaron que lo veían como «un político tradicional», él defendió su trayectoria, su compromiso revolucionario y la convicción de que nadie podía unir y representar mejor a la izquierda.[73]

El 5 de enero Luis Corvalán y Pablo Neruda comparecieron en una conferencia de prensa en la que el Partido Comunista llamó a superar aquella indefinición. Fue el poeta quien dijo la última palabra en aquella ocasión y de manera muy gráfica: «Estamos preocupados, pero no estamos desesperados».[74] Sin embargo, la situación se complicaba y Allende tensó la cuerda: al día siguiente reconoció las dificultades para alcanzar el consenso y anunció que había pedido al Partido Socialista que designara otro candidato a fin de facilitarlo.[75]

Tras intensas negociaciones, los acontecimientos por fin se precipitaron. El 20 de enero el MAPU difundió una declaración en la que apostó por que el elegido procediera de

---

71 Corvalán (1997), pp. 117-118.

72 Chonchol, Jacques, *Chili: de l'échec à l'espoir*, París, Les Éditions du Cerf, 1976, p. 42.

73 Gazmuri y Martínez, pp. 78-79.

74 Corvalán (1971), pp. 339-352.

75 Martner (1992), pp. 275-280.

las filas de uno de los dos partidos «más ligados» a la clase obrera, los comunistas retiraron la candidatura de Neruda y el senador Baltra también declinó la suya. El 22 de enero, a las ocho de la tarde, los principales dirigentes de la Unidad Popular, concentrados en la sede del Partido Radical, proclamaron a Allende, después de que la Acción Popular Independiente y el Partido Socialdemócrata informaran de la renuncia del senador Tarud. Al concluir la reunión, todos se dirigieron caminando hacia la plaza Bulnes, donde aquella tarde veraniega se realizaba una multitudinaria concentración convocada por el Partido Comunista.[76]

Aún llegaron a tiempo de escuchar las recordadas palabras de Luis Corvalán: «Trabajadores de Santiago, pueblo de la capital, queridos camaradas: salió humo blanco. Ya hay candidato único. Es Salvador Allende». Después este pronunció un discurso de unos quince minutos en el que se comprometió firmemente a cumplir el programa de la Unidad Popular y señaló que ya llevaba dos décadas recorriendo el país, de extremo a extremo, como abanderado de la izquierda, pero que jamás lo había hecho como un caudillo o un ser providencial. Tras agradecer el apoyo de todos los partidos de la UP, llamó especialmente a los jóvenes al compromiso con la transformación del país: «Con los años que tengo, me siento orgulloso de encabezar esta tarea que tiene que realizar la juventud de Chile».[77] Camino de los sesenta y dos, abuelo ya de dos nietos (Gonzalo y Carmen Beatriz), se aprestaba a afrontar la que posiblemente era su última oportunidad para alcanzar La Moneda.

---

76 *El Siglo*, Santiago de Chile, 23 de enero de 1970, p. 1.

77 *El Siglo*, Santiago de Chile, 23 de enero de 1970, p. 7.

Con el sosiego previo a la gran batalla, la Alameda acogió una verdadera fiesta de la izquierda, con la participación de las principales voces de la Nueva Canción Chilena, de los actores y actrices comprometidos, de los poetas populares... que desplegaron su arte y sus versos tras los discursos. Se abrió también un libro de adhesiones al programa de la izquierda que Neruda inauguró con su firma.

En su primera entrevista como candidato, Allende destacó el crecimiento del movimiento popular en torno a la confluencia de los dos partidos de la clase obrera: «Las discrepancias, aun las de carácter público, entre comunistas y socialistas no han destruido esta unidad, porque, si hay cosas que desunen, son mucho más las que unen». Ensalzó el ensanchamiento de la base política, social y electoral de la UP con respecto al FRAP y expresó su confianza en la victoria: «Podemos, tenemos y debemos ganar. No solo porque somos mayoría, sino por la gran conciencia del pueblo chileno».[78]

[78] *El Siglo*, Santiago de Chile, 25 de enero de 1970, pp. 1 y 5.

Con el mandil de la masonería junto a un retrato de su abuelo paterno, el doctor Ramón Allende Padín. © *Fundación Salvador Allende*

Laura Gossens Uribe, su madre.
© Fundación Salvador Allende

Salvador Allende Castro, su padre.
© Fundación Salvador Allende

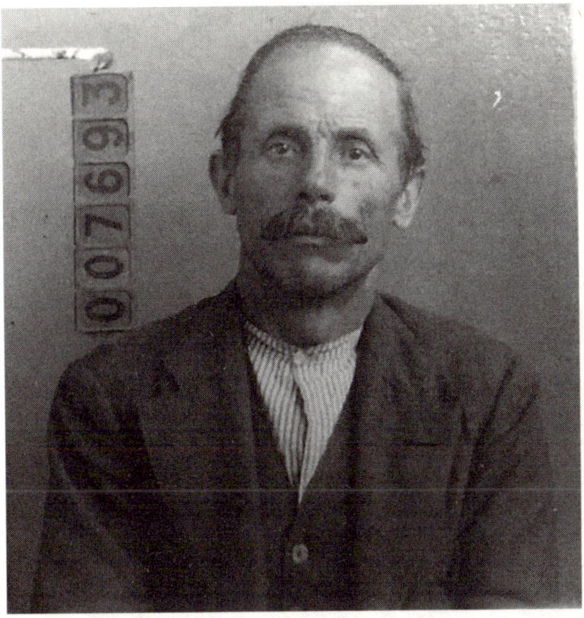

Juan Demarchi, carpintero anarquista de origen italiano.

Letrero de su consulta médica en Valparaíso en los años treinta. *Imagen cedida por la familia Allende Bussi*

Con sus hijas en el Estadio Nacional alrededor de 1950: Carmen Paz (a su derecha), Isabel (a su izquierda) y Beatriz. © *Fundación Salvador Allende*

Con su esposa y sus nietos. © *Fundación Salvador Allende*

Junto a Pablo Neruda en una de sus campañas electorales. © *Fundación Salvador Allende*

Con Zoila Rosa Ovalle, la «mama Rosa», la campesina que lo cuidó en su infancia. © *Fundación Salvador Allende*

En una concentración de la Unidad Popular. © *Familia Puccio Huidobro*

En un acto con trabajadores. © *Fundación Salvador Allende*

Con Fidel Castro en La Habana en diciembre de 1972. © *Fundación Salvador Allende*

El cuerpo inerte de Allende fue sacado de La Moneda hacia las seis de la tarde del 11 de septiembre de 1973. © *Fundación Salvador Allende*

Fotografía empleada por la Unidad Popular para la campaña electoral de 1970.

Capítulo VI

EL COMPAÑERO PRESIDENTE

Entre febrero y agosto de 1970, Salvador Allende recorrió por última vez Chile como candidato en campaña. Fue, con mucha diferencia, la más corta de sus cuatro batallas presidenciales y sin embargo la que le otorgó la victoria. A lo largo del verano rompieron el fuego las brigadas muralistas Ramona Parra (de las Juventudes Comunistas) y Elmo Catalán (de la Juventud Socialista), que pintaron su nombre de manera colorista e imaginativa en los muros de todo el país. Los acordes de la Nueva Canción Chilena, con Víctor Jara, Ángel e Isabel Parra, Inti Illimani, Quilapayún, Patricio Manns..., llenaron de música la infinidad de actividades que la izquierda organizó a lo largo de aquellos siete meses, con una canción singularmente, «Venceremos», cuya creación coordinó Víctor Jara, con música de Sergio Ortega y letra, en su versión definitiva tras el triunfo electoral, de Claudio Iturra.[1]

La periodista Virginia Vidal, redactora de *El Siglo* entonces, evocó una de aquellas jornadas en las que el candidato de la UP, con guayabera y sombrero de paja, recorrió los sectores más humildes del área metropolitana de Santiago:

---

[1] Amorós, Mario, *La vida es eterna. Biografía de Víctor Jara*, Santiago de Chile, Ediciones B, 2023, pp. 178-179.

«Fuimos a una comuna muy pobre, Barrancas (hoy llamada Pudahuel), era un día de semana después del almuerzo, hacía mucho calor, el terreno era muy árido, pura tierra... No se asomaba un alma. Allende iba con un megáfono, tocando puerta por puerta, era muy entusiasta».

En una de las casas pidió a la mujer que le abrió un vaso de agua y ella, de mala gana, regresó con una jarra de la que se sirvió. Después empezó a preguntarle por sus hijos y a explicarle su trabajo como parlamentario durante un cuarto de siglo, su especial preocupación por impulsar medidas que favorecieran a los hijos de los trabajadores. «Ahí la mujer empezó a interesarse cuando le habló con propiedad de las diferentes leyes que había impulsado por la salud, por la alimentación... Paso a paso, casa a casa, se nos pasó toda la tarde en eso». Después llegó su hermana menor, diputada socialista por la zona, a quien saludó con su megáfono: «Aquí viene Laurita, atrasada, como de costumbre...».[2] Se acercó el momento de la concentración en una plaza desolada y los habitantes de la zona empezaron a reunirse. «Allende habló con un gran entusiasmo y sin decaer en ningún momento. A pesar de las sucesivas derrotas, teníamos esperanza», recordó Virginia Vidal.[3]

Víctor Pey también siguió a su amigo en el transcurso de aquellos meses. «Todas las campañas exigían un esfuerzo gigantesco. Allende tenía una salud y una resistencia física excepcionales». En 1970 Pey estaba trabajando en Antofagasta. «Lo acompañé de pueblo en pueblo con mi camioneta, hacía un discurso tras otro... Yo estaba agotado, pero

---

2 Vidal, Virginia, «El presidente Allende», *Cuadernos de la Fundación Pablo Neruda*, nº 32, Santiago de Chile, 1998, p. 43.

3 Entrevista del autor a Virginia Vidal.

él no, porque tenía una gran habilidad que muy poca gente tiene: en un momento determinado podía dormir quince o veinte minutos. Esta era una de las grandes características que tenía Napoleón también, que en el fragor de las batallas se retiraba y dormía; dirigía las batallas día y noche, día y noche. Allende era así. Cuando quería, dormía unos veinte minutos y volvía a empezar...».[4]

Otro ingeniero, Jorge Insunza, tuvo un papel destacado en la campaña. Miembro de la Comisión Política del Partido Comunista y diputado, como responsable nacional de propaganda de la UP mantenían un contacto casi diario porque «Allende desde las siete o siete y media de la mañana tomaba el teléfono y te llamaba: "Compañero Insunza, vengo llegando de Copiapó y los compañeros me dijeron que no había propaganda"...». En más de una ocasión lo invitó a Guardia Vieja para conversar sobre el trabajo específico que coordinaba, y a veces le pedía revisar alguna de las propuestas que estaban elaborando. Así, recuerda la impresión que le causó uno de los afiches más hermosos que elaboraron los profesionales que colaboraban con la Unidad Popular. Cuando vio aquel boceto en el que aparecía un niño junto a la leyenda «Por ti venceremos», lo acogió con entusiasmo: «Compañero, esto es lo mejor que he visto nunca, tienen que hacer miles y miles...».[5]

Una de las novedades de aquella campaña fue la creación de casi quince mil comités de la Unidad Popular en todos los rincones del país, organismos unitarios que dinamizaron el trabajo electoral, social y político y que, pese a las exhortaciones posteriores a fortalecerlos, desaparecieron

---

4 Entrevista del autor a Víctor Pey.

5 Entrevista del autor a Jorge Insunza.

tras el triunfo del 4 de septiembre. También los trabajadores desplegaron una intensa movilización, con los paros en las industrias textiles Sumar y Fensa, la «marcha del hambre» de los mineros de Ovalle o las huelgas de los estibadores y de los obreros del salitre.

A fines de abril, la violencia irrumpió con un crimen que fue emblemático durante un tiempo: el asesinato de Hernán Mery (militante democratacristiano y jefe de la Corporación de Reforma Agraria en la provincia de Linares) por los sicarios de los terratenientes mientras se llevaba a cabo la expropiación del fundo La Piedad de Longaví según la ley vigente desde 1967.

El 12 de mayo las tres mayores confederaciones sindicales campesinas, Ranquil (afiliada a la CUT y dirigida por la izquierda), Triunfo Campesino y Libertad (encabezadas por el sector progresista del PDC), y las federaciones de asentamientos de la reforma agraria y de cooperativas realizaron la primera huelga general de los trabajadores rurales; y el 8 de julio la Central Única de Trabajadores organizó un masivo paro nacional, el octavo desde su fundación en febrero de 1953, para demandar aumentos salariales y también la disolución del Grupo Móvil de Carabineros.[6]

En medio de estas movilizaciones, la campaña de Allende se vio afectada de manera imprevista a finales de mayo, cuando padeció el incidente de salud más grave de toda su vida. Una mañana muy fría, cuando caminaba por la calle Huérfanos en dirección al Congreso Nacional, notó los sín-

---

[6] Álvarez Vallejos, Rolando, «La Unidad Popular y las elecciones presidenciales de 1970 en Chile. La batalla electoral como vía revolucionaria», *Interferencia.cl*, Santiago de Chile, 24 de julio de 2020. https://interferencia.cl/articulos/los-cup-instrumento-clave-en-la-campana-de-salvador-allende

tomas de una angina de pecho y se dirigió a una clínica cercana, donde le prescribieron descanso durante varios días. Su hija Beatriz y Eduardo Paredes decidieron contactar con un cardiólogo que además de ser una persona de confianza, supiera guardar la confidencialidad sobre un suceso que de ningún modo podía saltar a los medios de comunicación. «Al mediodía me llamaron al hospital San Borja, donde trabajaba», recuerda el doctor Óscar Soto, militante socialista e hijo de un fundador del partido, Óscar Soto Troncoso.

Cuando llegó a Guardia Vieja percibió de inmediato cierta desconfianza entre los dirigentes políticos que lo esperaban debido a su juventud y su aspecto desgarbado.[7] Pese a ello, se comprometió a guiar el cuidado de Allende siempre que este aceptara, como hizo, sus indicaciones ante la relevancia del episodio que había sufrido. Al contrario de la laringitis que padeció en 1964, aquel contratiempo no trascendió a la opinión pública, pero sí fue conocido por los principales líderes de la Unidad Popular. De hecho, con absoluta franqueza, el secretario general del Partido Comunista le preguntó si podía seguir adelante con la campaña electoral y sus tremendas exigencias. «"Estamos todavía con la posibilidad de cambiar de candidato", me dijo don Lucho». El doctor Soto asintió y prescribió un tratamiento que implicaba un seguimiento cotidiano de la evolución de su salud.[8] A los pocos días, tuvo que comparecer en el programa *Decisión 70*, de Televisión Nacional, y salió airoso física y políticamente, a pesar de las preguntas ásperas de algunos periodistas.

---

7 Puccio, p. 209.

8 Entrevista del autor a Óscar Soto. Además de su libro imprescindible sobre lo sucedido en La Moneda el 11 de septiembre de 1973, el doctor Soto es autor de *Allende en el recuerdo*, Madrid, Sílex, 2013.

A diferencia de las cuatro anteriores elecciones presidenciales, en 1970 no hubo candidatos testimoniales. Tanto Jorge Alessandri como Radomiro Tomic y Salvador Allende tenían posibilidades reales de victoria, aunque casi todas las encuestas que la prensa iba difundiendo vaticinaban la victoria del primero, con alrededor del 40 por ciento de los votos, mientras que Allende y Tomic fluctuaban entre el 25 y el 30 por ciento.[9] A pesar de estos buenos augurios, la derecha no dudó en reeditar, aunque en menor magnitud, la campaña del terror de 1964 y, así, la imagen de un tanque soviético ante el Palacio de La Moneda volvió a inundar las paredes del país, copó miles de octavillas, apareció como publicidad en los diarios...[10] Y también recurrieron al terreno de las creencias religiosas con mensajes suscritos por organizaciones inventadas como Acción Femenina de Chile y Chile Joven que, por ejemplo, imploraban: «Virgen del Carmen, reina y patrona de Chile, líbranos del comunismo ateo».

Junto con la posición del cardenal Raúl Silva Henríquez (arzobispo de Santiago), quien rechazó el uso de motivos religiosos en la pugna política, la izquierda desactivó estas manipulaciones cuando el 21 de julio un grupo de veinte jóvenes comunistas entró en las oficinas de la agencia de publicidad Andalién y se apoderó de la documentación que probaba el financiamiento de esta campaña con generosas aportaciones de la compañía cuprífera Anaconda, el

---

9 Sin embargo, una de las últimas encuestas publicadas otorgaba una apretada victoria a Tomic (32,77 por ciento) y situaba a Allende en segundo lugar (30,52 por ciento). *Ercilla*, Santiago de Chile, 19 de agosto de 1970, pp. 8-9.

10 *Allende, candidato en campaña. Del general Ibáñez a la Unidad Popular*, p. 28.

Bank of America, el First National City Bank o *El Mercurio* y demostraba su estrecha vinculación con los hombres de Alessandri, entre ellos Sergio Onofre Jarpa, presidente del Partido Nacional.[11]

El principal resultado de aquella propaganda fue atemorizar aún más a las clases acomodadas y así, conforme se aproximaba el 4 de septiembre, los periódicos fueron incluyendo avisos de familias que querían venderlo todo para migrar a «paraísos democráticos» como la España de Franco o el Paraguay de Stroessner. En la zona más exclusiva de Santiago, el barrio alto, incluso se armaron grupos de autodefensa para proteger «a las mujeres y la propiedad», que creían gravemente amenazadas por «los rotos», los más pobres, que, como en la obra de teatro *Los invasores*, escrita por Egon Wolff y estrenada en 1963 con la dirección de Víctor Jara, avanzarían desde las poblaciones si la UP vencía.[12] La campaña del terror ya no movilizaba muchos votos, pero sí alteraba conciencias y creaba pánico... principalmente entre la clase social que la sostenía y propagaba.

Más relevante fue la influencia de la televisión, puesto que en el país ya existían alrededor de medio millón de receptores.[13] El programa más importante fue *Decisión 70*, que se emitía en diferido los domingos a las diez y media de la noche (en directa competencia con el popular *A esta hora se improvisa* del Canal 13, propiedad de la Universidad Católica), en el que cada candidato debía responder a diez preguntas que conocía con veinticuatro horas de antelación.

---

11 Labarca (1971), pp. 310-317.

12 *Allende, candidato en campaña. Del general Ibáñez a la Unidad Popular*, p. 30.

13 Mattelart, Armand y Mattelart, Michèle, *Frentes culturales y movilización de masas*, Barcelona, Anagrama, 1977, p. 14.

La primera participación de Alessandri fue impactante: agotado después de una intensa gira por Atacama y Coquimbo, a sus setenta y cuatro años apareció como un anciano poco capacitado ya para conducir los destinos del país, irascible, hosco y con escasa agilidad mental. «De los tres candidatos, Allende era sin duda quien se llevaba la palma en televisión, aunque pocos de sus seguidores debían tener receptores», escribió un profesor estadounidense que trabajaba entonces en Chile.[14]

Otra notable cobertura de la campaña la realizó la revista *Ercilla*, que publicó una entrevista en profundidad a cada candidato, por lo que la periodista Erika Vexler volvió a compartir almuerzo con la familia Allende Bussi en Guardia Vieja. El menú fue diferente al de 1964: porotos granados con prietas, carne con ensalada y duraznos al jugo. «El dueño de casa también está cambiado: más tranquilo, menos impulsivo, más reposado y maduro, aunque sin haber perdido ni un ápice de la tenacidad, que parece ser su cualidad intrínseca», escribió Vexler.

Como antes Alessandri y después Tomic, Allende respondió a las mismas noventa y cuatro preguntas livianas con agilidad y fina ironía. Desafiado a definirse con una sola palabra, eligió «socialista». Interrogado por la frase con la que todos sus compatriotas estarían de acuerdo, señaló aquella expresión popular que su compañero Mario Palestro inmortalizaría tres meses después: «¡Viva Chile, mierda!». Respecto a «cómo le gustaría que lo recordaran», destacó escuetamente: «Como un chileno consecuente».[15]

---

14 Francis, Michael J., *La victoria de Allende*, Buenos Aires, Francisco de Aguirre, 1972, pp. 130-132.

15 *Ercilla*, Santiago de Chile, 5 de agosto de 1970, pp. 37-48.

Un día de gloria

En el sorteo del Registro Electoral a Tomic le correspondió el número 1, a Alessandri el 2 y a Allende el 3. Con buen sentido del humor, el candidato de la UP comentó: «Ya la Biblia expresó que los últimos serán los primeros».[16] El 30 de agosto, a tan solo cinco días de las elecciones y con motivo de su trigésimo aniversario, *El Siglo* publicó una entrevista a Salvador Allende, quien se mostró confiado en la victoria. Por eso, tras solicitar que el Ministerio del Interior proporcionara los datos del escrutinio de manera transparente, llamó al pueblo a permanecer en estado de alerta y movilización tras el 4 de septiembre: «La historia lo enseña. Conspiraron contra O'Higgins, conspiraron y derrocaron al presidente mártir Balmaceda y los herederos de esos mismos intereses pretendieron derrocar a Pedro Aguirre Cerda».[17] Aquel mismo día, el último domingo de la campaña, recorrió el puerto de San Antonio, Melipilla y El Monte, donde almorzó con su querida «mama Rosa». Por la tarde, a las cuatro, concurrió a una concentración en Isla de Maipo, a las seis estuvo en Talagante y a las ocho en la plaza de Peñaflor.[18]

El 1 de septiembre cerró la campaña con un gigantesco mitin ante un océano formado por cerca de un millón de personas que hacia las siete y media de la tarde, organizadas en siete columnas, inundaron la Alameda hasta la avenida Brasil. En su discurso exhortó al pueblo a edificar un futuro

---

16 *Allende, candidato en campaña. Del general Ibáñez a la Unidad Popular*, p. 29.

17 *El Siglo*, Santiago de Chile, 30 de agosto de 1970, p. 1.

18 *El Siglo*, Santiago de Chile, 30 de agosto de 1970, p. 4.

más justo para Chile con el programa de la Unidad Popular y convocó a celebrar y a defender el triunfo desde la misma tarde del 4 de septiembre. «Era un espectáculo impresionante. La mayor parte no alcanzaba a ver, por supuesto, la plataforma, pero un sistema de altoparlantes transmitía las palabras del líder. Sus últimos comentarios fueron bastante moderados», anotó el profesor Michael J. Francis, quien destacó también que al día siguiente Radomiro Tomic fue incapaz de igualar la masividad de la UP.[19]

El 2 de septiembre por la tarde, llegaron a su casa los primeros militantes del MIR que integraron su escolta personal. En los meses anteriores, había logrado persuadir a sus dirigentes de que abandonaran sus espectaculares acciones armadas (principalmente las «expropiaciones» —atracos— de bancos y armerías) para no alimentar la propaganda de la derecha. Además, en el transcurso de aquella reunión secreta su secretario general, Miguel Enríquez, le planteó la preocupación por la posibilidad de que la derecha atentara contra su vida y él aprovechó para solicitarle que pusieran a su disposición un grupo de militantes con preparación militar para reforzar su seguridad, visible gesto de confianza en el MIR para que se sintieran comprometidos con su candidatura.[20]

Así, Bruno Serrano, Max Marambio, Mario Superby, Mario Melo y *Jaime*, un militante de Concepción, llegaron a Guardia Vieja.[21] «Miguel, a través de Max, nos indicó que manejáramos con sumo cuidado las gastadas armas, unas

---

19 Francis, pp. 150-151.

20 Pascal Allende, Andrés, «El triunfo electoral de la UP y el MIR», en Rafael Urriola *et al.*, *La victoria popular con Allende. 4 de septiembre de 1970*, Santiago de Chile, LOM Ediciones, 2020, pp. 175-201.

21 Quiroga Z., Patricio, *Compañeros. El GAP: la escolta de Allende*, Santiago de Chile, Aguilar, 2001, p. 235.

viejas pistolas con un cargador, y que aceptáramos órdenes de Osvaldo Puccio», evoca Bruno Serrano.[22]

El viernes 4 de septiembre, tres millones y medio de ciudadanos mayores de veintiún años debían elegir entre las propuestas capitalistas y autoritarias de Jorge Alessandri, el reformismo progresista de Tomic y la opción por el socialismo que encarnaba Allende, quien aquel día no pudo votar, ya que estaba inscrito en la provincia de Magallanes. Después de desayunar su acostumbrado café chico y una manzana, a las once se dirigió a la 14ª Comisaría de Carabineros, ubicada en la calle Miguel Claro, para cumplir con el mandato legal de justificar su abstención. Al abandonar estas dependencias, aseguró a los periodistas: «Tenemos la absoluta confianza de que venceremos».

Posteriormente, se dirigió al Liceo 7 de Niñas, en la avenida Providencia, para acompañar a su esposa y a sus tres hijas a votar. Numerosas personas lo saludaron allí, incluidas dos monjas que le estrecharon las manos y le brindaron unas palabras calurosas: «Estamos con usted». Y antes de salir del centro educativo, una profesora, Silvia Morales, sorteó a los centenares de personas y le estampó un beso en la mejilla: «¡Venceremos, compañero Allende!». A continuación, se desplazó al Hospital Clínico de la Universidad Católica, donde visitó al senador de la USOPO Tomás Chadwick (compañero de toda una vida), quien estaba ingresado tras haber sufrido un ataque de hemiplejia.[23]

Era una jornada casi primaveral en Santiago, soleada, apacible, en la que la tensión ante la incertidumbre del resultado invitó a la mayor parte de la población a votar temprano y

---

22 Entrevista del autor a Bruno Serrano.

23 *El Siglo*, Santiago de Chile, 5 de septiembre de 1970, p. 3.

recluirse en sus casas para seguir el escrutinio por radio o televisión. En su hogar, Allende almorzó su combinación preferida, carne, arroz y ensalada,[24] y a media tarde, junto a su esposa y algunos compañeros, como José Tohá y Victoria Morales, estuvo pendiente del inicio del recuento. «Lentamente nos iba llegando la información del escrutinio en las distintas ciudades. Hacia las seis o siete sentimos una ansiedad muy grande, las llamadas fueron incesantes», recuerda Morales.[25]

Los primeros resultados, favorables a Alessandri, desataron la euforia en la derecha, que por unos minutos llegó a creerse de nuevo vencedora. Pero pronto los datos del Norte Grande y el Norte Chico, así como los de Concepción, Talca o Curicó, situaron a Allende en cabeza con 239.000 votos, mientras que Alessandri no pasaba de 193.000. A las diez y media de la noche ya era evidente que la victoria se decidiría por un estrecho margen entre ambos, puesto que, según la información que acababa de proporcionar el Ministerio del Interior, el candidato de la UP sumaba 871.000, el de la derecha, 842.000 y Tomic, quien ya había reconocido la derrota, 661.000.

Entonces algunos militantes de la JDC se dirigieron al comando de la UP, en la calle San Martín, uniéndose a su alegría: «¡Tomic presente, Allende presidente!».[26] Allí Juan Enrique Vera, dirigente regional de la Juventud Demócrata Cristiana, explicó con voz entrecortada: «Estamos por la izquierda. Trabajamos por Tomic, pero ahora estamos incondicionalmente al lado del Gobierno popular. Si la reacción

---

24 *Allende, candidato en campaña. Del general Ibáñez a la Unidad Popular*, p. 30.

25 Entrevista del autor a Victoria Morales.

26 *Ercilla*, Santiago de Chile, 9 de septiembre de 1970, pp. 11-12.

pretendiera desconocer el triunfo de Allende, se encontrará con nosotros en el camino. Estamos dispuestos a entregar lo mejor de nosotros en la construcción del Chile nuevo».[27] Y en el Canal 9 Bernardo Leighton declaraba precisamente que le había impresionado contemplar a sus compañeros compartiendo la alegría de la UP y ya consideraba a su amigo Salvador Allende como presidente electo: «Se pueden producir coincidencias entre la UP y la DC en el campo de la actuación, cuando se trate de legislar, porque hay planteamientos y puntos comunes en los programas. Plantearemos con lealtad las coincidencias y las discrepancias».[28]

Ciertamente, el resultado electoral concedía al Partido Demócrata Cristiano un papel determinante en las semanas posteriores, tanto por la transmisión del Gobierno como, sobre todo, por la decisiva orientación del voto de sus parlamentarios en la sesión del Congreso Pleno que, de acuerdo con la Constitución, debería elegir al presidente entre los dos candidatos más votados, ya que ninguno había obtenido la mayoría absoluta. Así había sucedido en 1946, 1952 y 1958 y siempre fue investido quien había logrado el mayor apoyo en las urnas.[29]

Hacia las once y media, el Ministerio del Interior prometió que «en cinco minutos más» anunciaría el resultado final. Fueron los «cinco minutos» más largos de 1970 y probablemente de la vida de Allende. Como en cada jornada electoral, las Fuerzas Armadas habían realizado un amplio despliegue de sus efectivos y asumido el control del país

27 *El Siglo*, Santiago de Chile, 5 de septiembre de 1970, p. 2.

28 *El Siglo*, Santiago de Chile, 5 de septiembre de 1970, p. 4.

29 Y en 1958 Alessandri lo logró después de haber obtenido tan solo el 31 por ciento de los sufragios. Nadie cuestionó entonces su legitimidad para llevar a cabo un programa de corte capitalista.

y, finalmente, pasada ya la medianoche, el general Camilo Valenzuela, jefe de la guarnición de Santiago, anunció a la prensa que había autorizado una concentración de sus partidarios desde la Biblioteca Nacional hasta plaza Italia...[30] Era la confirmación pública de la victoria de la Unidad Popular.

Cuando faltaban quince minutos para las dos de la madrugada el ministro del Interior, Patricio Rojas, telefonearía a los tres candidatos para comunicarles el resultado final. De los 3.539.747 ciudadanos inscritos en los registros electorales, 1.070.334 (el 36,2 por ciento) apoyaron a Allende, 1.031.159 (el 34,9 por ciento) a Alessandri y 821.801 (el 27,8 por ciento) a Tomic. Apenas 26.000 votos (el 1,1 por ciento) fueron anulados o depositados en blanco, mientras que la abstención fue del 16,3 por ciento (577.004 personas).[31]

La Unidad Popular, que venció en diez de las veinticinco provincias, consolidó su victoria con los amplios márgenes logrados en las áreas con mayor concentración proletaria, como Tarapacá (49 por ciento), Antofagasta (45,9 por ciento), Concepción (48,3 por ciento) y Arauco (55,7 por ciento), mientras que en la provincia de Santiago se impuso Alessandri. Su votación era tan sólida que solo en Cautín fue inferior al 29 por ciento, si bien, una vez más, su flanco débil fue la población femenina, ya que solo logró el 30,5 por ciento de los votos de las chilenas, mientras que entre los hombres alcanzó el 41,6 por ciento. Por primera vez, la izquierda ganó en las provincias de O'Higgins, Curicó y Talca; fue segunda en la de Santiago, pero obtuvo votaciones superiores al 40 por ciento en sus zonas

---

30 *El Siglo*, Santiago de Chile, 5 de septiembre de 1970, p. 2.

31 Rojas Saavedra, Patricio, *Tiempos difíciles. Mi testimonio*, Santiago de Chile, Aguilar, 2013, pp. 90-91.

más populares, como San Miguel, La Cisterna, La Granja, Barrancas, Conchalí o Renca.[32] Solo quedó tercera en tres provincias: Malleco, Cautín y Aysén. Alessandri venció en trece y Tomic en Valparaíso y Aysén.[33]

Desde la medianoche, las emisoras de radio afines a la UP llamaban a sus partidarios a concentrarse en la Alameda, ante el viejo caserón de la FECh, enfrente del cerro Santa Lucía. Allí la multitud no cesaba de aclamar «¡Allende! ¡Allende!». Trabajadores, estudiantes, militantes de todos los partidos de la izquierda, pobladores llegados del cinturón obrero en sus carros de caballos... celebraban la victoria. Y la noticia recorría ya el planeta: por primera vez un candidato marxista, al frente de una coalición amplia y plural y con un programa que planteaba la construcción del socialismo, triunfaba en unas elecciones democráticas.

Desde el balcón de la FECh

Hacia la una y media de la madrugada del 5 de septiembre, Salvador Allende apareció en el balcón del vetusto edificio de la Federación de Estudiantes de la Universidad de Chile, que sería destruido por un incendio pocos meses después. Se aprestaba a pronunciar el discurso que había aguardado durante años e iba a hacerlo precisamente en el local de una de las organizaciones en las que se forjaron sus convicciones más profundas desde finales de los años veinte.

---

32 Morales, Francisco Javier, «Los sectores populares opositores a la vía chilena al socialismo. Notas para una discusión preliminar», Santiago de Chile, *Revista de Historia y Geografía*, nº 33, 2015, pp. 123-147.

33 Fuente: Archivo del Servicio Electoral de la República de Chile.

Con un modesto micrófono que alcanzó a recoger la alegría del pueblo de Santiago, habló no como «el compañero Allende», sino como «el compañero presidente», que era como ya se sentía: «La victoria alcanzada por ustedes tiene una honda significación nacional. Desde aquí declaro, solemnemente, que respetaré los derechos de todos los chilenos. Pero también declaro, y quiero que lo sepan definitivamente, que, al llegar a La Moneda, y siendo el pueblo Gobierno, cumpliremos el compromiso histórico que hemos contraído de convertir en realidad el programa de la Unidad Popular».

Consciente de las dificultades que entrañaría, les explicó la magnitud de las transformaciones que se proponían emprender: «Si la victoria no era fácil, difícil será consolidar nuestro triunfo y construir la nueva sociedad... Pero yo sé que ustedes, que hicieron posible que el pueblo sea mañana gobierno, tendrán la responsabilidad histórica de realizar lo que Chile anhela, para convertir a nuestra patria en un país señero en el progreso, en la justicia social, en los derechos de cada hombre, de cada mujer, de cada joven de nuestra tierra (...) Hemos triunfado para derrotar definitivamente la explotación imperialista, para terminar con los monopolios, para hacer una seria y profunda reforma agraria, para controlar el comercio de importación y exportación, para nacionalizar, en fin, el crédito, pilares todos que harán factible el progreso de Chile, creando el capital social que impulsará nuestro desarrollo».

Y con afecto y respeto los convocó a la difícil tarea que empezaría a partir del día siguiente: «Les pido que se vayan a sus casas con la alegría sana de la limpia victoria alcanzada. Esta noche, cuando acaricien a sus hijos cuando busquen el descanso, piensen en el mañana duro que tendremos por delante, cuando tengamos que poner más pasión, más cariño, para hacer cada vez más grande a Chile y cada vez más justa la vida en nuestra patria. (...) Ya lo dije un día. Lo mejor que tengo me lo dio mi partido, la unidad de los trabajadores y la Unidad Popular. A la lealtad de ustedes, responderé con la lealtad de un gobernante del pueblo, con la lealtad del compañero presidente».[34]

En sus palabras, conmovidas ante el entusiasmo popular que brillaba aquella noche en la Alameda, influía ya el peso de la Historia. «El candidato es un hombre más, con todas sus flaquezas (...) La noche del viernes tenía una mezcla de alegría, de serenidad y de preocupación», declaró en la primera entrevista que concedió tras su triunfo, a la revista *Ercilla*, próxima a la Democracia Cristiana.[35]

Su estrecha victoria abría un periodo de incertidumbre y, aunque complejo, el escenario era muy transparente para la Unidad Popular, puesto que, por su clara minoría en el Congreso Nacional (ochenta parlamentarios en total), necesitaba al menos la abstención de los setenta y cinco senadores y diputados del PDC. Fue Radomiro Tomic quien muy pronto allanó ese camino.

En la mañana del 5 de septiembre, Allende recibió una tarjeta de su rival y amigo democratacristiano que rezaba: «Salvador: Felicitaciones por la victoria, más honrosa mientras más dura y difícil. Le pertenece al pueblo, pero también es tuya». Al mediodía su esposa, Olalla Errázuriz, y él visitaron al matrimonio Allende Bussi en Guardia Vieja y ante la

---

34 Quiroga, Patricio, ed., *Salvador Allende. Obras escogidas (1970-1973)*, Barcelona, Crítica, 1989, pp. 55-60.

35 *Ercilla*, Santiago de Chile, 9 de septiembre de 1970, pp. 14-18. Aquella entrevista la realizaron los periodistas Ernesto Saúl y Fernando Barraza, quien nos explicó que fue Allende quien la propuso.

puerta, rodeados por una nube de periodistas, el candidato presidencial del Partido Demócrata Cristiano explicó que había acudido a saludar «a mi amigo de muchos años, a mi amigo presidente electo».[36] Aquel mismo día también lo visitaron otras personalidades de este sector político, como el presidente de la Juventud Demócrata Cristiana, Pedro Felipe Ramírez, los senadores Renán Fuentealba y Juan Hamilton, los diputados Bernardo Leighton, Luis Maira y Fernando Sanhueza o los ministros Gabriel Valdés y Hugo Trivelli, así como el rector de la Universidad Católica, Fernando Castillo Velasco.[37]

Por la tarde, ante la expectación nacional e internacional originada por su victoria, tuvo que ofrecer una conferencia de prensa, que fue multitudinaria, en la que destacó el gesto de su adversario y señaló que había recibido más de cien telegramas de felicitación, así como la visita de tres rectores universitarios y funcionarios del Poder Judicial. En su respuesta a las preguntas de los periodistas, ensalzó el pluralismo de la UP y la singularidad de su proyecto: «Esta lucha nuestra, siendo auténticamente chilena, tenía proyecciones continentales y quizás, también lo dijimos, mundiales (...) No hay otro país del mundo capitalista y desarrollado o en vías de desarrollo que haya podido aglutinar un movimiento tan amplio y al mismo tiempo tan profundo».

Con la mirada fija en los periodistas extranjeros, cautivados por un acontecimiento de rasgos históricos, argumentó que el proyecto de la UP nacía de «un hecho muy

---

36 En 1988, Tomic restó importancia a aquel gesto y explicó que había imitado la conducta que su partido ya exhibiera en 1946, 1952 y 1958: «No hicimos nada que no hubiéramos hecho antes». *Pluma y Pincel*, Santiago de Chile, 2 de septiembre de 1988, p. 11.

37 *Ercilla*, Santiago de Chile, 9 de septiembre de 1970, p. 9.

claro y muy profundo»: «El fracaso del régimen capitalista y el fracaso del reformismo del Gobierno democratacristiano del señor Frei». Y los invitó a que conocieran las poblaciones que existían a apenas diez minutos en automóvil de La Moneda, donde «miles de chilenos chapotean en el barro y duermen bajo carpas o toldos de género que ni siquiera son un amparo mediocre para la lluvia, el frío o el viento», y que averiguaran cuántos estaban desempleados, de qué se componía su dieta alimenticia o cuántas horas esperaban en los hospitales para ser atendidos.

Pero las preguntas de los periodistas se refirieron principalmente a las relaciones que su Gobierno mantendría con Cuba, la Unión Soviética, China o Estados Unidos, sobre si la victoria de la UP invalidaba la vía armada en otros países de la región y acerca de la reacción de las Fuerzas Armadas ante su triunfo. Un periodista venezolano le inquirió por un asunto clave y evidente para cualquier conocedor de la naturaleza del sistema institucional chileno: cómo iba a implementar su programa la Unidad Popular si estaba en clara minoría en el Congreso Nacional. Allende recordó que la Constitución establecía la posibilidad de que el presidente convocara un plebiscito cuando el Congreso rechazaba las iniciativas del Ejecutivo: «Apelaremos a ese camino y a esos recursos. Y, si ganamos la elección, con más razón ganaremos el plebiscito». Por otra parte, también expresó su confianza en que algunas de las medidas obtendrían el apoyo del PDC, «porque pensamos que serán consecuentes con sus ideas y con el programa que Radomiro Tomic planteó frente al país».[38]

---

38 *Salvador Allende. Chile hacia el socialismo*, pp. 51-71.

Por otra parte, en la entrevista que concedió a la revista *Ercilla* destacó que la victoria de la UP era «inobjetable» y volvió a señalar el desafío que Chile tenía en el horizonte: «Sin un pueblo organizado y con plena conciencia de la tarea y de la misión histórica que debe realizar, no hay ninguna posibilidad de poder cumplir con el programa de la Unidad Popular. Es necesario trabajar más, producir más, aportar una verdadera cuota de sacrificio para que el país salga adelante. (...) Son millones los chilenos, hasta ahora postergados, que se van a sentir integrados a una gran tarea nacional de superación, trabajo, sacrificio y entusiasmo por un Chile mejor. (...) Nunca vamos a engañar a la gente. Les diremos qué vamos a hacer primero, y cómo y cuándo. Y si algo fracasa, debemos con decisión explicar los motivos de ese fracaso. Vamos a mantener un diálogo permanente con el pueblo. Nadie debe ilusionarse falsamente. Hay problemas en este país que se arrastran por más de un siglo. Esos problemas no se van a solucionar de la noche a la mañana, como por arte de magia. Iremos paulatinamente abordando las prioridades del programa de la Unidad Popular, pero con absoluta claridad, con plena participación del pueblo organizado».[39]

Pánico en la derecha

En la entrevista a Salvador Allende que Eduardo Galeano publicó el 18 de septiembre de 1970, el gran escritor uruguayo describió la viñeta de un diario conservador chileno que mostraba a San Pedro asomado desde una nube sobre

---

[39] *Ercilla*, Santiago de Chile, 9 de septiembre de 1970, pp. 16-17.

la cordillera, mientras un angelito le preguntaba: «¿Qué estás viendo?». La respuesta era categórica: «La caldera del diablo».[40] Si Radomiro Tomic encarnó la actitud serena y democrática del sector progresista del PDC, la reacción de la derecha y del ala de la Democracia Cristiana más afín al presidente Frei se movió entre la sorpresa y el pánico.

La derecha había incurrido en una apuesta arriesgada: en lugar de volver a garantizarse el «mal menor» a través de una alianza con el centro, había optado por competir con su programa y su candidato; consumada la derrota en las urnas, consideraba que Chile se había situado al borde del precipicio. El desconcierto reinó inicialmente en sus filas, tal y como lo evidenció uno de sus prohombres, el senador Francisco Bulnes, quien la noche del 5 de septiembre reconoció a un periodista: «Todavía estamos un poco atontados. Perdone que no les haga declaraciones».[41]

Pero aquella parálisis apenas duró veinticuatro horas. El domingo 6, Enrique Ortúzar (el segundo dirigente más importante del comando de Jorge Alessandri) convocó a los medios de comunicación frente a la casa de su candidato, en la Plaza de Armas, para entregarles una declaración en la que negaban a Allende el derecho a considerarse presidente electo y convocaban al PDC a votar por el exmandatario en el Congreso Pleno para «salvar» al país del «marxismo».[42]

---

40 *Marcha*, Montevideo, 18 de septiembre de 1970, p. 16.

41 *Ercilla*, Santiago de Chile, 9 de septiembre de 1970, p. 10.

42 Al día siguiente, desde la capital chilena, Arnold Harberger escribió una extensa carta a sus colegas de la Escuela de Economía de la Universidad de Chicago en la que apreciamos que ya se buscaba un entendimiento entre Alessandri y Frei para que el Congreso Pleno eligiera al primero y al poco tiempo dimitiera para que se convocaran nuevas elecciones. Valdés, Juan Gabriel, *Los economistas de Pinochet.*

«El proceso electoral no ha terminado», proclamó Ortúzar, y aquellas simples palabras insuflaron oxígeno a sus decaídos seguidores, que por la tarde recorrieron en caravana el barrio alto haciendo sonar las bocinas de sus automóviles. Su euforia debió de enfriarse al día siguiente, cuando el Consejo Nacional de la Democracia Cristiana acordó rechazar el entendimiento de «las fuerzas democráticas» que propugnaba el *alessandrismo* y reconoció la legítima victoria de Allende en las urnas.

En la entrevista que aquel mismo día concedió a los periodistas Ernesto Saúl y Fernando Barraza, Allende enfatizó que confiaba en el patriotismo de Frei para conducir el país hasta el traspaso del mando y señaló la contradicción flagrante de la derecha, puesto que antes del 4 de septiembre su candidato había preconizado que debía ser presidente quien lograra la primera mayoría,[43] como también se lo recordó, el 28 de septiembre de 1978, Eduardo Frei a Henry Kissinger en una extensa misiva.[44]

Su principal biógrafo, Cristián Gazmuri, ha descrito la pesadumbre que significó para Frei el triunfo de la UP. El estigma que le había imputado la ultraderecha tres años

---

La Escuela de Chicago en Chile, Santiago de Chile, Fondo de Cultura Económica, 2021, p. 311.

43 *Ercilla*, Santiago de Chile, 9 de septiembre de 1970, pp. 16-17.

44 Archivo Histórico de la Casa Museo Eduardo Frei Montalva, Carpeta 395. Frei incluso le reprodujo algunos de los párrafos de la declaración que Alessandri difundió el 24 de julio de 1970, como este: «He manifestado en forma pública que no aceptaría ser designado presidente de la República si no obtuviera la primera mayoría en las urnas». «Con el objeto de contribuir a la paz y a la concordia que deben existir entre todos los chilenos, reitero que acepto públicamente, desde ya, que se proclame al candidato que obtenga la primera mayoría en las urnas».

antes, ser el *Kerensky chileno*,[45] quien facilitaría al «comunismo» el «sometimiento» del país, le dolía en el alma.[46]

El 7 de septiembre, en La Moneda, recibió con frialdad a Allende, quien llegó acompañado de varios dirigentes de su coalición, entre ellos Jacques Chonchol, que señala que en un momento Frei le pidió conversar a solas.[47] En aquel momento se sinceró y le expresó que su victoria representaba para él «un gran fracaso»[48] y, además, le expuso, fríamente, todos sus prejuicios ideológicos y su visión de lo que sería su administración del país.[49]

Por su parte, Allende, al atender a los periodistas presentes en el palacio, declaró que, aunque la elección del nuevo presidente correspondía entonces al Congreso Nacional, le resultaba inimaginable que los diputados y senadores no ratificaran el resultado emanado de las urnas.[50]

Al día siguiente, Frei convocó a los comandantes en jefe de las tres ramas de las Fuerzas Armadas, al general director de Carabineros y al general Carlos Prats (jefe del Estado

---

45 Según el pie de imprenta de la quinta edición, entre septiembre de 1967 y junio de 1968 se distribuyeron veintidós mil ejemplares de aquel opúsculo, una impugnación en toda regla, desde el integrismo, del reformismo socialcristiano: Vidigal Xavier Da Silveira, Fabio, *Frei, el Kerensky chileno*, Buenos Aires, Cruzada, 1968.

46 Gazmuri, Cristián, *Eduardo Frei Montalva y su época, tomo II*, Santiago de Chile, Aguilar, 2000, p. 768.

47 Robles Ortiz, Claudio, *Jacques Chonchol. Un cristiano revolucionario en la política chilena del siglo XX*, Santiago de Chile, Ediciones de la Universidad Finis Terrae, 2016, p. 225.

48 Garcés, Joan E., *1970. La pugna política por la Presidencia en Chile*, Santiago de Chile, Universitaria. 1971, p. 34.

49 Hurtado Torres, Diego y Hurtado Torres, Sebastián, *La elección presidencial de 1970. Pasado y futuro de un momento extraordinario*, Santiago de Chile, Historia Chilena, 2020, pp. 62-64.

50 *El Siglo*, Santiago de Chile, 8 de septiembre de 1970, p. 7.

Mayor de la Defensa Nacional) para relatarles aquel encuentro, exponerles el caos económico al que el país supuestamente se estaba aproximando y asegurarles que con su probable investidura se implantaría un régimen marxista.[51] En aquellos días también se reunió, en Viña del Mar, con John Richardson, secretario de Estado adjunto para Educación y Cultura de Estados Unidos, y le pidió que transmitiera al presidente Richard Nixon el siguiente mensaje: «Las probabilidades son de cincuenta a uno de que la presidencia de Allende significará en Chile un Gobierno como el que hay en Cuba». El embajador Edward Korry, quien hacía de traductor y tomaba notas de la reunión, le preguntó si estaba solicitando que Washington desarrollara «algún tipo de acción». Frei se limitó a responder que tan solo «propaganda», pero Korry (destinado en este país desde 1967) concluyó que quería que «hiciéramos el trabajo sucio».[52]

Igualmente, el 8 de septiembre Frei recibió en La Moneda a los senadores derechistas Francisco Bulnes y Julio Durán y a Eduardo Boetsch, representante de los independientes *alessandristas*. En aquella reunión, no exenta de tensión «a raíz de los antagonismos derivados de la campaña electoral y de las dramáticas perspectivas que afrontaba el

---

51 Frei señaló que solo el día anterior, el primero laborable después de la votación, se habían retirado de los bancos doscientos millones de escudos y otros quinientos millones de las sociedades de ahorro y préstamo y que la Bolsa de Santiago había caído un 60 por ciento. Y expresó su temor a una congelación de las inversiones, una suspensión de la venta de bienes de consumo, una paralización de las siembras agrícolas y una caída de la producción industrial. Prats González, Carlos, *Memorias. Testimonio de un soldado*, Santiago de Chile, Pehuén, 2014, p. 147.

52 *La Tercera*, Santiago de Chile, 2 de febrero de 2003, suplemento *Reportajes*, pp. 14-16.

país» según Boetsch, acordaron que Alessandri haría una declaración pública para solicitar el apoyo del PDC, ser investido presidente y de inmediato dimitir para que pudieran convocarse elecciones, en las que «las fuerzas democráticas» repetirían la fórmula de 1964: un candidato único contra Allende... presumiblemente Frei. Efectivamente, al día siguiente rompió su silencio y entregó una carta a la opinión pública en esos términos.[53] Las memorias del dirigente democratacristiano Renán Fuentealba también confirman esta maniobra, puesto que relató que en aquellos mismos días tanto Frei como Bulnes se reunieron con él, por su influencia y prestigio en el PDC, y le expresaron este planteamiento. «No cuente conmigo», le replicó Fuentealba a Bulnes.[54]

El 10 de septiembre, en un discurso por cadena de radios, el senador Benjamín Prado, presidente de la Democracia Cristiana, anunció que votarían por Salvador Allende si la Unidad Popular asumía un conjunto de garantías que creían imprescindibles y reconoció su impecable trayectoria democrática.[55] Aquel mismo día, un parlamentario democratacristiano comunicó al embajador Korry que un número importante de sus compañeros de bancada estaban dispuestos a apoyar a Allende en el Congreso Pleno, pero que Frei procuraría que su partido aceptara la propuesta de Alessandri.[56]

---

53 Boetsch G. H., Eduardo, *Recordando con Alessandri*, Santiago de Chile, Universidad Nacional Andrés Bello, s.f., pp. 131-134.

54 González Camus, Ignacio, *Renán Fuentealba. En la génesis de la Concertación*, Santiago de Chile, Catalonia, 2007, pp. 107-108.

55 *Política y Espíritu*, nº 318, Santiago de Chile, diciembre de 1970, pp. 26-27.

56 Hurtado Torres, Sebastián, «El golpe que no fue. Eduardo Frei, la Democracia Cristiana y la elección presidencial de 1970», Santiago de Chile, *Estudios Públicos*, nº 129, verano de 2013, pp. 105-140.

No obstante, eran también jornadas de felicidad y esperanza para la izquierda. Desde su hermosa casa de Isla Negra, a las puertas de la primavera, Pablo Neruda dirigió a quien denominaba «mi porfiadísimo compañero» una singular invitación para las Fiestas Patrias: «Querido Salvador, no he ido a felicitarte porque he estado felicitándome. Supongo que desbarataremos la conspiración. Esto prueba que hay que pegarles fuerte. Ya vendrá el momento. (...) El 18 comeremos un ciervo que preparará Matilde. Si vienes con *Tencha* sería espléndido para celebrar el triunfo a pleno ciervo».[57]

En aquellos días Allende dedicaba una parte de su tiempo a atender los compromisos derivados de su victoria electoral. El 22 de septiembre su agenda registraba una cita especialmente querida: el homenaje que el Colegio Médico le tributaría por ser el primer profesional del ramo que llegaba a La Moneda. «Espero en la presidencia de la República seguir siendo lo que he sido durante toda mi vida, un médico y un compañero de trabajo, en la dura y pesada tarea de defender lo que más vale en un país, el aspecto específico de la salud», expresó en su discurso. A la conclusión del acto se retiró de la sala entre los aplausos de todos los presentes.[58]

Agustín Edwards en la Casa Blanca

El 5 de septiembre Edward Korry remitió un informe a su Gobierno que dejó poco espacio a la interpretación y del

---

57 Archivo de la Fundación Salvador Allende. Véase Quezada Vergara, Abraham, *Pablo Neruda y Salvador Allende. Una amistad, una historia*, Santiago de Chile, RIL Editores, 2015.

58 *Vida Médica*, nº 9, Santiago de Chile, septiembre de 1970, pp. 15-16.

que Nixon subrayó estas palabras que Kissinger destacó con cursiva en sus memorias: «Chile votó con calma para tener un Estado marxista-leninista, la primera nación del mundo en hacer esta elección libremente y con conocimiento. *Su margen es de solo un 1 por ciento, pero es lo suficientemente amplio en el marco de la Constitución chilena como para asegurar su triunfo como definitivo.* No hay razón para creer que las Fuerzas Armadas chilenas desaten una guerra civil o para que algún otro milagro se interponga para anular la victoria. Es un hecho triste que Chile haya tomado la ruta del comunismo, con solo un poco más que un tercio (36 por ciento) de la población aprobando esta elección, pero es un hecho inmutable. *Tendrá un efecto muy profundo en América Latina y el resto del mundo; hemos sufrido una grave derrota,* las consecuencias serán internas e internacionales...».[59]

Henry Kissinger, en aquel momento consejero de Seguridad Nacional de Nixon, describió también de manera vívida la ira de su presidente y su voluntad de hacer «cualquier cosa» para impedir la instalación de un Gobierno «comunista» en Chile, tal y como había sucedido una década antes en Cuba y por lo que tanto había atacado a Kennedy y Johnson.[60] Principalmente, temían la irradiación del ejemplo chileno en Francia e Italia (países decisivos en el tablero de la Guerra Fría), cuyos poderosos partidos comunistas

---

59 Kissinger, p. 365. El 11 de septiembre de 1970, otra embajada, la de Suiza, informaba a su Gobierno en términos similares: la victoria de Allende representaría el fin de la «democracia» y el inicio de una «dictadura». Rogic, Ivo, *Diplomazia e «Rivoluzione». Sguardi dalla Svizzera su Guatemala, Cuba e Cile (1950-1976)*, Berna, Documenti Diplomaciti Svizzeri, 2017, p. 243. Tres años después, según relata este autor, el embajador helvético brindaría con champán por el derrocamiento del presidente Salvador Allende.

60 Kissinger, p. 466.

postulaban también la unidad de la izquierda y el socialismo democrático. Así, una estimación de la CIA del 9 de septiembre de 1970 señalaba que su país no tenía «intereses vitales» en Chile y que, obviamente, el equilibrio militar mundial no variaría por la llegada de Allende al poder, pero advirtió de que su investidura supondría un «golpe psicológico» para Estados Unidos y «un claro progreso psicológico para los ideales marxistas».[61]

En un primer momento, a propuesta del Comité de los 40 (el organismo que aprobaba las operaciones secretas del Gobierno), que se reunió los días 8 y 14 de septiembre para examinar la situación chilena, Washington empujó en la misma dirección que Alessandri y Frei: influir para que los parlamentarios democratacristianos apoyaran al candidato de la derecha en el Congreso Pleno. Pero muy pronto llegó a la capital federal un hombre que lograría, en apenas unas horas, desencadenar una agresión encubierta contra la democracia chilena de la potencia continental, muy preocupada entonces por la situación de Vietnam, Medio Oriente y Europa.[62] Agustín Edwards no era uno más entre los casi treinta mil chilenos que abandonaron el país en los días y semanas posteriores a la elección. Era el propietario de un imperio económico con un mascarón de proa inigualable, *El Mercurio*, y su cadena de diarios que cubren todo el territorio nacional.

El 8 de septiembre, Edwards había preguntado al embajador Korry si su país adoptaría «alguna acción militar directa o indirectamente» y, como la respuesta fue negativa, no vaciló en viajar al norte del continente. Tenía muy

---

61 Garcés (1996), p. 144.

62 Ulianova, p. 257.

claro que el Congreso Pleno elegiría a Allende y que las posibilidades de evitarlo violentaban las fronteras de la democracia y de la soberanía nacional.[63] El 13 de septiembre, ya se encontraba en Estados Unidos, donde residiría hasta 1975. Aquella mañana dominical Donald Kendall, gerente general de Pepsi Cola y amigo personal del presidente Nixon, telefoneó a Kissinger para comunicarle que estaba junto al dueño de *El Mercurio*. Solo dos días después, a las ocho de la mañana, el consejero de Seguridad Nacional los recibió en su despacho de la Casa Blanca, acompañado por el Fiscal General, John Mitchell, y, además, le concertó una reunión con Richard Nixon en el Despacho Oval cuya celebración, sin embargo, aún no ha podido ser confirmada documentalmente.[64]

Apenas unas horas más tarde, Richard Helms, director de la CIA, y uno de sus especialistas en América Latina, Kenneth Millian, se reunieron con Agustín Edwards y Donald Kendall en el hotel Madison de la capital federal. Según el memorándum de aquella reunión elaborado por la Agencia, Agustín Edwards abogó por que esta promoviera un golpe de Estado militar. «Las posibilidades de que Alessandri sea nominado presidente son escasas... Frei está muerto de miedo de que Allende asuma el poder, pero solo puede contar con unos veinte congresistas del PDC que

---

63 Herrero A., Víctor, *Agustín Edwards Eastman. Una biografía desclasificada del dueño de El Mercurio*, Santiago de Chile, Debate, 2014, pp. 325-326.

64 Por el momento, no existe una prueba escrita de que aquella reunión entre Nixon y Edwards llegara a producirse, pero lo sucedido horas después y el contenido de las memorias de Kissinger invitan a creer que fue así. En el futuro, nuevas desclasificaciones de documentos podrían probarlo de manera fehaciente.

voten por Alessandri», informó Edwards. «¿Podemos darnos el lujo de confiar en que el plan Alessandri-Frei vaya a funcionar?», preguntó retóricamente. Además, expuso una detallada información de inteligencia acerca de la situación de cada una de las ramas de las Fuerzas Armadas y de Carabineros; así, por ejemplo, señaló que, después de discutir sobre la situación política del país con el general Camilo Valenzuela y algunos oficiales muy importantes de la Armada, estos estaban preocupados principalmente por dos asuntos: si recibirían «apoyo logístico» norteamericano para aquella operación y si el nuevo Gobierno que se instalara en Chile tendría el reconocimiento diplomático de Washington.[65]

Después, cerca de las tres y media de la tarde, Richard Nixon citó a Henry Kissinger, John Mitchell y Richard Helms en el Despacho Oval. Según las anotaciones de este último, aunque Nixon era consciente de las dificultades de tener éxito («la chance es de 1 a 10»), ordenó «gastar lo necesario», más de diez millones de dólares si era preciso, sin involucrar a la embajada y con la participación de «nuestros mejores hombres» a fin de tomar medidas para «hacer aullar la economía chilena» y exigió recibir un «plan de acción» antes de cuarenta y ocho horas.[66] En 1975, en su testimonio secreto ante el comité parlamentario que investigó la responsabilidad de Estados Unidos en el asesinato del general René Schneider, Helms declaró su convicción de que Nixon

---

65 Kornbluh, Peter, «Agustín Edwards Eastman: Un obituario desclasificado», *CIPER Chile*, Santiago de Chile, 24 de abril de 2017. https://ciperchile.cl/2017/04/24/agustin-edwards-eastman-un-obituario-desclasificado/

66 *¡Chile desclasificado! Documentos secretos del FBI, Pentágono & CIA, vol. I*, Santiago de Chile, Ernesto Carmona Editor, 1999, p. 17.

convocó aquella reunión «debido a la presencia de Edwards en Washington».[67]

El 16 de septiembre, Richard Helms y altos funcionarios de la CIA pusieron en marcha el denominado «Proyecto FUBELT». En el memorándum de aquella reunión leemos: «El director dijo al grupo que el presidente Nixon había decidido que el régimen de Allende en Chile no era aceptable para los Estados Unidos. El presidente pidió a la Agencia impedir a Allende su acceso al poder o derribarlo». Dispuso, además, que ejecutaran esta misión sin coordinarse con los departamentos de Estado o de Defensa y también al margen del Comité de los 40 y del embajador Korry; es decir, solo debían responder ante Kissinger y ante él mismo.[68]

Dos meses después, un informe de la Fuerza de Operaciones Especiales de la CIA en Chile dio cuenta de su fracaso. Dejó constancia de que el 18 de septiembre ya estaba funcionando en este país, dirigida por un agente «altamente cualificado», enviado «específicamente para este propósito». Por una parte, la CIA se sumó a los esfuerzos para que en el Congreso Pleno los parlamentarios democratacristianos eligieran a Alessandri. Pero, de manera paralela, también «se concentró en provocar un golpe militar (...) independientemente de Frei si fuese necesario, pero con su aquiescencia si esto era posible». Para alcanzar tales objetivos desplegaron una gigantesca campaña de propaganda centrada en extender la preocupación sobre el futuro de Chile entre los tres elementos que consideraban decisivos: «Frei, la elite política criolla y el Ejército».

---

67 Kornbluh, Peter y Bonnefoy, Pascale, «48 horas en Washington. El lobby de Agustín Edwards contra Allende», *La Nación*, Santiago de Chile, 30 de mayo de 2004, pp. 30-31.

68 *¡Chile desclasificado!*, pp. 31-33.

De este modo, en la segunda quincena de septiembre llegaron al país «veintitrés periodistas a sueldo de la CIA de diez países diferentes para que informaran contra Allende». Además, financiaron el envío directo, por correo postal, de artículos y noticias negativas sobre Salvador Allende de medios de comunicación extranjeros al presidente Eduardo Frei, a su esposa o a «líderes militares seleccionados». Según el recuento parcial de la Fuerza de Operaciones Especiales de la Agencia, debido a su influencia en aquellas seis semanas se publicaron 726 artículos de este tipo en medios de comunicación de Estados Unidos, América Latina y Europa.[69]

Asimismo, también maniobraron para que partidos y personalidades de tendencia democratacristiana o miembros de la Iglesia católica alentaran a Frei a decidirse a «salvar a Chile». Por ejemplo, la CDU alemana envió varios emisarios relevantes, que tomaron contacto con él y otros líderes del PDC; incluso su esposa, María Ruiz-Tagle, recibió centenares de telegramas instándole a que le suplicara que no entregara el mando de la nación a Allende.[70] Por otra parte, según reveló el Informe Church, entre el 5 y el 20 de octubre de 1970 la estación de la CIA en Santiago contactó en veintiuna ocasiones con distintos mandos de las Fuerzas Armadas y Carabineros para instigarles a sublevarse, con la garantía de que tendrían el apoyo de Washington. Al mismo tiempo, el 25 de septiembre un destacado dirigente del PDC planteó al general Prats, sin ambages, que, ante la actitud legalista del general Schneider, el presidente Frei aceptaría que él encabezara un movimiento militar que

---

69 *¡Chile desclasificado!*, pp. 51-60.

70 Gazmuri, pp. 770-771.

lo derrocara y lo enviara al extranjero para impedir así el acceso de «los comunistas» al poder político, y, una vez «normalizada» la situación, volverían a convocarse elecciones.[71]

Un acuerdo histórico

El 20 de septiembre, el embajador Korry se reunió con el titular de Defensa, Sergio Ossa, y el de Economía, Carlos Figueroa, que, según la CIA, pertenecían a un grupo de cinco ministros (junto con Andrés Zaldívar, Patricio Rojas y Raúl Troncoso) que estaban convencidos de que debía hacerse «algo» para evitar la elección de Allende en el Congreso Pleno el 24 de octubre. En aquella reunión Figueroa indicó a Korry que el ministro de Hacienda, Andrés Zaldívar, y él planeaban dimitir tras el informe que este último expondría al país. «La intención de esta maniobra era dramatizar la situación crítica de la economía y provocar una sensación generalizada de crisis que sirviera de contexto para una decisión drástica, ya fuera por parte de Frei o de las Fuerzas Armadas», señala uno de los cables desclasificados de la CIA. Según la previsión expuesta por Figueroa, sus renuncias desencadenarían las del resto de los miembros del gabinete y, de este modo, Frei adoptaría medidas extraordinarias, como convocar a los militares a constituir un Gobierno de emergencia nacional.[72]

Efectivamente, la noche del 23 de septiembre, en un discurso por radio y televisión previamente visado por su presidente, Zaldívar transmitió una visión descorazonadora

---

71 Prats González, pp. 151-152.

72 Hurtado Torres (2013), pp. 105-140.

acerca de las consecuencias de la victoria electoral de la UP.[73] Así, señaló la retirada masiva de depósitos bancarios, la paralización de proyectos en ejecución por parte de varias empresas, la caída de la construcción de viviendas financiadas por el sector privado...[74]

Y en los últimos días de aquel mes, sectores derechistas promovieron una campaña de acciones terroristas con la intención de culpar públicamente a las fuerzas de izquierda. Por ejemplo, un supuesto grupúsculo denominado «Brigada Obrero Campesina» cometió varios atentados en Santiago y repartió panfletos subversivos. Se produjo también otro ataque contra el Canal 9 de televisión, el intento de volar un paso a nivel en la avenida Matta e incluso el aeropuerto de Pudahuel estuvo a punto de saltar por los aires cuando hicieron explosionar un depósito de más de cien litros de turbo fuel.[75] Entre el 18 de septiembre y el 11 de octubre hubo catorce atentados con dinamita[76] y, según relató a Régis Debray, el propio Allende sufrió dos acciones que fueron desbaratadas por los integrantes de su escolta personal.[77]

Por otra parte, el 29 de septiembre este dirigió una extensa misiva al senador Benjamín Prado que trasluce la relación

---

73 Este informe fue publicado entonces. *Política y Espíritu*, nº 318, Santiago de Chile, diciembre de 1970, pp. 20-25. Véase también Zaldívar, Andrés, *El Chile que he vivido*, Santiago de Chile, Catalonia, 2022, pp.112-113.

74 Vitale, Luis *et al.*, *Para recuperar la memoria histórica. Frei, Allende y Pinochet*, Santiago de Chile, CESOC, 1999, p. 179.

75 González, Mónica, *La conjura. Los mil y un días del golpe*, Santiago de Chile, Ediciones B, 2000, p. 77.

76 Valdivia, Verónica, *Nacionales y gremialistas. «El parto» de la nueva derecha política chilena, 1964-1973*, Santiago de Chile, LOM Ediciones, 2008, p. 275.

77 Debray, p. 86.

cordial que en aquellos días existía entre la izquierda y la dirección del PDC. Allende expresó su coincidencia con la Democracia Cristiana en que el resultado del 4 de septiembre revelaba «los profundos anhelos de cambio social» y la voluntad (señalada también por Tomic en la campaña) de avanzar hacia «la completa sustitución del capitalismo en nuestro país», reafirmando su compromiso con las libertades democráticas y el carácter legalista y democrático de su futuro Gobierno.[78]

Sin embargo, el Consejo Nacional del PDC exigió que sus demandas quedaran claramente plasmadas en un estatuto jurídico elaborado de común acuerdo con la UP que fuera aprobado por el Congreso Nacional en el plazo más perentorio posible para su incorporación a la Constitución.[79] La Unidad Popular lo aceptó, a pesar de que se trataba de una exigencia sin precedentes,[80] y, mientras tanto, la dirección de la DC resistía las presiones que recibía desde los sectores más extremistas, con acciones como la «Gran Marcha del Silencio», convocada para la tarde del 2 de octubre por la organización fascista Patria y Libertad (creada por el abogado Pablo Rodríguez dos semanas antes) y dirigida específicamente a «la mujer chilena».[81]

---

78 Archivo Histórico de la Casa Museo Eduardo Frei Montalva, Carpeta 335.

79 *Política y Espíritu*, nº 318, Santiago de Chile, diciembre de 1970, p. 33.

80 Moulian, Luis y Guerra, Gloria, *Eduardo Frei M. (1911-1982). Biografía de un estadista utópico*, Santiago de Chile, Sudamericana, 2000, p. 216.

81 Prenafeta Godoy, Carla, *La leyenda negra de una araña. Frente Nacionalista Patria y Libertad: enigmas y estigmas*. Tesis de grado para optar al título de licenciada en Historia. Universidad Finis Terrae. Santiago de Chile, 2005, p. 57.

El 4 de octubre, la Junta Nacional del PDC, con la ausencia del presidente Frei y tras treinta y dos horas de debate, aprobó, por 271 votos contra 191 y 91 abstenciones, votar por el candidato de la izquierda en el Congreso Pleno sobre la base de acordar el denominado Estatuto de Garantías Democráticas.[82] En su informe político ante los más de quinientos delegados, Benjamín Prado apostó claramente por apoyar a Allende y llamó a descartar la tentadora oferta de la derecha: «Negarle la posibilidad de asumir sería lo mismo que haberle dicho al 36 por ciento del electorado: ustedes tienen derecho a participar en las elecciones, pero no pueden ganar; pueden salir segundos o terceros, pero no primeros. Sería como si en la práctica existiera la Ley de Defensa Permanente de la Democracia. No hacerlo es darles la razón a los que propician la vía armada».[83]

Muchos años después, Patricio Aylwin señaló que entonces hubo dirigentes, y citó a Edmundo Pérez Zujovic, partidarios de exigir a Allende la entrada del PDC en su futuro gabinete y la revisión de su programa. Pero esta posición fue ampliamente rechazada porque implicaba gobernar junto con el Partido Comunista. «Este tema no solo era delicado, era tabú», añadió.[84]

Y, sin embargo, aquella coyuntura pudo haber sido propicia para buscar un entendimiento estable entre la UP y la DC, que posiblemente hubiese significado concesiones programáticas y tal vez la incorporación de algún democra-

---

82 *Los días del Presidente Allende*, Archivo Salvador Allende, nº 14, México DF, Universidad Autónoma Metropolitana Azcapotzalco, 1991, p. 27.

83 *Ercilla*, Santiago de Chile, 7 de octubre de 1970, pp. 9-11.

84 González, pp. 66-67.

tacristiano al Gobierno,[85] pero, desde luego, tampoco Salvador Allende y su coalición contemplaron esta posibilidad. Para la izquierda, había llegado el momento, largamente esperado, duramente conquistado, de poner en marcha su programa.

El 8 de octubre, Allende volvió a escribir a Benjamín Prado para comunicarle que aprobaba el contenido del Estatuto de Garantías Democráticas, que fue redactado por Aylwin y rápidamente consensuado por los representantes del PDC (Renán Fuentealba, Bernardo Leighton y Luis Maira) y de la UP (el senador radical Anselmo Sule, el diputado comunista Orlando Millas y el abogado socialista Luis Herrera), y ese mismo día fue presentado en la Cámara de Diputados para su tramitación como reforma constitucional.

Las garantías elevadas a la categoría de normas máximas eran la existencia de los partidos políticos y todos sus derechos fundamentales; la libertad de prensa y de información; un sistema nacional de educación pluralista y democrático, en el que se reconocían los derechos de la enseñanza privada; la autonomía universitaria a nivel académico, docente y administrativo; la constitución libre de las organizaciones sindicales; el funcionamiento independiente de las entidades comunitarias y la existencia de unas Fuerzas Armadas de carácter estrictamente profesional.[86]

El 15 de octubre, lo aprobó la Cámara de Diputados, siete días después el Senado (con el voto favorable también de Salvador Allende) y el 22 de diciembre lo ratificó el

---

85 Furci, Carmelo, *El Partido Comunista de Chile y la vía chilena al socialismo*, Santiago de Chile, Ariadna Ediciones, 2008, p. 185.

86 *Política y Espíritu*, nº 318, Santiago de Chile, diciembre de 1970, p. 33.

Congreso Pleno; finalmente, el presidente Allende lo promulgó el 21 de enero de 1971. En la negociación de sus contenidos solo rechazó, y lo hizo de manera tajante, una exigencia del PDC: renunciar a la facultad presidencial de designar al alto mando de las Fuerzas Armadas.

La derecha, que había planteado la campaña electoral como una batalla contra los «revolucionarios» Tomic y Allende, quedó finalmente aislada. El 19 de octubre, Alessandri pidió a sus partidarios que no votaran por él en el Congreso Pleno, puesto que ya estaba derrotado de antemano, y resaltó en un comunicado las probadas convicciones democráticas del «próximo presidente de Chile».[87] Al día siguiente, el Consejo Nacional del PDC ordenó a sus senadores y diputados que entregaran su apoyo a Allende en la sesión prevista para el 24 de octubre.

El sacrificio de Schneider

Junto con la honestidad de la dirección del Partido Demócrata Cristiano, que renunció a la fórmula propuesta por el *alessandrismo*, que favorecía sus intereses más inmediatos, el otro factor capital que allanó el camino para la investidura del candidato de la Unidad Popular fue la impecable actuación del comandante en jefe del Ejército, René Schneider, quien, en las declaraciones que realizó a *El Mercurio* en el mes de mayo, ya había anticipado cuál sería la actuación de su institución en el escenario poselectoral. El Ejército, manifestó entonces el general, «es garante de una elección normal, de que asuma la presidencia de la República quien sea elegido

---

[87] *La Tercera*, Santiago de Chile, 20 de octubre de 1970, p. 4.

por el pueblo, en mayoría absoluta, o por el Congreso Pleno en caso de que ninguno de los candidatos obtenga más del 50 por ciento de los votos».[88] Tras la victoria de la UP, su discurso oficial y sus directrices en el seno de la principal rama de las Fuerzas Armadas permanecieron ajustados a las obligaciones constitucionales de neutralidad y prescindencia política.[89]

El 22 de octubre, un grupo de extremistas dirigido por el general en retiro Roberto Viaux perpetró un atentado contra Schneider para responsabilizar de tal acción a la izquierda y forzar un golpe de Estado. Poco antes del cruce de las avenidas Martín de Zamora y Américo Vespucio interceptaron el vehículo de Schneider, a quien le dispararon y dejaron gravemente herido después de que intentara defenderse; fue trasladado al Hospital Militar, donde agonizó durante tres días. Actuaron con armamento proporcionado por la CIA que les entregó el coronel Paul Wimmert (agregado militar de la Embajada de Estados Unidos) y recibieron 25.000 dólares, si bien Viaux obtuvo, además, 250.000 dólares como seguro de vida.[90]

El 24 de octubre el Salón de Honor del Congreso Nacional acogió la votación de los diputados y senadores que resolvería la incógnita originada por el resultado del 4 de septiembre. Por orden alfabético y durante casi una hora cada parlamentario fue llamado a depositar su voto en una urna de cristal. De los doscientos diputados y senadores, 153 votaron por Allende, treinta y cinco por Alessandri y siete lo hicieron en blanco. Solo se ausentaron cinco: cuatro por apa-

---

88 *El Mercurio*, Santiago de Chile, 8 de mayo de 1970, p. 25.

89 Schneider Arce, Víctor, *General Schneider. Un hombre de honor. Un crimen impune*, Santiago de Chile, Ocho Libros, 2010, p. 103.

90 Garcés (1996), p. 141.

rentes razones de salud... y Salvador Allende, quien de manera elegante optó por seguir la ceremonia desde su hogar. Ningún democratacristiano rompió la disciplina de voto.

Concluido el recuento, a las 11.48 horas el presidente del Senado, Tomás Pablo, tomó la palabra con tono solemne: «Con motivo de la votación producida, y en virtud de lo dispuesto por los artículos 64 y 65 de la Constitución Política de Chile, el Congreso Pleno proclama presidente de la República para el periodo comprendido entre el 3 de noviembre de 1970 y el 3 de noviembre de 1976 al ciudadano Salvador Allende Gossens».[91] En pie, todos los presentes cantaron el himno patrio y a la salida prevaleció la cortesía en el intercambio de impresiones con los periodistas, incluso de parte de los dirigentes del Partido Nacional.

El secretario del Senado, Pelagio Figueroa, se desplazó a Guardia Vieja 392 para comunicarle formalmente su elección. Desde primeras horas de la tarde, el futuro presidente recibió a numerosos amigos y compañeros que llegaban a felicitarlo, al igual que nuevos telegramas y presentes, como un detalle de la tradicional pastelería Coppelia.[92] También el arzobispo Raúl Silva Henríquez tuvo la deferencia de desplazarse hasta allí; tres días después, Allende le devolvió el cumplido en su despacho y el cardenal le regaló un ejemplar de la Biblia con una afectuosa dedicatoria. La responsabilidad ya pesaba en su rostro. «Otra cosa es ahora con guitarra», le indicó con una expresión del habla popular.[93]

Pero la visita más relevante de aquel 24 de octubre fue la de Eduardo Frei y su esposa, María Ruiz-Tagle. Ante

---

91 Quezada Lagos, p. 117.

92 *El Siglo*, Santiago de Chile, 25 de octubre de 1970, p. 5.

93 *Ya*, Madrid, 3 de noviembre de 1970, p. 10.

los medios de comunicación, Frei y Allende intercambiaron palabras afectuosas y evocaron una amistad cada día más lejana. El democratacristiano declaró que estaba culminando un proceso electoral que consideraba ejemplar y que sentía «una satisfacción muy grande como chileno y como presidente de la República al cumplir con este deber tradicional»: «He venido a la casa de un viejo amigo, de quien he sido colega en el Senado durante dieciséis años y, tal como él lo ha dicho, las diferencias políticas jamás han destruido el respeto y el aprecio mutuo que siempre hemos mantenido». Su anfitrión, muy complacido, se expresó en términos similares.[94]

En las semanas previas se habían reunido en secreto en dos oportunidades en casa de Gabriel Valdés, ministro de Relaciones Exteriores desde 1964. En el primer encuentro, Allende les manifestó que estaba muy preocupado por su seguridad, ya que recientemente le habían disparado cuando descendía de su vehículo, un atentado frustrado que no había trascendido a la opinión pública. Por ese motivo justificó su decisión de contar con un grupo de escoltas de su confianza y exigió garantías para su vida.

En la segunda ocasión, tras compartir una deliciosa cena regada con dos de los mejores vinos nacionales, evocaron innumerables anécdotas de otras épocas y hablaron con mayor franqueza. Para aplacar los temores y prejuicios de Frei, Allende señaló que su trayectoria política intachable era la mejor garantía de que su futuro Gobierno respetaría la legalidad y la democracia.

Sin embargo, el todavía presidente le expuso de nuevo su pesimismo y los augurios más nefastos para el país.

---

94 *Ercilla*, Santiago de Chile, 28 de octubre de 1970, p. 9.

Descargó toda su crítica hacia la izquierda, y de modo particular su rechazo hacia la radicalización del Partido Socialista, y le anticipó también las represalias que Washington adoptaría: «Le pronosticó a Allende que su Gobierno terminaría con una crisis inmanejable, que la izquierda no sería capaz de mantener una posición democrática, que la penetración cubana iba a hacer indefendible a su Gobierno y que tenía la convicción del fracaso que sobrevendría a la economía chilena al poco tiempo, pues el Estado carecía de capacidad para reemplazar a un sector privado fuertemente contrario a su Gobierno», recordó Valdés en sus memorias. «Le dijo que creía que la violencia se iba a hacer presente de inmediato y que, sin mayoría en el Congreso, tendría un fracaso tras otro».[95] Antes de que el aún presidente tomara su sombrero y se despidiera, se estrecharon la mano y Allende lo miró fijamente a los ojos para decirle: «Vas a ver que voy a hacer en Chile lo que tú no pudiste hacer».[96]

El 25 de octubre, la vida del general René Schneider se extinguió en el Hospital Militar. Allende jamás olvidó su

---

95 Para un análisis del papel de Frei durante aquellas semanas, véase también: Magasich, Jorge, *Historia de la Unidad Popular. Vol. II: De la elección a la asunción: los álgidos 60 días del 4 de septiembre al 3 de noviembre de 1970*, Santiago de Chile, LOM Ediciones, 2020, pp. 195-197. No todos los dirigentes democratacristianos compartían sus opiniones. En un documento que escribió en aquellas mismas semanas, Bernardo Leighton recordó el apoyo de los comunistas a los Gobiernos de Aguirre Cerda y Gabriel González Videla y lo sucedido en cada una de aquellas coyunturas, remarcó las diferencias evidentes entre Chile y los países de Europa oriental y Cuba y ensalzó la trayectoria democrática de Salvador Allende. Boye, Otto, *Hermano Bernardo. 50 años de vida política de Bernardo Leighton*, Santiago de Chile, CESOC, 1999, pp. 161-171.

96 Valdés, pp. 205-212.

conducta ejemplar, que lo expuso al odio de los enemigos de la democracia: el 4 de noviembre, en su primer acto de masas como presidente de la República, le rindió tributo y afirmó que su «sacrificio heroico» había librado al país de la guerra civil.[97] Y en 1971 comentaría a un periodista español que aquel magnicidio había desnudado la hipocresía «de algunos que hablan de democracia y que aceptan la democracia y el sufragio solo para ganar». «Aquello demostró que los valores morales no existían, porque las clases comprometidas en el asesinato del comandante en jefe del Ejército son precisamente las clases socialmente poderosas de este país, actuando directamente o con mercenarios. Se comprobó su cobardía y eso cohesionó, por una parte, a las fuerzas populares y, por otra, al Ejército».[98]

El 30 de octubre, dio a conocer la composición de su gabinete, en el que por primera vez participarían cuatro obreros de origen muy humilde: los comunistas Américo Zorrilla (Hacienda), José Oyarce (Trabajo y Previsión Social), Pascual Barraza (Obras Públicas y Transportes) y el socialista Carlos Cortés (Vivienda y Urbanismo). José Tohá asumiría la cartera de Interior y Clodomiro Almeyda, Relaciones Exteriores. Jacques Chonchol sería el responsable de la reforma agraria al frente de Agricultura y eligió a un independiente, Pedro Vuskovic (un economista académico, consultor de la ONU, pero sin experiencia previa en la gestión),[99] al frente de Economía.

---

97 Martner (1992), p. 293.

98 Gurriarán, José Antonio, *¿Caerá Allende?*, Barcelona, DOPESA, 1973, p. 159.

99 Winn, Peter, *La revolución chilena*, Santiago de Chile, LOM Ediciones, 2013, p. 95.

La primavera chilena

El 3 de noviembre, a las once de la mañana, se inició la ceremonia de transmisión del mando de la nación en el Salón de Honor del Congreso Nacional. Eduardo Frei llegó acompañado de sus ministros en las tradicionales carrozas y con el traje de etiqueta de rigor y, cuando se situó entre los presidentes de ambas cámaras legislativas, Tomás Pablo declaró abierta la sesión y dio por aprobada el acta del Congreso Pleno del 24 de octubre.

A continuación, pidió al secretario del Senado que invitara a acceder a la sala a Allende, quien había llegado quince minutos antes en automóvil acompañado de su gabinete y aguardaba en su oficina. En medio de una sonora ovación ingresó junto con sus ministros y, tras los saludos correspondientes, se sentó a la izquierda de Pablo, quien después de escuchar la Canción Nacional, proclamó: «De acuerdo con lo dispuesto en el artículo 70 de la Constitución Política del Estado, procederé a tomar juramento al señor presidente electo, don Salvador Allende Gossens. ¿Juráis o prometéis desempeñar fielmente el cargo de presidente de la República, conservar la integridad e independencia de la nación y guardar y hacer guardar la Constitución y las leyes?». «Sí, prometo».

Entonces, Frei se quitó la banda presidencial y la insignia del mando y se las entregó a Tomás Pablo, quien volviéndose hacia Allende se las colocó mientras decía: «De conformidad con lo resuelto por el Congreso Pleno, procedo a haceros entrega, por el periodo constitucional correspondiente, de la insignia del mando supremo de la nación». Después firmó el acta de juramento junto con los presidentes y secretarios del Senado y de la Cámara de Diputados y recibió un abrazo de Eduardo Frei, quien abandonó el lugar entre aplausos. El nuevo presidente procedió a tomar juramento a sus ministros y, cuando a las 11:20 horas se levantó la sesión, el diputado socialista Mario Palestro exclamó a viva voz: «¡Viva Chile, mierda! ¡Viva Salvador Allende!».[100]

Llegó el momento de las felicitaciones, los abrazos y los apretones de mano de compañeros, amigos, familiares y adversarios políticos. «Quienes conocíamos íntimamente a Allende nos dimos cuenta de que, inquieto, buscaba a alguien con la mirada», escribió Miguel Labarca, testigo conmovido de aquella escena. «De pronto, se le vio desprenderse con dificultad de la barahúnda y dirigirse hacia una anciana que, vestida de oscuro y con tranquilidad, aguardaba en una de las poltronas del pasillo. Al ver aproximarse al presidente, se puso de pie y le dijo con voz entera, opaca por la emoción: «Señor... Excelencia... No sabe cuán feliz me siento de verlo en esta ceremonia». Allende le correspondió con palabras llenas de afecto y reconocimiento, mientras la abrazaba susurrándole «mama Rosa, mama Rosa...».[101] El deseo que formulara en octubre de 1963 («rezo todas las noches para ver a mi niño de presidente») se había cumplido.[102]

El jefe del Estado y la mayoría de los asistentes caminaron hacia la cercana catedral, en la Plaza de Armas, donde se celebró un *Te Deum* que por primera vez tuvo carácter ecuménico a petición suya, presidido por el cardenal Raúl Silva Henríquez, quien en su homilía ensalzó su decisión: «Recién recibida la insignia del mando supremo de la nación,

---

100 Palestro R., Mario, *La República independiente de San Miguel*, Santiago de Chile, LOM Ediciones, 1998, p. 128.

101 Labarca (2008), p. 147.

102 *El Siglo*, Santiago de Chile, 27 de octubre de 1963, p. 11.

ha querido el señor presidente venir hasta este templo y participar en esta Acción de Gracias. Es un gesto, que lo enaltece, de delicado respeto por los valores religiosos del pueblo de Chile, representados aquí en los pastores y ministros de sus diversas comunidades de fe».[103]

Después se dirigió en un automóvil descubierto hacia La Moneda, escoltado por la caballería militar y saludado por miles de ciudadanos que se apostaron en el paseo Ahumada y la calle Moneda, mientras llovía papel picado desde lo alto de los edificios. A la una de la tarde, tuvo que salir a uno de los balcones del segundo piso, acompañado de José Tohá, para dirigir unas breves palabras a quienes lo aclamaban y coreaban las consignas de la UP.[104] También, en otro momento, apareció con Hortensia Bussi, agitando suavemente sendos pañuelos como saludo.

Desde las seis, el Patio de los Naranjos del palacio acogió una recepción a la que asistieron unas tres mil personas, entre ellas los invitados internacionales que habían llegado para ser testigos del relevo presidencial (Julio Cortázar, Juan Rulfo, Mario Vargas Llosa, Ernesto Sábato o Gabriel García Márquez)[105] y el cuerpo diplomático, pero también dirigentes de la UP, pobladores, miembros de juntas de vecinos, sindicalistas de la CUT y representantes de todas las organizaciones de masas afines a la UP, así como algunas personalidades de otros partidos.

Aquel mismo día el diario mexicano *Excelsior* publicó una entrevista al nuevo presidente, que fue reproducida por

---

103 *Los días del presidente Allende*, Archivo Salvador Allende, nº 14, p. 48.

104 *El Siglo*, Santiago de Chile, 4 de noviembre de 1970, p. 7.

105 Vassallo, Eduardo y Contreras, Gonzalo, *La cultura con Allende. Tomo I: 1970-71*, Santiago de Chile, Ediciones Alterables, 2014, p. 44.

El Mercurio. Para prevenir un posible culto a la personalidad, que no existiría después, Allende volvió a subrayar que no era un hombre mesiánico o un caudillo. Asimismo, rechazó la posibilidad de que pudiera desencadenarse en el país una guerra civil: «El pueblo es suficientemente fuerte como para impedirla. Las Fuerzas Armadas chilenas son Fuerzas Armadas profesionales respetuosas de la Constitución y de la ley. No son guardias pretorianas al servicio de un hombre. La lección de patriotismo y ecuanimidad del pueblo en las últimas semanas avala mi pensamiento y justifica la confianza en el futuro. Pero los signos de violencia fueron inusitados, de tal manera que es cauto decir que todo pudiera pasar».[106]

En aquellos días ya se hablaba en todo el mundo de la *vía chilena al socialismo*. En una entrevista publicada el 5 de noviembre por el diario turinés *La Stampa* la definió de manera sucinta y apuntó a lo esencial: «Aspiramos a encontrar soluciones a los problemas chilenos basadas en la realidad socioeconómica y política chilena, según nuestras tradiciones y particularidades. (...) No tenemos la intención de tratar de exportar nuestras ideas y nuestros métodos. Solo hemos demostrado que, en las condiciones reales de un país como Chile, la vía electoral y pacífica es perfectamente válida para que el pueblo llegue al poder. Ahora tenemos que demostrar que en estas condiciones es posible adoptar medidas que representen un camino hacia el socialismo, manteniéndonos en la estrecha cornisa de la democracia representativa y con pleno respeto a las libertades públicas».[107]

---

106 *El Mercurio*, Santiago de Chile, 3 de noviembre de 1970, p. 16.

107 *De cara a la verdad. Diálogos con la prensa*, Archivo Salvador Allende, nº 12, pp. 63-65.

El 4 de noviembre, en un Estadio Nacional repleto por decenas de miles de personas, pronunció su primer discurso de masas como presidente de la República. No faltó en sus palabras, como tantas veces, el tributo a la dura historia del movimiento popular y con su tono pedagógico describió el país que la Unidad Popular debía transformar: una sociedad herida por lacerantes injusticias. Nueve millones y medio de personas poblaban los 741.767 kilómetros cuadrados de la República, sus 4.270 kilómetros de longitud, con una densidad demográfica media de apenas trece habitantes por kilómetro cuadrado. Un tercio de la población vivía en el área metropolitana de Santiago y el 72 por ciento, en núcleos urbanos.[108] La renta media *per cápita* era de setecientos dólares, si bien, como en toda economía subdesarrollada, la distribución de la riqueza era muy desigual: en 1967, el 10 por ciento más pobre de la población recibió el 1,5 por ciento del ingreso total, mientras que el 10 por ciento más rico obtuvo el 40,2 por ciento.[109] La economía nacional se caracterizaba por su dependencia del exterior, la concentración de la propiedad agraria e industrial, un crecimiento (2 por ciento) desigual e inferior al demográfico y unos elevados índices de desocupación (9 por ciento) e inflación (30 por ciento).[110] En materia social, también se registraban cifras escalofriantes: el 20 por ciento de los partos se producían sin atención médica y el índice de mortalidad infantil era de un 78,7 por mil.

---

108 Lamour, Catherine, *Allende: la nueva sociedad chilena*, Barcelona, DOPESA, 1972, p. 295.

109 Bitar, Sergio, *Chile 1970-1973. Asumir la historia para construir el futuro*, Santiago de Chile, Pehuén, 1995, pp. 30-32.

110 *La vía chilena al socialismo*, México DF, Siglo XXI, 1973, pp. 34-40.

Asimismo, ensalzó la tradición republicana y democrática del país y recordó a qué grupo social correspondía la responsabilidad del recurso a la violencia en la historia nacional: «Las pocas quiebras institucionales fueron siempre determinadas por las clases dominantes. Fueron siempre los poderosos quienes desencadenaron la violencia, los que vertieron la sangre de chilenos, interrumpiendo la normal evolución del país».

El presidente confiaba en la viabilidad del «camino al socialismo en democracia, pluralismo y libertad»: «Chile reúne las condiciones fundamentales que, utilizadas con prudencia y flexibilidad, permitirán edificar la sociedad nueva, basada en la nueva economía. La Unidad Popular hace suyo este lema no como una consigna, sino como su vía natural. Chile, en su singularidad, cuenta con las instituciones sociales y políticas necesarias para materializar la transición del atraso y de la dependencia al desarrollo y a la autonomía por la vía socialista». Y dirigió una apelación fervorosa a los invitados internacionales, a los embajadores, artistas, intelectuales y dirigentes políticos llegados de otros países: «Digan que aquí la Historia experimenta un nuevo giro. Que aquí un pueblo entero alcanzó a tomar en sus manos la dirección de su destino para caminar por la vía democrática hacia el socialismo. (...) Este Chile en primavera y en fiesta siente, como una de sus aspiraciones más hondas, el deseo de que cada hombre del mundo sienta en nosotros a su hermano».[111]

Una vez elegido presidente de la República reafirmó su intención de que su país mantuviera relaciones de respeto mutuo y diálogo con todas las naciones, en un tiempo en

---

111 Martner (1992), pp. 287-301.

el que el mundo estaba dividido en dos bloques políticos, económicos, ideológicos y militares antagónicos y sometido a la tensión característica de la Guerra Fría, pero también exigió respeto al programa votado democráticamente por su pueblo. Así se lo expresó aquel mismo día, en el transcurso de una entrevista personal, al enviado de Richard Nixon a la ceremonia de transmisión del mando, Charles Meyer, secretario de Estado adjunto para Asuntos Interamericanos.[112]

El 12 de noviembre, todos los generales entregaron al nuevo comandante en jefe del Ejército, Carlos Prats, sus solicitudes de retiro de la institución para dejarle plena libertad en la decisión de quiénes debían abandonarla aquel año. Así, en diciembre resolvió apartar del servicio activo a tres generales, además del general de división Camilo Valenzuela por su participación en el complot criminal contra Schneider.[113]

En virtud de la confianza del general Prats y con las firmas del presidente Allende y del ministro de Defensa, Alejandro Ríos Valdivia, con fecha de 16 de diciembre de 1970 se produjo el ascenso de Augusto Pinochet al grado de general de división.[114] Pinochet, quien entonces se desempeñaba como jefe de la VI División del Ejército, con asiento en Iquique, ya se encontraba en la recta final de su carrera militar. El 11 de diciembre de 1964 había recibido la medalla por treinta años de servicios, por lo que podía solicitar el retiro voluntario; además, en todo momento, el ascenso de un oficial con menor antigüedad que él a un puesto superior al suyo representaría de manera automática ese final.

---

112 Amorós, Mario, *Entre la araña y la flecha. La trama civil contra la Unidad Popular*, Santiago de Chile, Ediciones B, 2020, pp. 61-62.

113 Prats González, pp. 173-175.

114 *Boletín Oficial del Ejército*, Santiago de Chile, 11 de enero de 1971. Archivo General del Ejército de Chile.

Y, en cualquier caso, el artículo 166 del Decreto con Fuerza de Ley nº 1 del 6 de agosto de 1968 estipulaba que debían pasar a retiro absoluto todos los oficiales con treinta y ocho años de servicio cumplidos o cuarenta años efectivos computables para el retiro. En aquel momento, diciembre de 1974 marcaba el límite de su permanencia en la institución.

En enero de 1971, Prats lo designó jefe de la guarnición de Santiago.

Capítulo VII

EL TIEMPO DE LAS CEREZAS

El Gobierno de la Unidad Popular desplegó de manera inmediata y con vigor su programa. Una de las primeras cuarenta medidas incluidas en el mismo era el reparto de medio litro de leche como ración diaria a todos los niños, una disposición que se había empezado a implementar parcialmente desde los años treinta. Como profesional tempranamente interesado por la dimensión social de la medicina, Salvador Allende concedió una gran importancia a esta propuesta, destinada a corregir la desequilibrada alimentación que sufrían endémicamente.

La primera entrega se hizo en los consultorios médicos de todo el país el 4 de enero de 1971. Con una partida presupuestaria anual de cerca de treinta millones de dólares, en 1971 y 1972 el Gobierno repartió cuarenta y siete millones de litros a tres millones de niños y en 1973, a pesar de la crisis económica, se distribuyeron cuarenta y nueve millones.[1] Sus efectos fueron inmediatos, como explicó el doctor Juan Carlos Concha (ministro de Salud del 14 de agosto de 1971 al 1 de noviembre de 1972): en el primer semestre de 1971 el porcentaje de niños hospitalizados que sufría desnutrición pasó del 60 al 8 por ciento.[2]

---

1 Corvalán (1997), p. 128.

2 *El Siglo*, Santiago de Chile, 27 de junio de 2008, p. 15.

Asimismo, desde noviembre de 1970 uno de cada tres consultorios prestó atención durante las veinticuatro horas del día y muchos licenciados en Medicina y estudiantes de los últimos cursos fueron contratados para paliar el déficit de profesionales. Y el «Tren de la Salud» recorrió el territorio nacional durante aquellos tres años para proporcionar atención a las comunidades que carecían de centros médicos.

Otras de las medidas iniciales fueron el incremento notable de los salarios y de las pensiones más modestas, así como distintas iniciativas para mejorar la educación pública. En esta materia se mantuvo la gratuidad en las enseñanzas primaria y secundaria, mientras que en la universitaria miles de estudiantes estaban exentos de todo pago y el resto abonaba cantidades que oscilaban en función de los ingresos familiares. Hasta 1972 el Gobierno distribuyó casi seis millones y medio de textos escolares en la educación básica y en 1973, ocho millones, y, en cumplimiento del programa, los alumnos obtuvieron gratuitamente todo el material escolar, mientras que los más pequeños recibían, además, el desayuno y los de familias de menores recursos también el almuerzo.[3] Asimismo, fue disuelto el Grupo Móvil de Carabineros, responsable de la represión del movimiento popular en los años anteriores.

El 20 de diciembre, los ochocientos trabajadores de la editorial Zig-Zag, una de las más importantes de América Latina, ocuparon sus instalaciones después de semanas de huelga por los salarios impagos y en febrero de 1971 el Gobierno decidió intervenir la empresa y finalmente comprarla de acuerdo con sus propietarios, un grupo de empresarios

3 Corvalán (1997), pp. 128-130.

afines al PDC.[4] La rebautizó como Editora Nacional Quimantú, una bella palabra procedente del idioma del pueblo mapuche, el mapudungún, que significa «Sol del Saber».

A fines de agosto de 1973, Quimantú, que no contó con subvención alguna y debió competir en el mercado editorial con todos los sellos privados, había editado 247 títulos (en colecciones como Minilibros, Nosotros los chilenos, Camino abierto, Clásicos del Pensamiento Social, Cuncuna o Cuadernos de Educación Popular) y un total de más de doce millones de ejemplares, a precios muy accesibles, y había vendido 11.164.000, principalmente a través de los kioscos de prensa.[5] Asimismo, produjo millones de textos escolares para el Ministerio de Educación, miles de manuales de divulgación para el de Salud y publicaciones para otras dependencias estatales, así como numerosas revistas (*Ramona, Cabrochico, Paloma, Hechos Mundiales, La Quinta Rueda*...).

Por primera vez, las bibliotecas llegaron a muchos rincones del país a través de cientos de iniciativas como las librerías sindicales. Quimantú transformó de manera radical el rol del libro en la sociedad, hasta entonces un bien de lujo, tornando frecuente en aquellos años ver a muchos obreros dirigiéndose a su trabajo con uno de sus textos en las manos. Junto con la Nueva Canción Chilena, el Tren Popular de la Cultura,[6] Chile Films o los murales de las

---

4 López, Hilda, *Un sueño llamado Quimantú*, Santiago de Chile, Ceibo Ediciones, 2014, p. 27.

5 Testimonio de Sergio Maurín, gerente de Quimantú, durante la Tercera Sesión de la Comisión Internacional de Investigación de los Crímenes de la Junta Militar en Chile, celebrada en México en febrero de 1975. *Chile. Denuncia y Testimonio*, Santo Domingo, Editorial Taller, 1976, pp. 206-211.

6 Dávalos, Eulogio, *Una leyenda hecha guitarra. Memorias*, Santiago de Chile, Ediciones B, 2016, pp. 93-96.

Brigadas Ramona Parra, es parte del legado cultural del Gobierno de la Unidad Popular.

Con los No Alineados

De inmediato, Salvador Allende imprimió un viraje a la política internacional, tal y como la izquierda había defendido durante años. El programa de la UP señalaba que se concentraría en asentar y defender la plena autonomía política y económica del país y que Chile mantendría relaciones con todos los Gobiernos del planeta, con independencia de su adscripción ideológica, desde los principios del respeto a la soberanía de cada nación. También se comprometió a establecer vínculos de solidaridad con aquellos pueblos que desarrollaban sus luchas de liberación e independencia nacional, con un especial apoyo moral a la Revolución cubana, a «la lucha heroica del pueblo vietnamita» y a «la lucha antiimperialista de los pueblos de Oriente Medio». Asimismo, deseaba reforzar las relaciones, el intercambio y la amistad con los países socialistas y propugnaba una política de afirmación de la personalidad latinoamericana en el escenario mundial.[7]

En consonancia con este enfoque, el 11 de noviembre el presidente se dirigió al país por radio y televisión para anunciar el restablecimiento de las relaciones diplomáticas, consulares, comerciales y culturales con Cuba, interrumpidas por Alessandri el 11 de agosto de 1964.[8] Y a mediados de

---

7 *Salvador Allende. Chile hacia el socialismo*, pp. 36-38.

8 *Punto Final*, nº 118, Santiago de Chile, 24 de noviembre de 1970, p. 4.

diciembre las inauguró con China (y por tanto las rompió con Taiwán) y después también con la República Democrática Alemana, Corea del Norte y la República Democrática de Vietnam.

Los nexos con Argentina fueron prioritarios para Allende no solo por la importancia del intercambio comercial entre ambos países, sino por los conflictos derivados de la delimitación fronteriza, reavivados desde 1958 y potencial fuente de tensión. Si bien a partir de 1967 las posiciones se habían aproximado en torno a uno de los últimos puntos en litigio, la soberanía sobre las islas Nueva, Picton y Lennox del canal Beagle (al sur del estrecho de Magallanes), el país vecino estaba gobernado por regímenes militares desde 1966 y, junto con la dictadura brasileña, podría conformar un frente hostil en aquellas circunstancias.

Por encima de «las fronteras ideológicas», la diplomacia chilena, dirigida por el canciller Clodomiro Almeyda,[9] mantuvo unas relaciones de buena vecindad con Argentina. Y si el 25 de mayo de 1973 Salvador Allende estuvo presente en la toma de posesión del peronista Héctor Cámpora como presidente de la nación, el 23 y 24 de julio de 1971 se reunió en Salta con el mandatario de entonces, el general Agustín Lanusse, y suscribieron una importante declaración que ratificó el compromiso (acordado recientemente en Londres) de someterse al arbitraje británico para la resolución del citado conflicto fronterizo.[10]

---

9 A excepción del periodo entre el 22 de mayo y el 9 de agosto de 1973, cuando Orlando Letelier le reemplazó al frente del Ministerio de Relaciones Exteriores.

10 Fermandois, Joaquín, *Chile y el mundo. 1970-1973. La política exterior del Gobierno de la Unidad Popular y el sistema internacional*, Santiago de Chile, Universidad Católica de Chile, 1985, pp. 123-127.

El presidente Allende fue recibido con entusiasmo y expectación, vitoreado en los lugares que visitó y alabado de manera casi unánime por todas las fuerzas políticas, un reflejo fiel de su prestigio en América Latina. En su discurso durante la cena que le ofreció Lanusse, mencionó la reforma constitucional para nacionalizar el cobre como un paso esencial en la construcción de «una economía humana e independiente, inspirada en los ideales socialistas» y destacó la voluntad de Chile de contribuir a «proyectar la América Latina hacia el mundo, con personalidad propia, digna e independiente».[11]

Asimismo, planteó la necesidad de que estas naciones avanzaran hacia una progresiva integración en terrenos como la educación, la economía, el arte o la ciencia: «No concebimos conflicto armado entre latinoamericanos. En cambio, nos amenazan catástrofes de otro tipo, desatadas por las fuerzas naturales, y deseamos crear un sistema común que permita enfrentarlas solidariamente (...) Insistiremos en todo aquello que una a nuestros pueblos. Desde elaborar textos que enseñen la misma historia y establecer empresas mixtas bilaterales y multilaterales hasta organizar un régimen común de Seguridad Social. El arte y el pensamiento del hombre americano han de difundirse libremente por nuestro continente. Los científicos deben tener

---

[11] Aquellas relaciones con Lanusse no impidieron que en agosto de 1972 Allende denegara la extradición a Argentina de los diez guerrilleros, liderados por Roberto Santucho, que se habían evadido del penal de Rawson y habían aterrizado en Pudahuel en un avión secuestrado. El 25 de agosto partieron hacia Cuba, tres días después de que dieciséis compañeros suyos fueran fusilados por el régimen. Amorós, Mario, *Miguel Enríquez. Un nombre en las estrellas. Biografía de un revolucionario*, Santiago de Chile, Ediciones B, 2014, p. 191.

iguales garantías. Es la nuestra una época de vertiginoso avance tecnológico. De nuevos valores humanos. De una rebelde juventud. Es preciso no olvidarlo».[12]

Apenas un mes y medio después, viajó a Perú, un país con el que las relaciones habían sido muy tensas desde la guerra del Pacífico, pero que desde 1968 estaba gobernado por el general nacionalista Juan Velasco Alvarado con una política progresista. El 1 de septiembre aterrizó en Lima como última etapa de su viaje por los países del Pacto Andino (Ecuador, Colombia) con la excepción de Bolivia, donde el 21 de agosto el general Hugo Banzer había encabezado el golpe de Estado que había derrocado al presidente Juan José Torres. Por primera vez en casi un siglo ambas naciones mantuvieron relaciones de amistad.[13]

En aquellas semanas, además, el Gobierno de la Unidad Popular integró a Chile en el Movimiento de Países No Alineados, nacido de la histórica Conferencia de Bandung (1955) a partir del rechazo a los esquemas de la Guerra Fría y la política de bloques seguida por Estados Unidos y la Unión Soviética.[14] El Chile de Allende también fue una referencia importante para algunas de las organizaciones políticas de Europa occidental. François Mitterrand, líder del Partido Socialista Francés, o Santiago Carrillo, secretario general del Partido Comunista de España, viajaron a Santiago en aquellos años y en octubre de 1971 el primer ministro sueco, Olof Palme, le expresó en una carta su simpatía por

---

12 *América Latina: un pueblo continente*, Archivo Salvador Allende, nº 1, pp. 29-31.

13 Fermandois (1985), p. 144.

14 González Aguayo, Gonzalo *et al.*, *Teoría y praxis internacional del Gobierno de Allende*, México DF, UNAM, 1974, pp. 36-37.

la labor de su Gobierno y lo felicitó por la concesión reciente del premio Nobel de Literatura a Pablo Neruda.[15]

Por otra parte, en los últimos días de 1970, después de ser liberado en Bolivia (donde había participado en la expedición del *Che*), llegó a Chile el joven periodista y filósofo francés Régis Debray, autor de algunos de los textos sagrados de los izquierdistas de entonces, como *Revolución en la Revolución*, sobre Cuba, y quien a principios de enero de 1971 realizó una extensa e interesantísima entrevista a Salvador Allende.[16]

Desde un planteamiento marxista ortodoxo, Debray le preguntó «cuándo y cómo» iban a «conquistar el poder» si la Unidad Popular solo tenía el Gobierno, mientras que la oposición era mayoritaria en el Parlamento, la justicia era un reducto conservador y las Fuerzas Armadas no estaban comprometidas con el proceso revolucionario. En lugar de referirse a estos obstáculos objetivos, Allende relacionó su respuesta directamente con el programa económico de la UP: «Cuando el cobre sea nuestro, cuando el hierro sea nuestro, cuando el salitre sea auténticamente nuestro, cuando hayamos hecho una profunda y rápida reforma agraria, cuando controlemos el comercio de importaciones y exportaciones por parte del Estado, cuando colectivicemos gran parte de nuestra producción (...) Pero el poder indiscutiblemente lo tendremos cuando Chile sea un país económicamente independiente. De allí que nuestra línea esencial, vital, sea antiimperialista como etapa inicial de los cambios estructurales.

---

15 Carta conservada en el Archivo Nacional de Suecia. Cedida por el historiador Fernando Camacho Padilla.

16 Fue filmada por Miguel Littin y dio origen al documental *Compañero Presidente*, disponible en línea. https://www.youtube.com/watch?v=tQXr00WPExo

De allí que el proyecto de más trascendencia es el que permite nacionalizar el cobre, la riqueza fundamental de Chile».

No obstante, tenía muy presente la posibilidad de la sedición en contra de su Gobierno y señaló que a esas acciones opondrían primero «la fuerza de su propia ley» y, en otro de sus lugares comunes, le indicó que a la violencia de las fuerzas reaccionarias responderían «con la violencia revolucionaria, porque sabemos que ellos van a romper las reglas del juego».[17]

El 4 de enero de 1971, el decreto presidencial nº 2.071 indultó a cuarenta y tres militantes de organizaciones izquierdistas, sobre todo del MIR, pero también a siete miembros de la Vanguardia Organizada del Pueblo (VOP), entre ellos Arturo Rivera Calderón.[18] De este modo, los principales dirigentes del MIR (Miguel y Edgardo Enríquez, Luciano Cruz y Bautista van Schouwen) pudieron abandonar la clandestinidad, mientras que una veintena de *miristas* ya procesados salían de prisión.[19] Al día siguiente, en Valparaíso, Allende defendió el uso de sus atribuciones constitucionales en este caso y reconoció que los líderes del MIR habían asaltado algunos bancos: «Lo hicieron, es cierto, y lo sé, pero no hirieron a nadie y no asesinaron a nadie, no derramaron sangre, ni de carabineros, ni de empleados, ni de obreros; arriesgaron su vida en aras de un ideal».[20]

---

17 Debray, pp. 81-82, 94 y 97.

18 Whelan, James R., *Desde las cenizas. Vida, muerte y transfiguración de la democracia en Chile. 1833-1988*, Santiago de Chile, Zig-Zag, 1995, p. 301.

19 Vidaurrázaga Manríquez, Ignacio, *El MIR de Miguel. Crónicas de memoria*, Santiago de Chile, Negro Editores, 2021, Libro 1, p. 299.

20 *Breve historia de la Unidad Popular. Documento de El Mercurio*, Santiago de Chile, Lord Cochrane, 1974, pp. 36-37.

Algunos días después, los recibió en su hogar y por sorpresa invitó a Miguel Enríquez a incorporarse a su gabinete como ministro de Salud, la responsabilidad que él mismo había ejercido en el Gobierno del Frente Popular. Se trataba de un potente gesto político y personal, pero el secretario general del MIR declinó la propuesta de manera elegante porque, como le explicó, tenían una estrategia política diferente, aunque se comprometió a apoyar el desarrollo de su programa.[21]

Beatriz Allende era el enlace permanente entre el presidente y Miguel Enríquez.[22] Los amigos de la Escuela de Medicina de la Universidad de Concepción se reencontraban una década después en el centro de la Historia. Según señala su primo Andrés Pascal, Beatriz Allende tenía, por su trayectoria, «alma *mirista*»: «La *Tati* jamás iba a alejarse del lado del *Chicho*, tenían una relación muy estrecha. Ella estaba con su papá, con la UP, con el programa, pero su pensamiento sobre el camino revolucionario se acercaba más al MIR».

A partir de aquel momento los dirigentes de este partido visitaron con cierta frecuencia la casa de El Cañaveral, en la zona precordillerana de El Arrayán, que pertenecía a Miria

---

21 Entrevista de Pedro Rosas Aravena y Jorge Benítez González a Andrés Pascal Allende. *Revista de Historia y Ciencias Sociales de la Universidad ARCIS*, nº 4-5, Santiago de Chile, diciembre de 2007, pp. 146-147.

22 Así lo expresó ella misma en octubre de 1974, días después del asesinato de Miguel Enríquez por la Dirección de Inteligencia Nacional (DINA), en una entrevista publicada en el diario cubano *Juventud Rebelde* y reproducida en *Páginas de historia y lucha. Homenaje a Miguel Enríquez.* Revista del Centro de Estudios Miguel Enríquez (CEME), nº 5. Octubre de 1999. Consultado en http://www.archivochile.com/Archivo_Mir/otros_doc_sobre_el_mir/mirotrosdocsobre0004.pdf

Contreras, la *Payita*,[23] con quien Allende mantenía una relación de amor paralelo y en quien tenía una gran confianza personal y política. Allí el presidente pasaba una parte de sus momentos de descanso. «Pero siempre eran reuniones políticas, no sociales», precisa Pascal Allende. «Aunque eran encuentros en general muy distendidos, también discutíamos, debatíamos. Había una buena relación, sobre todo entre Allende y Miguel, un respeto y aprecio mutuos».[24]

En febrero de 1971, Salvador Allende y Hortensia Bussi se trasladaron a vivir a una residencia que el Estado adquirió para que sirviera de hogar al titular de La Moneda: una amplia casa de estilo español ubicada en el número 200 de la calle Tomás Moro, en Las Condes, cerca de Los Dominicos. Era un lugar mucho más funcional para las necesidades de trabajo y para su seguridad que Guardia Vieja; de hecho, allí pudo disponer de unas dependencias propias su amplio grupo de escoltas, bautizados de manera despectiva por la prensa conservadora como «el GAP», puesto que Allende había definido a aquellos jóvenes que lo acompañaban a todas partes como un «grupo de amigos personales».[25]

---

23 Véase Lebeau, Élodie, «Miria Contreras Bell (La Payita): Desafíos epistemológicos para una biografía», Toulouse, *Les Cahiers de Framespa*, nº 37, 2021. Consultado en línea: https://journals.openedition.org/framespa/11064

24 Entrevista del autor a Andrés Pascal Allende.

25 El primer responsable del GAP (hijo de Joel Marambio, diputado socialista amigo de Allende), quien había recibido entrenamiento militar en Cuba, ha escrito su testimonio de aquellos años, con prólogo de Gabriel García Márquez: Marambio, Max, *Las armas de ayer*, Santiago de Chile, *La Tercera*-Debate, 2007.

La participación de los trabajadores

La política económica de la UP tenía como objetivos centrales la reestructuración de la propiedad de los medios de producción (con la definición de un área privada, una mixta y una de empresas nacionalizadas: el Área de Propiedad Social o, simplemente, Área Social), la redistribución del ingreso en favor de los asalariados y la preparación de nuevos esquemas de desarrollo.

La creación del Área Social era uno de los pilares del proceso de cambios revolucionarios y debía estar integrada por alrededor de ciento cincuenta empresas determinantes para el país: las grandes minas de cobre, salitre, yodo, hierro y carbón, el sistema financiero (en especial la banca privada y los seguros), el comercio exterior, los monopolios industriales estratégicos, la producción y distribución de energía eléctrica, el transporte ferroviario, aéreo y marítimo, la producción, refinación y distribución del petróleo y sus derivados, la siderurgia, el cemento, la petroquímica y la química pesada y la celulosa y el papel.[26]

«No hay socialismo sin Área de Propiedad Social», expresó el presidente Allende el 4 de marzo de 1971 al inaugurar el periodo ordinario de sesiones del Congreso Nacional.

---

26 Cuando Allende asumió la presidencia de la República, el Estado ya era propietario de cuarenta y tres empresas, treinta de ellas industriales, y casi todas eran filiales de la CORFO. Algunas aportaban más de la mitad de la producción nacional en su sector: IANSA, por ejemplo, producía el 60 por ciento del azúcar y el 50 por ciento del alcohol. Pero hasta entonces la CORFO había sido otro instrumento más de los grandes grupos económicos, a los que entregaba créditos cuantiosos. Novoa Monreal, Eduardo, *¿Vía legal hacia el socialismo? El caso de Chile, 1970-1973*, Caracas, Editorial Jurídica Venezolana, 1978, pp. 87-88.

«En el plano económico, instaurar el socialismo significa reemplazar el modo de producción capitalista mediante un cambio cualitativo de las relaciones de propiedad y una redefinición de las relaciones de producción. En este contexto, la construcción del Área de Propiedad Social tiene un significado humano, político y económico. Al incorporar grandes sectores del aparato productor a un sistema de propiedad colectiva, se pone fin a la explotación del trabajador, se crea un hondo sentimiento de solidaridad, se permite que el trabajo y el esfuerzo de cada uno formen parte del trabajo y del esfuerzo comunes».[27]

La creación del Área Social tuvo uno de sus primeros hitos el 2 de diciembre de 1970, cuando el Gobierno expropió la fábrica textil Bellavista Oveja Tomé, que había sido cerrada por sus propietarios debido a conflictos laborales. Además, en las semanas siguientes la Corporación de Fomento de la Producción otorgó a la Empresa Nacional de Petróleos el monopolio de la importación de combustibles y lubricantes, adquirió las acciones de la Compañía de Aceros del Pacífico (la única siderúrgica nacional) y decretó la intervención de la fundición NIBSA, propiedad de un consorcio norteamericano, y de Alimentos Purina, en manos del grupo Edwards y del grupo Rockefeller. Otra de las nacionalizaciones iniciales más significativas fue la compra del 51 por ciento de las acciones de la empresa carbonífera Schwager, la mayor de América Latina y responsable del 85 por ciento de la producción nacional, con nueve mil ochocientos trabajadores en la cuenca de Arauco.

---

[27] Martner, Gonzalo, *El pensamiento económico del Gobierno de Allende*, Santiago de Chile, Universitaria, 1971, pp. 32-36.

Además, el 30 de diciembre, en un discurso retransmitido por televisión y radio, el presidente anunció la nacionalización de los bancos comerciales.[28] La CORFO dio poder al Banco del Estado para que adquiriera las acciones y pidió al Banco Central una línea especial de crédito que cubriera el precio de compra, los impuestos y los gastos relacionados. A principios de 1971, el Ejecutivo hizo una oferta general y pública de compra de las acciones bancarias y especificó el precio y la forma de pago. En los primeros meses una buena parte de los accionistas privados vendió sus títulos al precio ofrecido, por lo que, a mediados de aquel año, el Estado ya había adquirido el 53,2 por ciento de las acciones bancarias y, un año después, controlaba todos los bancos privados medianos y pequeños y disponía del 46 por ciento del valor de las acciones del Banco de Chile y del 71,5 por ciento del Sudamericano, las mayores entidades financieras comerciales.[29]

Como la Unidad Popular carecía de la mayoría parlamentaria para aprobar una ley que definiera los mecanismos de creación del Área Social y el PDC discrepaba de sus planteamientos, muy pronto asomó un conflicto que se convertiría en uno de los grandes puntos de polémica pública y enfrentamiento político. No obstante, la UP tenía a su favor la naturaleza presidencialista de la Constitución: Allende gozaba de amplias prerrogativas, no solo la dirección y designación del Gobierno, sino también atribuciones legislativas y constituyentes que compartía con el Congreso Nacional, ya que le correspondía participar en la

---

28 Martner (1992), pp. 315-319.

29 Martner, Gonzalo, *El Gobierno del Presidente Salvador Allende. 1970-1973. Una evaluación*, Santiago de Chile, LAR, 1988, pp. 137-139.

elaboración de las leyes y sancionarlas, así como tomar parte en los procesos de reforma constitucional.

Excepto en el caso de las grandes minas de cobre, nacionalizadas a través de una reforma constitucional aprobada por unanimidad en el Congreso Nacional, el Gobierno debió recurrir a diversos procedimientos a fin de avanzar en la construcción de lo que consideraba el eje de la futura economía socialista. De este modo, decretó la expropiación de algunas fábricas, sobre todo del área textil, y recurrió a la compra directa de empresas a través de la CORFO y de las acciones de los bancos; en otros casos, negoció con las firmas privadas u ordenó la intervención de algunas industrias. A lo largo de 1971, por ejemplo, las dos minas de hierro de la multinacional estadounidense Bethlehem (con una indemnización de veinticinco millones de dólares), veinte fábricas textiles, la planta de Ford en Santiago o las dos principales cementeras (El Melón y Cerro Blanco) pasaron al Área Social.[30]

Uno de los recursos más controvertidos que utilizó fue el Decreto Ley nº 520 dictado el 30 de agosto de 1932 durante el Gobierno de Carlos Dávila, en las semanas posteriores a la República Socialista, cuyo artículo 4 autorizaba al presidente a expropiar empresas industriales, de comercio y de distribución de productos de primera necesidad para atender las necesidades básicas de la población, mientras que su artículo 5 preveía la estatización de cualquier industria que se mantuviera «en receso».

La expropiación de la textil Bellavista Oveja Tomé mediante este decreto ley, ciertamente olvidado, desconcertó a

---

30 Roxborough, Ian *et al.*, *Chile: El Estado y la revolución*, México DF, El Manual Moderno, 1979, pp. 124-129.

las organizaciones empresariales. En un primer momento, la oposición intentó impugnar estos procedimientos con argumentos jurídicos, pero más adelante se limitó a afirmar que tal decreto ley, pese a no estar derogado, era incompatible con la legislación vigente. Su aplicación fue calificada con el peyorativo término de «resquicios legales» y fue la base de la insistente campaña para persuadir a la opinión pública de que el Gobierno estaba conculcando la legalidad.[31] Sin embargo, como señaló el jurista Eduardo Novoa Monreal (uno de los principales asesores de Allende), pese a que el Decreto Ley nº 520 no era una ley regularmente dictada, en varias oportunidades los tres poderes del Estado habían reconocido su validez.[32]

En distintas ocasiones, el presidente se empeñó en explicar que el Área Social no sería una forma de «capitalismo de Estado», sino «el verdadero comienzo de una estructura socialista». Y, aunque jamás se adentró en este tipo de comparaciones, una de las diferencias respecto a los sistemas burocratizados de Europa oriental fue la participación real de los trabajadores, que debía darse con disciplina, organización y responsabilidad política según afirmó ante el Congreso Nacional el 4 de marzo de 1971. Las firmas estatizadas serían dirigidas de manera conjunta por los trabajadores y los representantes del Gobierno, que serían también el vínculo entre cada una de ellas y el conjunto de la economía nacional. «No serán empresas burocráticas e ineficaces, sino

---

31 Arriagada, Genaro, *De la vía chilena a la vía insurreccional*, Santiago de Chile, Editorial del Pacífico, 1974, pp. 80-90.

32 Novoa Monreal (1978), p. 11. Para una visión opuesta de este punto, véase Fermandois, Joaquín, *La revolución inconclusa. La izquierda chilena y el Gobierno de la Unidad Popular*, Santiago de Chile, Centro de Estudios Públicos, 2013, p. 389.

unidades altamente productivas que encabezarán el desarrollo del país y conferirán una nueva dimensión a las relaciones laborales».[33]

En enero de 1971, la comisión mixta formada por el Ejecutivo y la CUT inició sus trabajos, y en febrero la IX Conferencia de la Central presentó el proyecto de reglamento de participación. Durante el primer semestre de aquel año se distribuyeron más de cien mil ejemplares de las *Normas básicas de participación de los trabajadores en las empresas de las áreas social y mixta* y se realizaron miles de reuniones para su discusión hasta que finalmente en julio fueron aprobadas por ambas partes.

A ello se refirió Allende también en la concentración organizada por la Central Única de Trabajadores con motivo del Primero de Mayo. Acompañado en la tribuna por el cardenal Raúl Silva Henríquez, como testimonio del respeto con que la mayor parte de la jerarquía católica veía aquel proceso de transformaciones en democracia, exhortó en su discurso a la participación de los trabajadores en la dirección de la economía y les planteó un enorme desafío: ganar «la batalla de la producción», trabajar y producir más para garantizar el desarrollo del país y el cumplimiento de los objetivos del Gobierno. «Las utilidades de las empresas servirán, en parte, para mejorar los sueldos y salarios de los que allí trabajan, pero el más alto porcentaje de esas utilidades y de esos excedentes deberá ser invertido para crear nuevas fuentes de trabajo, nuevas empresas, para movilizar la capacidad ociosa de muchas de ellas», señaló.

Con el respeto, la responsabilidad y la sinceridad con que siempre se dirigió a los trabajadores, les previno también

---

33 Martner (1971), pp. 32-36.

de que no podían plantear demandas exageradas: «Este no es un simple juego de rayuela, aquí se está jugando el destino de Chile; aquí no puede haber sectores privilegiados, aquí no puede haber aristocracia de obreros, empleados o técnicos, aquí todos tenemos que amarrarnos el cinturón. (...) La Compañía de Aceros del Pacífico no es de los trabajadores del acero; Chuquicamata, El Salvador y El Teniente no son de los trabajadores del cobre. Son de los trabajadores de la patria. Y los obreros del cobre y del acero deben estar orgullosos de laborar para ellos, pero, sobre todo, de hacerlo para el resto de sus hermanos de clase, para Chile entero».

En su primer Día del Trabajo como presidente de la República, subrayó también la trascendencia histórica del proceso de cambios que estaban emprendiendo: «El futuro de la Revolución chilena está, hoy más que nunca, en manos de los que trabajan (...) Si fracasamos en el campo económico, fracasaremos en el campo político y será la decepción y la amargura para millones de chilenos y para millones de hermanos de otros continentes que nos miran y que nos apoyan». Y otorgó un valor esencial a la posibilidad de emprender el camino del socialismo en aquellas condiciones: «Piensen, compañeros, que en otras partes se levantaron los pueblos para hacer su revolución y que la contrarrevolución los aplastó. Torrentes de sangre, cárceles y muerte marcan la lucha de muchos pueblos, en muchos continentes, y, aun en aquellos países donde la revolución triunfó, el costo social ha sido alto, costo social en vidas que no tienen precio, camaradas (...) Aun en aquellos países donde la revolución triunfó hubo que superar el caos económico que crearon la lucha y el drama del combate o de la guerra civil».[34]

---

34 Martner (1971), pp. 197-211.

Helados de coco cubanos

Patricia Espejo conoció a Allende a través de su hija Beatriz, con quien trabajaba como socióloga experta en salud pública en el hospital Salvador. Participó en las tareas de la campaña electoral y, tras la victoria del 4 de septiembre, algunas tardes colaboraba con «el doctor» en alguno de los espacios donde cumplían las exigencias del periodo de transición: la Casa del Maestro (entrañable lugar conocido en aquellos días como «La Moneda chica»), Guardia Vieja o la residencia vecina de Miria Contreras. A partir del 3 de noviembre de 1970 empezó a trabajar con Beatriz Allende, Blanca Mediano y la *Payita* en una de las dos secretarías del presidente en La Moneda. La otra la ocupaba Osvaldo Puccio.[35]

«Nuestra oficina atendía las cuestiones políticas más privadas», señala Patricia Espejo. «Preparábamos sus agendas, lo que él quería que no se supiera, y la *Payita* le organizaba un maletín con lo que tenía que leer por las noches. También nos ocupábamos de sus asuntos particulares, porque el doctor tenía algunas cosas muy divertidas, como comprarse ropa, de lo que se encargaba la *Payita*. Lo critican porque le gustaba vestir bien, pero no lo escondía. Era su manera de jugar, jugaba al ajedrez y con la ropa. Quitaba prendas que le gustaban incluso a los embajadores».

Entre su despacho oficial y la dependencia que ellas ocupaban solo se interponía una salita, donde después del almuerzo, manteniendo sus hábitos de toda una vida, acostumbraba

[35] Para una evocación del segundo piso de La Moneda, donde suele estar la sala de mandos del Gobierno de Chile, véase el testimonio de quien inicialmente trabajó allí como asesor económico: Arrate, Jorge, *Con viento a favor. Vol. I: Del Frente Popular a la Unidad Popular*, Santiago de Chile, LOM Ediciones, 2017, pp. 278-281.

a dormir no más de veinte minutos en un sofá-cama. «El doctor se ponía el pijama y nos avisaba para que lo despertáramos después. Se volvía a duchar, se ponía su traje y otra vez a trabajar».

Pudo comprobar también su simpatía y afecto por los muchachos del GAP («los trataba muy bien»)[36] o por gentes humildes como Tulio Salinas Castillo, quien muchos años atrás le guiara en sus prácticas de boxeo con Rómulo Betancourt. Un día *el Chicharra* se presentó ante las puertas del palacio y pidió ver a su amigo Salvador... quien lo abrazó y lo nombró «cuidador del patio de los cañones» de La Moneda.[37]

En la distribución del trabajo que Beatriz Allende, Miria Contreras y Patricia Espejo establecieron, era esta quien llegaba la primera por las mañanas. «Trabajábamos mucho, hasta las dos de la madrugada muchos días, no veía a mis hijos. Así que un día no llegué tan temprano y el doctor me dejó esta nota irónica que aún conservo: "*Patita*, son las 9.45 y yo solito. Un beso, tu presidente..."».

A partir de octubre de 1972 la tensión política alcanzó una temperatura muy elevada, cuyos efectos Allende

---

36 Allende dejó grabada su memoria en el corazón de los pocos miembros del GAP que sobrevivieron a la represión posterior al golpe de Estado. «Lo recuerdo como a un compañero, a un amigo, a un camarada, un hombre con unos valores imponentes. Lo sacrificó todo por sus ideales», recuerda Pablo Zepeda. Por su parte, Manuel Cortés, quien fue su conductor, resalta: «Fue un hombre que siempre se puso de igual a igual con nosotros, nunca nos tiró encima *los galones*. Tuvo la sutileza de enseñarnos cotidianamente, porque como jóvenes éramos bastante intransigentes. Era también un hombre bastante frío en la forma de tomar las decisiones, pero muy consecuente con las mismas». Amorós, Mario, *Después de la lluvia. Chile, la memoria herida*, Santiago de Chile, Cuarto Propio, 2004, pp. 21-41.

37 Jorquera, pp. 45-46.

contrarrestaba con el sentido del humor. «Se ponía muy gracioso cuando la situación estaba más complicada. Tenía un sentido del humor maravilloso, fuimos capaces de resistir la tensión por eso. Por ejemplo, me gastaba bromas para que me asustara. Y en 1973, a pesar de todo, se preocupaba de sus nietos, también de mis hijos, por lo que pudiera pasar en el país», recuerda Espejo.

Una de las anécdotas más sabrosas de aquel tiempo está relacionada con Cuba. «Fidel le enviaba helados de coco por avión... Cuando llegaban al palacio, el doctor decía: "¡Estos helados son solo para el presidente!". Los tenía contados y no invitaba a nadie. Ni la *Payita* ni la *Tati* los probaban. El doctor le enviaba a Fidel lúcumas y pescado... Era como un juego de dos personas con tanta tensión emocional que tenían que descargarla. Encontrábamos que era tan humano, el doctor se reía y se comía el helado de coco».[38]

Desde su infancia, además, apreció las prendas hermosas y supo vestir de manera distinguida. Son innumerables los relatos referidos a este punto, como el protagonizado por Alberto Jerez, quien en 1972 recibió un abrigo de los sindicatos de las empresas textiles de Tomé que había sido confeccionado por el trabajador más hábil con la mejor maquinaria. «Ni en Londres vi algo tan original y elegante», remarcó. Un día lo eligió para desplazarse a una reunión de los parlamentarios de la UP a la que llegó unos minutos tarde. Allende presidía el cónclave y desde que lo divisó al fondo de la sala un brillo inquietante se instaló en sus ojos y, de repente, detuvo su discurso: «Perdonen, pero tengo que

38 Entrevista del autor a Patricia Espejo. Véase Espejo B., Patricia, *Allende inédito. Memorias desde la secretaría privada de La Moneda*, Santiago de Chile, Aguilar, 2020.

hablar algo urgente con Jerez». Y en una salita contigua le sugirió con humor: «Este no es abrigo para senador, esto le corresponde a un presidente...». Y, mientras se lo probaba, le indicó que su guardarropa en Tomás Moro estaba a su entera disposición para escoger lo que quisiera...[39]

La reforma agraria

En aquellos años existía consenso entre los especialistas acerca de la necesidad de esta iniciativa en países como Chile como instrumento no solo para corregir la secular marginación de los campesinos sin tierras, sino también para profundizar la democracia e incluso en términos de eficiencia económica.[40] La ley de 1967, que fue apoyada por la izquierda, permitía al Gobierno expropiar todas las acumulaciones de terrenos o los predios individuales de una extensión superior a las ochenta hectáreas de riego básico.[41] También podía estatizar, tres años después de la aprobación de la norma, todos los fundos, de cualquier tamaño, que

---

39 *El Mercurio*, Santiago de Chile, 10 de septiembre de 2000, suplemento *Reportajes*, pp. 16-19.

40 Chonchol, Jacques, «La reforma agraria en Chile», *Chile-América*, nº 25-27, Roma, noviembre-diciembre de 1976, pp. 23-38.

41 La medida de ochenta hectáreas de riego básico se refería a las tierras regadas de buena calidad del valle central. En algunas partes del sur, el límite de la extensión de la tierra expropiable ascendía a quinientas hectáreas de secano arable y, en otras, hasta ochocientas, mientras que en los terrenos de pastoreo de la cordillera podían alcanzar varios miles de hectáreas. Por otra parte, la expropiación afectaba solo a la tierra, no a la maquinaria ni a las semillas y otros productos, por lo que en muchos casos, después de la nacionalización de un predio, este quedaba absolutamente descapitalizado porque sus antiguos propietarios conservaban todos estos insumos.

estuvieran abandonados o insuficientemente explotados, así como los pertenecientes a sociedades anónimas o que se habían beneficiado de obras de regadío efectuadas por el Estado. Las tierras nacionalizadas y las inversiones realizadas en ellas se pagarían con una cuota al contado que oscilaba entre el 1 y el 10 por ciento (según el estado de la explotación) y el resto con bonos de reforma agraria amortizables en un plazo de veinticinco a treinta años.

En 1970, los terratenientes aún acumulaban el 44 por ciento de las tierras productivas, que además eran las de mayor calidad y grado de mecanización.[42] El Gobierno de Eduardo Frei había expropiado unos mil trescientos predios, con una superficie de 3,4 millones de hectáreas (el 13 por ciento del total de las tierras cultivadas), que beneficiaron a veintiocho mil familias (entre el 5 por ciento y el 10 por ciento de las familias campesinas sin tierras o con tierras insuficientes), no a las cien mil que prometieron en 1964. En esos predios nacionalizados se organizaba durante un periodo de tres a cinco años un sistema transitorio de explotación a través de la asociación entre el Estado y los trabajadores denominado «asentamiento», con la intención de estudiar el mejor plan de subdivisión de la tierra, hacer las inversiones necesarias para su óptima explotación, preparar a los campesinos y darles un sentido cooperativista.

Otro cambio histórico implementado por la Democracia Cristiana fue la aprobación, en 1968, de la ley que autorizaba la sindicalización de los trabajadores rurales, que permitió la creación de unos cuatrocientos sindicatos con

---

42 De Riz, Liliana, *Sociedad y política en Chile (de Portales a Pinochet)*, México DF, UNAM, 1979, pp. 135-145.

algo más de cien mil afiliados, agrupados en cinco confederaciones. De igual modo, más de ochenta mil pequeños agricultores se organizaron en cooperativas y comités y pudieron tener acceso al crédito y la asistencia técnica.[43]

Después de la victoria electoral de la UP, el anhelo de tierras desencadenó un proceso de agitación intensa en algunas zonas rurales. Solo entre septiembre y diciembre de 1970 se produjeron 192 tomas de fundos en demanda de su inmediata expropiación, en especial en la provincia de Cautín, donde estuvieron protagonizadas por los mapuche, que exigían la recuperación de sus territorios ancestrales, que les habían robado a partir de la violenta «pacificación de la Araucanía» a finales del siglo XIX. Estas ocupaciones fueron alentadas por el Movimiento de Campesinos Revolucionarios (vinculado al MIR), bajo el lema «Arauco vuelve a la lucha», con la certeza de que la Unidad Popular no recurriría a la represión.

En diciembre el presidente Allende asistió a un gran acto convocado por las organizaciones mapuche en Temuco y les prometió que durante unos meses los principales funcionarios del Ministerio de Agricultura, encabezados por el ministro Jacques Chonchol, se trasladarían a la zona para atender sus reivindicaciones. Así lo hicieron entre enero y abril de 1971 y, como resultado, se aceleraron las expropiaciones y en tan solo sesenta días los mapuche recibieron cien mil hectáreas.[44]

---

43 Petras, James, *Política y fuerzas sociales en el desarrollo chileno*, Buenos Aires, Amorrortu, 1974, pp. 320-323.

44 Y en 1972 el Gobierno creó el Instituto de Desarrollo Indígena, que por primera vez respetó la concepción comunitaria de este pueblo. Además, aquel año el Congreso Nacional aprobó, a iniciativa de la Unidad Popular, una nueva Ley Indígena elaborada fundamentalmente

Las tomas espontáneas de fundos y también la intensificación de la reforma agraria suscitaron las críticas del Partido Demócrata Cristiano, porque la UP no pretendía, como la administración de Frei, una modernización capitalista, sino la socialización de la propiedad de la tierra, la participación campesina en su gestión y la integración de la agricultura y la ganadería en el proceso de construcción de una economía cuyo horizonte era el socialismo. Por su parte, la derecha reactivó su campaña de defensa del latifundio y logró involucrar en ella a pequeños y medianos propietarios y a algunos sectores asalariados, a los que aterrorizaron con la falsedad de que toda la tierra sería nacionalizada y que serían «esclavizados» por el nuevo «patrón»: un Estado de perfiles totalitarios.[45] La burguesía arremetió con la violencia física de sus «guardias blancas» y de los «comandos de defensa de la propiedad rural», así como con la violencia verbal de la poderosa cadena de emisoras de Radio Agricultura, propiedad de la Sociedad Nacional de Agricultura, que agrupaba a los terratenientes.

A principios de 1971, el Gobierno estableció que todos los asentamientos deberían desarrollar planes de explotación elaborados por los campesinos y financiados por

---

por las organizaciones mapuche que, a pesar de que la oposición limitó sus potencialidades, entregó instrumentos para una mejora de sus precarias condiciones de vida. Chonchol, Jacques, «Indígenas y campesinos en el Gobierno de Salvador Allende», *Alternativa*, nº 9, Santiago de Chile, julio-septiembre de 1998, p. 76.

45 La oposición denunció que los campos eran «devastados» por los militantes de la UP y el MIR. Millas, Hernán, *Anatomía de un fracaso (la experiencia socialista chilena)*, Santiago de Chile, Zig-Zag, 1973, pp. 70-86.

el Banco del Estado, al objeto de terminar con el paternalismo de la Corporación de Reforma Agraria. Y a finales de aquel año definió una fórmula para reemplazarlos, los Centros de Reforma Agraria (CERA), que se formarían a partir de la unión de dos o más predios expropiados a fin de darles una mayor dimensión y promover formas de organización territorial distintas de las antiguas propiedades privadas.

Jacques Chonchol señala que las discrepancias políticas impidieron que la UP actuara de manera cohesionada para impulsar este nuevo tipo de organización. Ello dificultó su implantación y facilitó que los CERA fueran atacados por la oposición como formas encubiertas de «granjas estatales», algo absolutamente falso porque la propia Ley de Reforma Agraria de 1967 preveía que, cuando fuera necesario establecer empresas públicas, se haría bajo la fórmula de los Centros de Producción (CEPRO).[46] El resultado fue una gran confusión en las formas organizativas y pugnas entre los propios campesinos por establecer una u otra, hasta el punto de que fue necesario crear una instancia provisional, los Comités Campesinos, cuando las contradicciones eran demasiado agudas.

En cuanto a la producción, creció un 5 por ciento en 1970-1971 y un 1,6 por ciento en 1971-1972. A consecuencia del notable incremento de los salarios de los trabajadores, durante 1971 la demanda de alimentos subió un 14 por ciento, por lo que el país importó más. Igual sucedió en 1972, pero en un contexto económico mucho más difícil

---

46 Los CEPRO más importantes fueron algunas enormes estancias ganaderas de Magallanes y el Complejo Forestal y Maderero de Panguipulli, en la provincia de Valdivia.

debido al reducido precio internacional del cobre y el bloqueo económico norteamericano. La producción agrícola solo aumentó un 2 por ciento aquel año y la inflación se disparó en el segundo semestre, mientras los sectores sociales opositores al Gobierno se dedicaban a acaparar productos. Pese a todo, el consumo de alimentos se incrementó en un 12 por ciento. En 1973, la disponibilidad de estos fue menor por el descenso de la producción agropecuaria y las dificultades para la importación, puesto que aquel año el precio internacional del trigo se triplicó. La producción descendió a consecuencia de las pésimas condiciones climáticas (fue un año muy lluvioso) y, cuando en la primavera de 1972 se había intentado recuperar con un esfuerzo extraordinario en las siembras, el paro patronal de octubre interrumpió los transportes de semillas, fertilizantes y combustibles.[47]

A pesar de los conflictos y las dificultades, que impidieron construir una gran agricultura de base cooperativa, el Gobierno de Salvador Allende eliminó el latifundio y las relaciones feudales de producción inherentes a esta estructura de propiedad al expropiar durante aquellos tres años 4.490 predios, que sumaban 6,6 millones de hectáreas y beneficiaron a unas cien mil familias. Pese a la contrarreforma agraria de la dictadura, el gran latifundio con escasa inversión, cuyo negocio era la acumulación de la tierra y procedía de la época colonial, desapareció de la faz del país.[48]

---

47 Entrevista a Jacques Chonchol. *Análisis*, Santiago de Chile, 12 de septiembre de 1988, p. 12.

48 Véase *Reforma Agraria chilena. 50 años. Historia y reflexiones*, Santiago de Chile, Ediciones de la Biblioteca del Congreso Nacional de Chile, 2017. Incluye trabajos de los exministros de Agricultura Rafael Moreno (PDC) y Jacques Chonchol (UP).

La pasión del revolucionario

Entre el 28 y el 31 de enero de 1971, el Partido Socialista celebró en La Serena su XXIII Congreso Nacional.[49] En el momento histórico en que por primera vez un militante de sus filas era presidente de la República, el senador Carlos Altamirano, uno de sus más destacados tribunos revolucionarios, reemplazó a Aniceto Rodríguez en la secretaría general. En la resolución política adoptada el PS subrayó que, aunque la llegada de la Unidad Popular al Gobierno generaba condiciones nuevas y favorables para que los trabajadores y el pueblo lograran la «efectiva conquista del poder» que hiciera posible la construcción del socialismo, la UP debía gobernar en el marco de la «institucionalidad burguesa» y frente a la resistencia planteada por «la reacción nacional y extranjera». Por ello, insistió en la necesidad de que la clase obrera dirigiera la lucha por la liberación social y contra el imperialismo norteamericano y, en alusión al PDC, expresó ya entonces su oposición a cualquier alianza con la burguesía, una clase social «irreversiblemente contrarrevolucionaria».[50]

---

49 Pérez, Cristián, *La vida con otro nombre. El Partido Socialista en la clandestinidad (1973-1979)*, Santiago de Chile, Catalonia, 2021, pp. 19-21. Núñez M., Ricardo, *El gran desencuentro. Una mirada al socialismo chileno, la Unidad Popular y Salvador Allende*, Santiago de Chile, Fondo de Cultura Económica, 2017, pp. 186-196.

50 El discurso del Partido Comunista ante el inicio del Gobierno de la UP fue diferente. En su informe al pleno del Comité Central celebrado el 26 de noviembre de 1970, su secretario general inició su intervención con toda una declaración de intenciones: «Queridos camaradas: nada hay más importante en estos días, nada hay más revolucionario que actuar en función del éxito del Gobierno popular que encabeza el compañero Salvador Allende, en función del cumplimiento de su programa. El Partido Comunista considera que su

Una semana después, los periodistas preguntaron a Allende por el ascenso a la cúspide de su partido de Altamirano, con quien mantenía una estrecha relación de amistad. Su respuesta, meditada y serena, cargada de razón (como lo demostrarían los hechos posteriores), propició otra manipulación que llega hasta nuestros días. «La elección del senador Altamirano no me inquieta ni me preocupa», afirmó. «Él legítimamente ha sido elegido, yo soy militante del partido e indiscutiblemente que él sabe perfectamente bien cuál es mi obligación de militante, igual que cuál es mi obligación de presidente de Chile. Yo no soy presidente del Partido Socialista, soy presidente de la Unidad Popular. Tampoco soy el presidente de todos los chilenos. No soy el hipócrita que dice eso; otra cosa muy distinta es que respete a todos los chilenos y que las leyes se apliquen para todos los chilenos. Pero sería un hipócrita si dijera que soy presidente de todos los chilenos». ¿Cuál era la razón para que formulara esta afirmación, tantas veces denostada? «Hay algunas gentes que quisieran que estuviera frito en aceite y son chilenos; soy presidente de la Unidad Popular, pero tengo, sí, la obligación de preocuparme de Chile, que no pertenece a la Unidad Popular, y de preocuparme de beneficiar la vida no de la gente de la Unidad Popular, sino de todos los chilenos».[51]

En las elecciones municipales del 4 de abril de 1971, la izquierda alcanzó el 50,86 por ciento de los votos si se contabilizan los 29.123 logrados por la Unión Socialista

---

deber principal consiste precisamente en trabajar junto con los demás partidos de la Unidad Popular, junto con el presidente de la República, dentro y fuera del Gobierno, tras el propósito común de realizar los cambios revolucionarios». Corvalán (1971), p. 385.

[51] *La Nación*, Santiago de Chile, 5 de febrero de 1971, p. 12.

Popular. El Partido Socialista (con un histórico 22,89 por ciento y 631.939 sufragios) alcanzó el segundo lugar y se quedó a apenas 92.000 de la Democracia Cristiana (26,21 por ciento). También el Partido Comunista prosiguió con su sostenido crecimiento y alcanzó el 17,36 por ciento, mientras que el Partido Nacional retuvo un considerable 18,53.[52] Además, el socialista Adonis Sepúlveda derrotó, con el 52,51 por ciento, al democratacristiano Andrés Zaldívar y al derechista Jorge Ovalle (Democracia Radical) en la elección complementaria para cubrir la vacante dejada en el Senado por Allende al asumir la primera magistratura de la nación.

Llama la atención la notable ampliación del apoyo social a la Unidad Popular tras cinco meses de gestión, un resultado que la coalición interpretó como una ratificación de la voluntad de avanzar hacia el socialismo. «Se ha querido decir que hay empate, porque sacamos el 50,8 por ciento y los grupos opositores el 49,2 por ciento, pero la verdad es que aumentamos un 40 por ciento los votos en relación con la campaña presidencial», expresó Allende días después a los intelectuales, políticos, periodistas y artistas que visitaban Chile para conocer aquella singular experiencia revolucionaria y atestiguar ante el mundo su carácter democrático.[53] «Eso no significa que vayamos a perder la calma, que tengamos una actitud de soberbia, que no respetemos a los opositores y que no sepamos que en el Parlamento

---

52 Corvalán Márquez, Luis, *Los partidos políticos y el golpe del 11 de septiembre*, Santiago de Chile, CESOC, 2000, p. 70.

53 En el segundo volumen de sus memorias, uno de los grandes psiquiatras españoles recordó su estancia aquellos días en Chile. Castilla del Pino, Carlos, *Casa del Olivo. Autobiografía (1949-2003)*, Barcelona, Tusquets, 2004, pp. 389-391.

no tenemos mayoría; pero los parlamentarios opositores no son un grupo homogéneo ni compacto», añadió. De hecho, uno de los puntos de aquella conversación fue el papel que desempeñaría en el futuro inmediato el PDC, que entonces aún navegaba entre dos aguas. «La Democracia Cristiana no puede tener frente a los problemas económicos y sociales de Chile la misma actitud que tiene el viejo y tradicional Partido Nacional, que es un partido esencialmente capitalista», subrayó.[54]

El 14 de abril, en el Salón Rojo de La Moneda, se celebró la entrega de la condecoración «Presidente de la República» y de la réplica de las espadas de Bernardo O'Higgins y Arturo Prat a los dieciséis oficiales del Ejército, la Armada y la Fuerza Aérea que acababan de alcanzar los grados de general de brigada, contralmirante y general del aire. En su discurso, después de remarcar que en aquellas espadas estaba grabada la leyenda «No me saques sin razón, no me envaines sin honor», Salvador Allende destacó su papel: «Forman parte ustedes de la tradición de Chile enraizada en

---

54 *Encuentro del presidente de la República, compañero Salvador Allende, con los participantes extranjeros de la Operación Verdad, realizado en el gran comedor del palacio de La Moneda.* Santiago de Chile, 1971. Documento consultado en la Biblioteca Nacional de Chile. Fue entonces cuando, a propuesta del crítico de arte español José María Moreno Galván, empezó a gestarse el Museo de la Solidaridad Salvador Allende, que es una de las colecciones de arte moderno más importantes de América Latina, integrada por más de dos mil seiscientas obras. En 2005, la Fundación Salvador Allende cedió al Estado chileno su legado artístico y cultural. *La Nación*, Santiago de Chile, 9 de septiembre de 2005, pp. 28-29. Véase Lebeau, Élodie, «El Museo de la Solidaridad de la Unidad Popular al exilio (1971-1991). Una experiencia transnacional en tiempo de Guerra Fría cultural», Toulouse, *Secuencia. Revista de Historia y Ciencias Sociales*, nº 108, septiembre-diciembre de 2020.

sus instituciones armadas, nacidas en los albores de la historia y mantenida a lo largo de nuestra vida como nación con dignidad, con independencia. Fuerzas Armadas profesionales, con valores permanentes, como lo dijera Schneider, de dignidad y de honor para ponerlos al superior servicio de Chile, en la defensa de su soberanía...».

Al mismo tiempo, les instó a que comprendieran que el país vivía una nueva etapa histórica y se había propuesto desarrollar «su propia revolución» por los cauces democráticos y legales, para llevar a cabo transformaciones políticas, económicas, culturales y sociales profundas, «con el respeto integral a la persona humana y a los derechos que el pueblo conquistó y que nadie le regaló». Y afirmó que no podían marginarse de aquel «gran esfuerzo colectivo»: «No hay Fuerzas Armadas poderosas si hay pueblos diezmados por la enfermedad o castigados por la incultura. No hay Fuerzas Armadas poderosas en países dependientes en lo económico, lo cultural y, a veces y con demasiada frecuencia, en lo político». Desde el respeto a su profesionalismo y su independencia, solicitó su participación en la construcción de «un Chile nuevo donde la justicia, el trabajo, la salud, el derecho al descanso y la recreación sean patrimonio de todos los chilenos».[55]

La política militar de su Gobierno descansaba principalmente sobre dos ejes. Primero, en el cumplimiento estricto

---

55 *Patria Nueva*, nº 2, Santiago de Chile, marzo-abril de 1971. Cinco páginas sin numerar. Desde enero de 1971 hasta agosto de 1973 circuló esta revista, autodefinida como «Magazine con las más amplias y mejores informaciones y los gráficos de actualidad de las Fuerzas Armadas de Chile», que hizo un notable esfuerzo por transmitir a estas instituciones el programa y la acción del Gobierno de la Unidad Popular.

de las obligaciones profesionales por parte de las Fuerzas Armadas, aún más claramente precisadas tras la reforma del artículo 22 de la Constitución, que había entrado en vigor el 9 de enero con la Ley nº 17.398 que dio curso al Estatuto de Garantías Democráticas y que las definió como «profesionales, disciplinadas, jerarquizadas, obedientes y no deliberantes». Y, en segundo lugar, a diferencia de todos los presidentes elegidos desde octubre de 1932, Salvador Allende optó por incorporar a las Fuerzas Armadas al proceso de transformaciones económicas y sociales con la designación de altos oficiales en puestos relevantes de empresas públicas y organismos estatales.[56] Además, su Gobierno aprobó un importante aumento del gasto militar: de los 724,3 millones de dólares de 1970 se pasó a 785,6 en 1971; 1.006,4 en 1972 y 840,2 en 1973.[57]

El 21 de mayo, Allende cumplió con el rito anual de rendir el informe de su gestión ante el Congreso Pleno. Aquella mañana, le correspondió al general Pinochet, como jefe de la guarnición de Santiago, encabezar la presentación de los honores del Ejército al presidente de la República y escoltar a caballo el vehículo desde donde el jefe del Estado, de pie y con la banda presidencial terciada, saludaba a la ciudadanía en su recorrido de La Moneda al Congreso Nacional.

Aquel fue el discurso que de manera más acabada delineó la *vía chilena al socialismo* y una de sus piezas oratorias

---

56 Valdivia, Verónica, «"Todos juntos seremos la historia: Venceremos". Unidad Popular y Fuerzas Armadas», en Julio Pinto Vallejos, coord., *Cuando hicimos historia. La experiencia de la Unidad Popular*, Santiago de Chile, LOM Ediciones, 2005, pp. 177-206.

57 Soto, Hernán, «El Gobierno de Allende y las Fuerzas Armadas», en Miguel Lawner *et al.*, eds., *Salvador Allende. Presencia en la ausencia*, Santiago de Chile, LOM Ediciones, 2008, pp. 129-149.

más importantes. Planteó a su pueblo un desafío histórico que presentaba las características de una auténtica epopeya, pues recordó que, si bien hasta el momento las revoluciones se habían realizado a través de la violencia política, habían emprendido dicho proceso histórico a través de «la vía pluralista», que fue «anticipada por los clásicos del marxismo, pero jamás antes concretada». «Chile es hoy la primera nación llamada a conformar el segundo modelo de transición a la sociedad socialista».

Expuso los fundamentos del proyecto político que orientó su vida y quiso combatir el escepticismo de algunos sectores de la izquierda sobre el rol que la oposición podía otorgar a su mayoría en el Congreso Nacional y acerca del papel de las Fuerzas Armadas. Insistió en que estas, por su «conciencia patriótica» y su «tradición profesional», respetarían la voluntad popular, mientras que nada impedía que el pueblo transformara la correlación de fuerzas en el Poder Legislativo, aunque faltaban casi dos años para las elecciones parlamentarias de marzo de 1973. «Las dificultades que enfrentamos no se sitúan en ese campo. Residen realmente en la extraordinaria complejidad de las tareas que nos esperan: institucionalizar la vía política hacia el socialismo y lograrlo a partir de nuestra realidad presente de sociedad agobiada por el atraso y la pobreza propios de la dependencia y del subdesarrollo; romper con los factores causantes del retardo y al mismo tiempo edificar una nueva estructura socioeconómica capaz de proveer a la prosperidad colectiva».

La meta, alejada del ideologismo, era forjar un país más justo, más democrático y por tanto más libre: «Aquí estoy para incitarles a la hazaña de reconstruir la nación chilena tal cual la soñamos. Un Chile en que todos los niños empiecen su vida en igualdad de condiciones por la atención médica que reciben, por la educación que se les suministra, por lo que comen. Un Chile en el que la capacidad creadora de cada hombre y de cada mujer encuentre cómo florecer, no en contra de los demás, sino en favor de una vida mejor para todos».

Era plenamente consciente de la dificultad de tal empeño, que exigía como requisito previo la definición de los cauces institucionales de «la nueva forma de ordenación socialista en pluralismo y libertad»: «Pisamos un camino nuevo, marchamos sin guía por un terreno desconocido, apenas teniendo como brújula nuestra fidelidad al humanismo de todas las épocas —particularmente al humanismo marxista— y teniendo como norte el proyecto de la sociedad que deseamos, inspirada en los anhelos más hondamente enraizados en el pueblo chileno. (...) Caminamos hacia el socialismo no por amor académico a un cuerpo doctrinario. (...) Vamos al socialismo por el rechazo voluntario, a través del voto popular, del sistema capitalista y dependiente cuyo saldo es una sociedad crudamente desigualitaria, estratificada en clases antagónicas, deformada por la injusticia social y degradada por el deterioro de las bases mismas de la solidaridad humana».

Asimismo, reafirmó la voluntad inequívoca de la Unidad Popular de respetar el Estado de derecho, las libertades y el principio de legalidad y expresó su confianza en que el Partido Demócrata Cristiano apoyaría buena parte de su programa. Y finalizó su discurso con un fervoroso llamamiento: «Los que viven de su trabajo tienen hoy en sus manos la dirección política del Estado. Suprema responsabilidad. La construcción del nuevo régimen social encuentra en la base, en el pueblo, su actor y su juez. Al Estado corresponde orientar, organizar y dirigir, pero de ninguna manera reemplazar la voluntad de los trabajadores. Tanto en lo económico como en lo político los propios trabajadores deben detentar el poder de decidir. Conseguirlo será el triunfo de la revolución. Por esta meta combate el pueblo. Con la legitimidad que da el respeto a los valores democráticos. Con la seguridad que da un programa. Con la fortaleza de ser mayoría. Con la pasión del revolucionario. Venceremos».[58]

Una agresión encubierta

El 9 de noviembre de 1970, antes de que Allende cumpliera su primera semana en La Moneda, Henry Kissinger reunió al Consejo de Seguridad Nacional y, por orden de Nixon, aprobaron un plan de agresión contra Chile a través de diversos medios: la hostilidad diplomática, la guerra económica (enfocada a debilitar las ventas de cobre en los mercados internacionales y suprimir toda ayuda estadounidense) y el bloqueo financiero (obstaculizar las inversiones, ejercer la máxima presión sobre las instituciones internacionales para limitar los créditos y las ayudas y persuadir a las empresas estadounidenses de que cancelaran sus proyectos). «Y fue ejecutada subterráneamente, pues era incompatible con el Derecho Internacional regulado por la Carta de las Naciones Unidas y con las normas de no intervención vigentes entre los estados de América. Era una guerra preventiva, no la respuesta a decisiones de soberanía adoptadas después (...) Medidas de guerra acompañadas de las correspondientes ofensivas psicológicas y de propaganda», ha escrito Joan Garcés.[59]

---

58 Martner (1992), pp. 323-350.
59 Garcés (1996), p. 143.

Ajeno a estas resoluciones, el 16 de febrero de 1971 Allende dirigió una carta a Nixon para comunicarle que había designado a Orlando Letelier como nuevo embajador en su país y, en términos protocolares, le expresaba los mejores deseos para su nación y para él mismo.[60] Letelier, militante del Partido Socialista, era probablemente el hombre de la izquierda chilena mejor relacionado en Estados Unidos, donde había trabajado durante una década como economista en el Banco Interamericano de Desarrollo y como consultor de la ONU.

Dos semanas más tarde, el 2 de marzo, presentó sus cartas credenciales en la Casa Blanca y, después de la ceremonia y los respectivos discursos, mantuvo una conversación por espacio de quince minutos con Nixon en un clima «muy cordial y franco», según el informe de poco más de dos páginas que aquella misma tarde remitió a su Gobierno.[61] El presidente expuso al embajador que respetaban el derecho de autodeterminación y la voluntad de su pueblo y que admiraba la madurez política e institucional de Chile, si bien le hizo dos precisiones muy significativas. En primer lugar, manifestó que protegerían a los ciudadanos estadounidenses para que sus derechos fueran salvaguardados de acuerdo con las leyes internas y las normas del Derecho Internacional. Y, en segundo lugar, el respeto al principio de autodeterminación quedaba sujeto a que Allende no adoptara medidas que pusieran en peligro la «seguridad» de Estados Unidos o del

60 Fondo Orlando Letelier del Solar del Archivo Nacional de Chile, Caja 2, Carpeta 13, Documento 24.

61 Fondo Orlando Letelier del Solar del Archivo Nacional de Chile, Caja 2, Carpeta 13, documento sin numeración.

hemisferio (el bloque capitalista) por una eventual alianza con la Unión Soviética.

Por su parte, Letelier le transmitió las directrices esenciales de su Gobierno y su voluntad de mantener relaciones amistosas con todos los países y reiteró la invitación para que el secretario de Estado o un alto funcionario visitara Chile. En cuanto a la nacionalización de la gran minería del cobre, le explicó que tenía un apoyo unánime y que respondía al ejercicio de un derecho legítimo en el marco de la legislación nacional. Al finalizar aquella conversación, fue Nixon quien propuso a Letelier que ambos países mantuvieran un diálogo sincero y que los problemas que pudieran surgir se resolvieran de manera aceptable para ambas partes.

El 23 de marzo, Letelier envió un informe cifrado al ministro de Relaciones Exteriores, Clodomiro Almeyda, para relatarle la reunión que por espacio de cuarenta minutos había mantenido con Kissinger, cuyas palabras, como las de Nixon, podrían servir para ilustrar un manual de maquiavelismo. En un clima «muy franco y cordial», relató, el consejero de Seguridad Nacional le explicó que no interferirían en las decisiones de carácter interno del Gobierno chileno y que Estados Unidos ya tenía suficientes enemigos. Sobre la nacionalización del cobre, que estaba a punto de ser aprobada por el Congreso Nacional, señaló que las corporaciones estadounidenses debían discutir el asunto directamente con la administración chilena y que Washington no deseaba convertirlo en un asunto político. Kissinger también le expresó que como politólogo estimaba que la condición de estadista de Allende era «digna de la mayor admiración» y le rogó que mantuvieran un cauce de conversación abierto para abordar las posibles controversias y poder conocer mejor el «fascinante» proceso político chileno, «que insistió en calificar del más extraordinario interés», escribió Letelier.[62]

El 15 de abril, este remitió directamente al presidente Allende un extenso informe que le había solicitado en una conversación telefónica. Según sus impresiones, el aspecto que más preocupaba en Washington era el posible alineamiento de Chile «con lo que aquí denominan el bloque soviético», ya que la nacionalización del cobre, aunque les inquietaba, tenía una importancia secundaria.[63] Cuatro días después, Nixon y Kissinger debieron de leer las declaraciones que Allende realizó a una de las principales revistas de su propio país tras la amplia victoria de la UP en las elecciones municipales, instándoles a respetar la soberanía chilena. Señaló también que, en comparación con Estados Unidos y su capacidad militar, económica y política, el suyo era un país pequeño, pero con profundos sentimientos nacionales: «Chile nunca será una base para Estados Unidos, China o Rusia (...) Sus problemas son Rusia y China. Estos no son mis problemas. Mis preocupaciones son la leche, el pan, el trabajo».[64]

La batalla del cobre

El 21 de diciembre de 1970, Salvador Allende anunció el inicio de los trámites para la nacionalización de los cinco principales complejos cupríferos, controlados por corporaciones

62 Fondo Orlando Letelier del Solar del Archivo Nacional de Chile, Caja 8, Carpeta 1, Documento 4.

63 Fondo Orlando Letelier del Solar del Archivo Nacional de Chile, Caja 14, Carpeta 11, Documento 1.

64 *Time*, Nueva York, 19 de abril de 1971, p. 53.

estadounidenses (El Teniente, Chuquicamata, El Salvador, La Exótica y La Andina), y envió al Congreso Nacional el proyecto de reforma del artículo 10 de la Constitución, la fórmula elegida para anular los onerosos compromisos adquiridos con las multinacionales por el Gobierno de Frei. En aquel discurso pronunciado en la plaza de la Constitución recordó los enormes beneficios de la Anaconda, la Kennecott y otras compañías estadounidenses[65] y proclamó que la nacionalización era un derecho esencial para lograr «la segunda independencia», la económica, y para que la principal riqueza natural del país, «el sueldo de Chile» en sus propias palabras, impulsara su progreso social y económico. «Vamos a ser dueños de la riqueza esencial de Chile, vamos a controlar su producción, vamos a intervenir directamente los mercados y a saber defender el interés de Chile por sobre todas las cosas, siendo dueños de nuestro destino económico», afirmó.[66] Al día siguiente, en Washington, la agencia Associated Press recogió la reacción encolerizada de un ejecutivo de la Anaconda, quien expresó su temor por las consecuencias de la iniciativa: «Con la fórmula que está ofreciendo pudiéramos acabar por deberles dinero».[67]

---

[65] El cobre chileno era un negocio muy rentable para la Anaconda y la Kennecott, ya que en 1969 la primera realizó en este país el 16,6 por ciento de sus inversiones y logró el 79,2 por ciento de sus ganancias y la segunda invirtió el 13,2 por ciento y obtuvo el 21,3 por ciento de sus beneficios totales. Más aún, las compañías estadounidenses solo habían arriesgado treinta millones de dólares durante sus primeros años de presencia en Chile, en la segunda década del siglo xx, y después se limitaron a reinvertir una parte de sus beneficios para llevarse más de cuatro mil millones de dólares, 552 de ellos entre 1965 y 1970. Millas, Orlando, *Memorias. 1957-1991. Vol. IV: Una digresión*, Santiago de Chile, CESOC, 1996, p. 81.

[66] Martner (1992), pp. 302-305.

[67] *El Mercurio*, Santiago de Chile, 24 de diciembre de 1970, p. 26.

La negociación de aquella reforma constitucional sería el último acuerdo alcanzado por la Unidad Popular y el Partido Demócrata Cristiano. A finales de abril de 1971 los parlamentarios de ambas fuerzas la aprobaron, pero con una modificación sustancial impuesta por el PDC: correspondería al presidente, y no a la Contraloría General de la República[68] (como indicaba el proyecto de la UP), determinar la cantidad que debía descontarse de la indemnización a las corporaciones norteamericanas en concepto de «beneficios excesivos». Fue una hábil maniobra ya que, si Allende fijaba una cifra reducida, desencadenaría la crítica de los sectores más izquierdistas y si imponía una elevada, la airada reacción de las compañías afectadas y la Casa Blanca se dirigiría directamente contra La Moneda.

El 11 de julio, el Congreso Pleno aprobó la reforma constitucional por unanimidad, aunque con la ausencia de cuarenta y dos parlamentarios derechistas. A partir de entonces la Carta Fundamental señalaba que el Estado era el único propietario de todos los minerales del territorio nacional y se declaraban nulos los contratos suscritos en la gran minería del cobre. Las empresas expropiadas tendrían derecho a ser compensadas según el valor de libro de sus activos, al que habría que restarle determinadas cantidades por varios conceptos, principalmente por los «beneficios excesivos» que hubieran logrado desde el 5 de mayo de 1955. El pago de las indemnizaciones se realizaría en el plazo máximo de treinta años y con una tasa de interés superior al 3 por ciento.[69]

---

68 La Contraloría General de la República es un organismo unipersonal verificador de las cuentas públicas y de la conformidad de los decretos del Poder Ejecutivo con la legalidad. Desde 1967 su titular era Héctor Humeres.

69 Meller, Patricio, *Un siglo de economía política chilena (1890-1990)*, Santiago de Chile, Andrés Bello, 1996, p. 140.

Al mediodía de aquella jornada, en su discurso en la plaza de los Héroes de Rancagua, cerca del mineral El Teniente, Salvador Allende proclamó que aquel era el «Día de la Dignidad Nacional» y definió la nacionalización como un acto de soberanía, fruto del ejercicio de un derecho reconocido por la Resolución 1.803 de las Naciones Unidas. Explicó que las grandes explotaciones estaban en un estado muy deficiente y muy por debajo de su producción potencial, como lo atestiguaba el informe encargado a la Sociedad Francesa de Minas. Además, expresó su preocupación por la caída del precio internacional de la libra de cobre en la Bolsa de Metales de Londres porque, si este alcanzó un promedio de 61 centavos de dólar durante el sexenio de Frei, en los seis primeros meses de su mandato había sido tan solo de 50.[70]

Su Gobierno planeaba la creación de un gran complejo minero-industrial y preveía desarrollar un exhaustivo trabajo de investigación y formación técnica, con la constitución de un centro de investigación minero-metalúrgica y un servicio nacional de geología: «Por fin y por primera vez en nuestra historia Chile va a tener una política nacional sobre minería. Ya no habrá empresas foráneas dueñas de las grandes minas de cobre. Desde los pirquineros hasta las empresas estatizadas de la gran minería, todos tendrán que confluir hacia una política nacional, hacia un plan que permita aprovechar al máximo estas riquezas con un profundo sentido chileno, nacional y patriótico, hasta crear el gran complejo minero industrial del cobre». El anhelo de

---

[70] Farías, Víctor, *La izquierda chilena (1969-1973). Documentos para el estudio de su línea estratégica*, Santiago de Chile, Centro de Estudios Públicos, 2000, tomo 2, pp. 983-997.

la definitiva independencia económica del país parecía más próximo: «Seremos los dueños de nuestro propio futuro, soberanos de verdad de nuestro destino».[71]

Sin embargo, aquella histórica medida desencadenó una reacción inmediata en Estados Unidos. El 5 de agosto, el embajador Orlando Letelier remitió un nuevo informe al ministro Clodomiro Almeyda para relatarle la reunión que había mantenido con Henry Kissinger respecto de la gestión realizada por el Gobierno chileno ante el Banco de Exportación e Importación (Eximbank) a fin de lograr un préstamo de veintiún millones de dólares para la adquisición de tres aviones Boeing destinados a la compañía pública LAN.[72] Letelier comunicó a Kissinger que su país deseaba continuar comprando a Estados Unidos bienes de este tipo y que, en el caso de que la respuesta se demorara, la alternativa eran aparatos soviéticos, lo cual tendría una evidente consecuencia en el terreno político que su interlocutor no tuvo más remedio que admitir.

En cuanto a las relaciones bilaterales, Kissinger aseguró que no intervendrían de ninguna manera en los asuntos

---

71 Entre 1970 y 1973 la producción de mineral rojo se mantuvo estable: Chuquicamata proporcionó 263.000 toneladas en 1970 y 265.000 en 1973; El Teniente, 176.600 y 178.100; El Salvador, 93.000 y 84.000. Sin embargo, como el número de trabajadores aumentó de los 23.697 de 1970 a los 31.484 de 1973, la productividad se redujo de manera notable. Las deficiencias pueden atribuirse a la complejidad del proceso de cambio de la administración de las minas y a las consecuencias del bloqueo norteamericano, ya que hasta 1970 el 95 por ciento de las compras de maquinaria, equipos y repuestos se realizaban en el mercado estadounidense. Falcoff, Mark, *Modern Chile. 1970-1989. A Critical History*, Nueva Jersey, Transaction, 2002, pp. 187-189.

72 Fondo Orlando Letelier del Solar del Archivo Nacional de Chile, Caja 8, Carpeta 1, Documento 5.

internos de Chile, pero agregó que estaba recibiendo «enormes presiones» de grupos privados, del Congreso e incluso de sectores de su propio Gobierno para suspender todo tipo de apoyo financiero a su país hasta que acordaran las indemnizaciones a las compañías cupríferas norteamericanas. De acuerdo con las instrucciones que el presidente Allende le había impartido una semana antes en Santiago, Letelier le sugirió que ambos países podrían abordar al máximo nivel las relaciones bilaterales con la visita a Chile de un alto dignatario de Washington que bien podía ser él mismo, idea que este acogió de manera positiva dado su interés, reiterado en varias ocasiones, en conocer personalmente al titular de La Moneda.[73]

Apenas una semana después, el 12 de agosto, el presidente del Eximbank, Henry Kearns, anunció que denegaban la financiación solicitada para la compra de los tres aviones y el portavoz de la Secretaría de Estado, Robert McCloskey, justificó esta decisión porque Chile no había garantizado que las multinacionales recibirían una indemnización adecuada.

Ante el deterioro de las relaciones bilaterales, el 20 de agosto Salvador Allende remitió una nueva misiva a Richard Nixon, en la que defendió las transformaciones que estaban impulsando: «Señor presidente: He decidido dirigirme a usted en carta abierta y pública ante el cariz que están asumiendo últimamente las relaciones entre Chile y los Estados Unidos. Lo hago porque para los países pequeños

73 Pero Henry Kissinger no viajó a Chile hasta junio de 1976, con motivo de la Asamblea General de la Organización de Estados Americanos celebrada en Santiago, cuando se reunió con el dictador. Amorós, Mario, *Pinochet. Biografía militar y política*, Santiago de Chile, Ediciones B, 2019, pp. 423-430.

como el nuestro la fuerza moral de sus posiciones y actuaciones constituye la mejor defensa de sus legítimos derechos y aspiraciones». Reivindicó que la sociedad chilena había expresado libremente la voluntad de hacer cambios profundos para superar «el hambre, la ignorancia, la miseria» y «hemos elegido realizarlos en democracia, pluralismo y libertad» y «en amistad con todos los pueblos de la tierra». Ahora bien, precisó que este proceso solo podía desarrollarse si se apoyaba exteriormente en los principios del respeto a la autodeterminación y el diálogo sincero.

Después de mencionar distintos zarpazos de Washington contra Chile (como el intento fracasado de impedir que la III Conferencia de la UNCTAD se celebrara en Santiago en 1972) y dejar constancia del inicio del bloqueo por parte de las instituciones financieras estadounidenses, mostró su orgullo por la trayectoria democrática de su país y añadió: «La nacionalización de las grandes minas de cobre no es el capricho del Gobierno de Chile. Ha sido una decisión de nuestro pueblo en uso de su soberanía, aprobada por unanimidad en el Congreso e incorporada al texto de la Constitución. Un Congreso, señor presidente, elegido por sufragio universal, directo y secreto, la mayoría de cuyos miembros pertenece a los partidos de oposición».

Asimismo, le explicó que la reforma constitucional establecía con claridad los criterios para determinar la cuantía de las indemnizaciones y que tanto las compañías estadounidenses como el Estado chileno podían apelar la decisión ante una instancia compuesta por una mayoría de miembros de la Corte de Apelaciones de Santiago y del Tribunal Constitucional. Por ello, le expresó que la afirmación de que esta iniciativa negaba las «plenas garantías» para las compensaciones suponía ignorar la realidad institucional y política chilena, ofendía a su Gobierno, al Congreso Nacional, a los partidos políticos, a los tribunales de justicia y a la Contraloría General de la República y constituía una presión inadmisible al pueblo chileno y a sus instituciones representativas «en una materia que no solo es nuestra exclusiva e interna competencia —reconocida por el Derecho Internacional y resoluciones unánimes de las Naciones Unidas—, sino que es vital para nuestra economía y su desarrollo: el cobre significa casi el 80 por ciento de nuestros ingresos en divisas y más del 20 por ciento del presupuesto fiscal».[74]

Conversaciones secretas

«Naturalmente, la Unidad Popular cometió errores, por supuesto. Allende no era un semidiós... Cometieron errores, no solo él, sino sobre todo el equipo económico», señaló Víctor Pey. A su juicio, la falla principal fue «enfrentarse simultáneamente con la burguesía chilena y el imperialismo norteamericano» y mencionó como ejemplo la nacionalización del cobre: «La decisión de expropiar y no pagar a las compañías norteamericanas fue un error grande. Era inaceptable para Estados Unidos y las potencias occidentales, porque, si esto cundía, se derrumbaba el poder económico de los países imperialistas».

Incluso Fidel Castro le había transmitido a Allende este punto de vista en las semanas posteriores a su triunfo electoral

---

[74] *Salvador Allende y Estados Unidos: la CIA y el golpe militar de 1973*, Archivo Salvador Allende, nº 13, Guadalajara (México), 1989, pp. 157-159.

a través de su hija Beatriz, que el 16 de septiembre de 1970 contrajo matrimonio en La Habana con Luis Fernández Oña,[75] quien en diciembre presentaría las cartas credenciales en Santiago como encargado de negocios de la embajada cubana y ministro consejero.[76] Castro le recomendó entonces una política exterior moderada, cuidando las relaciones bilaterales con Argentina, Bolivia y Perú, permanecer en la OEA, no apresurarse a restablecer las relaciones diplomáticas con Cuba, mantener el cobre en la órbita del dólar y aceptar el pago de una indemnización después de la nacionalización del cobre, si así lo exigían las compañías norteamericanas.[77]

En aquellos meses de 1971 en que se tramitaba la reforma constitucional y el asunto de las compensaciones era motivo de debate público, Víctor Pey era partidario de llegar a un acuerdo con las transnacionales y sostenía, con pragmatismo, que el posible pago sería inferior al costo que tendría para el país comprar los repuestos y los reactivos fuera del mercado estadounidense. Por ese motivo, pidió permiso a Salvador Allende para mantener conversaciones reservadas con la Embajada de Estados Unidos, que aún dirigía Edward Korry.

Al presidente le planteó que Chile tenía que hacer «un gesto». «Había una ley en Estados Unidos, la Ley 484 del

---

75 Álvarez Vergara, Marco, *Tati Allende. Una revolucionaria olvidada*, Santiago de Chile, Pehuén, 2017, p. 130.

76 Pérez Haristoy, Ricardo, *Chile en los archivos del Ministerio de Relaciones Exteriores de Cuba (1960-1974)*, Santiago de Chile, Biblioteca Nacional de Chile y Centro de Investigaciones Diego Barros Arana, 2019, pp. 219-221.

77 *Estudios Públicos*, nº 72, Santiago de Chile, primavera de 1998, pp. 391-443.

Departamento de Agricultura, que permitía a los americanos vender trigo y maíz (y Chile tenía que importar cantidades crecientes) a empresas privadas del exterior a precios subsidiados, de tal manera que tenían quince años de gracia para pagar a un 1 por ciento de interés. Era regalado. Yo le iba a proponer a los americanos que trajeran un cargamento con treinta mil toneladas de trigo y maíz y eso iba a ser la antesala que hiciera posible, como retribución, justificar la nacionalización del cobre a través de un convenio pagando una cantidad determinada».[78]

Allende lo autorizó, pero le advirtió que, si aquellas conversaciones reservadas salían a la luz pública, lo negaría. Pey llegó a mantener una reunión con un miembro de la embajada para plantear el asunto, pero la evolución de los acontecimientos y el principismo de las fuerzas de la Unidad Popular, especialmente del Partido Socialista, que defendían la nacionalización sin indemnización, hicieron naufragar su iniciativa, que, además, creía que había emprendido demasiado tarde.

Finalmente, el 28 de septiembre el presidente suscribió el Decreto nº 92 sobre los beneficios excesivos de las compañías afectadas por la nacionalización y ordenó a la Contraloría General de la República que, de las indemnizaciones que estableciera a partir de una rentabilidad anual que se fijaba en el 10 por ciento del valor de las propiedades, descontara a la Anaconda trescientos millones de dólares por Chuquicamata y sesenta y cuatro millones de dólares por El Salvador y a la Kennecott, cuatrocientos diez millones de dólares

---

78 Entrevista del autor a Víctor Pey.

por El Teniente.[79] El 11 de octubre, la Contraloría hizo pública su resolución: no correspondía abonar ninguna cantidad por Chuquicamata, El Teniente y El Salvador, mientras que la Anaconda tenía derecho a una compensación de diez millones de dólares por La Exótica y Cerro de Pasco debía ingresar 18,3 millones de dólares por La Andina.

Washington acogió con hostilidad aquella resolución y el 21 de octubre el secretario de Estado, William Rogers, en una reunión con los ejecutivos de las firmas norteamericanas con intereses en Chile, manifestó que suspendería toda la ayuda a este país si su Gobierno ignoraba las exigencias de estas.[80]

Diez días después, Allende participó en el programa *Meet the Press* de la cadena estadounidense NBC en directo desde los estudios de Televisión Nacional. Escuchado por millones de ciudadanos estadounidenses en horario de máxima audiencia, con traducción simultánea en *off*, respondió a las preguntas de cinco prestigiosos periodistas, entre ellos Tad Szulc de *The New York Times*.[81] En pleno

---

79 Vera Castillo, Jorge, ed., *La política exterior chilena durante el Gobierno del presidente Salvador Allende. 1970-1973*, Santiago de Chile, Ediciones IERIC, 1987, pp. 409-414. El cálculo de sus beneficios excesivos se realizó a partir de los balances posteriores al 5 de mayo de 1955, cuando entró en vigor la Ley nº 11.828 que creó el Departamento del Cobre y ya hubo datos probados sobre tales rentabilidades. En las cuatro décadas anteriores estas compañías habían actuado sin ningún tipo de control público.

80 Novoa Monreal, Eduardo, *La batalla por el cobre. Comentarios y documentos*, Santiago de Chile, Quimantú, 1972, p. 345.

81 *Participación del presidente de la República, compañero Salvador Allende, en el programa de la cadena norteamericana NBC Meet the Press. Santiago, 31 de octubre de 1971*, Santiago de Chile, Oficina de Informaciones y Radiodifusión de la Presidencia de la República, 1971. Documento consultado en la Biblioteca Nacional de Chile.

endurecimiento del bloqueo financiero[82] y coincidiendo con el inicio de la larga batalla legal internacional con las transnacionales afectadas,[83] defendió la nacionalización del cobre, realizada «dentro de los cauces legales chilenos», y reivindicó el derecho a utilizar los beneficios que generaba en favor del desarrollo del país y de la elevación del nivel de vida de sus habitantes. También precisó que sí había una indemnización, aunque «indirecta», ya que Chile tendría que hacerse cargo de las deudas de estas compañías, que ascendían a 727 millones de dólares.

---

[82] El bloqueo económico privó a Chile de los mecanismos de crédito, esenciales en el comercio internacional y que en el contexto latinoamericano estaban en manos principalmente de instituciones estadounidenses o de su órbita. El Eximbank, la Agencia para el Desarrollo Internacional de Estados Unidos, el Banco Interamericano de Desarrollo o el Banco Mundial redujeron al mínimo los créditos y préstamos concedidos al Estado chileno. Otra consecuencia del bloqueo fue la reducción del comercio con Estados Unidos, cuyo efecto más grave fue la carencia de repuestos y de piezas para las maquinarias industriales y los vehículos de todo tipo. Véase Farnsworth, Elizabeth *et al.*, *Chile: el bloqueo invisible*, Buenos Aires, Periferia, 1974.

[83] En febrero de 1972, la Anaconda y la Kennecott lograron el embargo de las cuentas bancarias de varias instituciones públicas chilenas con sede en Nueva York, como CORFO o Codelco (la compañía del cobre). Asimismo, cuando la Kennecott fracasó en los tribunales chilenos en su objetivo de obtener una elevada indemnización, envió cartas a los clientes de El Teniente en las que les aseguró que le pertenecían los derechos de propiedad sobre este mineral y amenazó con adoptar todas las medidas necesarias para protegerlos. El 30 de septiembre de 1972 sus admoniciones se cumplieron cuando solicitó a un tribunal francés que bloqueara el pago a Codelco del cobre de El Teniente que había vendido en este país y que viajaba en un buque que atracaría en Le Havre. Esta estrategia jurídica, que se amplió a Suecia y la República Federal Alemana, dio sus frutos, ya que Chile debió suspender varios envíos a Europa y además abortó las negociaciones para la apertura de líneas de crédito por doscientos millones de dólares en varios bancos europeos.

Por supuesto, debió responder a los tópicos que la prensa norteamericana hacía circular sobre su figura y su Gobierno. Cuestionado sobre si implantaría un «verdadero Estado marxista de un solo partido», esgrimió sus consabidos argumentos sobre la singularidad del proceso político chileno, el pluralismo político e ideológico de la UP y el respeto a los principios democráticos. Y no vaciló en expresar su orgullo por presidir «un Gobierno revolucionario» que había llegado al poder por el sufragio y desarrollaba su programa de transformaciones dentro de los cauces legales.

Defendió también su amistad con Fidel Castro, incluso anunció que este llegaría a Chile en menos de veinte días, y expresó su admiración no solo por el dirigente cubano, sino también por quienes, y citó a Lincoln, «lucharon y dieron libertad a Estados Unidos». «Soy un auténtico demócrata, pero pienso que la democracia no es la democracia formal que ha existido en los países en vías de desarrollo fundamentalmente y aun en países de capitalismo industrial que se dicen demócratas».

En aquellas semanas, cuando empezaban a percibirse los primeros efectos del bloqueo económico, Salvador Allende corrigió la conocida afirmación de Mao Tse-Tung al afirmar: «El imperialismo no es un tigre de papel».[84]

El péndulo de la oposición

Desde enero de 1971 el Partido Nacional desarrolló una estrategia destinada a poner fin a su aislamiento atrayendo a la Democracia Cristiana hacia las trincheras de la confrontación,

---

84 Allende, Salvador, *La conspiración contra Chile*, Buenos Aires, Ediciones Corregidor, 1973, pp. 103-132.

puesto que, por su condición de primer partido del país y su influencia entre algunas capas del proletariado, de los sectores urbanos marginados y del campesinado, además de en las clases medias y los grupos profesionales, era imprescindible para dotar a la movilización opositora de un contenido de masas. Para el Partido Nacional era imperioso evitar que la Unidad Popular pudiera gobernar en un ambiente de normalidad institucional y social ante la existencia en el seno del PDC de sectores favorables al entendimiento con el Ejecutivo. Necesitaba «cavar un abismo», en palabras de Luis Maira, entre la izquierda y el centro para reemplazar el escenario tripolar de septiembre y octubre por uno bipolar: a un lado el bloque «marxista», al otro el bloque «democrático».[85]

La Junta Nacional del Partido Demócrata Cristiano celebrada el 12 y 13 de diciembre de 1970 había acordado el relevo en su cúpula, siendo elegidos presidente y primer vicepresidente los senadores Narciso Irureta y Osvaldo Olguín. En su informe de gestión, que fue aprobado por unanimidad, Benjamín Prado expresó su orgullo por el comportamiento de la DC en las difíciles semanas anteriores e incluso señaló que tal conducta había evitado una guerra civil «mucho más dolorosa y sangrienta que la de 1891».[86] A mediados de enero, este partido rechazó de manera tajante las propuestas del PN de conformar una alianza y consensuar un candidato común para la elección senatorial parcial de abril. «No

---

85 Maira, Luis, «La estrategia y la táctica de la contrarrevolución chilena en el ámbito político-institucional», en Federico G. Gil *et al.*, dirs., *Chile, 1970-1973. Lecciones de una experiencia*, Madrid, Tecnos, 1977, pp. 244-276.

86 Discurso consultado en el Repositorio Digital Archivo Patricio Aylwin Azócar. http://www.archivopatricioaylwin.cl/handle/123456789/6579

aceptamos participar en ningún frente cívico ni político con los partidos de derecha», señaló Irureta. «Estamos en la línea de la plena defensa de los principios democráticos, de la legitimidad del Gobierno del señor Allende y del rechazo de cualquier intento de alterar el orden constitucional».[87]

Quien mantenía sus prejuicios era Eduardo Frei. El 19 de marzo, la Embajada de Portugal informó a su Ministerio de Asuntos Exteriores que el embajador brasileño, António da Cámara Canto (un furibundo anticomunista), había dialogado unos días antes con «un gran amigo suyo», Frei, quien le manifestó su «desánimo» y su «pesimismo» sobre la situación política y económica del país, confesándose, además, «culpable» por haber entregado el poder a «los marxistas». El expresidente auguró que el resultado del Gobierno de la UP sería «una guerra civil con un gran baño de sangre».[88]

A principios de mayo, después del acuerdo en torno a la nacionalización del cobre, el PDC reunió a su Consejo Nacional en la localidad costera de Cartagena. La declaración política aprobada, presentada por el senador Renán Fuentealba, señaló que no descartaban otros posibles acuerdos con el Ejecutivo para alcanzar determinados objetivos, pero que la misión fundamental del partido era participar en el debate de los asuntos nacionales aportando sus propuestas propias, para que la ciudadanía conociera «las coincidencias y diferencias fundamentales existentes entre la DC y la UP».

Asimismo, expresó la satisfacción por el resultado en las elecciones municipales de abril, que lo confirmaron como

87 *El Mercurio*, Santiago de Chile, 21 de enero de 1971, p. 24.

88 Archivo Diplomático del Ministerio de Negocios Extranjeros de Portugal. Caja S3E37P2-35105, 1971. Carpeta 326,20 *processo geral*. Documento cedido por el historiador Francisco Javier Morales Aguilera.

el partido más votado (aunque con poco más de la mitad de sufragios que el conjunto de la UP). Y llegó a un extremo inédito en las más de tres décadas de existencia del socialcristianismo chileno: en un momento en que en el país empezaba a gestarse el movimiento Cristianos por el Socialismo (con la participación de decenas de sacerdotes, religiosas y laicos)[89] y la Teología de la Liberación se extendía por América Latina, la DC se definió como «un movimiento revolucionario» que luchaba por «una sociedad socialista comunitaria, democrática, popular y pluralista, inspirada en los valores permanentes del cristianismo». El denominado, y enigmático, «socialismo comunitario», que oponían al «socialismo estatista» que asignaban a la UP, se convertiría muy pronto en su ariete ideológico contra la izquierda.[90]

Mientras tanto, desde el sector más progresista de la Democracia Cristiana, el 3 de junio Radomiro Tomic remitió una carta al presidente Allende en la que le remarcó que su proyecto político requería de la mayoría institucional y ello implicaba «el gobierno conjunto con la Democracia Cristiana», pero «no para transar el programa» de la UP, sino para «facilitar su cumplimiento en términos aceptables para ambos». Para favorecer los acuerdos, le propuso que la izquierda respaldara a un candidato democratacristiano en la próxima elección complementaria de Valparaíso, idea que Allende veía con buenos ojos.[91]

---

89 Amorós, Mario, «La Iglesia que nace del pueblo: Relevancia histórica del movimiento Cristianos por el Socialismo», en Julio Pinto Vallejos, coord., pp. 107-126.

90 *La Prensa*, Santiago de Chile, 10 de mayo de 1971, p. 1.

91 Donoso Pacheco, Jorge, comp., *Tomic. Testimonios*, Santiago de Chile, Emisión, 1988, pp. 391-395.

Capítulo VIII

LA BURGUESÍA EN LA ESCUELA DE LENIN

El 8 de junio, miembros de la ultraizquierdista Vanguardia Organizada del Pueblo ametrallaron en Santiago al ingeniero Edmundo Pérez Zujovic, exministro del Interior, destacado dirigente de la Democracia Cristiana y amigo desde hacía tres décadas del presidente Allende,[1] quien declaró duelo nacional y dispuso un funeral con honores de jefe de Estado, aunque se excluyó del mismo. Además, el Gobierno declaró el estado de emergencia en la provincia de Santiago, con toque de queda desde la una a las seis de la madrugada, y designó como jefe militar al general Pinochet.

En los días posteriores, efectivos del Ejército bajo su mando participaron en el operativo que en la madrugada del 13 de junio permitió localizar a los principales dirigentes de la VOP en un lugar cercano al hipódromo Chile. Allí se produjo un enfrentamiento armado que duró cinco horas entre los hermanos Arturo y Ronald Rivera, que murieron, y casi doscientos integrantes de Carabineros, la Policía de Investigaciones y el Regimiento Buin. Pinochet llegó a las ocho y media de la mañana y felicitó efusivamente a Carlos Toro, subdirector de la Policía de

---

1 Labarca (2008), pp. 185-189.

Investigaciones y militante comunista,[2] y al día siguiente entregó a los periodistas un comunicado de seis puntos en el que remarcó que la actuación de sus tropas se había ajustado a las «instrucciones generales impartidas por el Supremo Gobierno».[3]

La Unidad Popular, que condenó el atentado de manera enérgica, al igual que el MIR, aseguró que la VOP estaba infiltrada por la CIA[4] y que su actuación beneficiaba a quienes pretendían erosionar la imagen del Ejecutivo, al vincularlo con acciones terroristas, y promovían la sedición. «Los autores del crimen buscan una ruptura definitiva entre el presidente Allende y la Democracia Cristiana», señaló al día siguiente el diario bonaerense *La Opinión.*[5]

Los sectores conservadores del PDC utilizaron el magnicidio para abrir una sima con la coalición gubernamental que a la postre se demostró insalvable. El 16 de junio, desde Londres y antes de regresar precipitadamente a Chile, Frei

---

2 Toro, p. 347.

3 *El Mercurio*, Santiago de Chile, 15 de junio de 1971, p. 17.

4 Según uno de los documentos de la CIA desclasificados en 1999, el 11 de junio de 1971 Henry Kissinger informó a su presidente: «Allende está tratando de culparnos del asesinato del exministro democratacristiano Edmundo Pérez...». Entonces Nixon le preguntó: «¿No estaremos metidos nosotros en esto?». Y Kissinger respondió: «Por supuesto que la CIA no es responsable. Esto es extremadamente importante para nosotros. Chile quiere volver a tener relaciones normales con nosotros, pero esas acusaciones de que estamos involucrados en el asesinato...». John Connaly, otro asesor de seguridad exterior de Nixon, le inquirió: «¿Cómo podemos estar seguros de que no fuimos nosotros?». *La Tercera*, Santiago de Chile, 10 de octubre de 1999, suplemento *Reportajes*, p. 4.

5 *La Opinión*, Buenos Aires, 9 de junio de 1971, p. 2. Su crónica también destacó que aquel crimen tuvo las mismas características que el que costó la vida del general René Schneider.

asumió el discurso de la derecha[6] sobre la existencia de grupos armados afines a la UP, e instó a Allende a disolverlos. Además, no dejó espacio a la duda al asegurar que su partido estaba «claramente ubicado en la oposición».[7]

Aquel mismo día, Salvador Allende, en un acto de masas organizado por la CUT «contra la sedición y el terrorismo», denunció que el atentado perseguía forzar una intervención militar, evocó lo sucedido en España en julio de 1936 en los días anteriores al golpe de Estado contra la Segunda República, cuando se produjo el asesinato del diputado derechista José Calvo Sotelo, y destacó «la lealtad de las Fuerzas Armadas a la Constitución y a la ley», así como la actuación del jefe de la guarnición de Santiago, el general Pinochet. El presidente calificó a los miembros de la VOP como «falsos revolucionarios» y, a partir de una cita de Lenin, señaló que las revoluciones son obra de las grandes masas «conscientes y organizadas» y que «el espontaneísmo del atentado terrorista está desligado del movimiento obrero».

Y puso de relieve las consecuencias políticas: «Buscando una víctima como el señor Edmundo Pérez, se medía la posibilidad de un entendimiento político entre la Democracia Cristiana y el Partido Nacional para crear un frente único en contra del Gobierno».[8] De hecho, el PDC acababa de romper de manera inopinada el acuerdo por el que un militante de la UP presidía la Cámara de Diputados y uno

---

6 El mismo 8 de junio, el Partido Nacional había asegurado que aquel asesinato era «la culminación de la escalada del terrorismo marxista contra las instituciones políticas y los demócratas del país». Archivo de Sergio Onofre Jarpa, Centro de Investigación y Documentación de la Universidad Finis Terrae (Santiago de Chile), Caja 2.

7 *El Mercurio*, Santiago de Chile, 17 de junio de 1971, p. 1.

8 Allende (1973), pp. 63-101.

de sus filas (Patricio Aylwin desde enero de aquel año), el Senado. Y la derecha había apoyado a su candidato, Edgardo Boeninger, quien acababa de vencer a Eduardo Novoa Monreal, de la Unidad Popular, en las elecciones a rector de la Universidad de Chile.

La voluntad indisimulada del PN de atraer hacia la confrontación a la Democracia Cristiana y la hostilidad de su sector conservador al entendimiento con la UP hallaron una oportunidad inmejorable en la coyuntura política, puesto que, ante la elección complementaria que el 18 de julio se celebraría en la provincia de Valparaíso para reemplazar a una diputada democratacristiana fallecida, el Partido Nacional lanzó hábilmente el anzuelo y ofreció su respaldo incondicional al candidato del PDC, el doctor Óscar Marín.

En junio, el presidente había sugerido a la UP plantear un acuerdo a esta fuerza para respaldar a su representante siempre que postulara a un militante de su tendencia progresista. Allende consideraba contraproducente disminuir la gran victoria de abril con una derrota en una elección que no alteraría la distribución de fuerzas en el Congreso Nacional y deseaba también neutralizar la pretensión derechista de forjar un frente amplio contra el Gobierno.

Pero la Unidad Popular decidió levantar la candidatura del socialista Hernán del Canto, quien en una dura campaña tuvo que enfrentar al centro y a la derecha unidos por primera vez desde 1964 y perdió por menos de cinco mil votos.[9] Fue un revés duro, puesto que solo hacía una semana que Allende había firmado la histórica nacionalización del cobre, y en aquellos días, además, el Ejecutivo se volcaba

---

[9] Garcés, Joan E., *Allende y la experiencia chilena. Las armas de la política*, Barcelona, Ariel, 1976, pp. 205-206.

en la ayuda a los damnificados por el terremoto que había sacudido la zona la noche del 10 de julio.

No obstante, la alianza con la derecha tuvo repercusiones inmediatas en el PDC, porque a fines de aquel mes sufrió una nueva escisión con la salida de ocho diputados (entre ellos Luis Maira) y una parte de su rama juvenil, que fundaron la Izquierda Cristiana y se unieron a la Unidad Popular.[10] Esta ruptura consumó el debilitamiento definitivo del ala progresista del Partido Demócrata Cristiano.

En agosto, otro hecho sacudió la estabilidad de la coalición gubernamental con la división del radicalismo y la creación del Partido de Izquierda Radical (PIR), que reivindicó su papel crítico en el seno del oficialismo desde una perspectiva marcadamente socialdemócrata, mientras que el Partido Radical profundizaba su acercamiento al marxismo, algo que Allende también lamentó puesto que con esta metamorfosis perjudicaba su tradicional arraigo en las clases medias.

Tambores de guerra

A principios de septiembre, Orlando Sáenz, el nuevo presidente de la Sociedad de Fomento Fabril, una de las principales organizaciones patronales, convocó a los prohombres del sector industrial y financiero a un seminario en el hotel

---

10 En la Izquierda Cristiana también ingresaron los tres parlamentarios del MAPU (los senadores Rafael Agustín Gumucio y Alberto Jerez y el diputado Julio Silva Solar) y el ministro Jacques Chonchol, disconformes con la asunción por este partido de los postulados marxistas-leninistas y convencidos de la necesidad de ofrecer un cauce propio a los creyentes que apoyaban al Gobierno.

O'Higgins de Viña del Mar. «Les dije que había llegado a la conclusión de que el Gobierno de Allende era incompatible con la libertad de Chile y la existencia de la empresa privada. La única forma de evitar el fin era derrocarlo», confesó. La primera de las decisiones fue la organización de «una estructura de guerra», que les exigía hacer acopio de fondos dentro y fuera del país, así como la preparación de programas de gobierno alternativos y precisos «y una permeación de todo esto hacia las Fuerzas Armadas». «Lo concreto es que al día siguiente entramos en una disciplina militar, nos pusimos ¡y comenzó la guerra!», añadió.[11]

También ha desvelado que recibieron dólares principalmente desde Zúrich, Nueva York, Monterrey, Caracas y Buenos Aires, que repartían entre el gremio de los camioneros, Patria y Libertad, el Partido Nacional, la Democracia Cristiana o el Movimiento Gremial de la Universidad Católica.[12] En cambio, jamás se ha referido a los estrechos vínculos que mantuvieron con Brasil, descubiertos ya en enero de 1974 por la periodista Marlise Simons en un reportaje titulado «The Brazilian connection».[13]

Simons ofreció los testimonios del ingeniero de minas Glycon de Paiva y del periodista Aristóteles Drummond, dos de las personas que proporcionaron «dinero, armas y consejos» a los civiles chilenos que preparaban «el terreno» para un golpe militar contra al presidente Allende, de acuerdo con su experiencia frente al Gobierno progresista de Joao Goulart. Promover el caos económico y político, avivar el

---

11 González, p. 119.

12 Verdugo, Patricia, *La Casa Blanca contra Salvador Allende. Los orígenes de la guerra preventiva*, Madrid, Tabla Rasa, 2004, pp. 135-136.

13 *The Washington Post*, Washington, 6 de enero de 1974, p. B3.

descontento y el miedo profundo al comunismo entre los empresarios y los empleados, bloquear los esfuerzos legislativos de la izquierda, organizar demostraciones de masas y manifestaciones e incluso actos de terrorismo fueron las principales recomendaciones, así como, según explicó De Paiva, «utilizar a sus mujeres contra los marxistas», puesto que ellos ya promovieron un exitoso movimiento femenino en defensa de «la democracia» en Brasil.

A aquel cónclave de septiembre de 1971 en Viña del Mar Orlando Sáenz no solo invitó a los cargos públicos de las organizaciones patronales, sino también a personas clave de la elite como Javier Vial, Eugenio Heiremans o Hernán Cubillos, vicealmirante de la Armada en retiro y el hombre a quien Agustín Edwards había confiado la dirección de sus negocios un año antes, al abandonar el país.[14] Juntos habían fundado en 1967 la Cofradía Náutica del Pacífico Austral, una entidad social oficialmente dedicada al fomento de los deportes en el mar, pero que a partir de 1972 reunió (con la sola excepción de la Fuerza Aérea) a los principales promotores del golpe de Estado del 11 de septiembre de 1973, desde los oficiales de la Armada José Toribio Merino, Patricio Carvajal y Arturo Troncoso, al general de Ejército Sergio Arellano y el general de Carabineros Arturo Yovane. Otro de sus miembros fue Roberto Kelly, oficial retirado de la Armada, empleado de Agustín Edwards y uno de los civiles más activos en la articulación de las redes que sustentaron la conspiración.[15]

Por su parte, en octubre de 1971 la DC lanzó una ofensiva parlamentaria para intentar domesticar la acción del

---

14 *Qué Pasa*, Santiago de Chile, 1 de septiembre de 1996, pp. 4-5.

15 Fontaine Aldunate, Arturo, *Los economistas y el presidente Pinochet*, Santiago de Chile, Zig-Zag, 1988, p. 17.

Ejecutivo en lo relativo a las nacionalizaciones y los límites del Área de Propiedad Social, restringir la capacidad de cumplir su programa dentro de los márgenes de la legalidad e incluso privarle de las posibilidades, facultades y atribuciones que las administraciones anteriores tuvieron dentro del mismo marco jurídico. El 14 de octubre, sus senadores Renán Fuentealba y Juan Hamilton presentaron un proyecto de reforma constitucional para delimitar al máximo nivel normativo las áreas de la economía nacional, al que el Gobierno respondió con un proyecto de ley cinco días después.[16]

Con el apoyo de la derecha, la denominada «reforma Hamilton-Fuentealba» abogaba por definir cuatro áreas en la estructura económica, planteando asimismo la creación de las «empresas de trabajadores»; obligaba a que la nacionalización total o parcial de la propiedad de una empresa se hiciera con la aprobación de una ley específica; establecía la participación de los trabajadores en su administración y sus beneficios y extendía una protección al máximo nivel legal a los pequeños y medianos propietarios y empresarios. Asimismo, restringía a seis meses su opción para requisar e intervenir empresas y anulaba, *a posteriori*, los convenios de adquisición de acciones suscritos por la CORFO.[17]

En su intervención en la sesión del Senado del 2 de noviembre, Renán Fuentealba admitió la legalidad de las disposiciones utilizadas por el Ejecutivo para expropiar o

---

16 San Francisco, Alejandro, dir., *et al.*, *Historia de Chile 1960-2010. Tomo 5: Las vías chilenas al socialismo. El Gobierno de Salvador Allende (1970-1973). Primera parte*, Santiago de Chile, Universidad San Sebastián, 2019, pp. 346-347.

17 Magasich, Jorge, *Datos históricos sobre la Democracia Cristiana*, Santiago de Chile, Editorial Aún Creemos en los Sueños, 2018, pp. 47-52.

requisar industrias, pero añadió que el abuso de las mismas sustraía del debate parlamentario la aprobación de una legislación que delimitara claramente las áreas de la economía y determinara qué empresas, bienes o medios de producción, distribución o servicio debían pasar a propiedad estatal. Reafirmó que la DC era favorable a la «sustitución del capitalismo», pero no por un socialismo estatista, sino por «una sociedad socialista comunitaria», y exageró notoriamente los objetivos del Gobierno: «Somos contrarios a que el Estado sustituya a los capitalistas en una nueva organización social tomando sobre sí, de manera exclusiva, la propiedad y administración de todos los bienes y medios de producción y, sobre todo —esto es lo más importante—, concentrando en sus solas manos todo el poder».[18]

Cegada por sus prejuicios ideológicos, la DC no quiso reconocer la participación de la clase obrera, a través de la CUT, en la dirección de las empresas nacionalizadas, a pesar de la presencia de dirigentes y militantes de sus filas en la central sindical. Tampoco sería capaz de interpretar correctamente la conciencia de clase y el patriotismo de los trabajadores en momentos tan dramáticos y determinantes como el paro patronal de octubre de 1972, cuando estos protegieron la economía nacional del sabotaje y mantuvieron al país en pie, así como el 29 de junio de 1973 y los días posteriores.

El 4 de noviembre, Allende pronunció un discurso en el Estadio Nacional en conmemoración de su primer año en La Moneda, en el que se refirió a los logros, los desafíos

---

18 Instituto de Estudios Políticos, *1970-1973: La lucha por la juridicidad en Chile, tomo 3*, Santiago de Chile, Editorial del Pacífico, 1974, pp. 13-32.

y las esperanzas del movimiento popular.[19] Aunque había nubarrones en el horizonte, el balance era auspicioso. En materia económica destacó que el Estado ya controlaba casi el 90 por ciento de la antigua banca y que había nacionalizado más de setenta empresas monopólicas o estratégicas. La reducción del desempleo del 8,3 al 4,8 por ciento y de la inflación del 33 al 15 por ciento, así como el aumento de la participación de los trabajadores en la renta nacional, del 50 al 59 por ciento, eran otras cifras positivas.

La producción industrial creció un 12 por ciento (la cifra más alta de la última década), la minera, un 10 por ciento, la agraria casi un 5 por ciento y el Producto Interior Bruto lo hizo en cerca de un 8 por ciento, frente al 2,7 de promedio entre 1967 y 1970. No obstante, los aumentos más espectaculares tuvieron lugar en los sectores nacionalizados: la producción de salitre se incrementó en un 50 por ciento, la de cemento un 7 por ciento, la refinación de petróleo un 32 por ciento y la de la industria electrónica un 55 por ciento.

El presidente subrayó que en los años siguientes el esfuerzo productor debía concentrarse en los sectores de bienes de equipo y materias primas agrícolas y minerales, así como en las infraestructuras energéticas, sociales (sanidad, educación, vivienda...) y de transportes. Y anunció un plan de construcción de miles de viviendas, diecinueve hospitales y 695 escuelas, con un presupuesto de cuatro mil millones de escudos. El Gobierno también había puesto en marcha campañas de prevención de enfermedades endémicas, control de la calidad del agua, erradicación de los basureros y limpieza de las poblaciones populares.

---

19 Martner (1992), pp. 355-381.

Asimismo, comunicó la próxima presentación del proyecto que sustituiría al Congreso Nacional por la unicameral Asamblea del Pueblo, que contemplaba que sus integrantes serían elegidos al mismo tiempo que el presidente de la República y que podría ser disuelta una vez por el jefe del Estado, pero fue rechazado por los parlamentarios de la oposición.

También mencionó los errores que debían corregir: el sectarismo, el exclusivismo («los puestos públicos no son granjerías para los hombres de la Unidad Popular») y el famoso «cuoteo», llamando a valorar más las cualidades personales que la adscripción a un determinado partido. Y, como tantas veces, puso fin a su discurso con unas palabras en las que abogó por el entendimiento de todos los revolucionarios: «El pueblo ha aprendido que en la unidad está la victoria. No dejemos que se resquebraje la unidad del pueblo, no permitamos que extremismos pretendan desquiciar lo que ha sido la base fundamental. Hay que encontrar, y lo buscaremos, el lenguaje que una a todos los revolucionarios, porque los enemigos son demasiado poderosos y no descansan y tenemos que defender la victoria popular; el pueblo sabe que él es el auténtico forjador del triunfo».

Seis días después Fidel Castro llegó a Santiago y fue aclamado ya durante el trayecto desde el aeropuerto hasta La Moneda por una multitud. En su primer viaje oficial a una nación latinoamericana desde la expulsión de Cuba de la OEA en 1962, el comandante cubano aterrizó en un país sacudido por dos ácidas polémicas: el rechazo frontal de la oposición a que fuera nacionalizada la Compañía Papelera, perteneciente al grupo Matte-Alessandri y que producía más del 90 por ciento del papel que se consumía,[20] y el conflicto en la Universidad de Chile, donde aquellos días hubo enfrentamientos violentos en las facultades de Derecho e Ingeniería.

Durante los veinticinco días de estancia (una duración sin duda inusual que enervó a la oposición), el comandante cubano, símbolo junto con Ernesto Guevara de la lucha armada revolucionaria en América Latina, fue muy respetuoso con la *vía chilena al socialismo* en sus discursos, entrevistas de prensa y multitudinarios debates en diferentes ciudades. En los encuentros públicos con estudiantes de varias universidades, sacerdotes de izquierda, campesinos, mineros, obreros o dirigentes de la CUT tuvo que responder a las insistentes preguntas sobre si aquel proceso era «reformista» o «revolucionario», dos términos que en el imaginario izquierdista de la época estaban separados por un abismo político y eran objeto de polémicas apasionadas.[21]

Pero también se expresó con crudeza el 2 de diciembre, en el acto de despedida celebrado en el Estadio Nacional, cuando afirmó: «La cuestión que obviamente se plantea, vista por un visitante, este proceso es si acaso se cumplirá o no la ley histórica de la resistencia y de la violencia de los explotadores. Porque hemos dicho que no existe en la Historia ningún caso en que los reaccionarios, los explotadores, los privilegiados de un sistema social se resignen pacíficamente

---

20 Santa Cruz A., Eduardo, *Prensa y sociedad en Chile. Siglo XX*, Santiago de Chile, Editorial Universitaria, 2014, p. 157.

21 El Gobierno cubano publicó un libro de más de seiscientas páginas que recogió su estancia en Chile y todas sus intervenciones: *Cuba-Chile. Encuentro simbólico entre dos procesos históricos*, La Habana, Ediciones Políticas, Comisión de Orientación Revolucionaria del Comité Central del Partido Comunista de Cuba, 1972. Por su parte, la editorial Quimantú editó *Fidel en Chile. Textos completos de su diálogo con el pueblo*.

a los cambios...». Y con las imágenes en su cabeza de los disturbios callejeros de la oposición en Santiago la noche anterior, añadió: «Ustedes viven un proceso muy especial, pero que no es nuevo en lo que se refiere al proceso de lucha de clases. Están viviendo el momento en que los fascistas, para llamarlos como son, están tratando de ganarles la calle, están tratando de ganarles las capas medias de la población». A su juicio, el éxito o el fracaso de aquella «insólita» experiencia iba a depender de la batalla ideológica, la lucha de masas y la capacidad de las fuerzas revolucionarias para crecer, sumar apoyos y «ganarse a las capas medias de la población».[22]

Fue durante su discurso en aquel acto cuando Salvador Allende aseguró en público por primera vez que solo abandonaría La Moneda cuando cumpliera el mandato que el pueblo le entregó en las urnas en 1970 y que posteriormente ratificó la soberanía nacional representada en el Congreso Pleno.[23]

La estrategia de la tensión

El 1 de diciembre, la oposición organizó la «Marcha de las Cacerolas Vacías», una manifestación que discurrió por el centro de Santiago protagonizada por unas cinco mil mujeres que protestaban, golpeando útiles de cocina, por el desabastecimiento de alimentos con unas consignas llenas de odio contra la izquierda. Fueron escoltadas por un cordón de seguridad de Patria y Libertad, que aquella noche tuvo su bautismo de fuego.

---

[22] Farías, tomo 3, pp. 1.364-1.385.

[23] Farías, tomo 3, pp. 1.353-1.363.

Según el balance ofrecido al día siguiente por el ministro del Interior, José Tohá, participantes en aquella manifestación, que significó la irrupción del movimiento femenino *antiallendista*,[24] agredieron a efectivos de Carabineros, asaltaron locales del Partido Radical y de las Juventudes Comunistas, intentaron bloquear el Teatro Municipal, donde se celebraba un acto para conmemorar el primer centenario del Ministerio de Relaciones Exteriores con la asistencia del jefe del Estado y del cuerpo diplomático acreditado, y pretendieron incendiar el edificio en construcción que acogería en abril de 1972 la III Conferencia de la UNCTAD[25] e incluso atentar contra la residencia presidencial de Tomás Moro 200.[26]

Como el Gobierno decretó de nuevo el estado de emergencia en la provincia de Santiago, el 2 de diciembre el general Augusto Pinochet volvió a asumir la jefatura del orden público y prohibió las movilizaciones y la difusión de noticias que pudieran incitar a cometer disturbios, bajo la amenaza de clausura temporal del medio infractor y la presentación de una denuncia en los tribunales.

De hecho, dos días después convocó a los directores de diarios, revistas y medios de difusión de la ciudad para comunicarles que había decidido presentar una querella contra el periódico *Tribuna* (altavoz del Partido Nacional) por

---

24 Mattelart, Michèle, «Chile: El golpe de Estado en femenino o cuando las mujeres de la burguesía salen a la calle», La Habana, *Casa de las Américas*, nº 88, enero-febrero de 1975, pp. 75-90.

25 Hoy es el GAM, uno de los centros culturales más importantes de Santiago de Chile. Acerca de su construcción en un tiempo récord, véase este trabajo del arquitecto que la dirigió: Lawner, Miguel, «Viviendas dignas para hombres dignos», en Miguel Lawner *et al.*, eds., pp. 281-305.

26 *Clarín*, Santiago de Chile, 3 de diciembre de 1971, p. 4.

injuriar a las Fuerzas Armadas, ya que el día anterior había publicado estos versos de homenaje a las protagonistas de la «Marcha de las Cacerolas Vacías»: «Nuestra lucha recién comienza. / Las Fuerzas Armadas se entregaron / por un automóvil nuevo, / por una casa, / por un aumento de sueldo. / Los carabineros tienen miedo. Mujeres de Chile, chilenas / iniciemos nuestra marcha solas».

El medio izquierdista *Puro Chile* llevó sus declaraciones a primera página. «He pedido en todos los tonos que los diarios no titulen incitando a la violencia. Les solicito nuevamente que asuman sus serias responsabilidades con un mayor nivel de conciencia pública frente a los problemas que estamos viviendo», aseguró Pinochet. «¿Qué quieren? ¿Una guerra civil? Porque golpes de Estado no ocurren en Chile».[27]

A fines de aquel año, en la renovación del alto mando del Ejército, los generales Manuel Pinochet, Pablo Schaffhauser, Raúl Poblete y Enrique Cea pasaron a retiro y Carlos Prats designó a Augusto Pinochet sustituto de Schaffhauser como jefe del Estado Mayor General.[28] Por su eficaz desempeño a lo largo de aquel año en dos momentos tan complejos como el asesinato de Pérez Zujovic y la «Marcha de las Cacerolas Vacías», depositó su confianza de nuevo en él al otorgarle el segundo puesto más importante de la institución. Este no tenía atribuciones de mando directo, ya que sus instrucciones y el control de su cumplimiento pasaban por el conducto del comandante en jefe, pero lo

27 *Puro Chile*, Santiago de Chile, 5 de diciembre de 1971, pp. 1 y 24.

28 Con la firma del presidente Allende y del ministro Ríos Valdivia, el ascenso se publicó en el Anexo al *Boletín Oficial del Ejército* el 24 de enero de 1972. Archivo General del Ejército de Chile.

reemplazaba cuando se ausentaba o en caso de fallecimiento hasta la designación de su sustituto.[29]

Al tiempo que la derecha elevaba a las protagonistas de la «Marcha de las Cacerolas Vacías» a la condición de heroínas, el 16 de diciembre en un acto celebrado en el Estadio Nacional el PDC anunció, a través de su nuevo presidente, Renán Fuentealba, la presentación de una acusación constitucional contra el ministro del Interior por la respuesta de la fuerza pública el 1 de diciembre.[30]

Como la distancia entre la DC y el Gobierno se ensanchaba, en aquellos días Allende mantuvo un encuentro reservado con Radomiro Tomic. Según el relato de Joan Garcés, testigo del mismo, Tomic admitió que posiblemente dicha iniciativa era improcedente, pero le recordó que la clave del conflicto político era que la UP estaba en minoría en las instituciones del Estado y por ello la crisis se agravaría con el tiempo. Allende le reprochó que su partido había asumido una posición cada vez más intransigente que podía acarrear consecuencias muy serias para el país y se mostró dispuesto a revertir esta dinámica e incluso le propuso que aceptara el Ministerio de Minería. Pero Tomic se negó porque creía que, si daba ese paso, no habría acuerdo entre la DC, que se dividiría de nuevo, y el Ejecutivo.[31]

---

29 Cavalla Rojas, Antonio, *Organización y estructura de las Fuerzas Armadas*, México DF, Casa de Chile, 1978, p. 36.

30 *La Prensa*, Santiago de Chile, 16 de diciembre de 1971, en Miguel González Pino y Arturo Fontaine Talavera, *Los mil días de Allende*, Santiago de Chile, Centro de Estudios Públicos, 1997, tomo 1, p. 257.

31 Garcés, Joan E., «El pluralismo en el Gobierno de Salvador Allende», Santiago de Chile, *Alternativa*, nº 9, junio-septiembre de 1998, p. 36.

El 2 de enero de 1972, en un artículo titulado «El drama de Chile», publicado en *La Prensa* (el diario de su partido), Eduardo Frei exaltó a las mujeres que golpearon las «cacerolas vacías» y abrió una línea argumental que ni siquiera la derecha o la ultraderecha habían sugerido todavía, pues alertó de la «destrucción» del país por el Gobierno de la UP. Junto con las críticas a la conducción económica, censuró el «clima de tensión casi irrespirable» que en su opinión atenazaba a los inversores privados, a los trabajadores de las empresas nacionalizadas, a los agricultores y a una Universidad de Chile «destruida y paralizada». «Pero lo peor es la destrucción espiritual, el clima de odio, la existencia indisimulada de bandas armadas que amenazan a los ciudadanos y pretenden amedrentar a las mujeres (...) todo lo cual ha creado un clima desconocido hasta ahora en Chile. El régimen jurídico se respeta en la forma, pero no en su espíritu».[32]

La Carta Magna concedía al Congreso Nacional la facultad de deponer, a través de una acusación constitucional, a ministros, intendentes y gobernadores, magistrados de los tribunales superiores de justicia y generales y almirantes, e incluso al presidente de la República, por la imputación de diferentes delitos, explicitados en su artículo 39.[33] En esos casos, desde que la Cámara de Diputados aprobaba la acusación, el ministro afectado quedaba suspendido de sus funciones y, en virtud del artículo 42, el Senado debía resolver

32 Pinochet de la Barra, pp. 439-444.

33 Así, en el caso de los ministros, se trataba de «los delitos de traición, concusión, malversación de fondos públicos, soborno, infracción de la Constitución, atropellamiento de las leyes, por haberlas dejado sin ejecución y por haber comprometido gravemente la seguridad o el honor de la nación».

como jurado: tan solo se limitaba a declarar si era culpable de los delitos o abusos que se le imputaban y, de ser así, quedaba apartado del cargo definitivamente. Para la destitución del jefe de Estado se requería una mayoría cualificada de dos tercios del Senado, en el resto de casos tan solo la mayoría relativa. Este mecanismo se había empleado solo en una ocasión contra un presidente (Carlos Ibáñez del Campo en 1956) y muy pocas veces contra ministros.[34]

La acusación constitucional contra José Tohá, una de las personas política y humanamente más próximas al presidente Allende, presentada por diez diputados democratacristianos el 24 de diciembre, se fundamentó en la denuncia de la existencia de grupos armados ilegales, tanto de extrema izquierda como de extrema derecha, que el Ejecutivo, y en particular el titular de Interior, habría sido incapaz de desarticular o habría tolerado. Además, el PDC argumentaba las presuntas violaciones reiteradas por parte del Gobierno del derecho de reunión de campesinos, trabajadores, estudiantes y pobladores partidarios de las fuerzas opositoras y denunciaba el intento de asfixiar económicamente a los medios de comunicación que no controlaba, además de utilizar el canal estatal de televisión como instrumento de propaganda.[35]

El 3 de enero, en su defensa ante la Cámara de Diputados, José Tohá negó la existencia de los grupos armados ilegales denunciados por la Democracia Cristiana, asegurando

---

34 Maira, Luis, *Chile: autoritarismo, democracia y movimiento popular*, México DF, CIDE, 1984, pp. 244-276.

35 Aylwin, Patricio, *Informe sobre posición de la Democracia Cristiana chilena frente al gobierno de S. Allende*, Santiago de Chile, 15 de noviembre de 1973, pp. 6-7. Documento consultado en el Repositorio Digital Archivo Patricio Aylwin Azócar. http://www.archivopatricioaylwin.cl/handle/123456789/7134

que habían acusado sin ningún fundamento a algunas organizaciones, como las brigadas muralistas Ramona Parra y Elmo Catalán. Añadió que jamás había prohibido a Carabineros e Investigaciones proceder contra un grupo que infringiera la legalidad y puso como ejemplo la celeridad con la que habían ubicado a los responsables del asesinato de Pérez Zujovic. También intervinieron el general Mario Sepúlveda, jefe del Servicio de Inteligencia Militar, y José María Sepúlveda, general director de Carabineros, quienes corroboraron los argumentos de Tohá.

El 7 de enero, ya de madrugada, horas después de la votación en la Cámara de Diputados que, tras una sesión de doce horas, lo suspendió de sus funciones en el gabinete, el presidente Allende anunció desde los balcones de La Moneda a los miles de personas congregadas que lo designaría ministro de Defensa. En un tono dramático evocó el suicidio del presidente José Manuel Balmaceda el 19 de septiembre de 1891: «Y miles y miles de chilenos, sin saberlo, quizás están viviendo horas parecidas a las que la patria viviera hace ochenta años, cuando Balmaceda, con hondo, profundo y heroico sentido patriótico, reclamara para Chile el salitre y quisiera para Chile la dignidad de ser un país dueño de sus riquezas. Balmaceda, acorralado y perseguido por los grupos oligárquicos, vio al país sumergido en una guerra fratricida y puso fin a su existencia legando a los chilenos un ejemplo profundo y hondo de sentido nacional y de responsabilidad. Recogemos la herencia, pero decimos que los tiempos han cambiado. Ochenta años no pasan en vano en ningún país. No se va a repetir lo de ayer. No habrá aquí una guerra fratricida, porque la vamos a impedir, y no habrá un presidente que tenga que suicidarse, porque no lo haré...».

Expresó también su convicción de que la Unidad Popular podría continuar implementando su programa y reiteró su convicción de que cada proceso revolucionario dependía de la realidad nacional donde se desarrollaba. Y, cuando entre los miles de personas que escuchaban sus palabras, una parte significativa coreó la consigna «¡Armas quiere el pueblo!», una vez más rechazó estas posiciones y defendió la posibilidad de avanzar hacia el socialismo a partir de la institucionalidad vigente: «No queremos una patria ensangrentada, no queremos víctimas inocentes. (...) Cuántos años y en todas las latitudes los pueblos han luchado y cuántos son los miles y miles de hombres y mujeres sacrificados. Cuánta fuerza tiene la reacción y qué poderoso es el imperialismo (...) La Historia nos enseña que las revoluciones no se hacen en función de los gritos pasionales de las multitudes o de determinados sectores (...) No queremos la violencia, rechazamos la violencia; pero si otros usan la violencia, contra la violencia contrarrevolucionaria utilizaremos la fuerza de la ley y, si la fuerza de la ley no impide la tentativa subversiva, óiganlo bien, usaremos la violencia revolucionaria».[36]

El 22 de enero, el Senado aprobó la acusación contra Tohá y lo declaró culpable de «infracciones a la Constitución, atropellamiento de las leyes, de haberlas dejado sin ejecución y de haber comprometido gravemente la seguridad de la nación».[37] Sin embargo, solo cinco días después el magistrado del Segundo Juzgado de Santiago, René Farías, sentenció que no se derivaba ninguna responsabilidad penal

---

36 Farías, tomo 3, pp. 1.849-1.852.

37 *Breve historia de la Unidad Popular. Documento de El Mercurio*, 1974, p. 129.

de los hechos que le habían imputado. Y el 28 de enero asumió como ministro de Defensa.[38]

En opinión de Luis Maira, el *caso Tohá*, la primera acusación constitucional contra un ministro de Allende en la que participó la Democracia Cristiana, marcó un punto de inflexión en aquellos *mil días*. A partir de entonces, la acción de la oposición se dirigió a hacer inviable el proyecto de la Unidad Popular, privando al Gobierno de una dirección estable y buscando un conflicto entre los tres poderes del Estado.[39] La presentación sucesiva de acusaciones constitucionales fue parte esencial de aquella estrategia: entre 1971 y 1973 promovieron dieciséis iniciativas para destituir a ministros (seis fueron aprobadas, otras seis rechazadas y cuatro decayeron en octubre de 1972 por la renuncia en pleno del gabinete) y once contra intendentes, de las que nueve prosperaron.[40]

Adiós a la «mama Rosa»

A principios de 1972, unas elecciones complementarias elevaron aún más la temperatura política. El 16 de enero, el Partido Nacional y el PDC concurrieron con un candidato único a los comicios para elegir un senador por las provincias de O'Higgins y Colchagua y un diputado por Linares, con la novedad de que en este último caso fue el PDC el que por primera vez apoyó a un candidato derechista, Sergio Diez. Su clara victoria (en O'Higgins y Colchagua con el

---

38 Garcés, Joan E., *Revolución, Congreso y Constitución. El caso Tohá*, Santiago de Chile, Quimantú, 1972, pp. 37-39.

39 Maira (1984), p. 77.

40 Magasich, Jorge, *Allende, la UP y el golpe*, Santiago de Chile, Editorial Aún Creemos en los Sueños, 2013, p. 43.

52,7 por ciento de los votos para elegir a Rafael Moreno, en Linares con el 58 por ciento) incitó a Eduardo Frei a llamar a la oposición a unirse «en la defensa de la democracia y contra el totalitarismo».[41]

Aquella derrota hizo emerger ante la opinión pública la controversia latente sobre la estrategia del Gobierno al desencadenar una polémica entre el Partido Comunista y el MIR.[42] Con una crítica radical hacia las posiciones «reformistas», de «conciliación» con el PDC que a su juicio mantenía el PC, el MIR intentaba atraer hacia sus posiciones a los sectores más izquierdistas de la UP y, en su valoración del resultado de estas elecciones, aseguró que lo fundamental no era el triunfo, sino la movilización de «los sectores potencialmente revolucionarios».[43] Por su parte, el Partido Comunista explicó el retroceso en estas provincias por los graves errores de conducción política y el excesivo protagonismo del MIR y, con un caudal arrollador de citas de Lenin sobre el «infantilismo revolucionario», llamó a reforzar la batalla ideológica contra las posiciones de «ultraizquierda».[44]

En los primeros días de febrero, el presidente Allende convocó a los principales dirigentes de la Unidad Popular a una importante reunión en El Arrayán. La declaración aprobada expresó la coincidencia sobre la preocupante situación política y admitió un cierto debilitamiento del Gobierno. Con un lenguaje mesurado, la UP llamó a corregir las actitudes burocráticas y sectarias para fortalecer su apoyo

---

41 *Nuevo Diario*, Madrid, 18 de enero de 1972, p. 12.

42 Joxe, Alain, pres., *Le Chili sous Allende*, París, Gallimard, 1974, pp. 110-113.

43 *El Rebelde*, Santiago de Chile, enero de 1972, en Farías, tomo 3, pp. 1.876-1.878.

44 Farías, tomo 3, pp. 1.885-1.896.

entre las capas medias y los sectores populares y, entre los objetivos para 1972, destacó la necesidad de completar la parte esencial del Área Social,[45] consolidar la mejora de las condiciones de vida de los trabajadores y su participación en todos los ámbitos y culminar la reforma agraria.[46]

A lo largo de aquellos tres años, Salvador Allende supo manejar la enorme presión y exigencias de la primera magistratura de la nación. Patricia Espejo, una de las personas que trabajaron con él a diario, recuerda que sobre todo a partir del paro patronal de octubre de 1972 el presidente estaba «muy preocupado» por la tensión política, la polarización social y la evolución económica. «Pero no estaba deprimido», señala. «Una sola vez lo vi destruido, con una tristeza profunda: cuando murió la "mama Rosa"».

A principios de 1972, aquella anciana de origen campesino que le cuidara con celo en su infancia fue ingresada en un centro hospitalario y él, cuando podía, la visitaba durante diez o quince minutos. Un día, a las seis de la mañana avisaron por teléfono a Patricia Espejo de su fallecimiento y a esa hora se dirigió a Tomás Moro 200 para comunicárselo al presidente. Lo acompañó al hospital y cuando llegaron a La Moneda pidió lo mismo que ocho años antes cuando murió su madre: «No quiero ver ni oír a nadie. No me pasen llamadas, voy a estar en la salita...».[47]

---

45 A finales de 1971, cuando el Área Social generaba el 23 por ciento del producto bruto industrial y la producción de sus empresas había aumentado un 15 por ciento, el Ejecutivo hizo público el listado de las nuevas firmas que deseaba estatizar: setenta y cuatro industriales, seis de comercio mayorista, cuatro de electricidad, gas y agua y seis de transporte y comunicaciones.

46 Farías, tomo 3, pp. 1.976-1.993.

47 Entrevista del autor a Patricia Espejo.

El 8 de marzo, en un acto con motivo del Día de la Mujer Trabajadora en Antofagasta, evocó con profundo afecto a Laura Gossens y a Zoila Rosa Ovalle: «Como hombre permítanme que tenga el derecho a recordar a dos mujeres que estuvieron demasiado cerca de mí: a mi madre y a otra madre que tuve. La primera, que me dio la vida, me arrulló y en su tibio regazo encontré descanso en las horas duras del combate político. Mi madre, la que me dio el ser, y la otra, una modesta mujer que trabajaba en la casa de los míos, al principio como empleada, para incorporarse después a la familia, seguir junto a ella y entregarme todo el cariño que tuvieron esas viejas mamás. Quiero recordar a "mama Rosa", cuya existencia se apagó hace algunos días y que fuera también mi madre».[48]

El 19 de febrero, después de la aprobación por ambas cámaras legislativas, el Congreso Pleno ratificó la reforma constitucional presentada por los senadores Renán Fuentealba y Juan Hamilton para definir las áreas de la economía nacional.[49] Como perseguía minimizar las facultades que la Constitución otorgaba al presidente de la República y al Ejecutivo y someterlos al control del Poder Legislativo, Allende decidió vetar su aprobación en virtud del artículo 108 de la Carta Magna, si bien debía proponer modificaciones o correcciones, ya que no podía rechazar totalmente el texto aprobado.

En estas circunstancias, en el mes de marzo encargó al Partido de Izquierda Radical que dirigiera unas nuevas conversaciones con la Democracia Cristiana para alcanzar un acuerdo en torno al Área Social. No obstante, la decisión

---

48 Fuente: Biblioteca Clodomiro Almeyda del Partido Socialista de Chile. http://socialismo-chileno.org/PS/sag/Discursos/1972/Discursos%20de%20Salvador%20Allende%201972%20b.pdf

49 *El Mercurio*, Santiago de Chile, 20 de febrero de 1972, p. 23.

del ministro Pedro Vuskovic de expropiar algunas de las industrias previstas por el Gobierno con el desacuerdo del Partido Radical y del PIR, junto con la oposición del Partido Socialista a esa negociación, determinaron su fracaso. Y, como la Unidad Popular rechazó los acuerdos provisionales alcanzados por el ministro de Justicia, Manuel Sanhueza (PIR), y la dirección del PDC, los dos ministros del Partido de Izquierda Radical se retiraron del Ejecutivo y este partido abandonó la Unidad Popular.[50] No tardaría en unirse al bloque antagónico.

Abril presenció dos movilizaciones multitudinarias. El día 12, la víspera de la inauguración de la III Conferencia de la UNCTAD con la presencia del secretario general de las Naciones Unidas, Kurt Waldheim, los partidos opositores (incluida Patria y Libertad) congregaron a decenas de miles de personas en la «Marcha de la Democracia», que tuvo como único orador al presidente del Senado, Patricio Aylwin. «Nadie le pide que abdique de su programa», afirmó en su discurso, en referencia a Allende. «Solo exigimos que para su cumplimiento se someta a los cauces de la Constitución y las leyes, aceptando las reglas del juego democrático. No estamos aquí para impulsar ninguna sedición ni forma alguna del fascismo. Lo sedicioso y fascista es desconocer la voluntad mayoritaria del pueblo y pretender imponer a la fuerza un sistema de vida que la mayoría del país rechaza. Sepa el Gobierno y sepa Chile entero que defenderemos la democracia por los caminos de la democracia», prometió.[51]

---

50 Aquellos acuerdos provisionales anulaban las facultades que permitían al Ejecutivo intervenir empresas y contemplaban la devolución de algunas de ellas ya incluidas en el Área Social.

51 *Política y Espíritu*, Santiago de Chile, abril de 1972, pp. 92-96.

Apenas seis días después, la Unidad Popular organizó una concentración en el mismo lugar, la confluencia de las avenidas Grecia y Salvador, con la participación de más de medio millón de personas. En su intervención al final de «la Marcha de la Patria», Allende mencionó el núcleo del conflicto político: «Se ha reunido esta tarde el pueblo de Santiago para defender la auténtica democracia y la auténtica libertad, para definir el Área Social de la economía, para ampliar el poder de resolución de los trabajadores, particularmente en la dirección de las empresas...».

Si la oposición alertaba de que la democracia estaba en peligro, el presidente se ocupó de recordar la absoluta vigencia de todos los derechos contemplados en la Constitución, anunciando que durante 1973 sometería a la consideración de la voluntad popular un proyecto de Carta Fundamental acorde con el proceso de construcción del socialismo: «¿Qué es lo que ha pasado? Nunca creyeron que ganaríamos. Nunca creyeron que llegaríamos al Gobierno. Nunca creyeron que cumpliríamos el programa. Nunca creyeron que haríamos un Gobierno revolucionario. (...) Estaban acostumbrados a engañar al pueblo, levantar programas que no sentían, movilizar a las masas tras un espejismo. (...) Por eso, y aunque parezca paradojal, este Gobierno revolucionario se ha empeñado y se empeñará en que se respete la Constitución, porque lo dije frente al pueblo, y lo sigo diciendo: (...) nos comprometimos a hacer los cambios de Chile en pluralismo, democracia y libertad ¡Lo estamos cumpliendo y lo seguiremos cumpliendo!».[52]

52 Farías, tomo 3, pp. 2.047-2.063.

Con los Cristianos por el Socialismo

La Revolución chilena fue el primer proceso de transformación anticapitalista en el que participaron importantes sectores de creyentes, desde sacerdotes y religiosas hasta laicos. Influidos por el Concilio Vaticano II, la Conferencia de los obispos latinoamericanos de 1968 en Medellín, el alumbramiento de la Teología de la Liberación, el impacto de las muertes del sacerdote colombiano Camilo Torres y de Ernesto *Che* Guevara y, ya en el contexto chileno, por la mística de las comunidades eclesiales de base y la aparición de movimientos como la Iglesia Joven, que ocupó la catedral de Santiago el 11 de agosto de 1968, sectores importantes del mundo cristiano convergieron en la Unidad Popular en 1970.[53]

En las elecciones presidenciales, varios sacerdotes asumieron un compromiso público con la candidatura de la UP. Desde Quillota, el valenciano Antoni Llidó escribió de manera irónica a su familia el 17 de septiembre de 1970: «Andábamos convenciendo a las viejas beatas para que votaran por Allende, pues de lo contrario se iban a condenar sin remedio».[54] También Joan Alsina, cura catalán destinado en el puerto de San Antonio, relató entonces en una extensa misiva: «Estamos contentos porque hemos ganado, pero ganar no es bastante. Ahora es preciso que se vaya haciendo más justicia y que la gente deje de pasar hambre. Será difícil, pero la gente está contenta. Entre

---

53 Ramminger, Michael, *Éramos iglesia... en medio del pueblo. El legado de los Cristianos por el Socialismo en Chile. 1971-1973*, Santiago de Chile, LOM Ediciones, 2019, p. 27.

54 Amorós (2007), p. 96.

los trabajadores se tiene esperanza. Dios quiera que todo salga bien».[55]

Entre el 23 y el 30 de abril de 1972, el sindicato de la industria Hirmas (integrada en el Área Social) acogió el Primer Encuentro Latinoamericano de Cristianos por el Socialismo, en el que participaron más de cuatrocientos delegados, así como algunos observadores procedentes de Norteamérica y Europa. En su mensaje al cónclave, fechado el 28 de abril, Allende aseguró que su celebración probaba el carácter democrático y pluralista del proceso revolucionario y el respeto de su Gobierno y de la UP a todas las creencias: «La fuerza política que hoy gobierna Chile, y que tengo el honor de representar, es la culminación de una alianza permanente, férrea e inquebrantable entre cristianos y no cristianos, entre hombres de distinto signo ideológico que han entendido con precisión que el verdadero conflicto de nuestro tiempo, y por tanto la gran línea divisoria, no se da en el plano religioso o en el de las ideas filosóficas, sino entre el imperialismo y los países dependientes, y en el interior de estos, entre la gran burguesía explotadora y la inmensa masa de los explotados».[56]

La confluencia de toda la heterogeneidad marxista de la época, de los cristianos de avanzada, de los socialdemócratas, de los racionalistas laicos y de numerosos independientes fue una de las características más notables del movimiento popular chileno, pero la incapacidad para consensuar una estrategia política y mantener la unidad y la disciplina en torno a ella terminó por debilitar seriamente al Gobierno y

---

55 Pujades, Ignasi, *Vida, comiat i mort de Joan Alsina*, Barcelona, Proa, 2001, p. 193.

56 Farías, tomo 3, pp. 2.222-2.223.

la acción del presidente de la República. Las cada vez más importantes diferencias en la izquierda, alimentadas por las subjetividades que desencadena todo proceso revolucionario, fueron una de sus principales fallas. En aquellas divergencias, que se acentuaron a partir de mayo de 1972, latían con fuerza también la historia e identidad de cada organización y sus respectivas concepciones del proceso de transformaciones.

El 5 de mayo el presidente impartió la clase inaugural del año académico en la Universidad de Concepción ante miles de estudiantes. Después de las intervenciones del rector, Edgardo Enríquez (padre del secretario general del MIR), y de Manuel Rodríguez, presidente de la Federación de Estudiantes, en el baluarte más simbólico del MIR y en presencia de muchos militantes de su rama estudiantil (el Frente de Estudiantes Revolucionarios), Allende evocó la historia más trágica del movimiento popular, pero desligó a las instituciones armadas de la represión que sufrió: «A algunos jóvenes que gritan reclamando un fusil les digo, con respeto, pero con claridad: hay un Gobierno popular en Chile porque hay un pueblo consciente, porque hay un pueblo con tradición de lucha, porque hay un pueblo que vivió Ranquil, San Gregorio, La Coruña, El Salvador o Pampa Irigoin, porque hay Fuerzas Armadas y de Carabineros que son profesionales, lo que no ocurre en muchos países del mundo, lo que no ocurre en muchos países de este continente, que solo ocurre, y hay que tener el orgullo de reconocerlo, en nuestro propio país; Fuerzas Armadas y de Carabineros profesionales que acatan la voluntad del pueblo, expresada en las urnas y por eso como gobernante he dicho y lo sostengo que serán las únicas fuerzas armadas de nuestra patria». Y de nuevo llamó a la unidad de todas las fuerzas políticas y sociales partidarias del socialismo.[57]

Sin embargo, solo siete días después los militantes de la UP, a excepción de los comunistas y de la Acción Popular Independiente, y el MIR se enfrentaron con las fuerzas de la oposición en las calles de Concepción, en unos choques que tuvieron como consecuencia trágica la muerte de un joven militante *mirista*.[58] Aquellos sucesos originaron una nueva controversia entre el MIR y el Partido Comunista, cuyo secretario general, Luis Corvalán, habló sin tapujos el 18 de mayo de crisis en la Unidad Popular y por primera vez mencionó el peligro de una guerra civil, que era promovida a su juicio por los grupos de extrema derecha y extrema izquierda. De manera contundente expuso la condena de su organización a toda acción que buscara un enfrentamiento armado como vía de resolución de los conflictos de clase, llamando una vez más al pueblo y a los partidos de la coalición a cerrar filas en torno al programa común y al presidente de la República.[59]

Cuatro días después, Miguel Enríquez explicó en conferencia de prensa que algunas fuerzas de la UP y el MIR habían decidido manifestarse en las calles de Concepción para impedir «los desmanes de las bandas fascistas del PN, la Democracia Cristiana y Patria y Libertad» y acusó al Gobierno de «reprimir salvajemente» aquella manifestación a través

---

57 *Las tareas de la juventud*, Archivo Salvador Allende, nº 2, México DF, Universidad Pedagógica Nacional, 1990, pp. 93-103.

58 Cancino Troncoso, Hugo, *Chile: La problemática del poder popular en el proceso de la vía chilena al socialismo. 1970-1973*, Aarhus, Aarhus University Press, 1988, pp. 257-258.

59 Corvalán, Luis, *Chile: 1970-1973*, Sofía, Sofía Press, 1978, pp. 93-98.

del intendente, militante comunista. Asimismo, señaló que el proceso revolucionario estaba en retroceso y subrayó que el objetivo de su organización era reagrupar en torno a su estrategia a todas las corrientes «revolucionarias», de dentro y fuera de la UP, para acelerar con la movilización de las masas el proceso de transformaciones y «golpear» los intereses de la clase dominante hasta lograr «la conquista del poder».[60]

El 24 de mayo, el Partido Comunista, que acababa de revalidar su mayoría en la dirección de la CUT, hizo un análisis más exhaustivo de lo sucedido en Concepción en una extensa comparecencia ante los medios de comunicación de varios miembros de su Comisión Política, y Corvalán reconoció que había cristalizado una «tendencia» que consideraba agotadas las posibilidades de continuar el proceso revolucionario a partir del programa de la UP. Asimismo, recordó que eran partidarios de reconocer los derechos de la oposición y señaló que la mejor respuesta a las manifestaciones de la derecha y el PDC era la movilización masiva de los partidarios de la Unidad Popular, como había sucedido en abril en Santiago.[61]

La apuesta por el diálogo

El 21 de mayo, en su segundo Mensaje al Congreso Pleno, el presidente Allende reafirmó la confianza en la vía político-institucional, a pesar de la creciente polarización del país: «Mi Gobierno mantiene que hay otro camino para el

---

60 *Punto Final*, nº 159, Santiago de Chile, 6 de junio de 1972, suplemento, pp. 2 y 10.

61 Corvalán (1978), pp. 99-129.

proceso revolucionario, que no es la violenta destrucción del actual régimen institucional y constitucional. Las entidades de la Administración del Estado actúan hoy no al servicio de la clase dominante, sino al de los trabajadores y de la continuidad del proceso revolucionario; por consiguiente, no se puede pretender destruir lo que ahora es un instrumento para actuar, cambiar y crear en beneficio de Chile y sus masas laborales. El poder de la gran burguesía no se basa en el régimen institucional, sino en sus recursos económicos y en la compleja trama de relaciones sociales ligadas al sistema de propiedad capitalista».

Puso de manifiesto que la Unidad Popular aspiraba a transformar el contenido de clase del Estado y de la Constitución conforme a los cauces legales previstos, una tarea que, si era difícil en noviembre de 1970, parecía mucho más complicada entonces: «La gran cuestión que tiene planteada el proceso revolucionario, y que decidirá la suerte de Chile, es si la institucionalización actual puede abrir paso a la de transición al socialismo. La respuesta depende del grado en que aquella se mantenga abierta al cambio y de las fuerzas sociales que le den su contenido. Solo si el aparato del Estado es franqueable por las fuerzas sociales populares, la institucionalidad tendrá suficiente flexibilidad para tolerar e impulsar las transformaciones estructurales sin desintegrarse...». Así, destacó que entre el 5 de septiembre y el 3 de noviembre de 1970 esta resistió «la presión extranjera y el ánimo destructor de un sector de la burguesía» porque la sostuvo «el pueblo agrupado tras las candidaturas presidenciales de la Democracia Cristiana y la Unidad Popular» y porque, además, las Fuerzas Armadas resistieron las presiones para interrumpir el proceso que culminó con su investidura presidencial.

Por otra parte, resaltó la configuración del Área Social y la participación de los trabajadores en la gestión de las empresas nacionalizadas, así como los importantes avances en materias como educación, sanidad, cultura, vivienda... En la parte final de su discurso, tras ensalzar «el vigor» de la democracia chilena, convocó a la inmensa mayoría de la ciudadanía a enfrentar también nuevos desafíos: una apertura al mar más fecunda, el desarrollo de la investigación científica en Rapa Nui, la integración real en el país de los territorios de Aysén y la Antártica, la reforestación de algunas zonas montañosas («para recuperar el equilibrio ecológico perdido», un concepto inusual en la época) o la descentralización de la Administración: «Se ha abierto para Chile una etapa superior de su historia. Más allá de las conmociones del diario acontecer, se vislumbra nuestra nueva sociedad. Tengo absoluta confianza en la capacidad del pueblo para construirla. A pesar de todos los obstáculos, pueblo y Gobierno, unidos, venceremos».[62]

En aquellos días, el oficialismo y el Partido Demócrata Cristiano habían reanudado, de manera reservada, el diálogo para intentar alcanzar un acuerdo que pusiera fin al conflicto en torno a la reforma constitucional sobre las áreas de la economía. Por parte del Ejecutivo dirigió las conversaciones el ministro de Justicia, Jorge Tapia (del Partido Radical), quien solo tenía tres líneas rojas: preservar las facultades presidenciales, señalar las empresas consideradas estratégicas que serían nacionalizadas y rechazar la aprobación de reformas constitucionales por mayoría simple.[63]

62 Martner (1992), pp. 406-448.

63 Magasich (2018), pp. 47-52.

Y a principios de junio Allende convocó a la Unidad Popular a un segundo debate autocrítico que se conoció como el Cónclave de Lo Curro (por el lugar próximo a Santiago donde se celebraron las reuniones) y que, a diferencia de la reunión de El Arrayán, sí tuvo consecuencias relevantes, porque propició un viraje en la política económica del Gobierno ante el deterioro de algunos índices (la inflación interanual subió un 45,9 por ciento)[64] o la caída de la producción en algunos sectores, y forzó una reestructuración de los ministerios del área.[65]

En Lo Curro las dos estrategias de la izquierda quedaron expuestas de manera cristalina y finalmente prevalecieron las tesis defendidas por Allende, el PC, el Partido Radical y la API, que buscaban consolidar lo alcanzado en el Área Social y avanzar en la estatización tan solo de las noventa y una empresas previstas entonces por el Ejecutivo. El esfuerzo debía concentrarse, pues, en corregir los errores de dirección detectados en las firmas socializadas y lograr un acuerdo con el PDC. A consecuencia del giro en la política económica, Pedro Vuskovic, quien traspasó el Ministerio de Economía al socialista Carlos Matus, cedió el timón económico al comunista Orlando Millas, sustituto en la cartera de Hacienda de su compañero Américo Zorrilla. Además, por primera vez una mujer, Mireya Baltra (PC), formó parte del gabinete al frente de Trabajo.

Cuando el 12 de junio las conversaciones con la DC salieron a la luz pública, hubo reacciones muy significativas en todo el arco político. Por una parte, el senador comunista

---

64 Collier, Simon y Sater, William F., *Historia de Chile. 1808-1994*, Madrid, Cambridge University Press, 1998, p. 297.

65 Bitar (1995), pp. 149-151.

Volodia Teitelboim abogó por «continuar buscando la unión de todos los chilenos favorables a los cambios de estructura y abrir el camino a una nueva sociedad».[66] En cambio, el presidente del PN, Sergio Onofre Jarpa, expresó su rechazo frontal y precisó que su apoyo a la reforma constitucional Hamilton-Fuentealba no pretendía proporcionar a la DC una herramienta para emprender una negociación con el Ejecutivo, ya que desconfiaban de las garantías que pudiera ofrecer Salvador Allende, al que consideraban un simple títere del Partido Comunista.[67] Renán Fuentealba, por su parte, elogió la buena marcha de las conversaciones e incluso ensalzó la especial disposición del PC a alcanzar un pacto.[68] Ambas partes se concedieron un plazo de quince días para lograr el entendimiento y se postergó la votación en el Congreso de los vetos presidenciales al controvertido proyecto de reforma constitucional.

En los últimos días de junio, la DC y el Gobierno alcanzaron un principio de acuerdo. En primer lugar, convinieron traspasar definitivamente a las áreas Social y Mixta unas ochenta empresas monopólicas y estratégicas, de capitales nacionales o extranjeros, consensuaron las normas de pago de las indemnizaciones a sus propietarios y establecieron que a partir de entonces sería necesaria la aprobación de una ley general o especial para emprender nuevas nacionalizaciones. Asimismo, regularon las facultades del Ejecutivo para intervenir temporalmente firmas privadas y acordaron las normas sobre la participación de los trabajadores en la gestión de las empresas mixtas, en particular de los bancos,

66 *El Siglo*, Santiago de Chile, 15 de junio de 1972, p. 4.

67 *El Mercurio*, Santiago de Chile, 17 de junio de 1972, p. 29.

68 *La Nación*, Santiago de Chile, 15 de junio de 1972, p. 4.

varios de los cuales quedarían bajo la administración mayoritaria de sus empleados. Además, se dio luz verde a la creación de «empresas de trabajadores» y a destinar a los medios de comunicación privados una parte sustancial de los recursos públicos dedicados a publicidad. Como ha remarcado Arturo Valenzuela, era la Unidad Popular la que más cedía.[69]

«La concreción del acuerdo, de gran complejidad atendida la naturaleza y números de las materias abarcadas, suponía la presentación de varios proyectos de ley por parte del presidente de la República y el retiro de varios de los vetos formulados al proyecto de reforma constitucional de la oposición, más un sofisticado sistema de votación de dicha reforma en las Cámaras», explicó Jorge Tapia en 1975. «Los documentos, elaborados de común acuerdo, fueron efectivamente suscritos por el presidente de la República y los ministros respectivos y estuvieron preparados para ser entregados al Congreso en el momento oportuno».[70]

El 29 de junio el ministro Tapia, el senador Rafael Agustín Gumucio[71] y Sergio Insunza (subsecretario general de Gobierno) enviaron una carta a Renán Fuentealba para pedirle una prórroga en las negociaciones, ya que estas habían avanzado bastante y creían que el acuerdo final «interpretaría el ánimo de la mayoría del país».[72] Pero aquella misma noche el Consejo Nacional de la Democracia Cristiana

---

69 Valenzuela, Arturo, *El quiebre de la democracia en Chile*, Santiago de Chile, FLACSO, 1989, pp. 206-207.

70 Tapia Valdés, Jorge, «Sobre la factibilidad y el fracaso de la vía chilena al socialismo», en Federico G. Gil *et al.*, dirs., pp. 299-317.

71 Gumucio, Rafael Agustín, *Apuntes de medio siglo*, Santiago de Chile, CESOC, 1994, p. 210.

72 *Las Noticias de Última Hora*, 30 de junio de 1972, p. 20.

decidió, por unanimidad, poner fin al diálogo con el Gobierno y emplazó a buscar una solución en el marco de la votación de los vetos presidenciales a la reforma constitucional en el Congreso Nacional.[73] En una declaración pública, el PDC justificó aquella decisión alegando que se había agotado el plazo de quince días y persistían discrepancias en asuntos que consideraban de importancia fundamental, como la estatización de la Papelera o la voluntad del Ejecutivo de que la CORFO mantuviera la facultad de adquirir acciones de empresas privadas para convertirlas en estatales.[74]

Por su parte, en una entrevista publicada por el diario argentino *Clarín* el 6 de agosto, Allende responsabilizó del fracaso de las negociaciones a la fracción conservadora del PDC y subrayó que el frustrado acuerdo habría significado «consolidar con rapidez un proceso por el cual venimos luchando desde el comienzo del Gobierno». «Pero el sector de los banqueros, de los monopolios, de las empresas imperialistas veía en esta solución una derrota definitiva y los sectores políticos de la derecha, también. Por lo tanto, descargaron una campaña tenaz que fue horadando la decisión de la DC hasta que llegamos a un *impasse*».[75]

---

73 *Política y Espíritu*, nº 333, Santiago de Chile, junio de 1972, p. 80.

74 *El Mercurio*, Santiago de Chile, 30 de junio de 1972, pp. 1 y 12. En el análisis del fin de aquellas negociaciones, la revista teórica del PDC admitió: «Los observadores señalaron que, al menos, un ochenta por ciento de las dificultades quedaban resueltas mediante las conversaciones». *Política y Espíritu*, nº 333, Santiago de Chile, junio de 1972, pp. 6-8.

75 *De cara a la verdad. Diálogos con la prensa*, Archivo Salvador Allende, nº 12, pp. 87-91.

Una nueva constitución

Poco a poco, las elecciones parlamentarias de marzo de 1973 fueron situándose en el horizonte porque la oposición confiaba en romper entonces el empate institucional con la obtención de la mayoría cualificada de dos tercios en el Senado que le permitiera destituir al presidente de la República. Fue en julio de 1972 cuando se dibujó de manera definitiva el escenario bipolar de esta contienda porque, con la intención de rentabilizar al máximo la votación a sus candidatos, las fuerzas políticas que apoyaban al Gobierno se constituyeron en el Partido Federado de la Unidad Popular. Por su parte, la oposición inscribió la Confederación de la Democracia (CODE), que agrupaba a los partidos Demócrata Cristiano, Nacional, de Izquierda Radical, Democrático Nacional y Democracia Radical.[76] Estos bloques midieron sus fuerzas ya en la elección complementaria celebrada el 17 de julio para elegir un diputado por Coquimbo, en la que la comunista Amanda Altamirano derrotó a Orlando Poblete (PIR).

Sin embargo, de inmediato la izquierda se vio sacudida por otra tormenta. El 22 de julio apareció en la prensa de Concepción la convocatoria para participar en una «Asamblea del Pueblo» a fin de discutir y denunciar el carácter «contrarrevolucionario» del Congreso Nacional y rendir un «combativo homenaje» a la Revolución cubana, una iniciativa apoyada por el MIR y por todos los comités regionales de los partidos de la UP, a excepción del Partido Comunista.[77]

---

[76] Hurtado Torres, Diego, *Las palabras no se las lleva el viento. Lenguajes políticos y democracia durante el Gobierno de la Unidad Popular (1970-1973)*, Santiago de Chile, Centro de Estudios Bicentenario, 2019, pp. 312-313.

[77] *Chile Hoy*, nº 8, Santiago de Chile, 10 de agosto de 1972, p. 6.

Cinco días después, en un teatro de la ciudad, se constituyó la «Asamblea del Pueblo», en la que participaron unas cinco mil personas y 139 organizaciones de trabajadores, pobladores, campesinos y estudiantes.[78] Las treinta y seis personas que intervinieron perfilaron dos posiciones sobre el significado de aquella reunión. Por una parte, el MIR defendió levantar un programa «revolucionario» para avanzar hacia un paro nacional de denuncia de las maniobras de «la mayoría reaccionaria del Parlamento» y, con la referencia mítica de los sóviets, organizar asambleas y consejos de trabajadores en cada localidad para ir forjando una institucionalidad paralela a la «democracia burguesa» y promover un «poder popular alternativo» para avanzar hacia la disolución del Congreso Nacional y su reemplazo por una Asamblea Popular. En cambio, para los militantes de la UP lo fundamental era apoyar el programa del Gobierno, en particular aquellos aspectos entonces más candentes, como el Área Social o la participación de los trabajadores, aunque el secretario regional del Partido Socialista sí se refirió a la necesidad de formar órganos de poder de los trabajadores ya que, según expresó, no podían defenderse del «Estado burgués».[79]

El presidente Allende reaccionó con inusitada dureza frente a aquella iniciativa, que calificó de divisionista. El 31 de julio envió una carta a los partidos de la UP en la que aseguró que por segunda vez en tres meses se había producido en Concepción un fenómeno que dañaba gravemente la cohesión de la Unidad Popular. Asimismo, expresó su convicción de que la institucionalidad debía ser transformada en

---

78 Cancino Troncoso, p. 262.

79 Corvalán Márquez, p. 190.

profundidad para adecuarla a la nueva sociedad que avanzaba hacia el socialismo, pero, advirtió, «será cambiada de acuerdo con la voluntad de la mayoría del pueblo, a través de los mecanismos democráticos de expresión pertinentes».

En consecuencia, planteó como objetivo la conquista de la mayoría parlamentaria en las elecciones de marzo de 1973, llamó a una movilización social y política para elevar la conciencia de los trabajadores y las clases populares en torno a los desafíos reales y explicó que con los diputados y los senadores suficientes podrían aprobar la nueva constitución, una nueva ley de reforma agraria, la reforma educativa, el nuevo Código del Trabajo o la descentralización y el nuevo régimen de la Administración local.[80]

Además, un nuevo conflicto estalló cuando en la madrugada del 5 de agosto efectivos de Carabineros y de la Policía de Investigaciones intentaron detener a un militante del MIR acusado de delitos comunes con la orden judicial pertinente. El resultado fue un violento enfrentamiento en el sector Lo Hermida de Peñalolén que terminó con un hombre muerto, once heridos y ciento sesenta detenidos. De inmediato, Allende destituyó al director de Investigaciones, su amigo y compañero Eduardo Paredes, y al subdirector, Carlos Toro, y decidió visitar Lo Hermida. Con valor, rodeado por los habitantes de esta modesta población, pifiado por un grupo dirigido por Osvaldo Romo (desde 1974 uno de los más crueles torturadores de la DINA), señaló las diferencias entre los gobiernos anteriores, que no dudaron en ordenar una violenta represión contra el movimiento popular, y el que presidía, en el que este suceso trágico era un hecho aislado. Y les prometió

---

80 *Chile Hoy*, nº 8, Santiago de Chile, 10 de agosto de 1972, pp. 6-7.

que, además de la investigación judicial, nombraría una comisión para indagar en lo sucedido y en la que ellos tendrían representación.[81]

Mientras la izquierda discutía sobre la «Asamblea del Pueblo» de Concepción y Lo Hermida, los presidentes de los cinco partidos de la Confederación de la Democracia (Renán Fuentealba, Sergio Onofre Jarpa, Luis Bossay, Julio Durán y Apolonides Parra) suscribieron la primera declaración pública de esta alianza, un paso más en su escalada retórica, puesto que manifestaron que en Chile ya no existía una «verdadera democracia», acusando al presidente Allende de burlarse reiteradamente del país y a la Unidad Popular de perseguir «una sola meta»: el establecimiento de «una dictadura totalitaria». Como corolario, convocaron a la ciudadanía a luchar, por las vías que reconocía la Constitución, para preservar las libertades y derechos.[82]

El 21 de agosto, la Confederación del Comercio Detallista y la Pequeña Industria y la Cámara Central de Comercio realizaron un paro nacional en protesta por el mercado negro y la actuación de las Juntas de Abastecimiento y Precios en la distribución y denuncia del acaparamiento de productos, que fue apoyado por las grandes organizaciones empresariales del país: la Confederación del Comercio y la Producción, la Sociedad Nacional de Agricultura, la Cámara Chilena de la Construcción, la Sociedad de Fomento Fabril y la Confederación Nacional Única de la Pequeña Industria y Artesanado de Chile. A pesar de su ideología conservadora, estos gremios patronales se presentaban como entidades «apolíticas» e «independientes» cuya actividad,

---

81 Farías, tomo 4, pp. 2.942-2.943.

82 Instituto de Estudios Políticos, tomo 3, pp. 105-107.

aparentemente, se restringía a la defensa de la actividad económica privada.[83]

Durante el primer año, las relaciones de las asociaciones que representaban a las clases medias y los colegios profesionales con el Gobierno habían sido positivas. Este clima inicial indujo al Ejecutivo, por ejemplo, a apoyar una ley que instauraba una caja de pensiones para los comerciantes, una de sus principales aspiraciones. Igualmente, la Confederación Nacional del Transporte Terrestre y la Asociación Nacional de Empleados Fiscales acogieron a la UP sin prejuicios. La interlocución entre ambas partes era fluida, como ha estudiado Marcelo Casals, y en algunas ocasiones las negociaciones de medidas sectoriales alcanzaban resultados concretos.

Sin embargo, el deterioro de la situación económica desde fines de 1971 y la acentuación de la polarización involucraron también a los grupos representativos de las clases medias y a mediados de 1972 las relaciones de sus organizaciones con el Gobierno estaban prácticamente quebradas. Este había transmitido a los comerciantes, los pequeños industriales y los artesanos la importancia, presente y futura, de su actividad privada y les prometió medidas de capacitación y políticas impositivas y de créditos favorables, pero desde que asomaron los primeros indicios de desabastecimiento el Gobierno y las bases sociales de la Unidad Popular se organizaron para asegurar el control sobre los precios, la distribución y la venta de productos. La creación de las

---

83 Mattelart, Armand, «El "gremialismo" y la línea de masa de la burguesía chilena», en Enrique Gomáriz, pról., *Chile bajo la Junta. Economía y sociedad en la dictadura militar chilena*, Madrid, Zero, 1976, pp. 93-119. En su versión original en francés este artículo se tituló «La burguesía en la escuela de Lenin».

Juntas de Abastecimiento y Precios (JAP) en agosto de 1971 había respondido a ello.[84]

Por tanto, a partir de agosto de 1972, la unidad de acción entre los gremios patronales y las organizaciones que representaban a una parte importante de las clases medias confluyó con el asedio de la oposición desde el Congreso Nacional, la permanente provocación de organizaciones de extrema derecha como Patria y Libertad y los ingentes recursos que llegaban desde Estados Unidos y otros países, principalmente para financiar la propaganda antigubernamental y apoyar a los sectores de la DC partidarios de la confrontación.

El 2 de septiembre, los partidos Comunista y Socialista denunciaron en un comunicado conjunto la actuación «sediciosa» de la oposición, recalcaron la importancia de la unidad del movimiento popular y llamaron a participar en la manifestación por el segundo aniversario del triunfo. Dos días después, cerca de ochocientas mil personas desfilaron en Santiago y más de dos millones en todo el país en apoyo del Gobierno en una jornada de huelga general contra el fascismo convocada por la CUT. Allende elogió aquella movilización masiva en defensa de la opción por la construcción del socialismo a pesar de las crecientes dificultades económicas y políticas. «Esta es la fuerza del pueblo, la conciencia de que él es el factor de la historia y este es su Gobierno», declaró en el programa *La Gran Encuesta* de Radio Portales.[85]

---

84 Casals Araya, Marcelo, *Clase media y dictadura en Chile: consenso, negociación y crisis (1970-1983)*, pp. 49-58. Tesis de doctorado defendida en la Universidad de Wisconsin-Madison (Estados Unidos) en 2017.

85 Cordova-Claure, Ted, *¿Chile sí?*, Buenos Aires, Ediciones de la Flor, 1973, p. 130.

El 5 de septiembre, tras haber entregado a cada partido de la UP una copia de la versión definitiva del proyecto de Bases para la Reforma de la Constitución Política del Estado, como primer paso para iniciar el amplio debate social del documento, el presidente reafirmó ante los dirigentes de la coalición gubernamental la necesidad de elaborar una nueva Carta Magna, que se adecuara a las condiciones políticas, económicas y sociales de la transición al socialismo.[86]

Así, su Gobierno defendió la apertura de un proceso constituyente para que por primera vez en la historia nacional fueran todos sus ciudadanos quienes definieran democráticamente los principios esenciales de su ordenamiento social, político y económico: «Tenemos que dictar una Constitución que abra el camino hacia el socialismo, que consagre derechos y que haga que los trabajadores gobiernen este país. Debemos entregar, entonces, las ideas fundamentales para que sean discutidas, analizadas y conversadas en el sindicato, en las faenas, en las industrias, en las escuelas, en los hospitales, en el taller y en el hogar. (...) Que el pueblo por primera vez entienda que no es desde arriba, sino que debe nacer de las raíces mismas de su propia convicción la Carta Fundamental que le dará su existencia como pueblo digno, independiente y soberano».[87]

Aquel proyecto ampliaba las libertades y los derechos e incorporaba a la Carta Fundamental la Declaración Universal de los Derechos Humanos; garantizaba el pluralismo

---

86 En 1993, la Fundación Presidente Allende de España publicó una parte significativa del mismo, aunque con una redacción que no es la final. En 2003, el Partido Comunista imprimió la segunda edición: *Salvador Allende: Un Estado democrático y soberano. Mi propuesta a los chilenos*, Santiago de Chile, Ediciones Allende Vive, 2003.

87 Martner (1992), pp. 473-480.

social, político y cultural; aseguraba a los pueblos originarios el derecho a desarrollar su identidad; otorgaba el rango más alto a las conquistas del movimiento obrero; reservaba para el Estado todas la riquezas básicas del suelo y del subsuelo, así como del fondo marino de sus aguas territoriales; proponía por primera vez la descentralización administrativa y concedía al jefe del Estado la posibilidad de disolver el Congreso Nacional una vez durante su mandato para convocar nuevas elecciones.

En su tercer Mensaje al Congreso Pleno, el 21 de mayo de 1973, anunció que el Gobierno ya tenía listo el anteproyecto de Carta Fundamental y que sería sometido a una amplísima discusión nacional para recoger las críticas y sugerencias antes de su envío como proyecto de ley al Congreso Nacional.

Capítulo IX

EL VALOR DE LA DEMOCRACIA

El lunes 9 de octubre de 1972, los propietarios de camiones agrupados en la Confederación Nacional del Transporte Terrestre iniciaron una huelga indefinida ante la decisión del Gobierno de crear una empresa estatal del ramo en la provincia austral de Aysén y de rechazar sus demandas, referidas principalmente a los precios de carga y a las dificultades para lograr repuestos para sus vehículos debido al bloqueo estadounidense.[1] Muy pronto cortaron carreteras y paralizaron el transporte de mercancías.

Al igual que el 21 de agosto, el Ejecutivo decretó el estado de emergencia en las diez provincias más afectadas y ordenó el requisamiento de una parte de estos vehículos. Entre el 13 y el 16 de octubre, el conflicto se extendió, puesto que se sumaron a la huelga (coordinada ya por la Confederación de la Producción y del Comercio y el Frente Nacional de la Actividad Privada) los colegios profesionales (médicos, abogados, ingenieros) y las organizaciones estudiantiles dirigidas por la oposición, como la Federación de Estudiantes de la Universidad Católica, así como los dueños

---

[1] Moulian, Tomás y Garretón, Manuel Antonio, *Análisis coyuntural y proceso político. Las fases del conflicto en Chile: 1970-1973*, San José, Editorial Universitaria Centroamericana, 1978, pp. 80-81.

de autobuses, los dentistas, empleados bancarios, una parte de los farmacéuticos e incluso los pilotos de la compañía estatal LAN.[2]

Las principales protagonistas del paro fueron, pues, las capas medias, que, exaltadas ante los efectos de la crisis económica y la persistente campaña del terror de la oposición sobre la implantación inminente de una dictadura, se plegaron a los objetivos de las clases dominantes. Asimismo, la intensa movilización de los trabajadores en los dos últimos años amenazaba el protagonismo que habían conquistado en el último medio siglo a través de los partidos que representaban sus intereses, primero el Radical y después el Demócrata Cristiano. El universo cultural y la jerarquía social de la mesocracia, asentados sobre la distancia que debía diferenciarla del proletariado como clase subalterna, parecían derrumbarse.

Y los partidos opositores se volcaron en su apoyo. El 16 de octubre, denunciaron, una vez más, la política seguida por el Gobierno para imponer «un régimen estatista centralizado» que estaría estrangulando los derechos ciudadanos reconocidos por la Constitución. Señalaron también que los reiterados compromisos del presidente de respetar la legalidad eran un engaño y lamentaron que hubiera descargado sobre las Fuerzas Armadas la gestión del orden público.[3] Tres días después, exigieron garantías reales para que los sectores en paro regresaran a la actividad y la tensión aumentó con la negativa de los presidentes del Senado y la Cámara de Diputados, los democratacristianos Ignacio Palma y Fernando Sanhueza, a dialogar con Salvador Allende.[4]

---

[2] Magasich (2013), pp. 44-48.

[3] *La Tercera*, Santiago de Chile, 17 de octubre de 1972, p. 4.

[4] *El Mercurio*, Santiago de Chile, 20 de octubre de 1972, pp. 1 y 12.

El 20 de octubre, en un discurso por cadena nacional de radio y televisión, el presidente defendió la actuación del Gobierno, que había cancelado la personalidad jurídica de la Sociedad de Fomento Fabril y de la Confederación de la Producción y del Comercio y requisado empresas cuyos propietarios habían paralizado la actividad, además de declarar el estado de emergencia ya en veinte provincias y el toque de queda en Santiago. Afirmó también que se trataba de una protesta de contenido político y que estaban utilizando las herramientas constitucionales y legales para proteger el orden público y evitar el colapso económico: «El país no está paralizado. El país ha seguido trabajando, produciendo, estudiando, con gran sacrificio, con gran esfuerzo y generosidad de miles y miles de chilenos, con un profundo y hondo sentido patriótico de millones de nuestros compatriotas». Asimismo, relató que desde el 9 de octubre se habían producido cincuenta y nueve atentados terroristas contra hospitales, industrias, infraestructuras e incluso contra las Fuerzas Armadas y criticó la campaña de la extrema derecha que convocaba a los enemigos de la UP con la estridente consigna «¡Junten rabia!».[5]

Al día siguiente, el Canal 13 transmitió un discurso de Eduardo Frei, quien había regresado recientemente de un viaje por Estados Unidos. Frei aseguró que, «sin concertación previa», se había producido un paro tan masivo debido a «la desesperación y la angustia de un pueblo que ve comprometidas las bases sobre las cuales sustenta su vida presente y su futuro». Y, en la víspera de la publicación en el *Diario Oficial* de la Ley de Control de Armas (promovida por su exministro y senador Juan de Dios Carmona), acusó

---

[5] Allende (1973), pp. 341-351.

al Gobierno de tolerar la organización de grupos armados ilegales y de sembrar el odio. El expresidente concluyó con la mirada puesta en las elecciones de marzo y fue el primero que les otorgó un inopinado valor plebiscitario.[6]

El 22 de octubre, los gremios dieron a conocer sus reivindicaciones esenciales para poner fin a la huelga, recogidas en el denominado «Pliego de Chile». Junto con demandas corporativas, asumieron exigencias de carácter político como la promulgación inmediata de la reforma constitucional de la DC sobre las áreas de la economía, así como la neutralización de los «grupos armados», la expulsión de «los extremistas extranjeros» (argumento que entonces empezó a asomar en la retórica opositora) y la disolución de las Juntas de Abastecimiento y Precios y de los Comités de Unidad Popular (inexistentes desde septiembre de 1970) por ser «organismos totalitarios».[7]

En aquellas semanas, la ofensiva de masas de la burguesía en todos los frentes salvo el militar (boicot económico, campañas de prensa, algaradas callejeras, atentados terroristas, acusaciones constitucionales contra cuatro ministros, soflamas de sus tribunos contra el Ejecutivo) originó entre los sectores sociales partidarios del socialismo una intensa movilización y la aparición de nuevas organizaciones, como los cordones industriales y los comandos comunales. «El poder gremial» tuvo como respuesta la conciencia de clase de los trabajadores.

El compromiso de los partidos de izquierda, de la CUT y de un sinfín de organizaciones de base permitió mantener

---

6 *Política y Espíritu*, nº 337, Santiago de Chile, octubre de 1972, pp. 64-69.

7 Maestre, Juan, *Chile: Revolución y contrarrevolución*, Madrid, Cuadernos para el Diálogo, 1973, pp. 41-42.

una parte de la producción, la distribución de alimentos y las comunicaciones. «No ha habido una sola industria paralizada: ni el cobre, ni el hierro, ni el salitre, ni el petróleo, ni el carbón. La inmensa mayoría de las industrias de este país caminan», afirmó Allende el 18 de octubre. Incluso destacó que los hospitales y consultorios continuaban activos gracias a una parte de los médicos y del personal sanitario. Y se preguntó: «¿Qué Gobierno podría reemplazar al nuestro? ¿Podría haber un Gobierno más amplio, más democrático? ¿O tendría que haber una dictadura implacable?».[8]

Pero, aunque el «poder popular» ha ejercido un poderoso atractivo, conviene tener presente su dimensión real, que jamás superó un carácter ciertamente embrionario y solo adquirió un peso político real en momentos de especial dramatismo, como octubre de 1972 o las semanas posteriores al fallido golpe de Estado del 29 de junio de 1973.[9] En todo caso, estas organizaciones aportaron una energía renovada a partir de sus contundentes críticas a algunos aspectos centrales de la conducción del Gobierno y también de sus propuestas radicales, expresadas en aquellas consignas que llenan la tercera parte de *La Batalla de Chile*, la extraordinaria trilogía documental dirigida por Patricio Guzmán: «¡Crear, crear, poder popular!», «¡Trabajadores al poder!»...[10]

---

8 *El Gobierno popular*, Archivo Salvador Allende, nº 9, Tlaxcala (México), 1990, pp. 163-176.

9 Gaudichaud, Franck, *Poder popular y cordones industriales. Testimonios sobre el movimiento popular urbano, 1970-1973*, Santiago de Chile, LOM Ediciones, 2004. Véase también su trabajo más general sobre el periodo: *Chile 1970-1973. Mil días que estremecieron al mundo. Poder popular, cordones industriales y socialismo durante el Gobierno de Salvador Allende*, Santiago de Chile, LOM Ediciones, 2017.

10 Silva, Miguel, *Los cordones industriales y el socialismo desde abajo,* Santiago de Chile, 1998, p. 148.

En la última semana de octubre, para la oposición era evidente que la Unidad Popular había sobrevivido al mayor desafío que había enfrentado en dos años. Por esa razón, los parlamentarios del Partido Nacional remitieron a los presidentes del Senado y de la Cámara de Diputados un escrito de contenido muy ilustrativo, pues se preguntaban si las Fuerzas Armadas podían aceptar que el Gobierno siguiera «atropellando la Constitución» a fin de imponer «un régimen comunista». Y, tras una retahíla de descalificaciones, exhortaban a la mayoría parlamentaria a pronunciarse contra el Ejecutivo desde sus trincheras del Congreso Nacional.[11] Pero la Democracia Cristiana aún tardaría diez meses en aceptar dar este paso y, además, encabezarlo.

Los militares en el Gobierno

A partir del 21 de octubre el presidente dialogó con los máximos responsables de las tres ramas de las Fuerzas Armadas sobre la posible incorporación de algunos oficiales a su gabinete como forma de superar aquella situación crítica. El general Carlos Prats, comandante en jefe del Ejército, le expresó su convicción de que el país estaba dividido en «dos sectores irreconciliables», pero creía que la mayoría de la población aceptaría las transformaciones que propugnaba el Gobierno si se realizaban con plenas garantías democráticas. Prats consideraba viable la participación de los uniformados en el Ejecutivo si se alcanzaba una tregua política que, por una parte, comprometiera a la oposición a respaldarlo en sus esfuerzos por superar la crisis económica y neutralizar el

[11] *El Mercurio*, Santiago de Chile, 28 de octubre de 1972, p. 18.

bloqueo financiero y, por otra, a la UP a asumir algunos de los planteamientos del PDC.[12]

El 2 de noviembre, juró su cargo como nuevo ministro del Interior, al igual que el contraalmirante Ismael Huerta, nuevo titular de Obras Públicas y Transportes, y el general de brigada aérea Claudio Sepúlveda, al frente de Minería. La reestructuración se completó con otras dos destacadas incorporaciones, en este caso procedentes de la CUT, ya que su presidente, el comunista Luis Figueroa, asumió la cartera de Trabajo y su secretario general, el socialista Rolando Calderón, Agricultura. Tan solo la Izquierda Cristiana y el MIR criticaron la constitución de un gabinete civil y militar que fue bienvenido por el PDC por considerarlo una garantía de que la UP «rectificaría» su actuación. De manera interina, por primera vez Augusto Pinochet asumió la jefatura del Ejército.

En aquellos días, el general Prats concedió entrevistas a tres medios de comunicación y así, en el Canal 13, recordó que el Gobierno tenía el «legítimo derecho» de aplicar su programa, que «lo conoció todo el país en la campaña preelectoral», y subrayó que el presidente sostenía que lo estaban desarrollando en el marco de la legalidad vigente. En un momento la periodista, Raquel Correa, le preguntó si las Fuerzas Armadas estaban de acuerdo con la implantación del socialismo. «Soy militar y no deliberante», respondió. «Fue el país el que aceptó este programa y, como militar, debo esperar que el país cumpla ese programa».[13]

---

12 Prats González, p. 264.

13 Correa, Raquel, *Preguntas que hacen historia: 40 años entrevistando (1970-2010)*, Santiago de Chile, Catalonia, 2010, p. 30. En un semanario de izquierda Prats aseguró también en aquellos días: «Los trabajadores del país han dado un ejemplo de gran responsabilidad

El 3 de noviembre, Salvador Allende se dirigió a la nación en un discurso transmitido por radio y televisión con motivo del segundo aniversario de su investidura. Después de repasar la labor de su gabinete durante el primer tercio de su mandato constitucional, se centró en los desafíos más inmediatos y señaló que en materia económica se había declarado «una guerra contra Chile dentro y fuera del país»: «Tenemos que imponernos una economía de guerra y comprender los sacrificios que esto significa, pero que no pueden pesar, como siempre han pesado, solamente sobre el pueblo».

Su descripción de la situación fue dramática: las líneas de crédito internacional se habían cerrado; solo habían podido renegociar el 70 por ciento de la deuda externa; la caída del precio internacional del cobre había supuesto la pérdida de unos ciento setenta millones de dólares; el costo de las importaciones de trigo y leche en polvo se había disparado. «Chile tiene que tener conciencia de las horas duras que ha vivido y de las que tendrá que vivir. Sé que los trabajadores comprenderán que hay que ahorrar más, invertir más y consumir menos en aquello que no sea lo indispensable y necesario».

---

cívica durante el desarrollo del movimiento de paros y su conciencia social de sentido del orden y de afán productor merece el respeto de la esfera militar». *Chile Hoy*, nº 22, Santiago de Chile, 26 de noviembre de 1976, p. 29. Y en declaraciones a *Ercilla*, señaló: «Hay algunos chilenos, no muchos por suerte, que piensan que las soluciones deben ser de fuerza. Ya les dije que cada país tiene sus propias características. En Chile, esa es una solución sin destino. ¿A qué conduciría? A una dictadura. Tendría que ser implacablemente represiva. (...) No. Nosotros los militares no acariciamos la idea de reemplazar al poder civil, ni es nuestra misión». *Ercilla*, Santiago de Chile, 29 de noviembre de 1972, p. 12.

Tras rendir tributo al movimiento popular por la conciencia demostrada, destacó, con la perspectiva electoral de marzo, que el desafío era «afianzar el poder de los trabajadores», que era «la mayor garantía de la democracia, de la auténtica libertad y del pluralismo», y reafirmó la vigencia y la fortaleza de la democracia, frente a quienes acusaban a la UP de haber procedido a su demolición.[14]

Dos días después, los dirigentes del Comando Nacional de Defensa Gremial anunciaron el final del paro, cuyas consecuencias económicas fueron asimiladas por el ministro de Hacienda, Orlando Millas, con las de un terremoto, puesto que el país había perdido cinco mil toneladas métricas de cobre y el Estado dejaría de ingresar en torno a mil cien millones de escudos en su recaudación tributaria.[15] También la producción agrícola se vio especialmente perjudicada, ya que se había interrumpido el abastecimiento de fertilizantes, semillas y otros productos, por lo que tuvo que detenerse el trabajo en muchos predios, con la consiguiente disminución de la cosecha de 1973.

Mientras tanto, como ha expuesto el historiador Jorge Magasich en un documento preparado a petición del abogado Eduardo Contreras,[16] a lo largo de 1972 prosiguieron las

---

14 *El Gobierno popular*, Archivo Salvador Allende, nº 9, pp. 181-194.

15 Farías, tomo 5, pp. 3.642-3.643.

16 Magasich, Jorge, *Antecedentes del golpe de Estado. Declaración testimonial.* Este documento forma parte del sumario de la causa-rol nº 12-2013 del 34º Juzgado del Crimen de Santiago de Chile, que instruyó el magistrado Mario Carroza y que fue una fuente importante para mi libro *Entre la araña y la flecha. La trama civil contra la Unidad Popular* (Santiago de Chile, 2020, Ediciones B). Este texto de Magasich se basa esencialmente en su imprescindible trabajo en dos tomos *Los que dijeron «No». Historia del movimiento de los marinos antigolpistas de 1973*, Santiago de Chile, LOM Ediciones, 2008.

relaciones regulares entre los círculos de civiles y los oficiales de las Fuerzas Armadas dispuestos a preparar un golpe de Estado, especialmente de la Marina. Además, a fines de este año el vicealmirante Merino encargó a Roberto Kelly la elaboración de un programa económico, tarea que este derivó a economistas adiestrados en la Universidad de Chicago, como Álvaro Bardón, Sergio de Castro y Pablo Baraona. El 12 de septiembre de 1973, cada miembro de la Junta Militar tendría una copia del documento que sería conocido como *El ladrillo* encima de su escritorio y a partir de abril de 1975 la dictadura lo desplegó con la severidad de un tratamiento de shock.

Ovación en las Naciones Unidas

Junto con la integración de Chile en el Movimiento de Países No Alineados y la celebración en Santiago de la III Conferencia de la UNCTAD, el gran hito de la política exterior del Gobierno de la UP fue la gira internacional que el presidente Allende realizó entre el 30 de noviembre y el 14 de diciembre de 1972 y que lo llevó a Lima, México, Nueva York, Argel, Moscú, Kiev y La Habana.[17]

El momento culminante de aquel viaje fue el discurso que la mañana del 4 de diciembre pronunció al intervenir en el XXVII periodo de sesiones de la Asamblea General de las Naciones Unidas, que mereció a su conclusión un largo aplauso del auditorio más importante del planeta.[18]

---

17 Véase *La gira de* Chile, Santiago de Chile, Quimantú, 1973. Este libro incluye numerosas fotografías y documentos de aquel viaje.

18 Discurso disponible en línea. https://www.youtube.com/watch?v=AyVoo_XULC0

Su intervención se inició con una orgullosa referencia a la democracia chilena: «Vengo de Chile, un país pequeño, pero donde hoy cualquier ciudadano es libre de expresarse como mejor prefiera, de irrestricta tolerancia cultural, religiosa e ideológica, donde la discriminación racial no tiene cabida. Un país con una clase obrera unida en una sola organización sindical, donde el sufragio universal y secreto es el vehículo de definición de un régimen multipartidista, con un Parlamento de actividad ininterrumpida desde su creación hace 160 años, donde los tribunales de justicia son independientes del Ejecutivo, en que desde 1833 solo una vez se ha cambiado la Carta Constitucional, sin que esta prácticamente jamás haya dejado de ser aplicada. Un país de cerca de diez millones de habitantes que en una generación ha dado dos premios Nobel de Literatura, Gabriela Mistral y Pablo Neruda, ambos hijos de modestos trabajadores. Historia, tierra y hombre se funden en un gran sentido nacional. (...) Hoy vengo aquí porque mi país está enfrentando problemas que, en su trascendencia universal, son objeto de la permanente atención de esta Asamblea de las Naciones Unidas: la lucha por la liberación social, el esfuerzo por el bienestar y el progreso intelectual, la defensa de la personalidad y la dignidad nacionales».[19]

Desde aquella tribuna defendió la nacionalización del cobre y denunció la agresión que su pueblo sufría de las multinacionales norteamericanas, en especial de las compañías cupríferas y la ITT, a la que, después de recordar su complicidad con el asesinato del general Schneider, acusó de haber pretendido desencadenar una guerra civil, como

---

[19] Martner (1992), pp. 626-652.

había quedado probado en los documentos secretos de la compañía desvelados por el periodista Jack Anderson en marzo de aquel año. Y subrayó que estas acciones las sufrían todos los países empobrecidos, en particular aquellos que luchaban por disponer de los recursos naturales controlados por las transnacionales.

Proclamó su solidaridad con América Latina y se mostró partidario de que, más allá de las «fronteras ideológicas», estos países reforzaran sus vínculos políticos, económicos y culturales. Se felicitó, asimismo, por la mejora de las relaciones diplomáticas entre la URSS y Estados Unidos y sus negociaciones en materia de desarme y destacó otros hechos de la situación mundial, como las conversaciones entre las dos Alemanias o el regreso de China a las Naciones Unidas. Pero también expresó su preocupación por la situación en Oriente Medio, el asedio de Washington contra Cuba, la explotación neocolonial, la ignominia del racismo y el régimen del *apartheid* en Sudáfrica o el volcán de Indochina, donde el pueblo de Vietnam resistía frente a la «monstruosa» guerra de agresión norteamericana.

Su humanismo habló a los delegados de la necesidad de otro mundo posible, en el que los dos mil millones de personas que entonces carecían de casi todo gozaran de una vida digna y plena: «La acción futura de la colectividad de naciones debe acentuar una política que tenga como protagonistas a todos los pueblos. La Carta de las Naciones Unidas fue concebida y presentada en nombre de «Nosotros, los pueblos de las Naciones Unidas». La acción internacional tiene que estar dirigida a servir al hombre que no goza de privilegios, sino que sufre y labora: al minero de Cardiff, como al *fellah* de Egipto; al trabajador que cultiva el cacao en Ghana o en Costa de Marfil, como al campesino del altiplano en Sudamérica; al pescador de Java, como al cafetalero de Kenia o de Colombia».

Y concluyó con unas palabras que serían recordadas muchos años después, el 16 de octubre de 1998, cuando el general Augusto Pinochet fue detenido en Londres a petición de la justicia española acusado de crímenes contra la humanidad por un equipo jurídico encabezado por Joan Garcés: «Cientos de miles de chilenos me despidieron con fervor al salir de mi patria y me entregaron el mensaje que he traído a esta Asamblea mundial. Estoy seguro que ustedes, representantes de las naciones de la Tierra, sabrán comprender mis palabras. Es nuestra confianza en nosotros lo que incrementa nuestra fe en los grandes valores de la humanidad, en la certeza de que esos valores tendrán que prevalecer. ¡No podrán ser destruidos!».

Tras una escala en Argelia, donde se reunió con el presidente Houari Boumédiène, la tarde del 6 de diciembre la comitiva llegó a Moscú y, en el transcurso de su visita oficial, se entrevistó con Breznev y las más altas autoridades de la URSS, depositó sendas ofrendas florales junto al mausoleo de Lenin y en la tumba del Soldado Desconocido, fue nombrado doctor *honoris causa* por la Universidad M. V. Lomonósov y visitó Kiev.

En su discurso en la cena ofrecida en su honor en el Kremlin evocó su primer viaje, en 1954, y destacó que era el primer jefe del Estado chileno que visitaba este inmenso país. Elogió la ayuda soviética al pueblo vietnamita, subrayó las buenas relaciones que su Gobierno mantenía con la URSS y el resto de los países de la «comunidad socialista» y se refirió al segundo modelo de transición al socialismo: «Ahora realizamos el proceso revolucionario en correspondencia con nuestras condiciones, con nuestra Constitución, con nuestras leyes. Lo hacemos en el marco de la democracia burguesa. Y no es nada fácil. Hemos tocado algunos intereses de los amos de nuestras principales riquezas nacionales y ellos lo han notado. Lo han notado también la oligarquía financiera, bancaria, los latifundistas».[20] Por parte de sus anfitriones, el discurso correspondió al presidente del Presídium del Sóviet Supremo de la URSS, Nikolái Podgorni, quien se refirió esencialmente a la situación internacional, aunque también elogió la trascendencia de la victoria de la UP y «las hondas transformaciones» realizadas.

Más allá de las declaraciones oficiales exigidas por el protocolo y la cortesía, los resultados concretos fueron decepcionantes, puesto que su Gobierno no consiguió la ayuda económica que precisaba en aquel momento crítico. En 1971 y 1972, Chile había obtenido cerca de ochenta millones de dólares en créditos a corto plazo de instituciones financieras controladas por la Unión Soviética y entonces logró otros veinte de libre disponibilidad y veintisiete más para la compra de materias primas y alimentos, cantidades muy por debajo de las expectativas.[21]

Después de una parada técnica en Rabat, llegaron a La Habana, donde la noche del 13 de diciembre, en la emblemática plaza de la Revolución, Fidel Castro y él hablaron a centenares de miles de personas. El comandante cubano agradeció la solidaridad de su compañero, unas palabras que fueron coreadas por la multitud: «¡Allende, Allende, Cuba te defiende!». Por su parte, el presidente chileno recordó su primer viaje en febrero de 1959, destacó el significado de la visita de Fidel Castro a su país un año antes y explicó con

---

20 Farías, tomo 5, pp. 3.699-3.702.

21 Bitar (1995), p. 195.

orgullo la singularidad de la experiencia chilena: «Queridos compañeros: cada país tiene su propia historia, su idiosincrasia, sus costumbres, ha vivido de manera diferente las distintas etapas de su proceso social. En Chile, el pueblo, las masas populares, de acuerdo con nuestra propia historia y realidad, hemos alcanzado el Gobierno para desde allí conquistar el poder. Es muy difícil dentro de los marcos de una democracia burguesa impulsar un auténtico proceso revolucionario. Pero hemos avanzado cumpliendo con nuestra conciencia, con el programa que levantamos frente al pueblo».[22]

Tras aquel baño de masas, quiso ir a cenar a la Bodeguita del Medio, uno de sus restaurantes preferidos. Conocía bien la bella ciudad colonial y también en aquella ocasión se alojó en el hotel Habana Libre, donde dialogó con los trabajadores y uno de ellos grabó sus palabras, publicadas después de su muerte. Vestido con una guayabera blanca, evocó con afecto el trato cálido y fraternal que siempre le brindaron: «Recuerdo conversaciones con el compañero que me atendía en la peluquería. Cómo cambiábamos ideas y un día le regalé una conferencia que di en Montevideo y él me dijo después que la leyó: "Compañero Allende, no creía que usted iba a plantear los problemas como los planteó"». Ese trabajador se llamaba Carlos Ponce y explicó a la revista *Bohemia*: «Aquel 13 de diciembre vino hacia mí y, mientras me abrazaba fuertemente, me dijo: "¿Te acuerdas, Carlos, cuando te decía que iba a ser el compañero presidente?"».[23]

---

22 Allende, Salvador, *Discursos*, La Habana, Editorial de Ciencias Sociales, 1975, pp. 573-590.

23 *Bohemia*, La Habana, 5 de octubre de 1973, pp. 34-39.

Al día siguiente, de regreso hacia Santiago, hicieron una breve escala en Maiquetía, el aeropuerto internacional de Caracas, donde se entrevistó con su homólogo venezolano, Rafael Caldera. A las ocho y media de la tarde el avión por fin tomó tierra en Pudahuel y desde allí hasta La Moneda miles de personas le dieron la bienvenida.[24] De inmediato, se realizó la ceremonia de entrega del mando de la nación por parte del ministro del Interior, el general Prats, quien durante aquellas dos semanas había asumido el cargo de vicepresidente de la Republica y por su eficaz desempeño mereció el elogio del jefe del Estado.

El desafío de marzo

A fines de 1972, Carlos Prats procuró tender puentes de entendimiento entre el Gobierno y el Partido Demócrata Cristiano para enfriar el conflicto político y atenuar las consecuencias económicas del paro gremial. Los ministros del área económica, encabezados por Orlando Millas, prepararon un nuevo proyecto de ley sobre el Área Social, que contemplaba la estatización de unas cincuenta empresas, algunas incluidas en la lista de las noventa y una y otras que se integrarían por su importancia estratégica; el resto de las ocupadas por los trabajadores en octubre, así como los predios menores de ochenta hectáreas de riego básico serían devueltos a sus propietarios. Pero el llamado «Plan Prats-Millas» no llegó siquiera al Congreso Nacional por las diferencias públicas entre la dirección del Partido Socialista, el MAPU y la Izquierda Cristiana y Salvador Allende y el Partido Comunista.

---

[24] *La Opinión*, Buenos Aires, 15 de diciembre de 1972, p. 1.

El 12 de enero de 1973, el nuevo ministro de Hacienda, Fernando Flores, anunció un conjunto de medidas para paliar los problemas de abastecimiento de alimentos y combatir el mercado negro, entre ellas la creación de la Secretaría Nacional de Distribución, cuya dirección recayó en el general de la Fuerza Aérea Alberto Bachelet. Pero la propuesta que desencadenó otra campaña furibunda de la oposición fue el anuncio del reparto racionado de treinta productos (aún no definidos) de acuerdo con las necesidades de la población, que al final tuvo el efecto contrario al buscado, ya que el Gobierno no demostró capacidad para implementarla y, en cambio, acrecentó el acaparamiento.[25] En esta coyuntura sin duda difícil, con efectos visibles en la vida cotidiana de la población (como las largas colas para adquirir productos de primera necesidad, el desabastecimiento y la elevada inflación), las decisivas elecciones de marzo invadían el verano.

El 27 de enero, en Valparaíso, Allende expresó su confianza en que la Unidad Popular obtendría una votación muy significativa y él finalizaría su mandato en 1976. Evocó su exitosa gira internacional de diciembre y mencionó algunos de los principales logros de sus dos años de gestión, como la nacionalización de las grandes minas de cobre y de la banca, la erradicación del latifundio, la escolarización de más del 95 por ciento de los niños en la etapa básica o el aumento sustancial de la participación de los trabajadores en la renta nacional, hasta el 64,8 por ciento del total.

No rehuyó el análisis de las dificultades económicas y criticó con dureza el bloqueo tejido por la oposición en el Congreso Nacional, con el rechazo sistemático de sus iniciativas legales y la presentación hasta aquel momento de

---

[25] Bitar (1995), pp. 209-216.

nueve acusaciones constitucionales para destituir a otros tantos ministros. «Compañeros, ¿qué salida tenemos? (...) ¿Creen ustedes que es posible un Gobierno dictatorial fascista en Chile? Yo creo que no, porque el pueblo es muy fuerte y porque las Fuerzas Armadas y de orden público son democráticas en esta patria. (...) Hay que organizar al pueblo. Hay que defender la paz y el progreso de Chile. Hay que evitar el enfrentamiento. Hay que hacer de la democracia política una auténtica democracia. (...) Estamos luchando contra aquellos que quieren recuperar lo que tuvieron durante tantos años —y si lo hacen por los cauces legales, los respetaremos—. Pero estamos luchando contra el fascismo, que ya mostró sus garras en octubre y que se prepara para hacerlo en marzo».[26]

El principal protagonismo de la campaña opositora recayó en Eduardo Frei, quien el 24 de enero fue entrevistado por Raquel Correa en el Canal 13. Respecto a la alianza con el Partido Nacional, que había combatido las principales reformas de su Gobierno, subrayó que el PDC la había aprobado por unanimidad: «Lo importante es que salvemos al país, para que podamos tener derecho en el futuro a vivir en un Chile en que cada uno pueda pensar lo que quiere, no sentir el temor, no sentir la angustia, no sentir el peligro de una tiranía».

La periodista le preguntó si consideraba que Allende debía «abdicar» en el caso de una derrota de la UP. «Primero, creo que es un plebiscito y que es la elección más importante de la historia de Chile, por lo menos de este siglo», respondió. No obstante, rehusó especular acerca de qué sucedería después del triunfo que esperaba: «Lo importante

---

[26] *El Gobierno popular*, Archivo Salvador Allende, nº 9, pp. 209-223.

ahora es ganar la elección. La magnitud de la ganancia le dará autoridad a las fuerzas democráticas. No creo que haya que señalar como meta los dos tercios. Si el regalo llega, bienvenido. Aquí de lo que se trata democráticamente es de ganar y con una mayoría clara».[27] En aquellos mismos días, en una entrevista concedida al diario limeño *La Prensa* afirmó de manera contundente que las posiciones de su partido y las de la Unidad Popular eran «irreconciliables», no solo en el terreno de la política contingente, sino también en el plano filosófico y teórico. Y acerca de la posibilidad de un enfrentamiento violento, aseguró que la DC no lo deseaba, pero advirtió: «Todo depende de que el Gobierno acate el juicio del pueblo después de la elección».[28]

Como no lo hacía desde 1964, recorrió diversas ciudades y puntos de Santiago para solicitar el voto a los candidatos democratacristianos con la «reconstrucción nacional» como eje de su discurso. «En esta elección general se juzgan el programa, los métodos y los resultados de este Gobierno. Se juzga la responsabilidad del proceso. Por eso es un plebiscito. Si somos mayoría, es decir, el 51 por ciento de los votos, el Gobierno tiene que entender que debe cambiar de política, su programa, sus métodos. Así opera una democracia. Si no quiere acatar la voluntad popular, se estrellará contra el pueblo organizado y con el Parlamento que representa al pueblo. Somos demócratas y queremos una salida democrática. El Gobierno tiene que comprender que, si no escucha la voz de la mayoría y la contradice, pierde su legitimidad».[29]

---

27 Pinochet de la Barra, pp. 469-479.

28 Entrevista consultada en el archivo de la Casa Museo Eduardo Frei Montalva, Carpeta 265.

29 *Ercilla*, Santiago de Chile, 23 de febrero de 1973, pp. 19-20.

Palabras de quien gobernó durante los últimos veinte de sus setenta y dos meses de mandato con el apoyo del 29,8 por ciento del electorado, el que votó por la Democracia Cristiana en las elecciones parlamentarias de marzo de 1969.

El 10 de febrero, el Estadio Nacional fue escenario de uno de los actos más importantes de la campaña de la izquierda, con las intervenciones centrales del senador Rafael Agustín Gumucio, presidente del Partido Federado de la Unidad Popular, y Salvador Allende. Ante las decenas de miles de personas que llenaban las gradas, las galerías interiores y gran parte de la cancha de fútbol, el presidente de la República repasó la labor de sus dos años y medio de gobierno: habló de la producción de 594.000 toneladas en la gran minería del cobre durante 1972, la mayor de la historia nacional; de la constitución del Área Social, cuya producción creció un 17 por ciento entre 1970 y 1972; de la reforma agraria o de la notable reducción del desempleo. Expresó su confianza en que la UP aumentaría en marzo su representación en el Congreso y llamó a las mujeres, su flanco más débil, a apoyar a sus candidatos.[30]

Del programa electoral de la Unidad Popular en 1973 destaca su radicalización respecto a la plataforma de 1970, lo que se hizo evidente cuando expresó que, ante la crisis de «un sistema económico agotado», la solución era «la construcción de una economía socialista». O con la propuesta de una nueva ley de reforma agraria, que permitiría la nacionalización de los predios mayores de cuarenta hectáreas de riego básico, o con un epígrafe sexto titulado «Todo el poder para la clase obrera, los trabajadores y el pueblo», que especificaba cómo debía organizarse en la base el poder

---

30 Farías, tomo 6, pp. 4.188-4.203.

popular y señalaba que en la estructura del Estado se materializaría en la aprobación de la nueva constitución.[31]

Al mediodía del 2 de marzo, al regresar a Santiago después de una gira para apoyar a distintos candidatos, Allende mantuvo un encuentro con los periodistas extranjeros, a quienes expresó su convicción de que lograrían un resultado positivo: «Si la oposición obtuviese los dos tercios del Senado, puede destituirme. Eso es evidente: se expresa así en la Constitución y no violaría las fórmulas democráticas. Acerca del alcance de esta decisión, sin embargo, confieso que no he pensado siquiera. Sencillamente, porque estoy seguro de que no van a lograr esa mayoría parlamentaria».[32] Pero no era una quimera: la CODE requería sumar dos senadores a los treinta y dos que ya tenía en unos comicios en los que se renovaban un total de veinticinco cupos.

Las elecciones parlamentarias del 4 de marzo arrojaron un resultado muy significativo en un país sumergido en una grave crisis económica, social y política. En la elección de diputados (la que cubrió todo el territorio nacional), la Unidad Popular alcanzó el 43,4 por ciento de los sufragios y la CODE el 54,7 por ciento. Era el porcentaje de votos más alto logrado por un Gobierno en los últimos veinte años tras veintisiete meses de gestión. La izquierda arrebató seis diputados y dos senadores a la oposición y el nuevo Congreso Nacional, que se constituyó el 21 de mayo, quedó con treinta senadores para la CODE, diecinueve para la UP y uno para la Unión Socialista Popular, mientras que en la Cámara de Diputados el reparto fue de ochenta y siete para la alianza opositora y sesenta y tres para la coalición gubernamental.

---

31 *La vía chilena al socialismo*, pp. 293-322.

32 *Arriba*, Madrid, 3 de marzo de 1973, p. 13.

La DC repitió como el partido más votado, con el 29,1 por ciento de los votos, pero su apoyo electoral se redujo en siete décimas respecto a 1969, perdió uno de sus veinte senadores y sumó tres diputados hasta alcanzar los cincuenta, un tercio exacto de la Cámara. El Partido Nacional logró el 21,3 por ciento, obtuvo treinta y cuatro diputados (uno más) y llegó a ocho senadores. Las dos fuerzas escindidas del radicalismo, en cambio, sufrieron una derrota: la Democracia Radical (2,3 por ciento) mantuvo dos de sus cuatro diputados y perdió sus dos senadores y el Partido de Izquierda Radical (1,8 por ciento) retuvo solo uno de sus nueve diputados y tres de sus cinco senadores.[33]

La fuerza política que más creció fue el Partido Socialista, que avanzó del 12,2 al 18,6 por ciento de los votos, duplicó sus catorce diputados y pasó de cuatro a siete senadores. El Partido Comunista, con el 16,2 por ciento, aumentó de seis a nueve senadores (la segunda bancada tras el PDC) y de veintidós a veinticinco diputados. El Partido Radical (3,7 por ciento) preservó cinco de sus doce diputados y dos de sus tres senadores. El MAPU (2,5 por ciento) regresó al Parlamento con dos diputados y la Izquierda Cristiana, con el 1,2 por ciento, fracasó en su intento de penetrar en la base popular del PDC al mantener tan solo uno de sus nueve diputados y uno de sus dos senadores. La Acción Popular Independiente (0,8 por ciento) obtuvo dos diputados, pero perdió su senador.

Además, la Unidad Popular incrementó de manera sustancial el apoyo del electorado femenino, ya que, si en 1970

---

33 Dooner, Patricio, *Crónica de una democracia cansada. El Partido Demócrata Cristiano durante el Gobierno de Allende*, Santiago de Chile, Instituto Chileno de Estudios Humanísticos, 1985, p. 136.

el 30 por ciento votó por Salvador Allende, en esta ocasión logró el 39 por ciento. En la batalla senatorial de Santiago se impuso Eduardo Frei (389.637 votos), seguido de Volodia Teitelboim (238.535), Carlos Altamirano (229.281), Sergio Onofre Jarpa (191.611) y su correligionario José Musalem (106.780), todos ellos electos.[34] Aquella misma noche el presidente de la República habló por televisión para destacar que el país había vivido otros comicios con pleno respeto a todas las opciones políticas y en absoluta libertad.

La victoria insuficiente desconcertó a la oposición y mantuvo el empate institucional. A excepción de alguna imprevisible elección complementaria, la próxima contienda en las urnas serían las municipales de abril de 1975 (irrelevantes para la resolución del conflicto político) y, ya el 4 de septiembre de 1976, la nueva batalla presidencial.

Superada la encrucijada electoral, los tres ministros de las Fuerzas Armadas presentaron su dimisión y el 27 de marzo se conoció la recomposición del gabinete. Tras casi cinco meses de trabajo compartido con el presidente Allende, el general Carlos Prats retomó sus funciones como comandante en jefe del Ejército.[35]

---

34 Moss, Robert, *El experimento marxista chileno*, Santiago de Chile, Editora Nacional Gabriela Mistral, 1974, p. 189.

35 Y en sus memorias dejaría un elogioso retrato humano y político suyo: «Conocí muy de cerca al presidente Allende, quien me dedicó muchas horas de análisis y, pese a la gran distancia que nos separaba en el aspecto ideológico y en cultura política, aprendí a respetarlo como gobernante y a apreciarlo como ser humano. En la primera de estas calidades, lo vi concentrar todos sus esfuerzos y capacidades en beneficio de la causa popular, anteponiendo su interés por la justicia social a las conveniencias programáticas o electorales de la combinación de partidos políticos que lo sustentaban. En la segunda calidad, conocí un hombre de gran confianza en sí mismo, hasta orgulloso si se quiere, pero abierto a escuchar, sensible a las franquezas del interlocutor,

Pero la alegría por el veredicto de las urnas le duró muy poco a la Unidad Popular. Entre el 7 y el 11 de marzo la división abrupta del MAPU en dos partidos (uno alineado con las tesis izquierdistas, el otro próximo a las posiciones de Allende y el PC)[36] mostró dramáticamente que las diferencias en torno a la estrategia revolucionaria se acentuaban cuando era más necesaria la cohesión y el apoyo al Gobierno.[37] Y en los mismos días otro conflicto (hábilmente avivado por el Partido Demócrata Cristiano, el Partido Nacional y los medios de comunicación afines) logró situar por primera vez en posiciones de confrontación pública a la Iglesia católica y a miembros destacados de las Fuerzas Armadas: la polémica en torno a la reforma educativa bautizada como la Escuela Nacional Unificada (ENU).

La Unidad Popular podía presentar una notable gestión en esta materia cuando a mediados de marzo de 1973 expuso dicho proyecto, cuyos planteamientos medulares habían sido consensuados por los sectores más representativos en el Primer Congreso Nacional de Educación, celebrado en diciembre de 1971. En apenas dos años y medio, se habían duplicado los sesenta mil niños matriculados en la enseñanza

---

socarrón frente a los "asentidores" y sin acopio de odios, ni hacia sus más enconados enemigos políticos. Su larga trayectoria en las lides parlamentarias y electorales lo había inmunizado contra la adulación y la injuria. Su vitalidad lo proveía de una extraordinaria capacidad de trabajo y sabía alternar con filosofía los largos momentos tensos y amargos, con el breve placer mundano de una charla insustancial». Prats González, p. 328.

36 Moulian, Tomás, *Democracia y socialismo en Chile*, Santiago de Chile, LOM Ediciones, 2018, pp. 37-63.

37 Moyano Barahona, Cristina, *MAPU o la seducción del poder y la juventud. Los años fundacionales del Partido-mito de nuestra Transición (1969-1973)*, Santiago de Chile, Ediciones de la Universidad Alberto Hurtado, 2009, p. 177.

preescolar; 259.300 más asistían a la escuela primaria y los que iban a la secundaria habían pasado de 302.000 a 464.200; asimismo, los alumnos de la Universidad de Chile y la Universidad Técnica del Estado se habían duplicado y se aproximaban a los cien mil, con un número considerable de trabajadores que cursaban estudios en esta última en virtud del convenio suscrito por su rector, Enrique Kirberg, con la CUT. Y solo durante 1972 el Gobierno había repartido 4.205.000 libros de texto entre los escolares.[38]

La Escuela Nacional Unificada establecía que todos los niños disfrutarían del mismo sistema, igual en calidad y duración mínima, y preveía avanzar hacia una educación politécnica, combinar la enseñanza teórica con la práctica e incluso el estudio con el trabajo, así como vincular la formación académica con los problemas reales de los estudiantes a través de la creación de complejos educativos integrados en su entorno.[39] A pesar del consenso en relación con estos objetivos, la filtración de un documento preparado por técnicos del Ministerio de Educación con un prólogo saturado de retórica marxista desencadenó una nueva ofensiva de la oposición, que tomó oxígeno después de la derrota de octubre y la decepción electoral y denunció que el Gobierno pretendía controlar «las conciencias».[40]

El 28 de marzo el cardenal Silva Henríquez pidió al presidente que postergara su aplicación hasta que fuera debatida y mejorada por el conjunto de la sociedad y en

---

38 Silva, Alberto, «Chile 1970-1973: La política educativa de la Unidad Popular (I)», Madrid, *Cuadernos de pedagogía*, nº 4, abril de 1975, pp. 19-23.

39 Corvalán Márquez, pp. 280-281.

40 Garcés, Mario, *La Unidad Popular y la revolución en Chile*, Santiago de Chile, LOM Ediciones, 2020, p. 305.

particular por la comunidad educativa y, aunque destacó algunos aspectos positivos, como la universalización de la educación pública gratuita y la integración del estudio y el trabajo, criticó su inspiración «socialista» y no cristiana.[41]

El 11 de abril, el ministro de Educación, Jorge Tapia, impartió una conferencia ante sesenta oficiales medios y superiores de las tres ramas de las Fuerzas Armadas para aclarar la posición del Gobierno, pero se encontró con las invectivas que algunos de ellos formularon contra el Ejecutivo, a pesar de la presencia de los tres comandantes en jefe y del ministro de Defensa, José Tohá.[42] Al día siguiente, el Gobierno anunció que postergaba la tramitación de la ENU.

Y el 18 de abril se abrió un nuevo frente cuando una parte significativa de los trabajadores del complejo minero de El Teniente (la mayor explotación subterránea de cobre del mundo) empezó una huelga por razones inicialmente economicistas que desconcertó al Ejecutivo y a la Unidad Popular y fue un regalo inesperado para la oposición.[43] Por primera vez en dos años y medio, un sector de asalariados, y además del área estratégica de la economía nacional, se movilizaba contra el Gobierno, que sí logró impedir que la protesta se extendiera a Chuquicamata y El Salvador. La mayor parte de los sindicatos obreros de El Teniente aceptaron las propuestas gubernamentales y continuaron trabajando,

---

41 *Mensaje*, nº 209, Santiago de Chile, junio de 1972, en *Chile visto por* Mensaje. *1971-1981*, Santiago de Chile, Aconcagua, 1981, pp. 60-62.

42 Prats González, pp. 330-332.

43 Bitar, Sergio y Pizarro, Crisóstomo, *La caída de Allende y la huelga de El Teniente. Lecciones de la historia*, Santiago de Chile, Ediciones del Ornitorrinco, 1986, p. 46.

mientras que fueron los de empleados, dirigidos por militantes democratacristianos y con conexiones con Patria y Libertad, los que desarrollaron la huelga. Con movilizaciones constantes, la oposición logró enrolarlos en su estrategia de desestabilización y el paro, aunque con fuerza decreciente, se mantuvo hasta el 3 de julio, causando pérdidas millonarias al país.

Fracasó también el intento de ampliarlo a otros sectores productivos, pero se exacerbó la confrontación política y el bloqueo institucional (con la destitución de los ministros de Trabajo y Minería a través de sendas acusaciones constitucionales) y se avivó el clima de caos y violencia, mientras se producía una oleada de atentados terroristas en Calama, Antofagasta, Linares, Melipilla, Rancagua y Santiago.[44]

No a la guerra civil

A partir de abril, el conflicto en torno a la estructura económica nacional se recrudeció, puesto que el Gobierno aprobó un conjunto de decretos de insistencia para mantener bajo control estatal cuarenta y cinco firmas intervenidas en octubre, una fórmula utilizada debido a que en diciembre la Contraloría había fallado contra el requisamiento de cuatro empresas. Esto endureció también el enfrentamiento del Ejecutivo con la cúpula del Poder Judicial.[45] Además, los vetos presidenciales al proyecto democratacristiano sobre la definición del Área Social fueron rechazados por mayoría simple en el Congreso Nacional, por lo que la oposición

---

44 Bitar (1995), pp. 234-235.

45 De Ramón (2004), p. 201.

instó al Ejecutivo a que promulgara la reforma constitucional o convocara un plebiscito para dirimir el conflicto de poderes. El 12 de mayo, el Gobierno remitió el caso al Tribunal Constitucional, que, sin embargo, a fines de aquel mes se declaró incompetente.

Por otra parte, desde el 1 de mayo la denuncia de una posible guerra civil y de la amenaza fascista estuvo presente en el discurso del presidente Allende y los dirigentes comunistas, hasta el punto de que Pablo Neruda grabó un emotivo mensaje en su casa de Isla Negra, que Televisión Nacional emitió la noche del 28 de mayo, en el que evocó a sus compatriotas la tragedia que vivía España desde 1936.[46] Mientras tanto, el Partido Socialista, el MAPU y el MIR loaban la épica del inminente enfrentamiento «definitivo» entre «las clases antagónicas», con un absoluto desconocimiento de la correlación de fuerzas en el plano militar, ya que consideraban que Chile afrontaba una única alternativa: «socialismo o fascismo». Muy pronto la disyuntiva para el presidente y para el Partido Comunista sería democracia o fascismo...

En los primeros días de mayo, convocó en dos ocasiones al cardenal Raúl Silva Henríquez para exponerle la situación del país (el conflicto político, la crisis económica, la polarización social) y solicitar su intercesión para intentar una nueva aproximación al PDC, planteándole incluso que deseaba tener un encuentro privado con Eduardo Frei. A resultas de ello, el arzobispo de Santiago compartió una noche mesa y mantel con el expresidente y otras personas para trasladarle la petición de Allende, que no llegaría a aceptar. En

---

46 Amorós, Mario, *Sombras sobre Isla Negra. La misteriosa muerte de Pablo Neruda*, Santiago de Chile, Ediciones B, 2012, pp. 72-74.

un ambiente muy tenso, casi dramático, intercambiaron sus opiniones sobre la coyuntura y en un momento de acaloramiento Silva Henríquez pronunció una sentencia lapidaria que hirió profundamente a Frei: «Si yo tuviera que analizar cuál Gobierno ha sido más cristiano, en su cercanía con los pobres, si el anterior o el actual, me costaría elegir...».[47]

El 12 de mayo, Patricio Aylwin derrotó a Renán Fuentealba en la votación de la Junta Nacional y fue elegido nuevo presidente de la Democracia Cristiana. En declaraciones a la prensa señaló que habían acordado «realizar una oposición categórica, clara y definida al Gobierno de la UP y no dejarle pasar ni una» y anunció que harían uso de todos los resortes, en la institucionalidad y en la base social, para frenar sus «abusos e ilegalidades».[48] También rehusó, públicamente, cualquier solución al conflicto que estuviera al margen de la Constitución y de la ley y, en concreto, el recurso al golpe de Estado, a la guerra civil o a «cualquier medio directo o solapado que conduzca al derrocamiento del Gobierno».[49]

Por su parte, el 21 de mayo, en su tercer Mensaje al Congreso Pleno, titulado «Por la democracia y la revolución, contra la guerra civil», el presidente Allende insistió en que la institucionalidad del país estaba vigente gracias al ejemplo y la conciencia de los trabajadores y el constitucionalismo de las Fuerzas Armadas y realizó una encendida defensa del sistema democrático.[50]

---

47 Silva Henríquez, Raúl, *Memorias, tomo II*, Santiago de Chile, Copygraph, 1994, pp. 249-254.

48 *La Prensa*, Santiago de Chile, 14 de mayo de 1973, p. 5.

49 *Política y Espíritu*, nº 343, Santiago de Chile, mayo de 1973, pp. 57-59.

50 Martner (1992), pp. 503-544.

Justo una semana después, la directiva del Cuerpo de Generales y Almirantes en retiro le dirigió una carta desafiante, en la que le acusaban veladamente de vulnerar la Constitución, una situación que, según ellos, conllevaba el fin de la debida obediencia de las Fuerzas Armadas. Aunque lo expresaban en tiempo condicional, los oficiales retirados presionaban a las generaciones en activo de sus antiguas instituciones[51]: «Desde nuestro punto de vista, infringir en cualquier forma la Ley Fundamental atentaría, gravemente, contra la Seguridad Nacional; las Fuerzas Armadas se transformarían en organizaciones autónomas por haberse perdido el mandato que las obliga ante los poderes del Estado, con el riesgo que ello supondría para la estabilidad institucional y su prestigio nacional e internacional». Y a continuación citaban casos en los que, desde su punto de vista, se había tergiversado o violado la Constitución, expresándose en términos muy críticos acerca de la polarización social y política y la situación económica del país, con un análisis calcado al de la derecha.

El 4 de junio, en su respuesta por escrito, el presidente Allende les transmitió su sorpresa por el hecho de que no

---

51 Esta presión hacia las Fuerzas Armadas procedía también, desde hacía meses, desde los ámbitos sociales. Particularmente, las mujeres organizadas en los frentes *antiallendistas* asumieron como tarea hostigar a los militares con acciones cargadas de simbolismo para sus códigos valóricos: arrojar maíz o plumas a las puertas de sus recintos o incluso de sus domicilios, para llamarles cobardes por no enfrentarse al Gobierno «marxista», o enviarles mensajes con una palabra atroz en aquel contexto, «Yakarta», en alusión a la masacre de centenares de miles de comunistas perpetrada pocos años antes por las Fuerzas Armadas indonesias. Power, Margaret, *La mujer de derecha. El poder femenino y la lucha contra Salvador Allende, 1964-1973*, Santiago de Chile, Centro de Investigaciones Diego Barros Arana, 2008, pp. 253-254.

hubiesen dedicado una sola crítica hacia quienes formulaban llamamientos permanentes a «la insurrección, al desconocimiento de la legalidad y al derrocamiento del poder constitucionalmente establecido». Asimismo, tampoco renunció a interpelarlos acerca del fin último y verdadero de su declaración: «¿A dónde desearían ustedes llegar con el lógico desarrollo de sus planteamientos sobre una eventual "autonomía" de las Fuerzas Armadas frente a sus obligaciones ante los poderes del Estado?».[52]

La declaración de los oficiales retirados fue una espoleta para el Partido Nacional, que el 14 de junio se atrevió a decretar que Salvador Allende había dejado de ser el presidente constitucional por haber incurrido en «innumerables violaciones legales y en atropellos deliberados y reiterados a la Constitución». Como corolario, el partido presidido por Sergio Onofre Jarpa sentenció que ningún ciudadano estaba ya obligado a respetar ni a obedecer a un Gobierno que había incurrido en sedición. Y, de nuevo, reclamó un pronunciamiento de la mayoría opositora en el Congreso Nacional para declarar formalmente, desde uno de los poderes del Estado, la «ilegitimidad» del Ejecutivo de la UP.[53] Ante la gravedad de estos planteamientos, el 20 de junio el presidente de la República ordenó a los ministros, subsecretarios e intendentes que ya no atendieran las peticiones de audiencia procedentes de parlamentarios o dirigentes del Partido Nacional.

---

52 Véase este intercambio epistolar en Bravo Lira, Bernardino, *Régimen de gobierno y partidos políticos en Chile, 1924-1973*, Santiago de Chile, Editorial Jurídica de Chile, 1978, pp. 248-256.

53 Partido Nacional, *Documentos políticos*, nº 21, junio-julio de 1973, Santiago de Chile, 1973, páginas no numeradas.

Dos días después, la Central Única de Trabajadores organizó una huelga general que culminó con una gigantesca manifestación a la que concurrieron medio millón de personas. En su intervención Allende señaló que el día anterior había visitado el complejo minero de El Teniente, donde constató que la producción se mantenía en un promedio del 45 por ciento de la habitual y que ya estaban trabajando 4.604 de los 6.165 obreros y 919 de los 3.602 empleados. Se refirió también a la ola de atentados terroristas perpetrados por la derecha y la extrema derecha, ensalzó la actitud de las Fuerzas Armadas («nunca como ahora fueron rodeadas del cariño y el respeto del pueblo») y llamó a impedir la guerra civil: «¿Cuándo está más seguro un país? ¿Cuándo vibra más un pueblo? Cuando la mayoría siente que hay una patria para todos. Se afianza más el sentido nacional, crece con más vigor el mandato de la historia cuando hay gente como ustedes que entienden por qué lucharon los próceres de la patria. Nunca como ahora un pueblo estuvo más dispuesto a dar más fuerza y vigor a la seguridad nacional, que se conquista con el arado, con la pluma, movilizando las empresas y las industrias, elevando el nivel político y la conciencia de las masas, perfeccionando técnicamente a los hombres y a las mujeres, incorporando a la juventud a una gran tarea común y colectiva. Nunca como ahora Chile entenderá que la seguridad nacional estará presente porque estarán presentes los soldados del trabajo y los soldados de la patria».[54]

---

54 Quiroga (1989), pp. 369-385.

El afecto del presidente

En las primeras horas de la mañana del 29 de junio el Regimiento Blindados nº 2 de Santiago, al mando del coronel Roberto Souper, se sublevó contra el Gobierno y algunos de sus tanques llegaron hasta el Palacio de La Moneda. Este extraño intento golpista fue derrotado en pocas horas por las tropas comandadas por el general Carlos Prats, pero dejó veintidós personas muertas (entre ellas el camarógrafo argentino Leonardo Henrichsen) y treinta y dos heridas.[55] Y contó con la complicidad de Patria y Libertad, cuyos principales dirigentes, entre ellos Pablo Rodríguez y Benjamín Matte (presidente de la Sociedad Nacional de Agricultura hasta dos meses antes), optaron por refugiarse en la Embajada de Ecuador, mientras la organización se sumergía en la clandestinidad y todas sus sedes eran clausuradas. En los meses anteriores, el Ejecutivo había presentado numerosas querellas contra sus líderes por actividades ilícitas, propósitos conspirativos, atentados con explosivos y otros delitos que amenazaban la seguridad del Estado, pero todas fueron desestimadas por el Poder Judicial, desde sus niveles inferiores hasta la Corte Suprema, por «falta de méritos».[56]

Fue una sublevación equiparable al *Ariostazo* de 1939 o el *Tacnazo* de 1969, pero en las condiciones políticas del momento resultó muy reveladora para los conspiradores, puesto que, a pesar de las incesantes denuncias de la

---

55 Mires, Fernando, *La rebelión permanente. Las revoluciones sociales en América Latina*, México DF, Siglo XXI, 1988, p. 368.

56 *Puro Chile*, Santiago de Chile, 3 de julio de 1973, p. 9.

oposición sobre la formación de un «ejército paralelo» y la existencia de «grupos armados», probó que la UP carecía de una fuerza militar propia capaz de oponer resistencia a una intentona golpista y que la movilización de las clases populares tan solo podría reforzar la imprescindible actuación legalista de, al menos, un sector de las Fuerzas Armadas. Así sucedió cuando, poco después de las diez de la mañana, la Central Única de Trabajadores y los partidos de izquierda pidieron a los obreros que se concentraran en sus lugares de trabajo y tomaran todas las medidas convenientes para defender al Gobierno.

Aquella fría noche Salvador Allende habló desde un balcón de La Moneda a los miles de personas que se habían concentrado en el exterior, convocados por la CUT. Les relató lo sucedido y les pidió que «con el calor y la firmeza revolucionaria del pueblo» rindieran homenaje a las Fuerzas Armadas, Carabineros e Investigaciones, que habían aplastado la tentativa sediciosa. Uno a uno, el general Carlos Prats, el almirante Raúl Montero (comandante en jefe de la Armada) y el general César Ruiz Danyau (comandante en jefe de la Fuerza Aérea) aparecieron y fueron saludados con la consigna de «¡Soldado amigo, el pueblo está contigo!».

También se escucharon consignas a favor de la entrega de armas al pueblo y del cierre del Congreso Nacional, a las que respondió que, si era necesario, convocaría un plebiscito: «Compañeros, (...) el proceso chileno tiene que marchar por los cauces propios de nuestra historia, nuestra institucionalidad, nuestras características, y, por lo tanto, el pueblo debe comprender que tengo que mantenerme leal a lo que he dicho; haremos los cambios revolucionarios en pluralismo, democracia y libertad, lo cual no significa ni significará tolerancia con los antidemócratas, tolerancia con los subversivos y tolerancia con los fascistas».[57]

Y se despidió con profundo afecto de los militantes de izquierda, del pueblo que lo escuchaba: «Sé que en cada hogar modesto y humilde, en cada casa de trabajador, había esta mañana una dolorosa inquietud. Sé que aquí en Santiago como en el resto de Chile, todos, también los trabajadores del campo, estaban con su espíritu alerta y con la decisión revolucionaria de combatir si era necesario por Chile y su destino libre. Compañeros, todavía algunos grupos fascistas están por allí, tengan cuidado, no caigan en provocaciones. Tienen que tener confianza en el Gobierno, que ha demostrado su fuerza esta mañana y seguiremos demostrándola. Compañeros, quédense en sus casas, únanse a sus mujeres y a sus hijos en nombre de Chile. Lleven mi cariño, mi respeto, mi admiración y mi fe a cada uno de los hogares de ustedes».

Solo veinticuatro horas después, los comandantes en jefe de las tres ramas de las Fuerzas Armadas y otros altos mandos (entre ellos los generales Augusto Pinochet, Mario Sepúlveda, Óscar Bonilla, Sergio Arellano y Sergio Nuño por el Ejército; los vicealmirantes José Toribio Merino y Patricio Carvajal y los contralmirantes Ismael Huerta, Daniel Arellano y Sergio León por la Armada; y los generales Gustavo Leigh, Agustín Rodríguez, Claudio Sepúlveda, José Martínez, Nicanor Díaz y Francisco Herrera por la Fuerza Aérea) mantuvieron una reunión en las dependencias del Estado Mayor de la Defensa Nacional.[58] El general Prats

---

57 Farías, tomo 6, pp. 4.771-4.776.

58 González, pp. 181-182.

expresó que la grave situación política debía solucionarse a través de un acuerdo entre los poderes del Estado para evitar un enfrentamiento armado y rehusó de manera tajante la posibilidad de una intervención militar, puesto que esta opción, advirtió, «arrastraría a las Fuerzas Armadas, sin retroceso posible, a imponer una tiranía con gran derramamiento de sangre».[59] Aparentemente, la reunión se cerró con acuerdo en torno a esta posición, respaldada por el almirante Raúl Montero y el general César Ruiz, y con la coincidencia en la importancia de que las tres ramas compartieran este tipo de espacios para reforzar su línea profesional y apolítica.

Desde entonces, cada una designó a cinco oficiales para participar en aquellas reuniones institucionales. Sin embargo, el denominado «Comité de los 15» fue uno de los espacios desde el que se preparó el golpe de Estado, ya que en las semanas siguientes elaboraron varios memorandos que, si bien aparentaban ajustarse a la legalidad, sirvieron para aunar criterios y puntos de vista sobre cómo actuar el día que se determinara para la sublevación.[60]

Gustavo Leigh, uno de sus integrantes, señaló en los recuerdos que dejó para su familia, que su viuda ordenó y publicó en 2017 (junto con la transcripción de diferentes conversaciones con Pinochet grabadas en secreto), que la mayor inquietud de los oficiales comprometidos con la sedición era el Ejército, puesto que el general Prats mantenía su firme posición constitucionalista. Por lo que respecta a

---

[59] Prats González, p. 370.

[60] Bawden, John R., *The Pinochet Generation. The Chilean Military in the Twentieth Century*, Tuscaloosa (Alabama), The University of Alabama Press, 2016, p. 121.

Pinochet, expresó que en aquellas reuniones intentaba evitar los debates sobre la situación política.

Además, a propuesta de Patricio Carvajal, se articuló otro comité similar de las tres ramas de las Fuerzas Armadas, pero que se reunía en secreto en una casa propiedad del abogado Jorge Gamboa, allegado del general Sergio Arellano y simpatizante del Partido Demócrata Cristiano.[61] Entre los asistentes estaba el núcleo duro que gestaría el golpe de Estado: Arellano por el Ejército; José Toribio Merino, Ismael Huerta y Patricio Carvajal, por la Armada; y Leigh y los generales Viveros, Herrera y Díaz por la Fuerza Aérea. En aquellos encuentros Arellano planteaba que no podían contar con Prats y tampoco era optimista sobre su segundo, Pinochet. «De él no se sabía absolutamente nada. No se pronunciaba en nada. No decía nada. (...) La única conclusión que sacaba el general Arellano era que era imposible contar con él», dejó dicho Leigh.[62]

El 2 de julio, la Contraloría General de la República rechazó por «ilegítimo» el decreto remitido el 15 de junio por el presidente de la República para la promulgación parcial del proyecto de reforma constitucional sobre las áreas de la economía nacional y en su resolución coincidió con la oposición: o la promulgaba en los términos aprobados por mayoría relativa en el Congreso Nacional o la sometía a plebiscito.[63] En su trabajo clásico, Arturo Valenzuela subrayó que por primera vez en varias décadas el país se vio inmerso

---

61 *Apsi*, Santiago de Chile, 9 de septiembre de 1985, p. 12.

62 García de Leigh, Gabriela, *Leigh. El general republicano*, Santiago de Chile, Ediciones GGL, 2017, pp. 52-54.

63 Bruna, Susana, *Chile: la legalidad vencida*, México DF, Ediciones Era, 1976, pp. 184-185.

en una crisis institucional que amenazaba los cimientos del sistema democrático y, después de analizarla en profundidad, indicó que «la interpretación del presidente era más sostenible».[64]

Dos días después, con una declaración pública de la Corte Suprema acerca de la decisión de Allende de devolver sin respuesta la carta que el alto tribunal le dirigiera el 25 de junio, se cerró el ácido intercambio de comunicaciones escritas entre el Poder Ejecutivo y la cima del Poder Judicial, una institución ultraconservadora integrada por trece miembros, que denunció «la quiebra de la juridicidad del país».[65] La durísima crítica de la Contraloría y la Corte Suprema a la actuación del presidente Allende y su Gobierno se incorporó al discurso de la oposición y formaría parte del arsenal retórico para legitimar el golpe de Estado.

En cambio, ignoraron los fallos del Tribunal Constitucional (el organismo encargado de resolver los conflictos entre el presidente de la República y el Congreso Nacional), integrado por cinco personalidades: dos designadas por la Corte Suprema y tres por el presidente de la República con el acuerdo del Senado. Desde noviembre de 1970, el TC se pronunció sobre diecisiete conflictos y, en la amplia mayoría de ellos, sentenció por unanimidad que era el presidente, y no la mayoría opositora del Parlamento, quien había actuado de acuerdo con la legalidad.[66]

En un nuevo gesto hacia el mundo democratacristiano, Allende propuso al rector de la Universidad Católica,

---

64 Valenzuela (1989), pp. 198-201.

65 Véase aquel intercambio de documentos entre la Corte Suprema y el presidente Allende en Instituto de Estudios Políticos, tomo 3, pp. 159-199.

66 Magasich (2013), p. 44.

Fernando Castillo Velasco, que se incorporara a su gabinete como ministro de la Vivienda.[67] Precisamente, en una entrevista concedida a la revista *Newsweek*, el presidente acababa de señalar la responsabilidad de la DC en aquellos momentos: «Mi objetivo es, ha sido y será evitar un enfrentamiento. Pero eso no depende solo de mi voluntad o decisión. También depende de los democratacristianos, que deben comprender que no pueden seguir inmovilizando un país, asediando a un Gobierno y negando las leyes fundamentales. ¿Quieren un golpe de derecha? ¿Un Chile fascista?».[68]

Gran arquitecto y destacado militante del PDC, Castillo Velasco compartía con Allende una larga relación de amistad, que había quedado demostrada de nuevo unos meses antes, cuando este había acudido de inmediato a su hogar para acompañarle en el inmenso dolor por el fallecimiento de su hijo Javier en un accidente de tráfico.[69] A pesar de su buena acogida a la propuesta, que consideraba que podría ayudar a encauzar el conflicto, Castillo Velasco la sometió a la opinión de la dirección de su partido, que la desaprobó.[70]

El 6 de julio, la directiva de la Sociedad de Fomento Fabril, encabezada por su presidente interino, Raúl Sahli, ya

---

67 Zerán, Faride, *Tiempos que muerden. Biografía inconclusa de Fernando Castillo Velasco*, Santiago de Chile, LOM Ediciones-ARCIS, 1998, pp. 87-88.

68 Entrevista publicada por *Newsweek* el 2 de julio de 1973. Boletín de prensa extranjera nº 1.084. Oficina de Informaciones del Senado de Chile. Santiago de Chile, 24 de julio de 1973. Archivo de Gonzalo Vial Correa, Centro de Investigación y Documentación de la Universidad Finis Terrae (Santiago de Chile).

69 Echeverría, Mónica y Castillo, Carmen, *Memorias movedizas. Chile en la vida de dos mujeres*, Madrid, La Fábrica, 2003, p. 147.

70 Gumucio, p. 213.

que Orlando Sáenz estaba de viaje en el extranjero, se entrevistó con Eduardo Frei. Según el acta de la reunión levantada horas después por el abogado Rafael Rivera, asesor de la organización empresarial, le expresaron su inquietud por las tomas de industrias tras el *Tanquetazo*, una nueva señal de que estaban a punto de caer en «una cruenta dictadura marxista». El expresidente escuchó en silencio, cabizbajo, abrumado, hasta que se levantó de su sillón y, tras ofrecer cigarros Partagás a sus invitados, tomó la palabra y de manera «pausada y solemne» agradeció su visita, aunque señaló que nada lograrían conversando con los partidos opositores. «Desgraciadamente, este problema solo se arregla con fusiles», sentenció.

En consecuencia, sugirió que lo antes posible plantearan sus aprensiones, que compartía plenamente, a los comandantes en jefe de las Fuerzas Armadas. De hecho, les relató que, cuando un alto oficial del Ejército le había confidenciado que tanto él como su familia corrían un serio peligro, había respondido que cumpliría con su deber de senador, aunque matizó: «Ustedes, en cambio, tienen las bayonetas y deberían saber lo que tienen que hacer para salvar al país».[71]

Las maniobras de Aylwin

El 16 de julio, día de la Virgen del Carmen, patrona de Chile, el cardenal Raúl Silva Henríquez, como presidente del comité permanente del Episcopado, dirigió un mensaje

---

[71] *Economía y Sociedad*, nº 92, Santiago de Chile, agosto-septiembre de 2017. https://www.economiaysociedad.cl/acta-rivera

dramático a la nación, en el que imploró la apertura de una tregua que permitiera fraguar un entendimiento entre el Gobierno y la oposición. Sus palabras, «en una hora dramática» para el país, permitieron reabrir el diálogo entre el presidente de la República y la dirección de la Democracia Cristiana.[72]

El 25 de julio Salvador Allende, en un discurso ante miles de dirigentes de la CUT, expresó de nuevo su convicción de que debía hacer todos los esfuerzos posibles para impedir la guerra civil y por ello planteó la necesidad de negociar con el PDC una salida al conflicto.[73] El Partido Socialista, el MAPU y el MIR se opusieron a las negociaciones, con el argumento de que desmovilizaban a los trabajadores y suponían una claudicación ante las exigencias del PDC, mientras que el PC las apoyaba. En la oposición distintos actores actuaban para estimular o imposibilitar un posible acuerdo.

Entonces se encontraba temporalmente en el país Gabriel Valdés (subsecretario general del PNUD para América Latina y el Caribe), quien compartió una cena con el presidente Allende en la casa del diplomático Hernán Santa Cruz. Años después, Valdés recordó su sorpresa ante la exaltación de sus camaradas democratacristianos frente al Gobierno y relató su encuentro con Eduardo Frei, quien le confesó: «Sé que viene el golpe, tengo tres coroneles que me van a avisar, dos ya me han avisado. Dije que Allende terminaría muy mal, ha sido incapaz de manejar el país. La situación política, social y económica es un caos». Frei

72 *Documentos del Episcopado. Chile, 1970-1973*, Santiago de Chile, Ediciones Mundo, 1974, pp. 171-173.

73 *El Siglo*, Santiago de Chile, 26 de julio de 1973, p. 3.

estaba convencido de que pronto el Gobierno sería derrocado y que tras un breve paréntesis los civiles recuperarían el poder. «Nos van a llamar a los pocos meses y van a devolver el poder a la democracia», le aseguró.[74]

La madrugada del 27 de julio un crimen conmocionó al país: miembros de Patria y Libertad ametrallaron en el balcón de su propia casa al edecán naval y jefe de la Casa Militar de la Presidencia de la República, el capitán de navío Arturo Araya, quien aquella noche había acompañado a Allende a una recepción en la Embajada de Cuba. En muy pocas horas se desató una desaforada campaña de prensa (con el protagonismo especial de los diarios de Agustín Edwards) para intentar responsabilizar a la escolta presidencial, los diplomáticos cubanos e incluso al propio Gobierno.[75] En septiembre, Arturo Araya iba a concluir su periodo de dos años al servicio del presidente y ascendería a contralmirante, de modo que podría descubrir los planes golpistas que se gestaban en su institución.[76] De hecho, Roberto Thieme, otro de los principales dirigentes de Patria y Libertad, ha atribuido su asesinato a una operación de inteligencia de los sectores sediciosos de la Armada en la que utilizaron a simpatizantes de su organización para adjudicarles el asesinato.[77]

Con los camioneros de nuevo en pie de guerra, estimulados por la oposición, con la preparación del golpe de

---

74 Subercaseaux, Elizabeth, *Gabriel Valdés. Señales de historia*, Santiago de Chile, Aguilar, 1998, p. 170.

75 Magasich, Jorge, *Antecedentes del golpe de Estado. Declaración testimonial.*

76 Salazar, p. 138.

77 Declaración de Roberto Thieme. Causa-rol nº 12-2013 del 34° Juzgado del Crimen de Santiago de Chile. Tomo II. Fojas 569-572.

Estado en marcha desde el «Comité de los 15» y en medio de una nueva oleada de atentados, el 30 de julio Patricio Aylwin llegó a La Moneda, después de haber mantenido el día anterior una conversación muy ilustrativa con el abogado Sergio Arellano Iturriaga, militante de su partido e hijo del general Sergio Arellano, quien fuera edecán de Frei.

El presidente de la DC deseaba conocer cuál sería la posición del alto mando acerca de una posible nueva participación de las Fuerzas Armadas en el gabinete y, para ello, no se reunió con el comandante en jefe del Ejército, sino con el hijo de uno de los más activos conspiradores en esta institución,[78] quien le trasladó que estos «consideraban factible que cuatro o cinco altos mandos asumieran algunas carteras claves, con plenas facultades de rectificación en el contexto de los puntos planteados por el memorando entregado en julio por ese comité».[79]

El 30 de julio, a las doce y media, Salvador Allende, acompañado por los ministros del Interior (Carlos Briones) y Defensa (Clodomiro Almeyda), recibió a Patricio Aylwin y Osvaldo Olguín en La Moneda. Según el resumen de la reunión preparado por Olguín (primer vicepresidente del

---

78 Junto con los ultraderechistas Álvaro Puga y Federico Willoughby, Arellano Iturriaga fue uno de los únicos tres civiles que el 11 de septiembre estuvo en el Ministerio de Defensa colaborando con la oficina de comunicaciones de los sublevados. Willoughby fue el primer secretario de prensa de la Junta Militar. Véase la excelente entrevista que le hizo Sergio Marras hace treinta y cinco años, en la que reconoció que la conspiración contra Allende empezó ya en septiembre de 1970: Marras, Sergio, *Confesiones*, Santiago de Chile, Las Ediciones del Ornitorrinco, 1988, pp. 11-36. También ha publicado sus memorias: Willoughby, Federico, *La guerra. Historia íntima del poder en los últimos 55 años de política chilena. 1957-2012*, Santiago de Chile, Mare Nostrum, 2012.

79 González, pp. 218-220 y 501-507.

PDC), los dirigentes democratacristianos plantearon al presidente que formara un gabinete con presencia mayoritaria de oficiales de las Fuerzas Armadas, al igual que en los otros niveles de la Administración, «con autoridad suficiente y verticalidad en los mandos medios» como garantía para abrir paso a una «tregua política» y contar con el apoyo de la DC para el estudio y la aprobación de proyectos de ley. Es decir, lo transmitido por el «Comité de los 15» a través de Arellano Iturriaga, una rendición en toda regla: quebrar la Unidad Popular, poner fin al proceso revolucionario y traicionar e incluso reprimir a la clase obrera. «Esa actitud, con tantos precedentes en gobiernos populistas o socialdemócratas, no la iba a tener nunca Salvador Allende», señala Joan Garcés.[80]

Ante semejante propuesta, el presidente les recordó que ya había incorporado a miembros de las Fuerzas Armadas al Ejecutivo el 2 de noviembre de 1972 y que había pensado en reeditar la experiencia tras el *Tanquetazo*, pero rechazó su exigencia y se mostró partidario de centrar los esfuerzos en alcanzar acuerdos y, posteriormente, integrar a estas instituciones en el gabinete.[81]

Por la noche, desde las diez y cuarto, Salvador Allende, escoltado por Carlos Briones y los ministros de Tierras (Humberto Martones) y Economía (José Cademártori), volvió a reunirse con Aylwin y Olguín en el palacio de gobierno. De acuerdo con el informe elaborado por Aylwin, Allende les manifestó que concebía aquellas conversaciones

---

80 Garcés, Joan E., *El Estado y los problemas tácticos en el Gobierno de Allende*, Madrid, Siglo XXI, 1974, p. 36.

81 Documento de Osvaldo Olguín, fechado el 31 de julio de 1973, consultado en el Repositorio Digital Archivo Patricio Aylwin Azócar. http://www.archivopatricioaylwin.cl/handle/123456789/6573

como el inicio de un proceso que, a partir de la creación de comisiones de trabajo conjuntas, propiciara acuerdos bilaterales en torno a las principales controversias. Citó como ejemplo uno de los nudos gordianos, la reforma constitucional Hamilton-Fuentealba, y planteó resolverlo con la elaboración de una ley que de manera definitiva definiera las tres áreas de la economía nacional.[82]

En ese momento, Aylwin intervino para matizar que tal metodología era adecuada para «circunstancias normales», pero exigía mucho tiempo y en la coyuntura «tan explosiva» que vivían era imprescindible alcanzar acuerdos rápidamente para aliviar la tensión e imponer una tregua que aislara a los sectores «exaltados». Asimismo, como condición indispensable para cualquier colaboración de la DC, mencionó la promulgación de la reforma constitucional que sus senadores promovieron en octubre de 1971. El presidente lo rechazó y planteó, en cambio, la constitución de una comisión que propusiera soluciones lo antes posible. «No nos gusta lo de la comisión», apuntó Aylwin, «porque va a alargar mucho las cosas». «Podemos fijarle un plazo breve y resolvemos», retrucó Allende, y el líder de la DC le indicó que debía consultarlo con la dirección de su partido.[83]

---

82 En el invierno de 1973, la CORFO controlaba más de cuatrocientas empresas, la mayor parte de ellas intervenidas o requisadas, que representaban el 95 por ciento del crédito bancario, el 90 por ciento de la producción minera, el 60 por ciento de la distribución y el 40 por ciento de la producción industrial. Ruiz-Tagle P., Jaime, *La participación de los trabajadores en las empresas del área de propiedad social: Chile 1970-1973*, Santiago de Chile, Programa de Economía del Trabajo de la Academia de Humanismo Cristiano, 1982, p. 25.

83 Documento consultado en el Repositorio Digital Archivo Patricio Aylwin Azócar. http://www.archivopatricioaylwin.cl/handle/123456789/6573

Al día siguiente, 31 de julio, Aylwin le remitió una carta en la que le expuso un resumen de las conversaciones. Subrayó que ambas partes coincidían en la necesidad de afianzar el orden institucional y la plena vigencia del Estado de derecho, rechazar la existencia de «grupos armados paralelos», terminar con las tomas de industrias y fundos, definir las áreas de la economía nacional y regular el régimen de participación de los trabajadores. Destacó también la exigencia de la DC acerca de la designación de un gabinete «con participación institucional de las Fuerzas Armadas con poderes suficientes, en mandos superiores y medios, para asegurar el efectivo cumplimiento de las decisiones de Vuestra Excelencia dentro del marco de la Constitución y las leyes», y dejó constancia de su oposición a ello.

En cambio, según lo reflejó Aylwin, el presidente era partidario principalmente de alcanzar un acuerdo en torno a puntos como los «grupos armados», la participación de los trabajadores y el poder popular, la solución jurídica y política de las materias de competencia entre los poderes del Estado y las medidas para remediar los problemas económicos y jurídicos de las áreas Social y privada, así como para asegurar la distribución, aumentar la producción y combatir la especulación... Patricio Aylwin expresó que era inviable alcanzar un acuerdo global sobre todas estas materias en un plazo breve y, además, persistía la diferencia abisal en torno a la reforma constitucional Hamilton-Fuentealba. «Así planteadas las cosas, nuestras conversaciones han llegado a un *impasse*», subrayó, y le emplazó a aceptar «nuestros primitivos planteamientos» o daría el diálogo por finiquitado.

El 2 de agosto, el presidente de la República le respondió igualmente por escrito y subrayó la trascendencia de alcanzar un «urgente entendimiento entre la mayoría democrática del país» que evitara «una catástrofe social» y permitiera la continuidad del proceso de transformaciones. Por ello, le propuso una solución ciertamente compleja para conciliar las posiciones de ambas partes y le anticipó que, en caso de acuerdo, estaba dispuesto a promulgar la controvertida reforma constitucional. «No deseo dramatizar, pero tengo el deber de recordarle las trascendentales responsabilidades que usted y yo tenemos en los difíciles instantes que vive el país y las proyecciones históricas de nuestras decisiones. Por ello y por el interés superior de Chile, debemos continuar el diálogo», concluyó.

Pero el 4 de agosto, en una nueva misiva, Aylwin le comunicó que la Democracia Cristiana daría por finalizada aquella interlocución si no promulgaba la reforma constitucional sobre las áreas de la economía.[84] Y, de inmediato, informó a Sergio Arellano Iturriaga de lo conversado con el presidente y este se lo trasladó a su padre. En pocas horas los integrantes del «Comité de los 15» se reunieron para valorar la información recibida y el alcance del fin del diálogo entre Salvador Allende y la DC.[85]

Mientras tanto, la noche del 3 de agosto en una casa de Puente Alto, los secretarios generales del Partido Socialista y el MIR, Carlos Altamirano y Miguel Enríquez, se reunieron con un grupo de suboficiales y mandos inferiores de la Armada, encabezados por el sargento segundo Juan Cárdenas, quienes les revelaron la preparación de un golpe de Estado. Tres días después, en la madrugada, este suboficial y sus compañeros fueron detenidos y acusados por su institución

---

84 Véase aquel intercambio epistolar en *Política y Espíritu*, nº 345, Santiago de Chile, agosto de 1973, pp. 64-69.

85 Arellano Iturriaga, Sergio, *De conspiraciones y justicia*, Santiago de Chile, La Gironda, 2003, pp. 44-46.

de participar en un «movimiento subversivo» apoyado por «elementos extremistas» y, sin pérdida de tiempo, la prensa conservadora y la oposición emprendieron una campaña escandalosa para acusar al senador Altamirano, a Enríquez y al diputado Óscar Guillermo Garretón (secretario general del MAPU) de promover la infiltración «marxista» en las Fuerzas Armadas para preparar un «autogolpe» de la izquierda. Mientras, en el cuartel Silva Palma de Valparaíso aquellos marinos democráticos eran torturados, preludio de lo que sucedería allí, y en más de mil lugares de todo el país, a partir del 11 de septiembre.

Además, a lo largo de aquellas semanas las Fuerzas Armadas realizaron violentos allanamientos de empresas del Área Social, Centros de Reforma Agraria, locales de partidos de izquierda y sindicatos en aplicación de la Ley de Control de Armas y en el transcurso de estas acciones incluso dieron muerte a varias personas.[86] La llamada «nueva Ley Maldita» no afectó a quienes conspiraban contra la democracia, sino a las organizaciones de la clase obrera, que según la propaganda opositora estarían acumulando armas para formar un «ejército paralelo». Aquellos operativos, propios de la estrategia contrainsurgente inspirada en la Doctrina de Seguridad Nacional, fueron un factor decisivo en la preparación psicológica de los uniformados para el golpe de Estado y la represión.[87]

---

86 Seguel Gutiérrez, Pablo, *Soldados de la represión. Anticomunismo, seguridad nacional y contrasubversión en las Fuerzas Armadas chilenas, 1970-1975*, Santiago de Chile, Ediciones de la Universidad Alberto Hurtado, 2022, pp. 299-305.

87 Valdivia, Verónica, «Chile: ¿un país de "excepción"? La Ley de Control de Armas y la máquina represiva puesta en marcha», en Julio Pinto Vallejos, ed., *Fiesta y drama. Nuevas historias de la Unidad Popular*, Santiago de Chile, LOM Ediciones, 2014, pp. 205-232.

El 9 de agosto, en una nueva remodelación, los cuatro comandantes en jefe de las Fuerzas Armadas y Carabineros ingresaron en el Ejecutivo: Carlos Prats asumió la cartera de Defensa, el almirante Raúl Montero, Hacienda, y César Ruiz Danyau, Obras Públicas y Transportes, mientras que el general director de Carabineros, José María Sepúlveda, se ocupó de Tierras y Colonización. Pero el último gabinete civil y militar fue efímero porque el 17 de agosto Ruiz Danyau presentó su dimisión al haber sido incapaz de solucionar la huelga de los camioneros y, además, a petición de Allende también renunció a la jefatura de la FACh, que el presidente ofreció al general Gustavo Leigh, quien se sintió profundamente emocionado y le aseguró que esperaba corresponder a su confianza.[88]

Aquella noche, Allende y Aylwin cenaron en la casa del cardenal Silva Henríquez y se despidieron cerca de las dos de la madrugada con la intención declarada de volver a explorar un acuerdo en torno a algunos aspectos centrales, como la definición del Área Social, la readmisión de casi un centenar de empleados de El Teniente o la resolución del conflicto de la Papelera.[89] Sin embargo, el presidente del PDC mantuvo el tono duro de sus intervenciones públicas y el 21 de agosto expresó su apoyo al paro de los gremios convocado como respaldo a los transportistas en huelga.[90]

---

88 Prats González, p. 411.

89 En un documento de veinticuatro páginas con fecha 8 de septiembre de 1973, Aylwin relató sus impresiones de aquel último encuentro con Allende. Está disponible en el Repositorio Digital Archivo Patricio Aylwin Azócar. http://www.archivopatricioaylwin.cl/handle/123456789/6562

90 *Política y Espíritu*, nº 345, Santiago de Chile, agosto de 1973, p. 75.

En el invierno de 1973, según el sociólogo español Manuel Castells, quien trabajó en Chile en aquellos años, la oposición ofreció «una extraordinaria lección de cómo combinar la lucha legal y la ilegal»: el paro de los transportistas, que arrastró posteriormente a otros sectores profesionales, la labor de desgaste en el Congreso Nacional, las campañas de prensa, las manifestaciones estudiantiles y femeninas, los «misiles» de largo alcance desde la Contraloría y el Poder Judicial, el sabotaje de la economía, la oleada de atentados terroristas, los discursos de los tribunos de la derecha y la DC que un día tras otro acusaban al Gobierno de quebrantar la legalidad y pretender imponer una dictadura, los mensajes golpistas, más o menos velados, dirigidos hacia las Fuerzas Armadas...[91]

El punto de no retorno de aquella ofensiva fue el acuerdo aprobado por la Cámara de Diputados el 22 de agosto a propuesta de la Democracia Cristiana, que aquella jornada cruzó el Rubicón.

La declaración de la Cámara de Diputados

Exactamente a mediodía dio comienzo su trigésima segunda sesión ordinaria.[92] Tras varios trámites preliminares, su presidente, el democratacristiano Luis Pareto, señaló que había sido convocada para analizar la situación política y

---

[91] Castells, Manuel, *La lucha de clases en Chile*, Buenos Aires, Siglo XXI, 1974, pp. 15-17.

[92] Véase el *Diario de Sesiones* de la Cámara de Diputados correspondiente al 22 de agosto de 1973. https://www.bcn.cl/historiapolitica/corporaciones/periodo_detalle?inicio=1973-05-21&fin=1973-09-10&periodo=1925-1973&cam=Diputados

legal del país y debatir un proyecto de acuerdo presentado por la DC, cuya redacción Aylwin había terminado de pulir aquella misma mañana.[93]

En primer lugar, tomó la palabra su compañero Claudio Orrego, quien de manera asertiva manifestó que había llegado el momento de que el Congreso Nacional hiciera un enjuiciamiento global de la «grave» situación nacional y de los «atropellos reiterados» del Ejecutivo a las resoluciones del Parlamento, las atribuciones del Poder Judicial, las facultades de la Contraloría General de la República, los derechos ciudadanos e incluso, añadió, «en algunos casos a la libertad de las personas».

Por parte de la Unidad Popular, la intervención principal correspondió a Luis Maira, quien afirmó que los siete partidos que integraban la coalición gubernamental eran conscientes de la «trascendencia histórica» de aquella jornada. El diputado de la Izquierda Cristiana analizó la labor de la oposición y afirmó que esos partidos, coaligados en un «comando único contrarrevolucionario» con el apoyo de Washington, habían alternado diferentes métodos para alcanzar, a través de «un asedio» que duraba ya treinta y tres meses, un propósito compartido: el fin de la experiencia revolucionaria de la Unidad Popular y el derrocamiento del presidente Allende.

La sesión finalizó a las dos y cuarto de la tarde. De inmediato, la dirección de la Democracia Cristiana se reunió y, según ha relatado Eduardo Cerda, entonces su secretario general, Radomiro Tomic se presentó con una petición expresa de Salvador Allende de suavizar los términos de la

---

93 Aylwin, p. 28.

declaración en discusión.[94] El debate fue acalorado, pero lograron alcanzar un acuerdo a cambio de la disciplina de voto de los parlamentarios que rechazaban los puntos más duros: Cerda, único miembro de la directiva que era diputado, intervendría para aclarar que con aquella iniciativa la DC solo deseaba lograr una rectificación de la política gubernamental.[95] Pero, según relató él mismo a Mariano Ruiz-Esquide (también diputado en 1973), algunos de sus compañeros de bancada se lo impidieron a su llegada con un comentario lapidario: «Eduardo, nosotros queremos el golpe».[96]

Aquella tarde, a las ocho y cinco minutos se reanudó la sesión plenaria de la Cámara de Diputados para proceder a la votación de la propuesta de acuerdo presentada por la DC, si bien Pareto comunicó que la Mesa había recibido un proyecto alternativo de declaración, entregado por los representantes de la UP, que calificaba de «abiertamente inconstitucional, falso, sedicioso y mentiroso» el texto de la oposición, reivindicaba la labor del Gobierno y ofrecía al presidente de la República su apoyo absoluto frente a «los intentos golpistas que pretenden sumir al país en un baño de sangre».

Los diputados de la oposición que tomaron la palabra, como José Monares (DC) y Mario Arnello (PN), despacharon

---

94 Cerda, Eduardo, *El valor de los acuerdos. 50 años de activa vida política. 1965-2015*, Santiago de Chile, Memoria Creativa, 2016, p. 96.

95 Donoso Pacheco, Jorge, «¡El que firmó, firmó! Historia de un documento», en Jorge Donoso Pacheco y Grace Dunlop Echavarría, *Los 13 del 13. Los DC contra el golpe*, Santiago de Chile, RIL Editores, 2013, pp. 31-60.

96 Ruiz-Esquide, Mariano, *Chile 1938-1973. Historia, vida y pasiones*, Santiago de Chile, Inside, 2013, pp. 498-499.

rápidamente su turno para apresurar el momento de la votación. En cambio, Jorge Insunza (PC) insistió en que era absolutamente inconstitucional dirigir un acuerdo de la Cámara a alguien que no fuera el presidente de la República, en aquel caso —como pretendían— a los ministros militares, y puso de relieve que, de aprobarse, no tendría ninguna consecuencia práctica. «Cabe, entonces, preguntarse si no se pretende con este proyecto de acuerdo y con la larga enumeración de hechos efectos prácticos de ninguna especie, inclusive aun si fueran reales las denuncias aquí descritas por los señores diputados, ¿qué efectos se persiguen al emitir pronunciamientos de esta especie?».

Asimismo, lamentó que en el recuento de sucesos expuestos la DC hubiera ignorado su coincidencia con la UP en una iniciativa tan fundamental como la reforma constitucional para la nacionalización del cobre o que no dedicara ni una sola palabra a «los más de trescientos cincuenta atentados terroristas organizados por la derecha y Patria y Libertad». «Estamos contra el enfrentamiento armado, contra la guerra civil, contra el derramamiento de sangre entre chilenos. Hemos condenado el terrorismo venga de donde venga: nunca hemos recurrido a él. (...) ¿Qué buscan los fascistas y el PN al aprobar este proyecto si no es el desencadenamiento de la guerra civil?».

A petición suya, los diputados se constituyeron en sesión secreta durante cuarenta y cinco minutos para poder presentarles un conjunto de antecedentes. Después se procedió a la votación y, por ochenta y un votos a favor y cuarenta y siete en contra, se aprobó el texto promovido por la oposición, mientras que el de la UP fue rechazado por cuarenta y seis a favor y ochenta en contra. Aquella dramática sesión culminó con un sonoro intercambio de consignas:

«¡Chile es y será un país en libertad!», gritaron los opositores. «¡El pueblo unido jamás será vencido!», corearon los diputados de la Unidad Popular.

El acuerdo aprobado por la Cámara de Diputados el 22 de agosto de 1973 acusó al Gobierno de Allende de empeñarse, desde el primer momento, en imponer un sistema «totalitario» y, para lograrlo, hacer de la violación sistemática de la Constitución y la ley su «sistema permanente de conducta». Así, sostuvo la oposición, había llegado al extremo de «desconocer y atropellar sistemáticamente las atribuciones de los demás Poderes del Estado, de violar habitualmente las garantías que la Constitución asegura a todos los habitantes de la República y de permitir y amparar la creación de poderes paralelos, ilegítimos, que constituyen un gravísimo peligro para la nación».

De hecho, aseguraron que un factor central de la «quiebra del Estado de derecho» era la formación y desarrollo, «bajo el estímulo y la protección del Gobierno», de una miríada de organismos que eran «sediciosos» porque ejercían una autoridad ilegal, y mencionaron a las Juntas de Abastecimiento y Precios, los comandos comunales, los consejos campesinos o los comités de vigilancia creados para prevenir los atentados terroristas, que englobaron bajo la etiqueta del «mal llamado "poder popular"», que sería la base de la «dictadura totalitaria» que la Unidad Popular pretendía instaurar. Y concedieron una mayor gravedad aún a «la formación y desarrollo, bajo el amparo del Gobierno, de grupos armados que, además de atentar contra la seguridad de las personas y sus derechos, y contra la paz interna de la nación, están destinados a enfrentarse contra las Fuerzas Armadas...».

En la parte final, aquel acuerdo enumeraba cuatro puntos. En primer lugar, la Cámara de Diputados acordó «representar al señor presidente de la República y a los señores ministros de Estado miembros de las Fuerzas Armadas y del Cuerpo de Carabineros el grave quebrantamiento del orden constitucional y legal de la República». En segundo lugar, los exhortaron («en razón de sus funciones, del juramento de fidelidad a la Constitución y a las leyes que han prestado y, en el caso de dichos señores ministros, de la naturaleza de las instituciones de que son altos miembros») a poner fin a esta situación y a encauzar la acción del Ejecutivo dentro de los marcos de la Constitución y las leyes. Si no hicieran esto, señalaron en tercer lugar, y en coincidencia con la declaración de los oficiales en retiro de mayo, quedaría gravemente comprometido «el carácter nacional y profesional de las Fuerzas Armadas y del Cuerpo de Carabineros, con abierta infracción a lo dispuesto en el artículo 22 de la Constitución». Y, en último lugar, estipularon que la Cámara transmitiría aquella declaración al presidente Allende y también a los ministros que pertenecían a las Fuerzas Armadas.[97]

Aquel acuerdo tuvo el inmediato apoyo de los gremios patronales y alentó diversas iniciativas similares: el Colegio de Abogados presentó al Senado una demanda para declarar la incapacidad del presidente con el objeto de poner fin a su mandato; la Confederación Única de Profesionales le exigió su dimisión, al igual que el Colegio de Ingenieros

97 *Política y Espíritu*, nº 345, Santiago de Chile, agosto de 1973, pp. 77-79. En infinidad de ocasiones, Augusto Pinochet mencionó aquella declaración, que incluyó en el apéndice de su libro *El día decisivo*, como una de las fuentes de legitimidad del golpe de Estado. Es también el primero de los veintitrés documentos seleccionados para el volumen *Algunos fundamentos de la intervención militar en Chile. Septiembre de 1973* y fue citado ampliamente en el *Libro blanco del cambio de gobierno en Chile*, ambos encargados por la Junta Militar.

y el Colegio Médico;[98] y las integrantes del movimiento *antiallendista* Poder Femenino recopilaron firmas con el mismo propósito frente a la Casa Central de la Universidad Católica.[99]

El 24 de agosto, en su respuesta por escrito al acuerdo de la Cámara de Diputados, Salvador Allende recordó que las Fuerzas Armadas estaban estrictamente subordinadas al jefe de Estado y que, por tanto, aquella iniciativa era inconstitucional y de naturaleza sediciosa.[100] «El presidente de la República, en uso de sus atribuciones privativas, ha confiado responsabilidades ministeriales a las Fuerzas Armadas y Carabineros para cumplir en el gabinete un deber superior al servicio de la paz cívica y de la Seguridad Nacional, defendiendo las instituciones republicanas frente a la insurrección y el terrorismo», señaló. «Pedir a las Fuerzas Armadas y Carabineros que lleven a cabo funciones de gobierno al margen de la autoridad y dirección política del presidente de la República es promover el golpe de Estado. Con ello, la oposición que dirige la Cámara de Diputados asume la responsabilidad histórica de incitar a la destrucción de las instituciones democráticas y respalda de hecho a quienes conscientemente vienen buscando la guerra civil». Igualmente, recordó que la única vía legal para que el Congreso Nacional se pronunciara en aquellos términos era la acusación constitucional definida en la Carta Fundamental;

---

98 *Vida Médica*, Santiago de Chile, agosto de 1973, pp. 12-13. El Colegio Médico aplaudiría de manera incondicional el golpe de Estado. «Los días en que opusimos tenaz resistencia al Gobierno de la Unidad Popular, que pretendió esclavizarnos, ya pasaron», proclamó su revista. *Vida Médica*, Santiago de Chile, octubre de 1973, p. 3.

99 Bruna, p. 252.

100 González Pino y Fontaine Talavera, tomo 2, pp. 1.268-1.270.

por tanto, aquella declaración carecía de validez jurídica y no tenía consecuencia práctica alguna, pero sí evidenciaba, señaló, «la renuncia por parte de algunos sectores a los valores cívicos más esenciales de nuestra democracia».

«Hoy, cuando la reacción embiste de frente contra la razón del Derecho y amenaza de muerte a las libertades», añadió, «cuando los trabajadores reivindican con fuerza una nueva sociedad, los chilenos pueden estar seguros de que el presidente de la República, junto al pueblo, cumplirá sin vacilaciones con su deber, para asegurar así la plena realidad de la democracia y las libertades dentro del proceso revolucionario».[101]

Por otra parte, en la tercera semana de agosto los dirigentes de Patria y Libertad Pablo Rodríguez, Eduardo Díaz, Manuel Fuentes y John Schaeffer se reunieron en Río de Janeiro y Brasilia con oficiales de la Armada y del Ejército y con altos cargos del régimen, que les informaron que la sublevación era inminente y los apremiaron a regresar a Chile. Como desde 1972 contemplaban la posibilidad de una guerra civil ante la hipotética división de las Fuerzas Armadas, los integrantes de esta organización fascista explicaron que en ese caso su estructura paramilitar y las unidades golpistas tenían contemplado hacerse fuertes en el sur, donde establecerían un «gobierno militar» y desde donde emprenderían un avance hacia el norte para enfrentarse a las fuerzas leales al Gobierno constitucional. Si estas previsiones se cumplían, la dictadura brasileña se comprometió a entregarles apoyo material y logístico de manera secreta.[102]

---

101 Farías, tomo 6, pp. 4.996-5.006.

102 Moniz Bandeira, pp. 497-499.

Eduardo Díaz incluso ha manifestado que llegaron a pactar la cantidad y el tipo de armamento que recibirían en los aeropuertos del sur y señaló que en aquellas reuniones participó un enviado del almirante Merino.[103] Se trataba de Roberto Kelly, quien había recibido la misión de entrevistarse con una persona de los aparatos de inteligencia del régimen brasileño para averiguar si Perú aprovecharía una hipotética guerra civil en Chile para intentar recuperar los territorios perdidos en la guerra del Pacífico. En Brasilia le confirmaron que esto no sucedería.[104]

La dictadura militar brasileña también prestó cobertura a los conspiradores a través de su misión diplomática en Santiago. La misma tarde del 11 de septiembre su embajador, António da Cámara Canto, comunicó a Pinochet, Leigh, Merino y Mendoza el reconocimiento de la Junta Militar y semanas después les concedieron un préstamo de cien millones de dólares.[105]

---

[103] Díaz Nieva, José, *Patria y Libertad. El nacionalismo frente a la Unidad Popular*, Santiago de Chile, Centro de Estudios Bicentenario, 2015, pp. 303-304.

[104] Arancibia Clavel, Patricia, *Conversando con Roberto Kelly V. Recuerdos de una vida*, Santiago de Chile, Editorial Biblioteca Americana, 2005, pp. 145-147.

[105] Véase Simon, Roberto, *O Brasil contra a democracia. A ditadura, o golpe no Chile e a Guerra Fria na América do sul*, Sao Paulo, Companhia das Letras, 2021.

Capítulo X

EL CORAJE DE UN REVOLUCIONARIO

La tarde del 21 de agosto de 1973, el general Carlos Prats se hallaba en cama, aquejado de una gripe, cuando poco después de las cinco se despertó por el griterío que se escuchaba en el exterior de su residencia oficial de la calle Presidente Errázuriz. Cerca de dos mil personas, principalmente mujeres (entre ellas esposas de generales y de otros oficiales en activo) y también niños y al menos tres oficiales de uniforme, lo insultaban y abucheaban: «¡Traidor!»; «¡*milico* maricón, asómate al balcón!»...[1] En las horas siguientes, lo visitaron, para expresarle su apoyo, el presidente Allende, el ministro del Interior, Orlando Letelier, y el ministro secretario general de Gobierno, Fernando Flores, al igual que generales como Augusto Pinochet, Mario Sepúlveda o Guillermo Pickering, quienes también fueron injuriados por aquella jauría humana.[2]

El 22 de agosto, Prats reunió a todos los generales del Ejército presentes en Santiago y les pidió que suscribieran una declaración de solidaridad. Por la noche, en la residen-

---

1 Pickering Vásquez, Guillermo, *Profesión soldado. Apuntes de un general del Ejército de Chile*, Santiago de Chile, LOM Ediciones, 2022, pp. 147-148.

2 Oyarzún, María Eugenia, *Augusto Pinochet: Diálogos con su historia*, Santiago de Chile, Sudamericana, 1999, pp. 129-130.

cia de Tomás Moro, Salvador Allende y Orlando Letelier compartieron cena con once generales (entre ellos Pinochet, Orlando Urbina, Herman Brady, Mario Sepúlveda, Guillermo Pickering y Augusto Lutz) y, según relató Letelier a Joan Garcés en 1975, a lo largo de aquella velada Pinochet intentó demostrar la máxima lealtad hacia el presidente de la República y hacia su comandante en jefe, de cuya amistad personal alardeó.[3]

Al día siguiente, temprano, Pinochet comunicó a Prats el rechazo de la mayor parte de sus pares a apoyarlo públicamente y agregó que quienes sí estaban dispuestos (Mario Sepúlveda, jefe de la guarnición de Santiago, y Guillermo Pickering, comandante de Institutos Militares) le habían presentado su dimisión. Prats intentó persuadir a estos oficiales de reconocida posición constitucionalista de que rectificaran, pero le respondieron que su renuncia le facilitaría pasar a retiro a algunos de los generales más comprometidos con la sedición.

Al mediodía, informó al presidente y le pidió por escrito que aceptara su dimisión como ministro de Defensa y comandante en jefe del Ejército. «Lo convenzo cuando le manifiesto que, si continuara en mi cargo de titular, tendría que solicitarle que aplicara su facultad presidencial contra doce o quince generales y esa medida iba a precipitar la guerra civil», anotó en sus memorias. «En tal caso, yo sería el culpable de la sangre que se derramara entre hermanos y él sería el cómplice principal. Le añado que, por mi parte, no estoy dispuesto a ensangrentarme las manos y, en cambio, si me sucedía el general Pinochet, que tantas pruebas de

3 Garcés, Joan E., *Orlando Letelier: Testimonio y vindicación*, Madrid, Siglo XXI, 1995, pp. 41-42.

lealtad me había dado, quedaba una posibilidad de que la situación crítica general del país propendiera a distenderse. Esto le daba la chance de contar con más tiempo a él, como presidente, para lograr el buscado entendimiento con la DC y, a su vez, le daba a Pinochet plena independencia para llamar a retiro a los dos o tres generales más conflictivos».[4] El incesante asedio psicológico que había sufrido rendía, finalmente, sus frutos.

Aquel 23 de agosto Salvador Allende designó comandante en jefe del Ejército al general Augusto Pinochet, quien mereció su confianza, como la de Prats, por la posición constitucionalista que había demostrado, singularmente durante los tres periodos en que desde noviembre del año anterior había debido reemplazarlo de manera temporal. En principio, no sería un mandato muy prolongado, puesto que en diciembre de 1974 pasaría a retiro, al cumplir treinta y ocho años de servicio activo como oficial de Ejército, aunque el presidente de la República tenía la facultad de mantenerlo en ese cargo durante un periodo adicional máximo de tres años.

Por la tarde tuvo lugar la primera reunión del Consejo de Seguridad Nacional a la que Gustavo Leigh y Pinochet acudieron como jefes de la Fuerza Aérea y del Ejército. En el transcurso de la misma, Allende informó a los oficiales más importantes del país sobre la oleada de atentados de los últimos días y les aseguró que estaban al borde de una guerra civil.[5]

La subordinación de las Fuerzas Armadas al poder civil durante cuatro décadas había contribuido a asentar el

---

4 Prats González, pp. 424-425.

5 Varas, Florencia, *Gustavo Leigh. El general disidente*, Santiago de Chile, Aconcagua, 1979, pp. 122-123.

mito de su «profesionalidad», asumido de manera acrítica por Salvador Allende y amplios sectores de la izquierda. En el caso de un golpe de Estado, el Gobierno confiaba en que una parte significativa estaría dispuesta a defender la Constitución, como era su deber; sin embargo, adolecieron de una insuficiente comprensión de la estrecha vinculación técnica, económica e ideológica de las Fuerzas Armadas con Estados Unidos desde los primeros años de la Guerra Fría. Así, y en contraste con el bloqueo económico y financiero, la «ayuda» militar estadounidense entre 1970 y 1973 aumentó de los ochocientos mil dólares de 1970 a los 5,7 millones de dólares de 1971, los 12,3 millones de dólares de 1972 y los quince millones de dólares de 1973.[6] Y, según el Informe Church, entre 1966 y 1973, 1.182 oficiales chilenos se adiestraron en centros militares de aquel país.

El cerco se estrecha

A partir del 24 de agosto, el general Pinochet recorrió las principales unidades y reparticiones del Ejército en la capital. Entre sus decisiones iniciales estuvo la de designar a Orlando Urbina jefe del Estado Mayor General, a Herman Brady principal mando de la guarnición de Santiago y a César Benavides al frente de los Institutos Militares. Aquel mismo día, en su primera reunión con el alto mando de la institución, reafirmó la posición constitucionalista que había exhibido hasta entonces, con una sentencia tan expresiva como admonitoria: «La sangre de un general se paga con sangre de generales». Fue su modo de advertir de que

---

6 Falcoff, p. 226.

adoptaría medidas contundentes contra los oficiales cuyas esposas habían protagonizado la algarada frente a la residencia de Prats.[7] Después de que Urbina le transmitiera las felicitaciones y le diera las presillas del mando superior, interrumpió las palabras protocolares al uso y «en duros términos», según dejó registrado Leigh, exigió que cada uno de ellos le entregara su solicitud de retiro a la mañana siguiente a fin de resolver caso a caso.[8]

Unos días después, Pinochet visitó a Prats y le explicó que estaba enfrentando una situación muy difícil, puesto que había solicitado la renuncia al cuerpo de generales al completo y todos, salvo Sergio Arellano, Javier Palacios y Arturo Vivero, habían aceptado, pero que, cuando expresó que pediría al presidente Allende que pasara a retiro a estos tres, el resto se había solidarizado con ellos. Por esa razón, había decidido posponer la decisión para el mes de octubre.[9] Idéntico argumento expresaría al ministro de Defensa, Orlando Letelier, en los primeros días de septiembre.[10]

El 28 de agosto, en la ceremonia de juramento de los nuevos ministros, entre ellos Carlos Briones, quien volvió a asumir Interior, Allende enfatizó el enorme daño a la economía nacional que producía el paro de los transportistas, que fomentaba la especulación y el mercado negro, y añadió que desde el 25 de julio estos habían dejado de ingresar unos ocho mil millones de escudos. «¿Quién financia esto? ¿De dónde sale este dinero? ¿Qué razones puede haber para rechazar las proposiciones claras y abiertas que el Gobierno

---

7 *PEC*, Santiago de Chile, 7 de septiembre de 1973, p. 3.

8 García de Leigh, pp. 75-76.

9 Prats González, p. 433.

10 Garcés (1995), p. 25.

ha hecho?», se preguntó, antes de afirmar que descartaba presentar su renuncia.[11]

De nuevo, encargó a Briones, quien tenía una relación cordial con Aylwin, negociar un acuerdo político con la Democracia Cristiana; sin embargo, el 31 de agosto el presidente de la DC insistió en que la reapertura del diálogo era imposible mientras el Gobierno no restableciera «la normalidad constitucional y legal». Específicamente, mencionó la readmisión de los empleados de El Teniente o la devolución a la Universidad de Chile del Canal 9 de televisión, ocupado por sus trabajadores, así como la promulgación de las dos reformas constitucionales pendientes: la promovida por los senadores Hamilton y Fuentealba y la impulsada por el senador democratacristiano Rafael Moreno para restringir el proceso de reforma agraria.[12] Ese mismo día, Jaime Guzmán (fundador del Movimiento Gremial en la Universidad Católica en 1967 y un integrista católico admirador de la dictadura franquista) publicaba un artículo titulado «Chile exige la renuncia de Allende», con un subtítulo esclarecedor: «Incomprensible pasividad militar»[13]...

Al mismo tiempo, las organizaciones patronales y profesionales lanzaban una nueva ofensiva. El 2 de septiembre, los líderes de los transportistas declararon que no reanudarían sus labores hasta que el Gobierno garantizara el cumplimiento de los acuerdos pactados mediante la aprobación de una ley en el Congreso Nacional. Y el Colegio Médico

---

11 Milos, Pedro, ed., *Chile. 1973. Los meses previos al golpe de Estado*, Santiago de Chile, Ediciones de la Universidad Alberto Hurtado, 2013, pp. 248-259.

12 *El Siglo*, Santiago de Chile, 1 de septiembre de 1973, p. 4.

13 *PEC*, Santiago de Chile, 31 de agosto de 1973, p. 3.

acordó prolongar por otras cuarenta y ocho horas el paro que mantenía en apoyo de los camioneros y en demanda de exigencias corporativas.

Al día siguiente, los dirigentes gremiales de diecisiete provincias iniciaron una huelga que no cesaría hasta que estimaran que el país entraba en «el camino de la rectificación nacional, con un nuevo Gobierno». Su comunicado no dejaba espacio a la duda: «La reserva moral que constituyen las Fuerzas Armadas es la gran posibilidad real de reencontrar a Chile con sus valores, pues solo bajo la conducción de quienes son los únicos capacitados para imponer orden, disciplina y verdad será realidad la reconstrucción nacional con un apoyo desinteresado, patriótico y franco de los hombres de trabajo en este país».[14]

El 4 de septiembre tuvo lugar la última y más multitudinaria manifestación de la Unidad Popular, cuando durante más de ocho horas un millón de personas (agrupadas en las columnas «La Patria Vencerá»; «Tercer Aniversario»; «Unidad y Combate» y... «A Parar el Golpe») recorrieron las principales arterias de la capital hasta desembocar ante el escenario levantado en la plaza de la Constitución, presidido por el lema «Unidad y combate contra el golpismo. La Patria vencerá».

En su discurso, el presidente destacó que, a pesar de todas las dificultades, habían podido ejecutar el programa de transformaciones «más ambiciosas y profundas» de la historia nacional para empezar a forjar un nuevo país y

---

14 Fuente: France-Presse. *Resumen Mensual Iberoamericano. Septiembre de 1973*, Centro de Documentación Iberoamericana, Instituto de Cultura Hispánica, Madrid, no paginado. Biblioteca de la AECID (Madrid).

«dejar atrás las estructuras de la oligarquía agraria, del gran capital monopólico y financiero, de la sumisión de nuestras riquezas básicas a la explotación extranjera». Destacó también que en octubre de 1972 los trabajadores lograron neutralizar «el paro sedicioso» y en marzo impidieron que la oposición utilizara la legalidad para poner fin a su mandato presidencial y criticó a esta porque con su declaración del 22 de agosto había invocado desde el Congreso Nacional «el golpe de Estado, crimen de lesa patria, impulsando irresponsablemente a la guerra civil».

Asimismo, mencionó algunos destellos de esperanza en la situación económica nacional: en agosto, Chuquicamata había logrado la producción más elevada de su historia y, además, el precio internacional del cobre alcanzaba cifras elevadas, mientras que las siembras agrícolas en las semanas precedentes habían duplicado la superficie del año anterior. Pero también alertó de que enfrentaban «una grave conspiración»: «Nuestra tarea principal es derrotarla por Chile y su destino. Al despedirme, les repito lo que les dijera hace justamente tres años: a la lealtad de ustedes responderé con la lealtad de un gobernante del pueblo, con la lealtad del compañero presidente».[15]

El 5 de septiembre, Santiago quedó aislado del sur del país a causa de varios atentados que afectaron a las vías férreas y a la circulación de los autobuses interprovinciales. Solo aquel día se registraron treinta acciones terroristas, especialmente dirigidas a impedir el abastecimiento de alimentos y combustibles a las ciudades, y desde el 23 de julio se habían cometido 1.015, con un balance de más de una decena de personas muertas y 117 heridas, además de cuantiosos daños

---

15 *El Siglo*, Santiago de Chile, 5 de septiembre de 1973, p. 9.

económicos.[16] Mientras tanto, decenas de miles de mujeres se concentraban para exigir la renuncia del presidente, convocadas por Poder Femenino, los partidos opositores y los gremios patronales.[17]

El 7 de septiembre, Allende reconoció que no había «el menor *stock* de harina» y solo quedaba para hacer pan «durante tres o cuatro días». Fue otra de las expresiones que sus enemigos esculpieron durante décadas en el pliego de cargos contra la Unidad Popular. Pero, mientras tanto, cuarenta y cinco mil toneladas de trigo argentino se hallaban bloqueadas en San Antonio debido a la oleada de atentados que había cortado las vías de comunicación entre este puerto y la capital.[18] Ese mismo día, el Gobierno ordenó la reincorporación de los empleados de El Teniente y en las horas siguientes fue devuelto el Canal 9 a la Universidad de Chile.

El impulso final a los preparativos del golpe de Estado procedió de la Armada, cuyo comandante en jefe, el almirante Raúl Montero, aislado y sin autoridad real, había presentado su solicitud de retiro al presidente Allende el 31 de agosto, pero este la rechazó. Encabezados por el vicealmirante José Toribio Merino, jefe de la I Zona Naval, tuvieron que acelerar los planes tras la denuncia formulada a principios de agosto por los marinos constitucionalistas.

---

16 Politzer, Patricia, *Altamirano*, Santiago de Chile, Melquíades, 1990, p. 116.

17 Fontaine Aldunate, Arturo, *Todos querían la revolución. Chile, 1964-1973*, Santiago de Chile, Zig-Zag, 1999, p. 204.

18 Fuente: France-Presse. *Resumen Mensual Iberoamericano. Septiembre de 1973,* Centro de Documentación Iberoamericana, Instituto de Cultura Hispánica, Madrid, no paginado. Biblioteca de la AECID (Madrid).

El 7 de septiembre, Merino se reunió con el general Sergio Arellano y le trasladó la inquietud que reinaba entre los sectores golpistas de su institución y, según este último, fue entonces cuando se acordó fijar la sublevación para el martes siguiente, 11 de septiembre, a fin de acuartelar las tropas el día anterior.[19] Arellano recibió el encargo, asimismo, de comunicarse con su comandante en jefe y aquella misma tarde, en la Escuela Militar, se vio con el general Arturo Yovane, de Carabineros, el coronel Fornet, de la Fuerza Aérea, y el capitán de navío Arturo Troncoso. Cuando ratificaron el acuerdo sobre la fecha del golpe de Estado, Arellano insistió en involucrar a Pinochet ante el riesgo de división de la institución armada más poderosa. Se comprometió a hablar con él a la mayor brevedad y, si rechazaba unirse a la conjura, consensuaría la manera menos conflictiva de dotar al Ejército de un nuevo mando superior.[20]

El fin de semana del 8 y 9 de septiembre, la dirección de la Democracia Cristiana reunió en Santiago a sus veintinueve presidentes provinciales y acordaron, por unanimidad, asumir una propuesta planteada por el rector de la Universidad de Chile, Edgardo Boeninger: solicitar la renuncia de los ciento cincuenta diputados, los cincuenta senadores y el presidente de la República para que la ciudadanía renovara en las urnas el Poder Ejecutivo y el Legislativo. El 11 de septiembre, el Consejo Nacional de la DC tenía previsto ratificar aquella decisión, que dos días después Patricio Aylwin anunciaría en una concentración pública.[21]

---

19 Arellano Iturriaga, Sergio, *Más allá del abismo. Un testimonio y una perspectiva*, Santiago de Chile, Editorial Proyección, 1985, p. 47.

20 *Cosas*, Santiago de Chile, 15 de julio de 1996, pp. 43-47.

21 *La Opinión*, Buenos Aires, 11 de septiembre de 1973, p. 24.

El día decisivo

El 8 de septiembre, Salvador Allende almorzó con el general Prats y le explicó que el lunes convocaría un plebiscito como opción para evitar un enfrentamiento cruento, según anotó este en sus memorias: «Piensa que en este veredicto saldrá perdedor, pero será una honrosa derrota para la UP, porque habrá una expresión mayoritaria del pueblo que le permitirá evitar la guerra civil». Prats le advirtió de que su preparación se demoraría más de un mes y que tenía constancia de que se produciría un pronunciamiento militar antes del 18 de septiembre, día de la independencia nacional. «¿Entonces, usted no cree que habrá algunos regimientos leales al Gobierno, capaces de contener a los golpistas?», le preguntó Allende. «¿No cree en la lealtad de Pinochet y de Leigh, a quienes nombré como comandantes en jefe?». Su interlocutor también confiaba en ambos generales, pero consideraba que ellos y el almirante Raúl Montero serían sobrepasados y que las Fuerzas Armadas en bloque participarían en la sublevación.[22]

Quienes sí conocían los detalles de la trama golpista eran los agentes de la CIA destacados en el país, con contactos privilegiados en la oposición y entre los altos oficiales que preparaban la traición. Por ello, aquel mismo día comunicaron a su cuartel general que la Armada iniciaría el levantamiento en Valparaíso el 10 de septiembre a las ocho y media de la mañana, aunque al día siguiente anunciaron que esta acción se había pospuesto «probablemente para el 11 de septiembre» y auguraron que Allende enfrentaba «la más seria amenaza para continuar en su cargo desde que fue electo».[23]

---

22 Prats González, pp. 446-447.

23 Soto, Hernán y Villegas, Sergio, *Archivos secretos. Documentos desclasificados de la CIA*, Santiago de Chile, LOM Ediciones, 1999, p. 31.

En marzo de 1976, la periodista Oriana Fallaci entrevistó a William Colby, director de la CIA en septiembre de 1973, y le preguntó si Salvador Allende tenía legitimidad para gobernar Chile. «Estábamos en nuestro derecho de apoyar a los adversarios de Allende, al igual que lo estamos, en Europa, de ayudar a quienes se oponen al avance comunista. La CIA viene haciendo eso hace treinta años y lo hace bien», respondió con fiereza.[24] En septiembre de 1974, Colby ya había declarado a *The New York Times* que el trabajo de desinformación financiado por esta Agencia y el sabotaje económico de Chile fue una «experiencia de laboratorio» que probó la eficacia de «la inversión financiera para desacreditar y derrocar a un Gobierno».[25]

Como desveló en 1975 el Informe Church, entre 1970 y 1973 el Comité de los 40 autorizó a la CIA la entrega de ayuda económica por un valor total superior a los ocho millones de dólares a los partidos políticos, grupos sociales y medios de comunicación opositores, cuyo valor en el mercado negro, sobre todo a partir de 1972, llegó a multiplicar por cinco el cambio oficial.[26]

Así, por ejemplo, el 13 de noviembre de 1970 el Comité de los 40 aprobó veinticinco mil dólares para ayudar a los candidatos democratacristianos en las elecciones municipales de 1971; el 28 de enero, 1.240.000 dólares para la compra de estaciones de radio y para los partidos opositores; el 22 de marzo, 185.000 dólares para el PDC; a mediados de mayo otorgó 322.000 dólares para ayudar al PDC y a

---

24 Fallaci, Oriana, *Entrevista con la historia*, Barcelona, Noguer, 1999, pp. 427-428.

25 Calvo Ospina, Hernando, *El equipo de choque de la CIA*, Barcelona, El Viejo Topo, 2010, p. 104.

26 Verdugo (2004), pp. 133-150.

su diario (*La Prensa*); el 9 de septiembre, 700.000 dólares para *El Mercurio*; el 5 de noviembre, 815.000 dólares para la oposición y para actividades destinadas a dividir a la UP; el 15 de diciembre, 160.000 dólares para los candidatos opositores en las elecciones de Colchagua y O'Higgins y Linares; el 11 de abril de 1972, de nuevo 965.000 dólares a *El Mercurio*; el 24 de abril, cincuenta mil dólares para sembrar la desunión en la coalición gubernamental; el 21 de septiembre, veinticuatro mil dólares para una organización empresarial; el 26 de octubre, 1.427.666 dólares para apoyar a las organizaciones políticas y sociales opositoras de cara a las elecciones parlamentarias del 4 de marzo de 1973; el 12 de febrero de 1973, doscientos mil dólares para los partidos de la oposición y el 21 de agosto, un millón de dólares para las organizaciones sociales y políticas contrarias a la UP.

El domingo 9 de septiembre, a las diez y media de la mañana, Salvador Allende recibió en su residencia de Tomás Moro a una delegación del Partido Comunista integrada por su secretario general, Luis Corvalán, su subsecretario general, Víctor Díaz, y el exministro Orlando Millas, a quienes insistió sobre la gravedad de la situación del país y, en particular, sobre la tensión en el seno de las Fuerzas Armadas y pidió que apoyaran su iniciativa de llamar a un plebiscito, puesto que la noche anterior el comité político de la Unidad Popular se había posicionado en contra, sin aportar ninguna propuesta alternativa.[27] «En su opinión, el golpe era inminente. Nos lo dijo con mucha serenidad, sin demostrar abatimiento», explicó Corvalán. La reunión fue interrumpida cuando les comunicaron que en aquellos mo-

---

27 Garcés (1976), p. 338.

mentos el Partido Socialista celebraba un acto político en el Estadio Chile.[28]

En el mayor recinto polideportivo cubierto del país, acompañado en la tribuna por los miembros del Comité Central, Carlos Altamirano pronunció un encendido discurso, retransmitido por varias emisoras de radio.[29] El secretario general del PS denunció «el terrorismo vandálico de los que se llaman demócratas» y los paros patronales que solo perseguían llevar el desabastecimiento hasta el paroxismo, destruir la economía nacional y fomentar el caos para después culpar al Gobierno de la situación. E hizo un llamado que no podía sino indignar a quienes preparaban el golpe de Estado: «Los soldados, marineros, aviadores, carabineros son hermanos de clase de los trabajadores y no pueden disparar contra ellos». Al final, para infundir ánimos al «pueblo socialista» en un momento tan difícil para la Revolución chilena, proclamó que no se dejarían aplastar por «una minoría oligárquica y sediciosa», pero también boicoteó los esfuerzos que el presidente desarrollaba en aquellos mismos momentos: «Chile se transformará en un nuevo Vietnam heroico si la sedición pretende enseñorearse de nuestro país. (...) El golpe reaccionario se ataja golpeando al golpe. No se ataja conciliando con los sediciosos. El golpe no se combate con diálogos. El golpe se aplasta con la fuerza de los trabajadores, con la fuerza del pueblo... (...) El compañero Allende no traicionará, compañeros, dará su vida si es necesario en la defensa de este proceso».

---

28 Corvalán (1997), p. 153.

29 Véase la versión íntegra de este discurso en Salazar, pp. 365-372. Y también este relato: Touraine, Alain, *Vida y muerte del Chile popular*, Santiago de Chile, Editorial USACh, 2020, pp. 196-199.

Al mediodía, el presidente recibió a los generales Pinochet y Urbina y también les informó de la medida que tenía previsto anunciar al país. Según la descripción que la noche del 10 de septiembre hizo a sus colaboradores más cercanos, Pinochet afirmó entonces: «Esto cambia toda la situación, ahora va a ser posible resolver el conflicto con el Parlamento».[30]

Mientras tanto, en Valparaíso, el vicealmirante José Toribio Merino decidió salir de dudas definitivamente y comprometer a los jefes del Ejército y la Fuerza Aérea con un escueto mensaje que el capitán de navío Ariel González y el contralmirante Sergio Huidobro llevaron a Santiago.[31] Primero se dirigieron a la casa del vicealmirante Patricio Carvajal[32] (jefe del Estado Mayor de la Defensa Nacional), que telefoneó a Leigh y Pinochet, y posteriormente al hogar del comandante en jefe del Ejército, quien hizo pasar a los dos enviados de Merino a su despacho, donde ya se hallaba el responsable máximo de la Fuerza Aérea.[33] Después de analizar la situación del país y los detalles principales de la participación de cada una de las instituciones armadas en el golpe de Estado, suscribieron aquel documento. «Gustavo y Augusto: Bajo mi palabra de honor el día D será el 11 y la hora H 06:00», escribió Merino. «Si Uds. no pueden cumplir esta fase con el total de las fuerzas que mandan en Santiago, explícalo (sic) al reverso. El Almte. Huidobro está

---

30 Garcés (1976), pp. 352-353.

31 Merino, José Toribio, *Bitácora de un almirante. Memorias*, Santiago de Chile, Andrés Bello, 1999, pp. 225-229.

32 Véase Carvajal, Patricio, *Téngase presente*, Santiago de Chile, Ediciones Arquén, 1993.

33 Huidobro Justiniano, Sergio, *Decisión naval*, Valparaíso, Imprenta de la Armada, 1989, pp. 235-238.

autorizado para traer y discutir cualquier tema con Uds. Los saluda con esperanzas de comprensión. J. T. Merino». En el reverso añadió: «Gustavo: Es la última oportunidad. J. T. Augusto: Si no pones toda la fuerza de Santiago desde el primer momento, no viviremos para ver el futuro. Pepe».[34]

Gustavo Leigh firmó de inmediato con la pluma que le prestó Huidobro, pero Pinochet dudó y no ocultó su temor. «¿Te has dado cuenta que todo esto nos puede costar la vida?», le expresó a Leigh.[35] Se tomó casi media hora en estampar su adhesión, sobre la que imprimió el sello institucional de comandante en jefe del Ejército. Aprobaron también que el futuro general director de Carabineros sería César Mendoza (octava antigüedad de su institución), conforme a la decisión comunicada por el general Yovane, mientras que Merino desplazaría al almirante Montero al frente de la Armada.[36]

La convergencia del alto mando de las tres ramas de las Fuerzas Armadas y la participación de Carabineros auguraba el éxito de la sublevación y alejaba los temores de una división que llevara a la guerra civil, aunque no totalmente, porque la noche del 10 de septiembre un «importante oficial del grupo de militares responsables de planificar el derrocamiento del presidente Allende», como lo describía el cuartel general de la CIA, se puso en contacto con un funcionario estadounidense para preguntar si su país les prestaría ayuda

---

34 Merino, pp. 228-229.

35 González Camus, Ignacio, *El día en que murió Allende*, Santiago de Chile, CESOC, 1993, p. 97.

36 Pérez Carrillo, David, *La fronda militar: El 11 de septiembre,* Santiago de Chile, Departamento de Ciencia Política de la Universidad de Chile, Documento de trabajo, nº 82, 2006, p. 147. Disponible en línea. https://es.slideshare.net/foralliebsch/la-fronda-militar-11-sept-73

«si la situación se complicaba». Le indicaron que su consulta se transmitiría de inmediato a Washington, según un documento calificado como extremadamente secreto enviado a Henry Kissinger el 11 de septiembre.[37]

En aquellos días, la escuadra de Estados Unidos que iba a participar en los ejercicios navales conjuntos de la Operación Unitas[38] ya se encontraba en el litoral chileno, frente a las costas de Coquimbo. Estos barcos de guerra habían estado fondeados en el canal de Panamá desde junio y la Operación Unitas, que no se realizaba desde 1969, fue retrasada de manera reiterada por el mando de la Armada en Valparaíso seguramente por las dificultades que los conspiradores tuvieron para enrolar al comandante en jefe del Ejército.[39]

El 10 de septiembre, Allende almorzó con Carlos Briones, José Tohá, Sergio Bitar y Joan Garcés y les explicó que al día siguiente por la mañana, desde la Universidad Técnica del Estado, se dirigiría al país por cadena nacional de radio y televisión para convocar el plebiscito, horas antes de la reunión de la dirección del Partido Demócrata Cristiano, con la esperanza de que acogieran la iniciativa de manera positiva.[40] «Anunciará Allende una salida política a la crisis chilena», tituló el bonaerense *La Opinión* el 11 de septiembre.[41] Asimismo, había convocado para la primera hora

---

37 Kornbluh, Peter, *Pinochet: los archivos secretos*, Barcelona, Crítica, 2004, p. 108.

38 Rouquié, Alain, *El Estado militar en América Latina*, Buenos Aires, Emecé, 1984, p. 272.

39 Garcés (1995), pp. 3-4.

40 Garcés (1996), p. 153.

41 Véase también este trabajo más reciente: Pérez Haristoy, Ricardo, «El plebiscito de Allende», Santiago de Chile, *Bicentenario. Revista de Historia de Chile y América*, vol. 14, nº 1, 2015, pp. 43-84.

del día siguiente, en La Moneda, a los parlamentarios de la Unidad Popular para ponerlos al corriente.[42]

Por la tarde, el presidente se reunió con sus quince ministros en un consejo extraordinario de gabinete, del que no se entregó declaración alguna a la prensa, aunque él sí expresó su convicción de que superarían «las horas difíciles que vivimos».[43] En 1975, su último ministro de Defensa, Orlando Letelier, recordaba así sus palabras: «Soy el presidente constitucional de Chile y, si el fascismo pretende violentar la decisión del pueblo, sabré cumplir con mi deber. De este lugar me tendrán que sacar a mí primero. Ni la fuerza ni la traición me harán claudicar la dignidad del cargo de presidente de la República de Chile ni al compromiso con el pueblo».[44] Además, comentó a sus colaboradores que estaba preparado el Plan Hércules, elaborado a lo largo de aquel año por el Estado Mayor de la Defensa para sofocar una insurrección... y que al día siguiente fue aplicado por los facciosos.[45]

Por su parte, según dejó escrito, Patricio Aylwin supo, por su compañero José de Gregorio, que el tantas veces anunciado golpe de Estado tendría lugar en las próximas horas y por ello se dirigió al domicilio de Eduardo Frei, quien ya conocía esta información.[46] Ambos guardaron silencio.

---

42 Contreras Mella, Eduardo, *Habitante de dos siglos. Memorias de un hombre feliz*, Santiago de Chile, Ceibo Ediciones, 2022, p. 58.

43 *La Opinión*, Buenos Aires, 11 de septiembre de 1973, p. 24.

44 Testimonio de Orlando Letelier en la Tercera Sesión de la Comisión Internacional de Investigación de los Crímenes de la Junta Militar en Chile, celebrada en México en febrero de 1975. *Chile. Denuncia y Testimonio*, p. 17.

45 Garcés (1995), pp. 28-29.

46 Aylwin, Patricio, *El reencuentro de los demócratas. Del golpe al triunfo del No*, Santiago de Chile, Ediciones B, 1998, p. 20.

Mientras tanto, se reunía el Comité Central del PC y una de sus integrantes, Gladys Marín, quien había regresado hacía treinta y seis horas de un largo periplo internacional, percibió una desoladora sensación de repliegue y derrota[47]. El Partido Comunista aprobó una resolución política, que fue publicada al día siguiente en la primera página de *El Siglo*, que avalaba el paso que Allende pretendía dar el 11 de septiembre.

Última cena en Tomás Moro

Aquella noche, Augusto Olivares, Orlando Letelier, Carlos Briones y Joan Garcés compartieron mesa con la familia Allende en la residencia de Tomás Moro y, después de la cena, el presidente les anticipó los contenidos de su discurso. A las nueve y media, Olivares atendió una llamada telefónica de la secretaría privada de la presidencia que comunicó que dos camiones con soldados habían abandonado el regimiento de Los Andes y se dirigían a Santiago. Hasta que se acostó, después de las dos y media de la madrugada, Allende estuvo pendiente de estos movimientos de tropas ante los insistentes rumores procedentes de distintas fuentes.

A petición suya, a las once de la noche Letelier telefoneó en dos ocasiones al general Herman Brady, jefe de la guarnición de Santiago: «Dice que no hay nada de camiones. Se ha puesto en contacto con la guarnición de San Felipe y está todo normal», le explicó. «El acuartelamiento obedece a la

---

47 Korol, Claudia, *Gladys Marín*, Santiago de Chile, Ediciones América Libre, 1999, pp. 30-31.

preparación de la parada del día 19. Que él se hace cargo de la situación». Pero minutos después Altamirano trasladó la misma información a Letelier y entonces este preguntó a Allende si se ponía en contacto con el comandante en jefe del Ejército. «No, no llame a Pinochet. No hace falta. Son tantos los rumores... Hace meses que no dormiría si tuviera que atender cada rumor». El presidente sí pidió al general Urrutia, general director subrogante de Carabineros, que tomara medidas especiales para las horas siguientes.[48]

Cerca de las dos, la *Payita* volvió a telefonearle para explicarle que el subsecretario de Guerra, el coronel Valenzuela, le había confirmado que dos compañías del regimiento de Los Andes habían partido hacia Santiago para reforzar la guarnición en previsión de posibles incidentes a consecuencia de la decisión que ese mismo día adoptarían los tribunales sobre los desafueros de Altamirano y Garretón. «¿Ya se divisan los tanques en La Moneda?», bromeó Allende. «Le contesté que todavía no se veían, pero parecía que estaban en camino», recordó Miria Contreras. Minutos después, el presidente le devolvió la llamada: «He hablado con Brady... Váyase a descansar. Es muy tarde. Mañana será un día muy duro».[49]

Apenas cuatro horas después, lo despertaron con la noticia de que la Armada se había sublevado en Valparaíso. Poco antes de las siete, ya en su gabinete de trabajo, le comunicó a Joan Garcés la información que tenía y le indicó que ninguno de los comandantes en jefe contestaba las llamadas telefónicas.[50]

---

48 Garcés (1976), pp. 366-371.

49 *Bohemia*, La Habana, 6 de junio de 1974, p. 50.

50 Garcés (1976), p. 373.

Pinochet, según sus propias palabras, no logró conciliar el sueño durante «la noche más larga» de toda su vida. Y posiblemente también una de las más solitarias, puesto que había enviado a su esposa y sus dos hijos pequeños a la Escuela de Alta Montaña, en Río Blanco, a unos ciento veinte kilómetros al norte de la capital.[51] Sobre sus espaldas pesaban cuarenta largos años de vida militar, de esforzada escalada de cada peldaño de su profesión, de recorrido por regimientos de Concepción, Valparaíso, San Bernardo, Iquique, la zona del carbón, Arica, Antofagasta, la Escuela Militar, la Academia de Guerra, los inolvidables años en Ecuador... Y recaía también la incertidumbre de lo que sucedería en el país desde que a las cinco y media de aquella madrugada desde la jefatura del Ejército se enviara un radiograma cifrado, con su firma, a todas las guarniciones con la orden de ocupar las intendencias y las gobernaciones a partir de las siete.[52] Su decisión de sumarse al golpe la desconocían incluso los analistas estadounidenses.[53]

Precisamente a las cinco y media se puso en pie y empezó a lavarse y vestirse. Una hora después, el sonido del teléfono quebró la quietud del amanecer; lo llamaban desde la residencia de Tomás Moro, porque el presidente ya había sido informado de la sublevación de la Armada. «Respondí como si se tratara de una persona que recién despierta y

---

51 Según su hija Lucía, había ordenado al coronel a cargo del regimiento que, si fracasaba el golpe de Estado, los enviara a Argentina. Musia, Rosa, *Lucía Pinochet, una mujer valiente*, Santiago de Chile, Maye, 2008, p. 48.

52 *Las Últimas Noticias*, Santiago de Chile, 11 de septiembre de 1974, p. 2.

53 Harmer, Tanya, *El Gobierno de Allende y la Guerra Fría interamericana*, Santiago de Chile, Ediciones de la Universidad Diego Portales, 2013, p. 309.

debo haber estado convincente, porque solo se me informó "que me iban a llamar más tarde"».[54]

A las siete en punto, llegaron los vehículos que debían llevarlo a la Central de Telecomunicaciones del Ejército, en Peñalolén, en la periferia de Santiago. Este era el lugar donde estaban las redes primaria y secundaria de comunicaciones de su institución, desde allí se controlaban los nexos con todas las unidades.[55]

Aquella mañana, el oficial cuya puntualidad exacta fue ensalzada por sus superiores durante cuatro décadas en su hoja de vida militar llegó diez minutos tarde a su puesto de mando. Mientras tanto, Gustavo Leigh ya estaba en la Academia de Guerra Aérea y Merino permanecía en Valparaíso.

Amanecía un día gris en Santiago... El último día de Salvador Allende.

La resistencia

El 11 de septiembre de 1973, el presidente llegó a La Moneda a las siete y media de la mañana. Iba acompañado por una parte de los jóvenes militantes socialistas que integraban entonces el GAP y portaba el fusil ametralladora AK soviético que Fidel Castro le regaló con aquellas palabras grabadas en la placa metálica añadida a su culata: «A Salvador, de

---

54 Pinochet Ugarte, Augusto, *Camino recorrido. Memorias de un soldado, tomo 1*, Santiago de Chile, Instituto Geográfico Militar, 1990, p. 289. Tal vez ocho años después de la publicación del primer volumen de sus memorias, tras su detención en The London Clinic la noche del 16 de octubre de 1998, hubiera corregido esta afirmación...

55 Cavallo, Ascanio y Serrano, Margarita, *Golpe. 11 de septiembre de 1973*, Santiago de Chile, Aguilar, 2003, pp. 71 y 101.

su compañero de armas, Fidel». Desde su despacho volvió a telefonear a los comandantes en jefe de las tres ramas de las Fuerzas Armadas, sin obtener respuesta. Sí pudo conversar con Luis Figueroa, quien le comunicó el llamamiento de la CUT a los obreros para que acudieran a sus puestos de trabajo, como el 29 de junio.

A las 7:55, se dirigió al país por primera vez a través de las radios Corporación, Portales y Magallanes: «Habla el presidente de la República desde el palacio de La Moneda. Informaciones confirmadas señalan que un sector de la marinería habría aislado Valparaíso y que la ciudad estaría ocupada, lo cual significa un levantamiento en contra del Gobierno, del Gobierno legítimamente constituido, del Gobierno que está amparado por la ley y la voluntad del ciudadano». Informó también que en la capital de la nación no había en aquel momento ningún movimiento extraordinario de tropas y que cabía aguardar a comprobar la respuesta de «los soldados de la patria».[56]

A las ocho, el vicealmirante José Toribio Merino lanzó su primera proclama y al firmarla se apropió de manera ilegítima del grado de comandante en jefe que ostentaba Raúl Montero, quien había sido arrestado en su hogar y estaba incomunicado. Entonces empezó el asedio militar a La Moneda desde el sur de la ciudad y, mientras algunos tanques con infantería atravesaron la calle Teatinos hasta situarse en la plaza de la Constitución, los miembros del GAP iniciaban la preparación de la defensa. A las 8:15, la voz de Allende salió de nuevo al aire: «Las noticias que tenemos hasta estos instantes nos revelan la existencia de una insurrección de la Marina en la provincia de Valparaíso. He

---

56 Martner (1992), p. 667.

ordenado que las tropas del Ejército se dirijan a Valparaíso para sofocar este intento golpista. Deben esperar las instrucciones que emanan de la presidencia. Tengan la seguridad de que el presidente permanecerá en el palacio de La Moneda defendiendo el Gobierno de los trabajadores. Tengan la certeza de que haré respetar la voluntad del pueblo, que me entregara el mando de la nación hasta el 3 de noviembre de 1976. Deben permanecer atentos en sus sitios de trabajo a la espera de mis informaciones. Las fuerzas leales, respetando el juramento hecho a las autoridades, junto a los trabajadores organizados aplastarán el golpe fascista que amenaza a la patria».[57]

A partir de las 8.30, la difusión de los bandos firmados por los cuatro jefes golpistas, transmitidos por emisoras como Radio Agricultura, despejó la incógnita Pinochet. El más importante fue el quinto (anunciado después de las 10.30), que declaró depuesto al Gobierno constitucional por «quebrantar» los derechos fundamentales y destruir la unidad nacional «fomentando artificialmente una lucha de clases estéril y en muchos casos cruenta». «Por todas las razones someramente expuestas, las Fuerzas Armadas han asumido el deber moral que la patria les impone de destituir al Gobierno que, aunque inicialmente legítimo, ha caído en la ilegitimidad flagrante, asumiendo el poder por el solo lapso en que las circunstancias lo exijan...».[58]

---

57 Martner (1992), p. 668.

58 Garretón, Manuel Antonio *et al.*, *Por la razón sin la fuerza. Análisis y textos de los bandos de la dictadura militar*, Santiago de Chile, LOM Ediciones, 1998, pp. 59-61. Barros, Robert, *La Junta militar. Pinochet y la Constitución de 1980*, Santiago de Chile, Sudamericana, 2005, p. 68.

A lo largo de aquella mañana Víctor Pey pudo dialogar en dos ocasiones por teléfono con el presidente. Propietario del diario *Clarín* desde 1971, el de mayor difusión nacional (con tiradas de hasta trescientos mil ejemplares los domingos), entonces lo veía prácticamente todas las noches, cuando le llevaba el ejemplar del día siguiente. Había permanecido en el palacio con la *Payita*, Arsenio Poupin y otras personas hasta las dos de la madrugada y, tras conocer el golpe de Estado hacia las seis y media por una llamada de Augusto Olivares, llegó a Tomás Moro justo cuando la caravana de vehículos partía. En la primera de las conversaciones que mantuvieron por teléfono hablaron del paradero del general Prats, puesto que por razones de seguridad Pey le había prestado un departamento que pertenecía a su periódico. El presidente le solicitó que llegara hasta allí para conducirlo a La Moneda, pero no lo encontró. En la segunda, intercambiaron durante apenas un minuto unas palabras que en 2012, a sus noventa y ocho años, aún lo conmovían: «Me pidió algunas cosas muy personales respecto a su familia, cosas que daban ya la impresión de que él sabía que iba a morir».[59]

A las 8.45, Salvador Allende volvió a informar de la gravedad de la situación... y empezó a despedirse de su pueblo, porque recordó que cumpliría su palabra empeñada de no abandonar el palacio presidencial en aquellas circunstancias, a pesar de que sus compañeros le ofrecían distintas opciones para encabezar la resistencia desde otros puntos de Santiago:[60] «Que lo sepan, que lo oigan, que se les grabe

---

59 Entrevista del autor a Víctor Pey.

60 Pérez, Cristián, *Memorias militantes. Hernán del Canto, un hombre de Allende*, Santiago de Chile, Ventana Abierta, 2016, pp. 26-27.

profundamente: dejaré La Moneda cuando cumpla el mandato que el pueblo me diera, defenderé esta Revolución chilena y defenderé el Gobierno porque es el mandato que el pueblo me ha entregado. No tengo otra alternativa. Solo acribillándome a balazos podrán impedir la voluntad que es hacer cumplir el programa del pueblo. Si me asesinan, el pueblo seguirá su ruta, seguirá el camino, con la diferencia quizá de que las cosas serán mucho más duras, mucho más violentas, porque será una lección objetiva muy clara para las masas de que esta gente no se detiene ante nada. (...) Compañeros, permanezcan atentos a las informaciones en sus sitios de trabajo, que el compañero presidente no abandonará a su pueblo ni su sitio de trabajo. Permaneceré aquí en La Moneda inclusive a costa de mi propia vida».[61]

Pocos minutos antes de las nueve, era ya consciente del fracaso de los planes de defensa del Gobierno, cuyo requisito necesario era la lealtad de al menos un sector importante de la alta oficialidad de las Fuerzas Armadas. «¿No puede desautorizar a los generales que le piden que entregue el mando, no hay nadie capaz de reemplazarlos al frente de alguna guarnición leal, en Santiago o en las provincias? ¿No cuenta con un solo regimiento leal?», le preguntó Joan Garcés. «Ni un solo regimiento».[62]

Más allá de los muros del palacio presidencial, el momento más importante de aquella jornada para los partidos de izquierda tuvo lugar en la industria Indumet (en San Miguel), donde, en un clima de desconcierto y falta de información, se reunieron representantes de las direcciones del Partido Comunista (Víctor Díaz y José Oyarce), el Partido

---

61 Martner (1992), pp. 668-669.

62 Garcés (1976), p. 387.

Socialista (Arnoldo Camú, Exequiel Ponce y Rolando Calderón) y el MIR (entre ellos Miguel Enríquez), sin que alcanzaran ningún acuerdo relevante, ni pudieran plantear algún tipo de respuesta eficaz a la sublevación. La resistencia en Santiago se concentró principalmente en humildes poblaciones como La Legua y en algunas fábricas, pero fue aplastada por los militares en pocas horas. Intentos aislados en Valdivia, Talca o Valparaíso también fracasaron.[63]

A las 9.03, Allende habló por penúltima vez a través de Radio Magallanes: «En estos momentos pasan los aviones. Es posible que nos acribillen, pero que sepan que aquí estamos, por lo menos con nuestro ejemplo, que en este país hay hombres que saben cumplir con la obligación que tienen. (...) En nombre de los más sagrados intereses del pueblo, en nombre de la patria, los llamo a ustedes para decirles que tengan fe. La historia no se detiene ni con la represión ni con el crimen. Esta es una etapa que será superada. Este es un momento duro y difícil; es posible que nos aplasten, pero el mañana será del pueblo, será de los trabajadores. La humanidad avanza para la conquista de una vida mejor».[64]

El metal tranquilo de su voz

Los acontecimientos transcurrían a una velocidad de vértigo. Los aviones de la Fuerza Aérea habían destruido ya las torres de emisión de Radio Portales y Radio Corporación y en cualquier momento podrían derribar las de la emisora comunista Radio Magallanes. Por ello, hacia las 9.20, el

---

63 Quiroga (2001), pp. 168-171.
64 Martner (1992), p. 669.

presidente se apresuró a telefonear a esta para salir de nuevo, y por última vez, al aire.[65] Sin detenerse ni un solo momento, de pie, con el teléfono tomado con firmeza y un casco puesto, improvisó aquellas últimas palabras que dirigió a su pueblo: «Esta será, seguramente, la última oportunidad en que me pueda dirigir a ustedes. La Fuerza Aérea ha bombardeado las torres de Radio Portales y Radio Corporación. Mis palabras no tienen amargura, sino decepción y serán ellas el castigo moral para los que han traicionado el juramento que hicieran: soldados de Chile, comandantes en jefe titulares, el almirante Merino, que se ha autodesignado, más el señor Mendoza, general rastrero que solo ayer manifestara su fidelidad y lealtad al Gobierno, también se ha autodenominado director general de Carabineros. Ante estos hechos, solo me cabe decirle a los trabajadores: yo no voy a renunciar. Colocado en un tránsito histórico, pagaré con mi vida la lealtad del pueblo y les digo que tengo la certeza de que la semilla que entregáramos a la conciencia digna de miles y miles de chilenos no podrá ser segada definitivamente. Tienen la fuerza, podrán avasallarnos, pero no se detienen los procesos sociales ni con el crimen, ni con la fuerza. La historia es nuestra y la hacen los pueblos. Trabajadores de mi patria: quiero agradecerles la lealtad que siempre tuvieron, la confianza que depositaron en un hombre que solo fue intérprete de grandes anhelos de justicia, que empeñó su palabra de que respetaría la Constitución y la ley y así lo hizo».

También denunció la agresión de Washington y rindió su último homenaje a los militares leales a sus obligaciones constitucionales: «En este momento definitivo, el último en

---

65 Ravest, pp. 136-137.

que yo pueda dirigirme a ustedes, quiero que aprovechen la lección. El capital foráneo, el imperialismo, unido a la reacción, creó el clima para que las Fuerzas Armadas rompieran su tradición, la que le enseñara Schneider y que reafirmara el comandante Araya, víctimas del mismo sector social que hoy estará en sus casas esperando con mano ajena reconquistar el poder para seguir defendiendo sus granjerías y sus privilegios».

Salvador Allende alumbró su discurso más hermoso, con una voz serena y digna, pronunciando unas palabras que marcarían para siempre a los generales que aquella mañana destruyeron la evolución democrática de Chile, mientras cerca de veinte personas lo contemplaban, conmovidas, en medio de un silencio impresionante: «Me dirijo sobre todo a la modesta mujer de nuestra tierra, a la campesina que creyó en nosotros, a la obrera que trabajó más, a la madre que supo de nuestra preocupación por los niños. Me dirijo a los profesionales de la patria, a los profesionales patriotas, a los que hace días estuvieron trabajando contra la sedición auspiciada por los colegios profesionales, colegios de clase para defender también las ventajas de una sociedad capitalista de unos pocos (...) Me dirijo a la juventud, a aquellos que cantaron y entregaron su alegría y su espíritu de lucha. Me dirijo al hombre de Chile, al obrero, al campesino, al intelectual, a aquellos que serán perseguidos porque en nuestro país el fascismo ya estuvo hace muchas horas presente, en los atentados terroristas, volando los puentes, cortando la línea férrea, destruyendo los oleoductos y los gaseoductos, frente al silencio de los que tenían la obligación de proceder. Estaban comprometidos. La historia los juzgará».

Su voz, que el pueblo *allendista* escuchó durante más de dos décadas como líder del movimiento popular, la voz del compañero Allende, del compañero presidente, se extinguía... «Seguramente Radio Magallanes será acallada y el metal tranquilo de mi voz no llegará a ustedes. No importa, lo seguirán oyendo, siempre estaré junto a ustedes. Por lo menos mi recuerdo será el de un hombre digno que fue leal a la lealtad de los trabajadores. El pueblo debe defenderse, pero no sacrificarse. El pueblo no debe dejarse arrasar ni acribillar, pero tampoco puede humillarse. Trabajadores de mi patria: tengo fe en Chile y su destino. Superarán otros hombres este momento gris y amargo donde la traición pretende imponerse. Sigan ustedes sabiendo que mucho más temprano que tarde de nuevo abrirán las grandes alamedas por donde pase el hombre libre para construir una sociedad mejor. ¡Viva Chile! ¡Viva el pueblo! ¡Vivan los trabajadores! Estas son mis últimas palabras. Tengo la certeza de que mi sacrificio no será en vano. Tengo la certeza de que por lo menos será una lección moral que castigará la felonía, la cobardía y la traición».[66]

Pocos minutos después, hacia las nueve y media, el vicealmirante Patricio Carvajal le ofrecía la posibilidad de abandonar el país en avión junto con su familia y sus colaboradores más cercanos, pero se negó. Por casualidad el citófono que había tomado para responderle quedó abierto y por él pudieron escuchar la voz alterada de este oficial: «Tenemos que matarlos como ratas, que no quede un rastro de ninguno de ellos, en especial de Allende»... Si aquel día miles de ciudadanos escucharon los sucesivos mensajes del

---

66 Martner (1992), pp. 669-671. La grabación del último discurso de Allende salió rápidamente al exterior de Chile. Solo cinco semanas después, el periódico del Partido Comunista de España ya publicó su parte final: *Mundo Obrero*, 17 de octubre de 1973, p. 1.

presidente de la República por radio, no pudieron conocer las órdenes que Pinochet transmitió hasta el 24 de diciembre de 1985, cuando la revista *Análisis* publicó la transcripción de la grabación que les entregó un radioaficionado.

«Rendición incondicional, nada de parlamentar... ¡Rendición incondicional!», bramó el general. Carvajal, su interlocutor, tomó nota: «Bien, conforme. Rendición incondicional y se le toma preso, ofreciéndole nada más que respetarle la vida, digamos». Pinochet aclaró su instrucción: «La vida y se le... su integridad física y enseguida se le va a despachar para otra parte». Y Carvajal añadió: «Conforme. Ya... O sea que se mantiene el ofrecimiento de sacarlo del país». «Se mantiene el ofrecimiento de sacarlo del país... pero el avión se cae, viejo, cuando vaya volando», advirtió el jefe del Ejército.[67]

Alrededor de las diez, el presidente reunió en el Salón Toesca a todas las personas que le acompañaban: ministros como Carlos Briones (Interior), Clodomiro Almeyda (Relaciones Exteriores) o Edgardo Enríquez (Educación), trabajadores de la presidencia, su equipo de médicos personales, sus hijas Beatriz e Isabel, los escoltas del GAP y los dieciséis agentes de la Policía de Investigaciones asignados para su seguridad bajo el mando de Juan Seoane.[68] Y les dijo: «No tenemos fuerzas militares organizadas que estén con nosotros... Yo he tomado hace mucho tiempo mi decisión: no renunciaré, ni me iré del país, ni abandonaré La Moneda. Lucharé hasta el final. Les agradezco a todos la lealtad

---

67 Verdugo, Patricia, *Interferencia secreta. 11 de septiembre de 1973*, Santiago de Chile, Sudamericana, 1998, p. 112.

68 Véase Seoane, Juan, *Los viejos robles mueren de pie. Relato autobiográfico de un policía leal*, Santiago de Chile, Editorial Universidad Bolivariana, 2009.

y colaboración que siempre me han prestado, pero quiero decirles que no debe haber víctimas inútiles. La mayoría de ustedes son jóvenes, tienen mujer e hijos pequeños. Tienen un deber con ellos y con el pueblo de Chile. No es este el último combate, habrá muchas jornadas futuras en que serán necesarios».

En concreto, ordenó que abandonaran el palacio todas las mujeres y también los hombres que no tenían tareas que cumplir o no sabían emplear armas. «Yo combatiré, porque tengo un mandato de los trabajadores y el pueblo, que, como a través de toda mi vida, cumpliré con lealtad». Un silencio impresionante acompañó sus palabras. «A casi todos las lágrimas nos resbalan incontenibles. Cantamos el himno nacional; finalizado este, gritos de ¡Viva Chile! ¡Viva la Unidad Popular!», ha escrito el doctor Óscar Soto.[69] Pero cuando Allende preguntó a sus colaboradores más cercanos qué resolvían hacer, el jurista Arsenio Poupin, subsecretario general del Gobierno, afirmó: «Nuestra obligación es quedarnos aquí».

En otro momento se dirigió a Joan Garcés y le ordenó partir. Este, sorprendido, escuchó sus razones: «Y por último alguien tiene que contar lo que aquí ha pasado y solo usted puede hacerlo».[70] «Me acompañó unos pasos hacia la puerta y nos abrazamos por última vez», recordó Garcés.[71]

La mayor parte de los ministros y de los funcionarios se dirigieron a sus dependencias, mientras que, ante el inminente bombardeo aéreo, los miembros del GAP, los detectives

69 Soto, Óscar, *El último día de Salvador Allende*, Madrid, El País Aguilar, 1998, pp. 77-80.

70 Garcés (1976), p. 395.

71 Timossi, Jorge, *Grandes Alamedas. El combate del presidente Allende*, La Habana, Editorial de Ciencias Sociales, 1974, p. 82.

de Investigaciones, los médicos, los administrativos y los periodistas empezaron a adoptar algunas medidas elementales de seguridad que el presidente supervisó.

Hacia las once, los tres edecanes se reunieron con Allende en su despacho y el comandante Roberto Sánchez le recordó el ofrecimiento de los golpistas: disponía de un avión para viajar con su familia al destino que eligiera y él los acompañaría. La réplica no dejó espacio a la duda: «Comandante, no abandonaré La Moneda y me voy a suicidar con el fusil que estoy portando». Y, en los instantes previos a ordenarles que abandonaran el palacio junto con el resto de los uniformados presentes, les indicó cómo apretaría el gatillo tres horas después.[72]

Antes de que los aviones Hawker Hunter atacaran el símbolo de la democracia chilena, bombardearon la residencia oficial de la avenida Tomás Moro 200, donde permanecían un reducido grupo de trabajadores y algunos miembros del GAP junto con Hortensia Bussi, quien, cuando impactó el primer proyectil, pudo refugiarse en la cercana vivienda de Felipe Herrera. En los días siguientes muchos bienes familiares (como los preciados álbumes de fotografías que ella organizó durante décadas, los recuerdos de toda una vida) fueron saqueados. Óscar Soto fue testigo del dolor que afligió a Allende cuando supo del ataque militar a la casa donde se encontraba su esposa, con quien había hablado por teléfono. «En pocas ocasiones presencié al presidente conmovido y emocionado. Una de ellas fue cuando supo que los golpistas habían

---

72 Declaración de Roberto Sánchez, coronel retirado de la Fuerza Aérea. Causa rol nº 77-2011 del 34º Juzgado del Crimen de Santiago realizada el 6 de mayo de 2011. Tomo II. Fojas 615-619.

bombardeado Tomás Moro, donde se encontraba *Tencha*», recuerda el doctor Soto.[73]

En los momentos previos al ataque aéreo sobre La Moneda, Allende ordenó de nuevo marcharse a las últimas mujeres que quedaban entre sus muros. Sus hijas Beatriz, embarazada de siete meses de su hijo Alejandro, e Isabel intentaron mantenerse junto a él, pero, según ha explicado esta última, «cuando vimos que ya empezaba a angustiarse decidimos acceder. Fue muy emocionante, porque nos acompañó hasta la puerta de salida. Nos abrazó. Fue un abrazo muy fuerte. Los ojos de todos estaban muy húmedos. Las palabras sobraban».[74] Cuando regresó a la segunda planta, se encontró con la *Payita* quien, al igual que Marta Silva (secretaria del Ministerio del Interior), se había escondido. El presidente le sonrió y le dijo que sabía que permanecería allí... Miria Contreras, por su parte, le preguntó cómo había logrado persuadir a su hija mediana. «Tuvo que partir, pues con ella le envié un mensaje a Fidel y eso fue lo único que pesó en su estado de ánimo para tomar la decisión de irse».[75]

Quienes resistían en La Moneda siguieron conteniendo los ataques de los tanques y la infantería, hasta el punto de

---

73 Entrevista del autor a Óscar Soto.

74 *Apsi*, Santiago de Chile, 10 de septiembre de 1984, p. 12.

75 El 28 de septiembre, en la plaza de la Revolución de La Habana ante centenares de miles de personas, Beatriz Allende (acompañada en la tribuna por su madre y por Fidel Castro) explicó: «En este acto solidario con Chile quisiera decirles lo que me pidió que les transmitiera a ustedes. Me lo confió en La Moneda bajo el combate: "Dile a Fidel que yo cumpliré con mi deber. Dile que hay que lograr la mejor conducción política unitaria para el pueblo de Chile". Señaló que se iniciaba ese día una larga resistencia y que Cuba y los revolucionarios tendrían que ayudarnos en ella...». Allende, Beatriz y Castro, Fidel, *Homenaje a Salvador Allende*, Buenos Aires, Galerna, 1973, pp. 20-21.

que el propio Allende llegó a disparar una de las cuatro bazucas. De repente, escucharon los gritos ahogados en sollozos del periodista Carlos Jorquera al descubrir que su amigo Augusto Olivares se había suicidado. Al conocer su muerte, el presidente, profundamente dolido, pidió un minuto de silencio a modo de homenaje a quien le había acompañado durante tantos años.

A las 11.50, los dos Hawker Hunter del Grupo nº 7 de la Fuerza Aérea, con base en Carriel Sur, Concepción, empezaron a bombardear el palacio. Los cohetes Sura, de fabricación suiza, perforaron los muros, explotaron en casi todas las dependencias y pronto el aire se tornó irrespirable porque los gases lacrimógenos asfixiaban a los resistentes, quienes se habían tendido en el suelo, se cubrían la cabeza y se protegían unos con otros. Se distribuyeron las escasas mascarillas antigás existentes e intentaron continuar el combate, pero las tropas de infantería, comandadas por el general Javier Palacios, iniciaron el asalto, mientras los tanques disparaban contra las ventanas, en medio de las llamas y del derrumbamiento de techos y pisos.

Morir en La Moneda

Los primeros soldados entraron por la calle Morandé y detuvieron a varios de los defensores, entre ellos al doctor Óscar Soto, a quien ordenaron que avisara al presidente y a sus acompañantes de que tenían diez minutos para salir desarmados.[76] «Allende nos pidió que nos entregáramos», señaló el doctor Patricio Arroyo. «Entendí claramente que esto

[76] Soto, p. 91.

corría para nosotros y no para él. No recuerdo si lo dijo o no, pero todos entendimos lo mismo: él no saldría vivo de ahí... Se improvisó, con un delantal médico, una bandera blanca; atada a un palo, fue sacada por la puerta de Morandé 80. La Moneda estaba rodeada por todos lados. Los militares aceptaron la rendición y exigieron que bajáramos en fila india y con las manos en la nuca».[77] Con el palacio semidestruido, en llamas y sin suministro de electricidad, Allende se había despedido personalmente de cada uno de ellos. Detrás de Óscar Soto empezaron a salir, entre otros, Miria Contreras, Jaime Barrios, Arsenio Poupin, Claudio Jimeno, Arturo Jirón, Enrique París, Patricio Arroyo, Eduardo Paredes y Enrique Huerta, mientras el presidente regresó al Salón Independencia.

El único testigo de su muerte fue el doctor Patricio Guijón, quien en 2011 relató que, mientras sus compañeros iban bajando hacia la puerta de Morandé, se le ocurrió regresar a buscar su máscara antigás para llevársela a su hijo como recuerdo: «En un momento determinado me encuentro frente a una puerta ubicada en ese pasillo, la que por lo general se mantenía cerrada; no obstante, en esta ocasión estaba abierta, lo cual me llamó la atención e instintivamente miré hacia el interior de esta habitación, observando que al fondo de esta, en la muralla que daba hacia Morandé, a seis o siete metros de distancia, estaba el presidente Allende, sentado en un sofá con una metralleta en sus manos, instante en que escuché y vi que se disparó, saliendo eyectada parte de su cráneo y masa encefálica, en dirección al techo de la habitación y la pared posterior. Instintivamente me acerqué a ver cómo estaba, tomándole el pulso, sin embargo,

77 *Apsi*, Santiago de Chile, 10-23 de septiembre de 1984, p. 12.

no había nada que hacer».[78] Permaneció al lado del cuerpo unos diez o quince minutos, hasta que llegaron primero dos militares y después el general Palacios, quien comunicó a sus superiores: «Misión cumplida. Moneda tomada. Presidente muerto».

Cuando los resistentes salieron, fueron golpeados por los soldados, registrados y obligados a tumbarse boca abajo en la calle Morandé, en una de las imágenes que permanecerán siempre de aquel día. Miria Contreras se había puesto la chaqueta que portaba Augusto Olivares con el propósito de entregársela a su viuda, Mireya Latorre, y debajo de sus mangas había ocultado, enrollada, el acta original de la independencia de Chile, firmada por Bernardo O'Higgins el 2 de febrero de 1818. «El presidente le había pedido a Eduardo Paredes que la despegara del marco y me la entregara para salvarla del incendio. Los soldados me la arrebataron y la rompieron a pesar de explicarles de qué se trataba. También me quitaron la chaqueta de Augusto», recordó la *Payita* en 1974.[79]

La mayor parte de los detenidos, en particular los colaboradores y los escoltas de Allende, fueron llevados al Regimiento Tacna y, a excepción de tres miembros del GAP,[80] el 13 de septiembre fueron ejecutados en los terrenos militares

---

78 Declaración del doctor Patricio Guijón. Causa-rol nº 77-2011 del 34º Juzgado del Crimen de Santiago. Tomo I. Fojas 199-201. Este mismo relato ya lo expuso en *Ercilla*, Santiago de Chile, 3 de enero de 1974, pp. 10-13. En su investigación de la muerte de Allende, Mario Carroza intentó sin éxito ubicar el fusil ametralladora AK con el que puso fin a su vida. Los peritos de la Policía de Investigaciones que certificaron su muerte le tomaron varias fotografías.

79 *Bohemia*, La Habana, 6 de junio de 1974, p. 57.

80 Otros seis miembros del GAP se apostaron en el Ministerio de Obras Públicas, en la calle Morandé, y no fueron detenidos aquel día.

de Peldehue.[81] Los ministros y exministros fueron trasladados el 15 de septiembre, junto con otros destacados dirigentes de la Unidad Popular, a un campo de concentración en la isla Dawson, en el extremo austral del país.

El general Palacios solicitó que un equipo de la Policía de Investigaciones acudiera para levantar acta del cadáver del presidente de la República y también pidió al cuerpo de extinción de incendios que enviara efectivos para sofocar el fuego. Víctor Manuel Riquelme, voluntario de la Novena Compañía de Bomberos desde mayo de 1971, se presentó aquella tarde en La Moneda y de inmediato subió al segundo piso. Al igual que otros compañeros suyos, cuando pudo se acercó a ver el cadáver de Allende, que estaba recostado sobre el sofá, cubierto por una singular manta de lanas azules y grises con finas líneas rojas.[82]

Cerca de las seis, cuando una fina lluvia recubría la ciudad, Palacios ordenó su evacuación. Sobre una camilla de lona, el cuerpo fue descendido por la escalera de caracol hasta la puerta de Morandé, pasado de mano en mano por militares y bomberos. Iba cubierto por esa manta, tejida artesanalmente en La Ligua, que la abogada Alina Morales le había regalado con motivo de su último cumpleaños, el 26 de junio.[83] Fue conducido al Hospital Militar, donde, por orden del general Pinochet,[84] varios especialistas le practi-

---

81 Véase Jimeno Chadwick, Cristóbal y Mohor Wöhlke, Daniela, *La búsqueda*, Santiago de Chile, Planeta, 2022.

82 Declaración de Víctor Manuel Riquelme, voluntario del Cuerpo de Bomberos en 1973. Causa-rol nº 77-2011 del 34º Juzgado del Crimen de Santiago de Chile realizada el 4 de mayo de 2011. Tomo II. Fojas 558-561.

83 Labarca (2007), pp. 386-387.

84 Benítez, Hermes H., *Las muertes de Salvador Allende*, Santiago de Chile, RIL Editores, 2006, p. 113.

caron una autopsia y determinaron su muerte por un disparo realizado a corta distancia que «ha podido ser hecho por la propia persona».[85] Tras la exhumación de sus restos ordenada por el magistrado Mario Carroza y realizada el 23 de mayo de 2011, los nueve científicos que los analizaron dictaminaron que se había suicidado.[86]

Un golpe de Estado de clase

A las diez de la noche, los cuatro oficiales que habían encabezado el golpe de Estado, Augusto Pinochet, José Toribio Merino, Gustavo Leigh y César Mendoza, se dirigieron al país por las cámaras del Canal 13 de televisión con motivo del juramento de «la honorable Junta de Gobierno» en el vestíbulo de la Escuela Militar. En el discurso más breve de los cuatro, Pinochet aseguró que «un deber patriótico» les había impulsado a derrocar al Gobierno, anunció la ruptura de las relaciones diplomáticas con Cuba y, con tono cuartelero, comunicó la clausura del Congreso Nacional «hasta nueva orden».

Si con el tiempo Merino descalificó con el término de «humanoides» a las personas de izquierda, aquella noche Gustavo Leigh utilizó la durísima expresión «cáncer marxista», que permanecerá para siempre asociada a su nombre

---

85 González, pp. 489-494.

86 Para escribir *Allende. La biografía* revisé el sumario judicial abierto en la Corte de Apelaciones de Santiago de Chile a fin de esclarecer la causa de su muerte. Los dos últimos de los treinta y cinco documentos del apéndice documental de este libro son el informe de la Policía de Investigaciones acerca de su fallecimiento fechado el 12 de septiembre de 1973 y las conclusiones de los científicos que examinaron sus restos mortales en 2011.

en la Historia: «Después de tres años de soportar el cáncer marxista, que nos llevó a un descalabro económico, moral y social que no se podía seguir tolerando, por los sagrados intereses de la patria nos hemos visto obligados a asumir la triste y dolorosa misión que hemos acometido. (...) No tenemos miedo. Sabemos la responsabilidad enorme que cargará sobre nuestros hombros, pero tenemos la certeza, la seguridad de que la enorme mayoría del pueblo chileno está con nosotros, está dispuesto a luchar contra el marxismo, está dispuesto a extirparlo hasta las últimas consecuencias».[87] Era la concepción del golpe de Estado como una operación quirúrgica.

Después del juramento del acta de constitución de la Junta, suscribieron el Decreto Ley nº 1, cuyo primer artículo señalaba que asumían el «mando supremo de la nación» con «el patriótico compromiso de restaurar la chilenidad, la justicia y la institucionalidad quebrantadas». Su artículo segundo designó a Augusto Pinochet presidente de la Junta, pero en calidad de *primus inter pares*, puesto que se concebía como un órgano colegiado que adoptaría las decisiones por unanimidad. Su designación, debida a su condición de jefe de la institución armada más antigua, parecía ser tan solo un gesto formal, previsto para las funciones meramente representativas, ya que no se le atribuían funciones o facultades diferentes de las del resto de integrantes de la Junta.

Sin embargo, Pinochet, el último en sumarse a la conspiración golpista, demostraría muy pronto una ambición de poder incontenible para edificar un régimen dictatorial de larga duración que no tardó en fijarse como meta

---

87 Pinochet, Augusto, *Camino recorrido. Memorias de un soldado, tomo 2*, Santiago de Chile, Instituto Geográfico Militar, 1991, pp. 18-19.

la refundación política y económica del país. Y sus instrumentos principales fueron el terror y las violaciones masivas y sistemáticas de los derechos humanos, por las que la Asamblea General de las Naciones Unidas lo repudió año tras año.

La Junta militar también aprobó aquella noche el Decreto Ley nº 3, que instauró el estado de sitio en todo el territorio nacional, una medida que se prorrogaría cada seis meses hasta el 10 de marzo de 1978 y que era parte de la temprana fabricación de una atmósfera de guerra.[88] Por tanto, el nuevo régimen podía detener a cualquier ciudadano y disponer su privación de libertad sin la necesidad de una orden judicial.

El 12 de septiembre, firmaron el Decreto Ley nº 5, por el que, ante las supuestas acciones armadas de la izquierda contra las Fuerzas Armadas, se declaró que el estado de sitio decretado por conmoción interna debería entenderse como «estado o tiempo de guerra» y, por tanto, debían aplicarse las durísimas normas previstas para tal situación en el Código de Justicia Militar y el resto de las leyes penales. Además, el 17 de septiembre suscribieron el Decreto Ley nº 13, que señaló que, de acuerdo con la declaración del estado de sitio, cesaba la competencia de los tribunales militares del tiempo de paz y empezaba la de los tribunales militares «del tiempo de guerra», a pesar de que su funcionamiento estaba previsto solo en el caso de la existencia de «fuerzas rebeldes militarmente organizadas».[89]

---

[88] Constable, Pamela y Valenzuela, Arturo, *Una nación de enemigos. Chile bajo Pinochet*, Santiago de Chile, Ediciones de la Universidad Diego Portales, 2013, p. 37.

[89] Arriagada, Genaro, *Por la razón o la fuerza. Chile bajo Pinochet*, Santiago de Chile, Sudamericana, 1998, p. 24.

La dictadura consideraba a los dirigentes, militantes y simpatizantes del Gobierno de la Unidad Popular como si formaran un «ejército enemigo» que debía ser derrotado al precio que fuera necesario.[90] O, dicho con las palabras del sociólogo Manuel Antonio Garretón: «La Junta Militar dirigió un ejército de ocupación en su propio país, en medio de la euforia de sus partidarios, dispuestos a legitimar todo, del silencio traumatizado o cómplice de otros, del terror y rechazo de muchos y del espanto de la comunidad internacional».[91]

A miles de kilómetros, en Barcelona, el 11 de septiembre Agustín Edwards compartió mesa con varios ejecutivos de la compañía Pepsi Cola en un elegante restaurante. Eran las nueve de la noche (varias horas menos en Chile) y, «en un estado de agitación extraordinaria», según ha relatado una de las comensales, la periodista española Josefina Vidal, invitó a sus acompañantes a champán francés para brindar por las noticias que iba recibiendo desde su país en constantes llamadas telefónicas. Habían transcurrido casi tres años exactos desde aquella visita suya a la Casa Blanca.[92] En el primer número tras el golpe de Estado, su principal diario incluyó un comentario editorial que proclamó: «La intervención de las Fuerzas Armadas vino en este caso a liberar a la ciudadanía de la inminente dictadura marxista y a salvar a Chile del aniquilamiento político, social y económico».[93]

---

90 Valenzuela, Arturo, «Los militares en el poder: la consolidación del poder unipersonal», en Paul W. Drake e Iván Jaksic, eds., *El difícil camino hacia la democracia en Chile. 1982-1990*, Santiago de Chile, FLACSO, 1993, pp. 57-144.

91 Garretón (1998), p. 11.

92 *El Ciudadano*, nº 151, Santiago de Chile, 2013, pp. 12-13.

93 *El Mercurio*, Santiago de Chile, 13 de septiembre de 1973, p. 1.

Por su parte, el mismo día del golpe de Estado el Partido Nacional llamó «a todos los chilenos a respaldar, sin reservas, la acción rectificadora de la Junta Militar de Gobierno y a empeñarse, desde este momento, sin odios ni revanchismos, en la reconstrucción de la patria».[94] Y aceptó sumisamente el receso impuesto para las fuerzas políticas que habían sido opositoras a la Unidad Popular.[95]

Al día siguiente, el presidente de la Corte Suprema de Justicia, Enrique Urrutia, tan celoso de la legalidad durante el periodo de la UP, declaró públicamente que acogía con «íntima complacencia» al nuevo régimen.[96] También las organizaciones empresariales, como la Sociedad Nacional de Agricultura, la Sociedad Nacional de Minería, la Confederación de la Producción y del Comercio, la Sociedad de Fomento Fabril, así como la Federación de Estudiantes de la Universidad Católica entregaron públicamente su apoyo incondicional a la Junta Militar. Los sectores patronales y profesionales que se encontraban en huelga anunciaron que reanudarían el trabajo y se pusieron a disposición de la dictadura para colaborar en «la reconstrucción de Chile». El 19 de septiembre, la agencia France-Presse informó que ya no existía ni mercado negro, ni desabastecimiento.[97]

---

94 *El Mercurio*, Santiago de Chile, 13 de septiembre de 1973, p. 6.

95 *Qué Pasa*, Santiago de Chile, 25 de enero de 1974, pp. 16-17.

96 Véase su declaración en *Algunos fundamentos de la intervención militar en Chile*, Santiago de Chile, Editora Nacional Gabriela Mistral, 1974, p. 67. Véase también Gallardo Silva, Mateo, *Íntima complacencia. Los juristas en Chile y el golpe militar de 1973. Antecedentes y testimonios*, Santiago de Chile, Frasis Editores y El Periodista, 2003.

97 Fuente: France-Presse. *Resumen Mensual Iberoamericano. Septiembre de 1973*, Centro de Documentación Iberoamericana, Instituto de Cultura Hispánica, Madrid, no paginado. Biblioteca de la AECID (Madrid).

La trama civil había culminado con éxito su larga ofensiva contra la Unidad Popular. Tan solo en la Democracia Cristiana hubo fisuras.

El 12 de septiembre su dirección, presidida por Patricio Aylwin, se apresuró a difundir una declaración pública de respaldo absoluto a la dictadura: «Los hechos que vive Chile son consecuencia del desastre económico, el caos institucional, la violencia armada y la crisis moral a que el Gobierno depuesto condujo al país, que llevaron al pueblo chileno a la angustia y la desesperación». E invitó a la ciudadanía a «cooperar» con el nuevo régimen porque «los propósitos de restablecimiento de la normalidad institucional y de paz y unidad entre los chilenos expresados por la Junta Militar de Gobierno interpretan el sentimiento general».[98]

Las personalidades progresistas del PDC reaccionaron de inmediato y al día siguiente trece destacados militantes, encabezados por Bernardo Leighton y Renán Fuentealba, suscribieron un comunicado que solo la prensa extranjera pudo publicar: «Condenamos categóricamente el derrocamiento del presidente constitucional de Chile, señor Salvador Allende, de cuyo Gobierno, por decisión de la voluntad popular y de nuestro partido, fuimos invariables opositores. Nos inclinamos respetuosamente ante el sacrificio que él hizo de su vida en defensa de la autoridad constitucional».[99] También la Unión Mundial Demócrata Cristiana anunció su repudio del golpe de Estado y su «profundo dolor por la trágica muerte del presidente Allende».[100]

---

98 Aylwin, pp. 20-32.

99 Boye, pp. 193-195.

100 *La Opinión*, Buenos Aires, 15 de septiembre de 1973, p. 3.

Por su parte, Eduardo Frei no ofreció declaraciones públicas durante las primeras semanas posteriores al golpe de Estado,[101] aunque el 18 de septiembre acompañó a los cuatro miembros de la Junta Militar en el *Te Deum* celebrado en el Templo de la Gratitud Nacional, al igual que los expresidentes Gabriel González Videla y Jorge Alessandri. Fue en los primeros días de octubre cuando rompió su silencio para el diario español *ABC*, que publicó una extensa entrevista encabezada con un titular imborrable, «Los militares han salvado a Chile», y que contenía durísimas descalificaciones personales de Allende: «¿Por qué en Europa, donde no conocían a Salvador Allende ni estaban al tanto de nuestros dramas —que son muchos dramas—, se idealiza a un hombre tan frívolo, más frívolo políticamente que moralmente, como Allende? Yo sé que Allende era inteligente, orador fácil y superficial, simpático de trato, chistoso, político del verbo politiquear. Pero Allende ni era un ideólogo ni era un estadista. Buscaba el modo de seguir en la cima del poder y también ocurrió que el poder le deslumbró e hinchó su congénita arrogancia...». «La gente de Europa no se imagina lo que era esto. Viven ofuscados por la gran mentira del experimento de la democracia hacia el comunismo. Pero si eso no es posible. Es una contradicción en los términos, una antinomia».[102] Y el 8 de noviembre remitió su conocida y extensa carta a Mariano Rumor, presidente de la Unión Mundial Demócrata Cristiana, en la que desarrolló sus tesis con amplitud.[103]

---

101 Moulian y Guerra, p. 275.

102 *ABC*, Madrid, 10 de octubre de 1973, pp. 33-35.

103 Pinochet de la Barra, pp. 500-519. Velasco, Belisario, *Esta historia es mi historia*, Santiago de Chile, Catalonia, 2018, p. 132.

El antagonismo entre la Unidad Popular y la Democracia Cristiana tuvo una motivación esencialmente ideológica. Aunque aparentemente la DC era una alternativa reformista frente a la derecha oligárquica y la izquierda marxista, en el momento más decisivo de la historia nacional en el siglo XX se alineó con las fuerzas políticas y sociales conservadoras y con los grandes intereses económicos para defender, al precio que fuera necesario, la sociedad capitalista. Cumplió así el papel histórico que desde 1962 le asignaron las sucesivas administraciones estadounidenses y por el que le entregaron clandestinamente, hasta junio de 1974, una financiación astronómica.

Sus sectores progresistas se fueron desgajando y, mientras el partido viraba hacia una oposición cada vez más intransigente, voces como las de Radomiro Tomic, Fernando Castillo Velasco o Bernardo Leighton clamaban ya en el desierto. Patricio Aylwin y Eduardo Frei condujeron a la DC al momento más abyecto de su historia cuando avalaron, ante Chile y ante el mundo, el golpe de Estado del 11 de septiembre de 1973 y la instalación de la dictadura. Cegados por su anticomunismo, jamás entendieron el proyecto de la Unidad Popular y del presidente Salvador Allende y tardaron demasiado tiempo en comprender el verdadero significado del régimen encabezado por el general Augusto Pinochet.[104]

[104] Sobre la posición de la dirección de la Democracia Cristiana ante el golpe de Estado, véase el epílogo de mi libro *Entre la araña y la flecha. La trama civil contra la Unidad Popular*. Y también este artículo de mi autoría: «Una responsabilidad histórica jamás asumida. Alywin, Frei Montalva, la DC y el golpe». *Interferencia.cl* Santiago de Chile, 4 de agosto de 2020. https://interferencia.cl/articulos/una-responsabilidad-historica-jamas-asumida?_url=/articulos/una-respon

En cambio, quienes a lo largo de una década inyectaron millones de dólares al PDC para contener la «amenaza marxista» no tuvieron dudas ante el golpe de Estado. El 24 de septiembre, el embajador Nathaniel Davis se entrevistó con el ministro de Relaciones Exteriores, el contraalmirante Ismael Huerta, para entregarle la nota diplomática en la que su presidente, Richard Nixon, y su secretario de Estado, Henry Kissinger (premio Nobel de la Paz aquel mismo año), reconocían la legitimidad de la dictadura militar. A pesar de todas las evidencias, Kissinger aún no ha rectificado la afirmación que incluyó en sus memorias: «Fue la oposición que él [Salvador Allende] provocó *dentro* de Chile lo que dio lugar al golpe militar de 1973. En su concepción, planificación y ejecución nosotros no desempeñamos el más mínimo papel».[105]

Desde entonces ha habido algunas voces en la administración estadounidense que han admitido la agresión a este país. El 8 de marzo de 1977, Brady Tyson, subjefe de la delegación de Estados Unidos ante la Comisión de Derechos Humanos de las Naciones Unidas, afirmó: «Seríamos poco sinceros con nosotros mismos y con nuestro pueblo si no expresáramos nuestro más profundo pesar por el papel que algunos funcionarios gubernamentales,

---

sabilidad-historica-jamas-asumida Además, es ineludible este trabajo: Nocera, Raffaele, *Acuerdos y desacuerdos. La DC italiana y el PDC chileno: 1962-1973*, Santiago de Chile, Fondo de Cultura Económica, 2015.

105 Kissinger, p. 474. En su último libro, publicado al cumplir cien años, incluye el capítulo «Richard Nixon: la estrategia del equilibrio», en el que no dedica una sola palabra a la agresión encubierta que tejieron contra Chile, país que ni siquiera menciona, como tampoco a Salvador Allende. Kissinger, Henry, *Liderazgo. Seis estudios sobre estrategia mundial*, Barcelona, Debate, 2023, pp. 173-264.

instituciones y grupos financieros privados desempeñaron en la subversión contra el Gobierno anterior de Chile, del presidente Allende, elegido democráticamente, y que fue derrocado por el golpe militar del 11 de septiembre de 1973».[106]

Y el 20 de febrero de 2003 (a pocas semanas del inicio de la agresión militar contra Irak) el secretario de Estado, Colin Powell, manifestó en un programa de televisión: «Sobre lo que ocurrió con el señor Allende, no es una parte de la historia estadounidense de la que estemos orgullosos».[107] En cambio, durante su viaje a Chile en marzo de 2011 el presidente Barack Obama no hizo la más mínima alusión a esta deuda pendiente; ni siquiera realizó un gesto que le solicitó el escritor chileno Ariel Dorfman y que han hecho innumerables líderes políticos y jefes de Estado y de Gobierno: visitar la tumba de Salvador Allende.[108]

«Todo mi amor está aquí...»

El 12 de septiembre de 1973, con la única compañía de su cuñada Laura Allende, dos sobrinos (Patricio y Eduardo Grove Allende), un ahijado (Jaime Grove) y el comandante Roberto Sánchez, Hortensia Bussi fue obligada por la Junta Militar a enterrar a su esposo en el mausoleo de la familia Grove en el cementerio Santa Inés de Viña del Mar, a donde

---

106 *Salvador Allende y Estados Unidos: la CIA y el golpe militar de 1973*, Archivo Salvador Allende, nº 13, p. 13.

107 *La Nación*, Santiago de Chile, 22 de febrero de 2003, p. 3.

108 Dorfman, Ariel, «Obama y el dolor de Chile», *El País*, Madrid, 19 de marzo de 2011, p. 43.

fueron conducidos por miembros de las Fuerzas Armadas en medio de un férreo dispositivo.[109] Ni siquiera le permitieron comprobar la identidad del cuerpo que iban a sepultar.[110]

Desde aquel mismo día, ella asumió el papel que tan dignamente representó hasta el fin del exilio en 1988, un periodo en el que viajó por todos los rincones del planeta para denunciar la ignominia de la dictadura militar y civil encabezada por Pinochet. Recibida con honores de jefa de Estado, fue la voz más relevante de la resistencia democrática en el exterior desde que el 16 de septiembre de 1973 llegara con sus hijas Carmen Paz e Isabel y sus respectivas familias a México, donde fueron recibidas en el aeropuerto por el presidente Luis Echevarría y todos los miembros de su Gobierno vestidos de luto riguroso.[111]

Dos de las personas más queridas por Salvador Allende murieron en el destierro, como les sucedió a tantas chilenas y chilenos. Su hija Beatriz, afectada por una profunda depresión, puso fin a su vida el 11 de octubre de 1977 en La Habana. Su hermana Laura, expulsada del país en marzo de 1975 tras haber estado detenida durante cinco meses en Cuatro Álamos, gravemente enferma de cáncer, se suicidó en la capital cubana en mayo de 1981 después de que la dictadura le impidiera regresar a su patria para afrontar el invierno de su existencia.

El 4 de septiembre de 1990, casi seis meses después del fin del régimen de Pinochet, tuvo lugar el funeral oficial de Allende, con la participación de invitados internacionales

---

109 González Camus (1993), pp. 396-399.

110 Taufic, Camilo, *Chile en la hoguera*, Buenos Aires, Ediciones Corregidor, 1974, pp. 78-80.

111 Martínez Corbalá, Gonzalo, *Instantes de decisión. Chile, 1972-1973*, México DF, Grijalbo, 1998, pp. 185-236.

tan relevantes como el primer ministro francés, Michel Rocard, los ministros cubanos Armando Hart y José Ramón Fernández o la viuda de Olof Palme, Lisbeth Palme,[112] además del presidente Patricio Aylwin. El féretro fue trasladado hasta el mausoleo construido en el Cementerio General de Santiago, acompañado por decenas de miles de personas que se apostaron a lo largo del recorrido para tributarle su despedida.[113]

Y desde su inauguración en febrero de 1994, su nombre preside el inmenso Memorial del Detenido Desaparecido y del Ejecutado Político levantado en ese mismo camposanto en memoria de las víctimas de la dictadura, bajo estos versos esculpidos de Raúl Zurita: «Todo mi amor está aquí y se ha quedado pegado a las rocas, al mar, a las montañas». Y está inscrito en la Historia.

---

112 Donoso Pacheco, Jorge, *Los dos funerales del presidente Allende*, Santiago de Chile, Editorial Forja, 2021, pp. 48-49.

113 *El País*, Madrid, 5 de septiembre de 1990, p. 7. Sobre el funeral oficial de Salvador Allende, véase Bianchini, Maria Chiara, *Chile, memorias de La Moneda. La (re)construcción de un símbolo político*, Madrid, UAM-IEPALA, 2012, pp. 214-222.

Fuentes y bibliografía

Bibliotecas y archivos consultados

Chile: Archivo y biblioteca de la Fundación Salvador Allende, Archivo Nacional (Fondo Orlando Letelier del Solar), Biblioteca del Museo de la Memoria y los Derechos Humanos, Archivo del Servicio Electoral, Biblioteca del Instituto Nacional, Biblioteca del liceo Eduardo de la Barra (Valparaíso), Archivo General del Ejército de Chile, Museo Nacional de Medicina, Biblioteca Nacional, Biblioteca del Congreso Nacional, Archivo de Sergio Onofre Jarpa y Archivo de Gonzalo Vial Correa (Centro de Investigación y Documentación de la Universidad Finis Terrae) y Archivo Histórico de la Casa Museo Eduardo Frei Montalva.

Otros países: Archivo Nacional de Suecia, Archivo Diplomático del Ministerio de Negocios Extranjeros de Portugal, Biblioteca de la AECID (España) y Archivo Estatal de Historia Política y Social (RGASPI) de Rusia.

Archivos digitales: Repositorio Digital Patricio Aylwin Azócar (www.archivopatricioaylwin.cl), Biblioteca Clodomiro Almeyda del Partido Socialista de Chile (www.socialismo-chileno.org), Memoria Chilena (www.memoriachilena.cl) y Centro de Estudios Miguel Enríquez (www.archivochile.com).

Sumarios judiciales

Sumario de la causa rol nº 77-2011 del 34º Juzgado del Crimen de Santiago de Chile. Sobre la muerte del presidente Salvador Allende.

Sumario de la causa-rol nº 12-2013 del 34º Juzgado del Crimen de Santiago de Chile. Sobre la trama civil del golpe de Estado.

Prensa y publicaciones periódicas

Chile

Concepción: *Bandera roja.*

Santiago de Chile: *Alternativa, Análisis, Apsi, Arauco, Boletín del Comité Central del PS, Boletín del Partido Socialista, Boletín Oficial del Ejército, Chile Hoy, Clarín, Colegio Médico, Consigna, Cosas, Cuadernos de la Fundación Pablo Neruda, Democracia, El Andamio, El Ciudadano, El Mercurio, El Rebelde, Ercilla, El Siglo, Estudios Públicos, Hoy, La Nación, La Prensa, La Protesta, Las Noticias de Última Hora, La Tercera, Mensaje, Patria Nueva, PEC, Pluma y Pincel, Política y Espíritu, Punto Final, Puro Chile, Qué Pasa, Revista de Historia y Ciencias Sociales, Vida Médica* y *Zig-Zag.*

Valparaíso: *El Mercurio de Valparaíso, Núcleo* y *El Socialista.*

Exilio: *Chile-América* (Roma).

Diarios digitales: *Ciperchile.cl, Economiaysociedad.cl, Elclarin.cl, Interferencia.cl* y *Elmostrador.cl.*

Otros países

Argentina: *La Opinión* y *Clarín.*

Corea del Norte: *Rodong Sinmun.*

Cuba: *Bohemia* y *Casa de las Américas.*
España: *ABC, Arriba, Cuadernos de Pedagogía, El País, Madrid, Mundo Obrero, Nuevo Diario* y *Ya.*
Estados Unidos: *Newsweek, The Washington Post* y *Time.*
Italia: *La Stampa.*
Unión Soviética: *Pravda.*
Uruguay: *Marcha.*

Bibliografía sobre Salvador Allende

Archivo Salvador Allende. Colección documental coordinada por Alejandro Witker

América Latina: un pueblo continente, Archivo Salvador Allende, nº 1, Santiago de Chile, UNAM, 1990.

Las tareas de la juventud, Archivo Salvador Allende, nº 2, México DF, Universidad Pedagógica Nacional, 1990.

Salvador Allende cercano, Archivo Salvador Allende, nº 3, Chapingo (México), 1990.

Rumbo de liberación, Archivo Salvador Allende, nº 5, Xochimilco, Universidad Autónoma Metropolitana de Xochimilco, 1990.

El Partido Socialista de Chile, Archivo Salvador Allende, nº 6, México DF, 1990.

El Gobierno popular, Archivo Salvador Allende, nº 9, Tlaxcala (México), 1990.

Salvador Allende: Frente al mundo, Archivo Salvador Allende, nº 11, México DF, UNAM, 1990.

De cara a la verdad. Diálogos con la prensa, Archivo Salvador Allende, nº 12, México DF-Santiago de Chile, ILESCO-IELCO, 1993.

Salvador Allende y Estados Unidos: la CIA y el golpe militar de 1973, Archivo Salvador Allende, nº 13, Guadalajara (México), 1989.

Los días del Presidente Allende, Archivo Salvador Allende, nº 14, México DF, Universidad Autónoma Metropolitana Azcapotzalco, 1991.

Discursos y escritos de Salvador Allende

Encuentro del presidente de la República, compañero Salvador Allende, con los participantes extranjeros de la Operación Verdad, realizado en el gran comedor del palacio de La Moneda. Santiago de Chile, 1971.

Informe del señor presidente del Senado acerca de su reciente viaje a Pascua y Tahití. Diario de Sesiones del Senado de la República de Chile. Sesión 65ª. Santiago de Chile, 12 de marzo de 1968.

La contradicción de Chile: régimen de izquierda, poder económico de derecha, Santiago de Chile, Talleres Olmos, 1943.

La realidad médico-social chilena, Santiago de Chile, Cuarto Propio, 1999, edición de Hernán Soto *et al.*

Participación del presidente de la República, compañero Salvador Allende, en el programa de la cadena norteamericana NBC Meet the Press. Santiago, 31 de octubre de 1971, Santiago de Chile, Oficina de Informaciones y Radiodifusión de la Presidencia de la República, 1971.

Persecuciones políticas en Brasil. Diario de Sesiones del Senado de la República de Chile. Sesión 16ª. Miércoles 6 de enero de 1965.

Punta del Este. La nueva estrategia del imperialismo, Montevideo, Diálogo, 1967.

Síntesis de la labor ministerial, Santiago de Chile, 1940.

Compilaciones de sus discursos

Allende, Salvador, *Chile, hacia el socialismo*, Madrid, Zero, 1971.

Allende, Salvador, *La conspiración contra Chile*, Buenos Aires, Ediciones Corregidor, 1973.

Allende, Salvador, *Discursos*, La Habana, Editorial de Ciencias Sociales, 1975.

Farías, Víctor, *La izquierda chilena (1969-1973). Documentos para el estudio de su línea estratégica*, Santiago de Chile, Centro de Estudios Públicos, 2000. Seis tomos.

La gira de Chile, Santiago de Chile, Quimantú, 1973.

Martner, Gonzalo, comp., *Salvador Allende. 1908-1973. Obras Escogidas*, Santiago de Chile, Centro de Estudios Políticos Latinoamericanos Simón Bolívar y Fundación Presidente Allende (España), 1992.

Modak, Frida, coord., *Salvador Allende en el umbral del siglo XXI*, México DF, Plaza&Janés, 1998.

Quiroga, Patricio, comp., *Salvador Allende Gossens. Obras escogidas. 1933-1948, vol. I*, Santiago de Chile, LAR, 1988.

Quiroga, Patricio, ed., *Salvador Allende. Obras escogidas (1970-1973)*, Barcelona, Crítica, 1989.

Obras sobre Salvador Allende

Agnic, Ozren, *Allende. El hombre y el político. Memorias de un secretario privado*, Santiago de Chile, RIL Editores, 2008.

Amar Díaz, Mauricio, «Salud, educación, vivienda y trabajo en el pensamiento de Salvador Allende Gossens», en David Vásquez, ed., *Salvador Allende. Vida política y parlamentaria 1908-1973*. Chile, Ediciones Biblioteca del Congreso Nacional de Chile, 2008.

Amorós, Mario, *Compañero Presidente. Salvador Allende, una vida por la democracia y el socialismo*, Valencia, Publicaciones de la Universidad de Valencia, 2008.

Amorós, Mario, *Allende. La biografía*, Barcelona, Ediciones B, 2013.

Benítez, Hermes H., *Las muertes de Salvador Allende*, Santiago de Chile, RIL Editores, 2006.

Debray, Régis, *Conversación con Allende*, México DF, Siglo XXI, 1974.

Del Pozo Artigas, José, *Allende: cómo su historia ha sido relatada. Un ensayo de historiografía ampliada*, Santiago de Chile, LOM Ediciones, 2017.

Donoso Pacheco, Jorge, *Los dos funerales del presidente Allende*, Santiago de Chile, Editorial Forja, 2021.

Espejo B., Patricia, *Allende inédito. Memorias desde la secretaría privada de La Moneda*, Santiago de Chile, Aguilar, 2020.

Farías, Víctor, *Antisemitismo y eutanasia*, Santiago de Chile, Maye, 2005.

Jorquera, Carlos, *El Chicho Allende*, Santiago de Chile, Ediciones BAT, 1993.

Labarca, Eduardo, *Salvador Allende. Biografía sentimental*, Santiago de Chile, Catalonia, 2007.

Labarca, Miguel, *Allende en persona. Testimonio de una intensa amistad y colaboración*, Santiago de Chile, CESOC, 2008.

Lavretski, J., *Salvador Allende*, Moscú, Progreso, 1978.

Lawner, Miguel *et al.*, eds., *Salvador Allende. Presencia en la ausencia*, Santiago de Chile, LOM Ediciones, 2008.

Martínez, Jesús Manuel, *Salvador Allende*, Oviedo, Nobel, 2009.

Nolff, Max, *Salvador Allende. El político. El estadista*, Santiago de Chile, Ediciones Documentas, 1993.

Pey, Víctor, coord., *Salvador Allende: Higiene mental y delincuencia. Respuesta al libro difamatorio de Víctor Farías*, Santiago de Chile, Fundación Presidente Allende y CESOC, 2005.

Puccio, Osvaldo, *Un cuarto de siglo con Allende. Recuerdos de su secretario privado*, Santiago de Chile, Emisión, 1985.

Quezada Vergara, Abraham, *Pablo Neruda y Salvador Allende. Una amistad, una historia*, Santiago de Chile, RIL Editores, 2015.

Quiroga Zamora, Patricio, *La dignidad de América. El retorno histórico a Salvador Allende*, Santiago de Chile, Ediciones Escaparate, 2016.

Rocha, Juan Gonzalo, *Allende masón*, Santiago de Chile, Sudamericana, 2001.

Rocha, Juan Gonzalo, «Salvador Allende, un masón consecuente», en VV.AA. *Salvador Allende. Fragmentos para una historia*, Santiago de Chile, Fundación Salvador Allende, 2008.

Sánchez Fuentes, Rigoberto, *Pueblo, continente y revolución. La construcción de América Latina en el discurso de Salvador Allende*, Santiago de Chile, Editorial América en Movimiento, 2015.

Soto, Óscar, *El último día de Salvador Allende*, Madrid, El País Aguilar, 1998.

Soto, Óscar, *Allende en el recuerdo*, Madrid, Sílex, 2013.

Suárez Bastidas, Jaime, *Allende. Visión de un militante*, Santiago de Chile, Ocho Libros, 2008.

Veneros, Diana, *Allende. Un ensayo psicobiográfico*, Santiago de Chile, Sudamericana, 2003.

Vial, Gonzalo, *Salvador Allende: El fracaso de una ilusión*, Santiago de Chile, Universidad Finis Terrae y Centro de Estudios Bicentenario, 2005.

Witker, Alejandro, *Salvador Allende. 1908-1973. Prócer de la liberación nacional*, México DF, UNAM, 1980.

Yocelevzky Retamal, Rubén Alfredo, *Salvador Allende Gossens en la memoria de sus hermanos masones*, Santiago de Chile, Editorial Occidente, 2012.

Bibliografía general

Aguilera de Prat, Cesáreo R., «Democracia Cristiana», en Joan Antón Mellón, *Ideologías y movimientos políticos contemporáneos*, Madrid, Tecnos, 2006.

Aguirre Silva, Leónidas, *Epistolario de Pedro Aguirre Cerda (1938-1941)*, Santiago de Chile, LOM Ediciones, 2001.

Algunos fundamentos de la intervención militar en Chile. Septiembre de 1973, Santiago de Chile, Empresa Editora Nacional Gabriela Mistral, 1974.

Allende, Beatriz y Castro, Fidel, *Homenaje a Salvador Allende*, Buenos Aires, Galerna, 1973.

Almeyda, Clodomiro, *Reencuentro con mi vida*, Santiago de Chile, Ediciones del Ornitorrinco, 1987.

Álvarez, Rolando, *Forjando la vía chilena al socialismo. El Partido Comunista de Chile en la disputa por la democracia y los movimientos sociales (1931-1970)*, Santiago de Chile, Editorial América en Movimiento, 2020.

Álvarez Vergara, Marco, *Tati Allende. Una revolucionaria olvidada*, Santiago de Chile, Pehuén, 2017.

Amorós, Mario, *Después de la lluvia. Chile, la memoria herida*, Santiago de Chile, Cuarto Propio, 2004.

Amorós, Mario, «La Iglesia que nace del pueblo: Relevancia histórica del movimiento Cristianos por el Socialismo», en Julio Pinto Vallejos, coord., *Cuando hicimos historia. La experiencia de la Unidad Popular*, Santiago de Chile, LOM Ediciones, 2005.

Amorós, Mario, *Antonio Llidó, un sacerdote revolucionario*, Valencia, Publicaciones de la Universidad de Valencia, 2007.

Amorós, Mario, *Sombras sobre Isla Negra. La misteriosa muerte de Pablo Neruda*, Santiago de Chile, Ediciones B, 2012.

Amorós, Mario, *Miguel Enríquez. Un nombre en las estrellas. Biografía de un revolucionario*, Santiago de Chile, Ediciones B, 2014.

Amorós, Mario, *Neruda. El príncipe de los poetas. Biografía*, Santiago de Chile, Ediciones B, 2015.

Amorós, Mario, *Rapa Nui. Una herida en el océano*, Santiago de Chile, Ediciones B, 2018.

Amorós, Mario, *Pinochet. Biografía militar y política*, Santiago de Chile, Ediciones B, 2019.

Amorós, Mario, *Entre la araña y la flecha. La trama civil contra la Unidad Popular*, Santiago de Chile, Ediciones B, 2020.

Amorós, Mario, *La vida es eterna. Biografía de Víctor Jara*, Santiago de Chile, Ediciones B, 2023.

Ampuero D., Raúl, *La izquierda en punto muerto*, Santiago de Chile, Orbe, 1969.

Amunátegui, Miguel Luis y Vicuña Mackenna, Benjamín, *La dictadura de O'Higgins*, Madrid, Editorial América, 1930.

Arancibia Clavel, Patricia, *Conversando con Roberto Kelly V. Recuerdos de una vida*, Santiago de Chile, Editorial Biblioteca Americana, 2005.

Arancibia Clavel, Patricia, *Cita con la Historia*, Santiago de Chile, Editorial Biblioteca Americana, 2006.

Arellano Iturriaga, Sergio, *Más allá del abismo. Un testimonio y una perspectiva*, Santiago de Chile, Editorial Proyección, 1985.

Arellano Iturriaga, Sergio, *De conspiraciones y justicia*, Santiago de Chile, La Gironda, 2003.

Armijo Brescia, María Alejandra, ed., *La psiquiatría en Chile. Apuntes para una historia*, Santiago de Chile, 2010.

Arrate, Jorge, *Con viento a favor. Vol. I: Del Frente Popular a la Unidad Popular*, Santiago de Chile, LOM Ediciones, 2017.

Arrate, Jorge e Hidalgo, Paulo, *Pasión y razón del socialismo chileno*, Santiago de Chile, Las Ediciones del Ornitorrinco, 1989.

Arrate, Jorge y Rojas, Eduardo, *Memoria de la izquierda chilena. Tomo I: (1850-1970)*, Santiago de Chile, Javier Vergara Editor, 2003.

Arrate MacNiven, Jorge y Ruiz Encina, Carlos, eds., *Génesis y ascenso del socialismo chileno. Una antología hasta 1973*, Santiago de Chile, LOM Ediciones, 2020.

Arriagada, Genaro, *De la vía chilena a la vía insurreccional*, Santiago de Chile, Editorial del Pacífico, 1974.

Arriagada, Genaro, *Por la razón o la fuerza. Chile bajo Pinochet*, Santiago de Chile, Sudamericana, 1998.

Aylwin, Patricio, *El reencuentro de los demócratas. Del golpe al triunfo del No*, Santiago de Chile, Ediciones B, 1998.

Barnard, Andrew, *El Partido Comunista de Chile. 1922-1947*, Santiago de Chile, Ariadna Ediciones, 2017.

Barros, Robert, *La Junta militar. Pinochet y la Constitución de 1980*, Santiago de Chile, Sudamericana, 2005.

Barros Arana, Diego, *Historia general de Chile, tomo XII*, Santiago de Chile, Rafael Jover Editor, 1892.

Bawden, John R., *The Pinochet Generation. The Chilean Military in the Twentieth Century*, Tuscaloosa (Alabama), The University of Alabama Press, 2016.

Bevins, Vincent, *El método Yakarta. La cruzada anticomunista y los asesinatos masivos que moldearon nuestro mundo*, Madrid, Capitán Swing, 2021.

Bianchini, Maria Chiara, *Chile, memorias de La Moneda. La (re) construcción de un símbolo político*, Madrid, UAM-IEPALA, 2012.

Bitar, Sergio, *Chile 1970-1973. Asumir la historia para construir el futuro*, Santiago de Chile, Pehuén, 1995.

Bitar, Sergio y Pizarro, Crisóstomo, *La caída de Allende y la huelga de El Teniente. Lecciones de la historia*, Santiago de Chile, Ediciones del Ornitorrinco, 1986.

Boetsch G. H., Eduardo, *Recordando con Alessandri*, Santiago de Chile, Universidad Nacional Andrés Bello, s. f.

Boletín de la guerra del Pacífico. 1879-1881, Santiago de Chile, Editorial Andrés Bello, 1979.

Boye, Otto, *Hermano Bernardo. 50 años de vida política de Bernardo Leighton*, Santiago de Chile, CESOC, 1999.

Bravo Lira, Bernardino, *Régimen de gobierno y partidos políticos en Chile, 1924-1973*, Santiago de Chile, Editorial Jurídica de Chile, 1978.

Breve historia de la Unidad Popular. Documento de *El Mercurio*, Santiago de Chile, Lord Cochrane, 1974.

Bruna, Susana, *Chile: la legalidad vencida*, México DF, Ediciones Era, 1976.

Calvo Ospina, Hernando, *El equipo de choque de la CIA*, Barcelona, El Viejo Topo, 2010.

Cancino Troncoso, Hugo, *Chile: La problemática del poder popular en el proceso de la vía chilena al socialismo. 1970-1973*, Aarhus, Aarhus University Press, 1988.

Carvajal, Patricio, *Téngase presente*, Santiago de Chile, Ediciones Arquén, 1993.

Casals Araya, Marcelo, *El alba de una revolución. La izquierda y el proceso de construcción estratégica de la «vía chilena al socialismo». 1956-1970*, Santiago de Chile, LOM Ediciones, 2010.

Casals Araya, Marcelo, *La creación de la amenaza roja. Del surgimiento del anticomunismo en Chile a la «campaña del terror» de 1964*, Santiago de Chile, LOM Ediciones, 2016.

Casals Araya, Marcelo, *Clase media y dictadura en Chile: consenso, negociación y crisis (1970-1983)*. Tesis de doctorado defendida en la Universidad de Wisconsin-Madison (Estados Unidos) en 2017.

Casanueva Valencia, Fernando y Fernández Canque, Manuel, *El Partido Socialista y la lucha de clases en Chile*, Santiago de Chile, Quimantú, 1973.

Castells, Manuel, *La lucha de clases en Chile*, Buenos Aires, Siglo XXI, 1974.

Castilla del Pino, Carlos, *Casa del Olivo. Autobiografía (1949-2003)*, Barcelona, Tusquets, 2004.

Castillo Velasco, Jaime, *Teoría y práctica de la Democracia Cristiana chilena*, Santiago de Chile, Editorial del Pacífico, 1973.

Cavalla Rojas, Antonio, *Organización y estructura de las Fuerzas Armadas*, México DF, Casa de Chile, 1978.

Cavallo, Ascanio y Serrano, Margarita, *Golpe. 11 de septiembre de 1973*, Santiago de Chile, Aguilar, 2003.

Cerda, Eduardo, *El valor de los acuerdos. 50 años de activa vida política. 1965-2015*, Santiago de Chile, Memoria Creativa, 2016.

Chile. Denuncia y Testimonio, Santo Domingo, Editorial Taller, 1976.

¡Chile desclasificado! Documentos secretos del FBI, Pentágono & CIA, vol. I, Santiago de Chile, Ernesto Carmona Editor, 1999.

Chile visto por Mensaje. *1971-1981*, Santiago de Chile, Aconcagua, 1981.

Chonchol, Jacques, *Chili: de l'échec à l'espoir*, París, Les Éditions du Cerf, 1976.

Collier, Simon y Sater, William F., *Historia de Chile. 1808-1994*, Madrid, Cambridge University Press, 1998.

Collins, María Antonieta y Castro, Juanita, *Fidel y Raúl, mis hermanos. Memorias de Juanita Castro*, Madrid, Aguilar, 2009.

Constable, Pamela y Valenzuela, Arturo, *Una nación de enemigos. Chile bajo Pinochet*, Santiago de Chile, Ediciones de la Universidad Diego Portales, 2013.

Contreras Mella, Eduardo, *Habitante de dos siglos. Memorias de un hombre feliz*, Santiago de Chile, Ceibo Ediciones, 2022.

Cordova-Claure, Ted, *¿Chile sí?*, Buenos Aires, Ediciones de la Flor, 1973.

Correa, Raquel, *Preguntas que hacen historia: 40 años entrevistando (1970-2010)*, Santiago de Chile, Catalonia, 2010.

Correa, Raquel y Subercaseaux, Elizabeth, *Ego sum Pinochet*, Santiago de Chile, Zig-Zag, 1990.

Correa, Sofía *et al.*, *Historia del siglo XX chileno*, Santiago de Chile, Sudamericana, 2001.

Cortés, Milton, *Juan Antonio Ríos. El presidente olvidado*, Santiago de Chile, Centro de Estudios Bicentenario, 2020.

Corvalán, Luis, *Camino de victoria*, Santiago de Chile, Sociedad Impresora Horizonte, 1971.

Corvalán, Luis, *Chile: 1970-1973*, Sofía, Sofía Press, 1978.

Corvalán, Luis, *De lo vivido y lo peleado. Memorias*, Santiago de Chile, LOM Ediciones, 1997.

Corvalán Márquez, Luis, *Los partidos políticos y el golpe del 11 de septiembre*, Santiago de Chile, CESOC, 2000.

Corvetto, Enrique y Valero, Gonzalo, *Gobernar es educar. Historias de Pedro Aguirre Cerda*, Santiago de Chile, TC Editorial, 2022.

Cuba-Chile. Encuentro simbólico entre dos procesos históricos, La Habana, Ediciones Políticas, Comisión de Orientación Revolucionaria del Comité Central del Partido Comunista de Cuba, 1972.

Cruz-Coke, Ricardo, *Historia electoral de Chile, 1925-1973*, Santiago de Chile, Editorial Jurídica de Chile, 1984.

Cruz-Coke Madrid, Ricardo, *Historia de la medicina chilena*, Santiago de Chile, Andrés Bello, 1995.

Dávalos, Eulogio, *Una leyenda hecha guitarra. Memorias*, Santiago de Chile, Ediciones B, 2016.

Davis, Nathaniel, *Los dos últimos años de Salvador Allende*, Madrid, Plaza&Janés, 1986.

De Ramón, Armando, *Historia de Chile. Desde la invasión incaica hasta nuestros días (1500-2000)*, Santiago de Chile, Catalonia, 2004.

De Ramón, Armando *et al.*, *Biografías de chilenos. Miembros de los poderes Ejecutivo, Legislativo y Judicial, tomo 1*, Santiago de Chile, Ediciones de la Universidad Católica de Chile, 1999.

De Riz, Liliana, *Sociedad y política en Chile (de Portales a Pinochet)*, México DF, UNAM, 1979.

Díaz Nieva, José, *Patria y Libertad. El nacionalismo frente a la Unidad Popular*, Santiago de Chile, Centro de Estudios Bicentenario, 2015.

Dinamarca, Manuel, *La República socialista chilena: orígenes legítimos del Partido Socialista*, Santiago de Chile, Ediciones Documentas, 1987.

Documentos del Episcopado. Chile, 1970-1973, Santiago de Chile, Ediciones Mundo, 1974.

Donoso Pacheco, Jorge, comp., *Tomic. Testimonios*, Santiago de Chile, Emisión, 1988.

Donoso Pacheco, Jorge, «¡El que firmó, firmó! Historia de un documento», en Jorge Donoso Pacheco y Grace Dunlop Echavarría, *Los 13 del 13. Los DC contra el golpe*, Santiago de Chile, RIL Editores, 2013.

Dooner, Patricio, *Crónica de una democracia cansada. El Partido Demócrata Cristiano durante el Gobierno de Allende*, Santiago de Chile, Instituto Chileno de Estudios Humanísticos, 1985.

Drake, Paul W., *Socialismo y populismo. Chile: 1936-1973*, Valparaíso, Ediciones Universitarias de Valparaíso, 1992.

Echeverría, Mónica y Castillo, Carmen, *Memorias movedizas. Chile en la vida de dos mujeres*, Madrid, La Fábrica, 2003.

Elgueta Becker, Belarmino, *El socialismo en Chile. Una herencia yacente*, Santiago de Chile, Tiempo Robado Editoras, 2015.

Escobar Miguel, Enrique *et al.*, eds., *De Casa de Orates a Instituto Psiquiátrico. 150 años de historia*, Santiago de Chile, Sociedad Chilena de Salud Mental, 2002.

Eyzaguirre, Jaime, *O'Higgins*, Santiago de Chile, Zig-Zag, 1946.

Falcoff, Mark, *Modern Chile. 1970-1989. A Critical History*, New Jersey, Transaction, 2002.

Faletto, Enzo *et al.*, *Génesis histórica del proceso político chileno*, Santiago de Chile, Quimantú, 1972.

Fallaci, Oriana, *Entrevista con la historia*, Barcelona, Noguer, 1999.

Farnsworth, Elizabeth *et al.*, *Chile: el bloqueo invisible*, Buenos Aires, Periferia, 1974.

Faúndez, Julio, *Izquierdas y democracia en Chile, 1932-1973*, Santiago de Chile, Ediciones BAT, 1992.

Fermandois, Joaquín, *Chile y el mundo. 1970-1973. La política exterior del Gobierno de la Unidad Popular y el sistema internacional*, Santiago de Chile, Universidad Católica de Chile, 1985.

Fermandois, Joaquín, *La revolución inconclusa. La izquierda chilena y el Gobierno de la Unidad Popular*, Santiago de Chile, Centro de Estudios Públicos, 2013.

Fernández Abara, Joaquín, «Populismo, democracia y marxismo: el debate de la izquierda chilena y la candidatura presidencial de Salvador Allende en 1952», Santiago de Chile, *Finis Terrae. Revista de Humanidades*, nº 1, tercera época, primer semestre de 2013.

Figueroa, Virgilio, *Diccionario histórico y biográfico de Chile, vol. 1*, Nendeln (Liechtenstein), Kraus Reprint, 1974.

Figueroa Yávar, Aída, *Después de mucho vivir. Memorias*, Santiago de Chile, RIL Editores, 2016.

Fontaine Aldunate, Arturo, *Los economistas y el presidente Pinochet*, Santiago de Chile, Zig-Zag, 1988.

Fontaine Aldunate, Arturo, *Todos querían la revolución. Chile, 1964-1973*, Santiago de Chile, Zig-Zag, 1999.

Francis, Michael J., *La victoria de Allende*, Buenos Aires, Francisco de Aguirre, 1972.

Furci, Carmelo, *El Partido Comunista de Chile y la vía chilena al socialismo*, Santiago de Chile, Ariadna Ediciones, 2008.

Galeano, Eduardo, *Días y noches de amor y de guerra*, Barcelona, Laia, 1979.

Gallardo Silva, Mateo, *Íntima complacencia. Los juristas en Chile y el golpe militar de 1973. Antecedentes y testimonios*, Santiago de Chile, Frasis Editores y El Periodista, 2003.

Garay Vera, Cristián, «La elección presidencial de 1952. La candidatura de Carlos Ibáñez del Campo y su retorno a La Moneda», en Alejandro San Francisco y Ángel Soto, *Camino a La Moneda. Las elecciones presidenciales en la historia de Chile. 1920-2000*, Santiago de Chile, Centro de Estudios Bicentenario, 2005.

Garcés, Joan E., *1970. La pugna política por la Presidencia en Chile*, Santiago de Chile, Universitaria, 1971.

Garcés, Joan E., *Desarrollo político y desarrollo económico. Los casos de Chile y Colombia*, Madrid, Tecnos, 1972.

Garcés, Joan E., *Revolución, Congreso y Constitución. El caso Tohá*, Santiago de Chile, Quimantú, 1972.

Garcés, Joan E., *El Estado y los problemas tácticos en el Gobierno de Allende*, Madrid, Siglo XXI, 1974.

Garcés, Joan E., *Allende y la experiencia chilena. Las armas de la política*, Barcelona, Ariel, 1976.

Garcés, Joan E., *Orlando Letelier: Testimonio y vindicación*, Madrid, Siglo XXI, 1995.

Garcés, Joan E., *Soberanos e intervenidos. Estrategias globales, americanos y españoles*, Madrid, Siglo XXI, 1996.

Garcés, Mario, *El movimiento obrero y el Frente Popular (1936-1939)*, Santiago de Chile, LOM Ediciones, 2018.

Garcés, Mario, *La Unidad Popular y la revolución en Chile*, Santiago de Chile, LOM Ediciones, 2020.

García de Leigh, Gabriela, *Leigh. El general republicano*, Santiago de Chile, Ediciones GGL, 2017.

García Valenzuela, René, *Introducción a la historia de la francmasonería en Chile*, Santiago de Chile, Ediciones de la Gran Logia de Chile, 1991.

Garretón, Manuel Antonio *et al.*, *Por la razón sin la fuerza. Análisis y textos de los bandos de la dictadura militar*, Santiago de Chile, LOM Ediciones, 1998.

Gaudichaud, Franck, *Poder popular y cordones industriales. Testimonios sobre el movimiento popular urbano, 1970-1973*, Santiago de Chile, LOM Ediciones, 2004.

Gaudichaud, Franck, *Chile 1970-1973. Mil días que estremecieron al mundo. Poder popular, cordones industriales y socialismo durante el Gobierno de Salvador Allende*, Santiago de Chile, LOM Ediciones, 2017.

Gazmuri, Cristián, *Eduardo Frei Montalva y su época, tomo II*, Santiago de Chile, Aguilar, 2000.

Gazmuri, Jaime y Martínez, Jesús Manuel, *El sol y la bruma*, Santiago de Chile, Ediciones B, 2000.

Gil, Federico G., *El sistema político de Chile*, Santiago de Chile, Andrés Bello, 1969.

González, Mónica, *La conjura. Los mil y un días del golpe*, Santiago de Chile, Ediciones B, 2000.

González Aguayo, Gonzalo *et al.*, *Teoría y praxis internacional del Gobierno de Allende*, México DF, UNAM, 1974.

González Camus, Ignacio, *El día en que murió Allende*, Santiago de Chile, CESOC, 1993.

González Camus, Ignacio, *Renán Fuentealba. En la génesis de la Concertación*, Santiago de Chile, Catalonia, 2007.

González Martín, Alberto, *La última influencia. Efectos de la ayuda militar norteamericana en el Ejército de Chile después de la II Guerra Mundial*, Santiago de Chile, Biblioteca del Oficial del Ejército de Chile, 2006.

González Pino, Miguel y Fontaine Talavera, Arturo, *Los mil días de Allende*, Santiago de Chile, Centro de Estudios Públicos, 1997. Dos tomos.

Grayson, George, *El Partido Demócrata Cristiano chileno*, Buenos Aires, Francisco de Aguirre, 1968.

Guilisasti, Sergio, *Los partidos políticos chilenos*, Santiago de Chile, Nascimento, 1964.

Gumucio, Rafael Agustín, *Apuntes de medio siglo*, Santiago de Chile, CESOC, 1994.

Gurriarán, José Antonio, *¿Caerá Allende?*, Barcelona, DOPESA, 1973.

Gutiérrez Revuelta, Pedro y Gutiérrez, Manuel J., eds., *Pablo Neruda. Yo respondo con mi obra*, Salamanca, Universidad de Salamanca, 2004.

Gutiérrez Rodríguez, Christian, *Candidatura de Salvador Allende Gossens, año 1952.* Tesina de licenciatura. Pontificia Universidad Católica de Chile. Santiago de Chile, 1997.

Harmer, Tanya, *El Gobierno de Allende y la Guerra Fría interamericana*, Santiago de Chile, Ediciones de la Universidad Diego Portales, 2013.

Harmer, Tanya, *Beatriz Allende. A revolutionary life in Cold War Latin America*, Chapel Hill, The University of North Carolina Press, 2020.

Herrero A., Víctor, *Agustín Edwards Eastman. Una biografía desclasificada del dueño de El Mercurio*, Santiago de Chile, Debate, 2014.

Historia del Ejército de Chile. Tomo IX: El Ejército después de la II Guerra Mundial (1940-1952), Santiago de Chile, Estado Mayor General del Ejército de Chile, 1985.

Hobsbawm, Eric, «El asesinato de Chile», en Alfredo Joignant y Patricio Navia, comps., *Ecos mundiales del golpe de Estado. Escritos sobre el 11 de septiembre de 1973*, Santiago de Chile, Ediciones de la Universidad Diego Portales, 2013.

Huidobro Justiniano, Sergio, *Decisión naval*, Valparaíso, Imprenta de la Armada, 1989.

Hurtado Torres, Diego, *Las palabras no se las lleva el viento. Lenguajes políticos y democracia durante el Gobierno de la Unidad Popular (1970-1973)*, Santiago de Chile, Centro de Estudios Bicentenario, 2019.

Hurtado Torres, Diego y Hurtado Torres, Sebastián, *La elección presidencial de 1970. Pasado y futuro de un momento extraordinario*, Santiago de Chile, Historia Chilena, 2020.

Hurtado Torres, Sebastián, «El golpe que no fue. Eduardo Frei, la Democracia Cristiana y la elección presidencial de 1970», Santiago de Chile, *Estudios Públicos*, nº 129, verano de 2013.

Instituto de Estudios Políticos, *1970-1973: La lucha por la juridicidad en Chile, tomo 3*, Santiago de Chile, Editorial del Pacífico, 1974.

Jimeno Chadwick, Cristóbal y Mohor Wöhlke, Daniela, *La búsqueda*, Santiago de Chile, Planeta, 2022.

Jobet, Julio César, *Historia del Partido Socialista de Chile*, Santiago de Chile, Prensa Latinoamericana, 1971. Dos tomos.

Joxe, Alain, pres., *Le Chili sous Allende*, París, Gallimard, 1974.

Kissinger, Henry, *Mis memorias*, Buenos Aires, Atlántida, 1979.

Kissinger, Henry, *Liderazgo. Seis estudios sobre estrategia mundial*, Barcelona, Debate, 2023.

Kornbluh, Peter, *Pinochet: los archivos secretos*, Barcelona, Crítica, 2004.

Korol, Claudia, *Gladys Marín*, Santiago de Chile, Ediciones América Libre, 1999.

La vía chilena al socialismo, México DF, Siglo XXI, 1973.

Labarca, Eduardo, *Chile al rojo. Reportaje a una revolución que nace*, Santiago de Chile, Ediciones de la Universidad Técnica del Estado, 1971.

Lagos Mieres, Manuel, *Juan Demarchi (1866-1943). La tempestuosa vida de un anarquista*, Valparaíso, 2021.

Lamour, Catherine, *Allende: la nueva sociedad chilena*, Barcelona, DOPESA, 1972.

Lebeau, Élodie, «El Museo de la Solidaridad de la Unidad Popular al exilio (1971-1991). Una experiencia transnacional en tiempo de Guerra Fría cultural», Toulouse, *Secuencia. Revista de Historia y Ciencias Sociales*, nº 108, septiembre-diciembre de 2020.

Lebeau, Élodie, «Miria Contreras Bell (La Payita): Desafíos epistemológicos para una biografía», Toulouse, *Les Cahiers de Framespa*, nº 37, 2021.

Lira Massi, Eugenio, *La cueva del Senado y los 45 senadores*, Santiago de Chile, TE-ELE, 1968.

López, Hilda, *Un sueño llamado Quimantú*, Santiago de Chile, Ceibo Ediciones, 2014.

Maestre, Juan, *Chile: Revolución y contrarrevolución*, Madrid, Cuadernos para el Diálogo, 1973.

Magasich, Jorge, *Los que dijeron «No». Historia del movimiento de los marinos antigolpistas de 1973*, Santiago de Chile, LOM Ediciones, 2008. Dos tomos.

Magasich, Jorge, *Allende, la UP y el golpe*, Santiago de Chile, Editorial Aún Creemos en los Sueños, 2013.

Magasich, Jorge, *Datos históricos sobre la Democracia Cristiana*, Santiago de Chile, Editorial Aún Creemos en los Sueños, 2018.

Magasich, Jorge, *Historia de la Unidad Popular. Tiempos de preparación: de los orígenes al 3 de septiembre de 1970, vol. I*, Santiago de Chile, LOM Ediciones, 2020.

Magasich, Jorge, *Historia de la Unidad Popular. De la elección a la asunción: los álgidos 60 días del 4 de septiembre al 3 de noviembre de 1970, vol. II*, Santiago de Chile, LOM Ediciones, 2020.

Maira, Luis, «La estrategia y la táctica de la contrarrevolución chilena en el ámbito político-institucional», en Federico G. Gil *et al.*, dirs., *Chile, 1970-1973. Lecciones de una experiencia*, Madrid, Tecnos, 1977.

Maira, Luis, *Chile: autoritarismo, democracia y movimiento popular*, México DF, CIDE, 1984.

Marambio, Max, *Las armas de ayer*, Santiago de Chile, *La Tercera*-Debate, 2007.

Marras, Sergio, *Confesiones*, Santiago de Chile, Las Ediciones del Ornitorrinco, 1988.

Martínez Corbalá, Gonzalo, *Instantes de decisión. Chile, 1972-1973*, México DF, Grijalbo, 1998.

Martner, Gonzalo, ed., *El pensamiento económico del Gobierno de Allende*, Santiago de Chile, Universitaria, 1971.

Martner, Gonzalo, *El Gobierno del Presidente Salvador Allende. 1970-1973. Una evaluación*, Santiago de Chile, LAR, 1988.

Mattelart, Armand, «El "gremialismo" y la línea de masa de la burguesía chilena», en Enrique Gomáriz, pról., *Chile bajo la Junta. Economía y sociedad en la dictadura militar chilena*, Madrid, Zero, 1976.

Mattelart, Armand y Mattelart, Michèle, *Frentes culturales y movilización de masas*, Barcelona, Anagrama, 1977.

Mellafe, Rolando *et al.*, *Historia de la Universidad de Chile*, Santiago de Chile, Ediciones de la Universidad de Chile, 1992.

Meller, Patricio, *Un siglo de economía política chilena (1890-1990)*, Santiago de Chile, Andrés Bello, 1996.

Mendoza, Marcelo, *Todos confesos*, Santiago de Chile, Mandrágora, 2011.

Merino, José Toribio, *Bitácora de un almirante. Memorias*, Santiago de Chile, Andrés Bello, 1999.

Millas, Hernán, *Anatomía de un fracaso (la experiencia socialista chilena)*, Santiago de Chile, Zig-Zag, 1973.

Millas, Orlando, *En tiempos del Frente Popular. Memorias*, Santiago de Chile, CESOC, 1993.

Millas, Orlando, *Memorias. 1957-1991. Vol. IV: Una digresión*, Santiago de Chile, CESOC, 1996.

Milos, Pedro, *Frente Popular en Chile. Su configuración: 1935-1938*, Santiago de Chile, LOM Ediciones, 2008.

Milos, Pedro, ed., *Chile. 1973. Los meses previos al golpe de Estado*, Santiago de Chile, Ediciones de la Universidad Alberto Hurtado, 2013.

Minà, Gianni, *Un continente desaparecido*, Barcelona, Península, 1996.

Mires, Fernando, *La rebelión permanente. Las revoluciones sociales en América Latina*, México DF, Siglo XXI, 1988.

Molina Bustos, Carlos Antonio, *Institucionalidad sanitaria chilena. 1889-1989*, Santiago de Chile, LOM Ediciones, 2010.

Moniz Bandeira, Luiz Alberto, *Fórmula para el caos. La caída de Salvador Allende (1970-1973)*, Santiago de Chile, Debate, 2008.

Moraga, Fabio, *Muchachos casi silvestres: la Federación de Estudiantes y el movimiento estudiantil chileno. 1906-1936*, Santiago de Chile, Ediciones de la Universidad de Chile, 2007.

Morales, Francisco Javier, «Los sectores populares opositores a la vía chilena al socialismo. Notas para una discusión preliminar», Santiago de Chile, *Revista de Historia y Geografía*, nº 33, 2015.

Moss, Robert, *El experimento marxista chileno*, Santiago de Chile, Editora Nacional Gabriela Mistral, 1974.

Moulian, Luis y Guerra, Gloria, *Eduardo Frei M. (1911-1982). Biografía de un estadista utópico*, Santiago de Chile, Sudamericana, 2000.

Moulian, Tomás, *La Democracia Cristiana en su fase ascendente*, Santiago de Chile, FLACSO, 1986.

Moulian, Tomás, *Fracturas. De Pedro Aguirre Cerda a Salvador Allende (1938-1973)*, Santiago de Chile, LOM Ediciones, 2006.

Moulian, Tomás, *La forja de las ilusiones: el sistema de partidos, 1932-1973*, Santiago de Chile, Akhilleus, 2009.

Moulian, Tomás, *Democracia y socialismo en Chile*, Santiago de Chile, LOM Ediciones, 2018.

Moulian, Tomás, «El contexto de la elección presidencial de 1964», en Carlos Huneeus y Javier Couso, eds., *Eduardo Frei Montalva: un Gobierno reformista. A 50 años de la «Revolución en Libertad»*, Santiago de Chile, Editorial Universitaria, 2018.

Moulian, Tomás y Garretón, Manuel Antonio, *Análisis coyuntural y proceso político. Las fases del conflicto en Chile: 1970-1973*, San José, Editorial Universitaria Centroamericana, 1978.

Moulian, Tomás y Torres Dujisin, Isabel, *Discusiones entre honorables. Triunfos, fracasos y alianzas electorales de la derecha en Chile, 1938-2010*, Santiago de Chile, Akhilleus-ARCIS, 2011.

Moyano Barahona, Cristina, *MAPU o la seducción del poder y la juventud. Los años fundacionales del Partido-mito de nuestra*

Transición (1969-1973), Santiago de Chile, Ediciones de la Universidad Alberto Hurtado, 2009.

Muñoz, Heraldo, *Una amistad esquiva. Las relaciones de Estados Unidos y Chile*, Santiago de Chile, Pehuén, 1987.

Musia, Rosa, *Lucía Pinochet, una mujer valiente*, Santiago de Chile, Maye, 2008.

Navia, Patricio y Soto Castro, Ignacio, «El efecto de Antonio Zamorano, el Cura de Catapilco, en la derrota de Salvador Allende en la elección presidencial de 1958», Santiago de Chile, *Historia*, nº 50, vol. 1, enero-junio de 2017.

Neruda comunista, Santiago de Chile, Ediciones El Siglo, 1969.

Neruda, Pablo, *Confieso que he vivido. Memorias*, Barcelona, Seix Barral, 1979.

Nocera, Raffaele, *Acuerdos y desacuerdos. La DC italiana y el PDC chileno: 1962-1973*, Santiago de Chile, Fondo de Cultura Económica, 2015.

Novoa Monreal, Eduardo, *La batalla por el cobre. Comentarios y documentos*, Santiago de Chile, Quimantú, 1972.

Novoa Monreal, Eduardo, *¿Vía legal hacia el socialismo? El caso de Chile, 1970-1973*, Caracas, Editorial Jurídica Venezolana, 1978.

Núñez M., Ricardo, *El gran desencuentro. Una mirada al socialismo chileno, la Unidad Popular y Salvador Allende*, Santiago de Chile, Fondo de Cultura Económica, 2017.

Opaso, Cristián, comp., *Frei, Allende y la mano de la CIA. Informes del Senado de los Estados Unidos*, Santiago de Chile, Las Ediciones del Ornitorrinco, s.f.

Oyarzún, María Eugenia, *Augusto Pinochet: Diálogos con su historia*, Santiago de Chile, Sudamericana, 1999.

Pala, Giaime y Nencioni, Tomasso, eds., *El inicio del fin del mito soviético. Los comunistas occidentales ante la Primavera de Praga*, Barcelona, El Viejo Topo, 2008.

Palestro R., Mario, *La República independiente de San Miguel*, Santiago de Chile, LOM Ediciones, 1998.

Palieraki, Eugenia, *¡La revolución ya viene! El MIR chileno en los años sesenta*, Santiago de Chile, LOM Ediciones, 2014.

Partido Nacional, *Documentos políticos*, n.º 21, junio-julio de 1973, Santiago de Chile, 1973.

Pascal Allende, Andrés, «El triunfo electoral de la UP y el MIR», en Rafael Urriola *et al.*, *La victoria popular con Allende. 4 de septiembre de 1970*, Santiago de Chile, LOM Ediciones, 2020.

Pedemonte, Rafael, *Guerra por las ideas en América Latina, 1959-1973. Presencia soviética en Cuba y Chile*, Santiago de Chile, Ediciones de la Universidad Alberto Hurtado, 2020.

Pérez, Cristián, *Memorias militantes. Hernán del Canto, un hombre de Allende*, Santiago de Chile, Ventana Abierta Editores, 2016.

Pérez, Cristián, *La vida con otro nombre. El Partido Socialista en la clandestinidad (1973-1979)*, Santiago de Chile, Catalonia, 2021.

Pérez Haristoy, Ricardo, «El plebiscito de Allende», Santiago de Chile, *Bicentenario. Revista de Historia de Chile y América*, vol. 14, nº 1, 2015.

Pérez Haristoy, Ricardo, *Chile en los archivos del Ministerio de Relaciones Exteriores de Cuba (1960-1974)*, Santiago de Chile, Biblioteca Nacional de Chile y Centro de Investigaciones Diego Barros Arana, 2019.

Petras, James, *Política y fuerzas sociales en el desarrollo chileno*, Buenos Aires, Amorrortu, 1974.

Pickering Vásquez, Guillermo, *Profesión soldado. Apuntes de un general del Ejército de Chile*, Santiago de Chile, LOM Ediciones, 2022.

Pinochet de la Barra, Óscar, ed., *Eduardo Frei M. Obras Escogidas (1931-1982)*, Santiago de Chile, Centro de Estudios Políticos Latinoamericanos Simón Bolívar, 1993.

Pinochet Ugarte, Augusto, *El día decisivo. 11 de septiembre de 1973*, Santiago de Chile, Andrés Bello, 1979.

Pinochet Ugarte, Augusto, *Camino recorrido. Memorias de un soldado, tomo 1*, Santiago de Chile, Instituto Geográfico Militar, 1990.

Pinochet, Augusto, *Camino recorrido. Memorias de un soldado, tomo 2*, Santiago de Chile, Instituto Geográfico Militar, 1991.

Pinto V., Julio, *Luis Emilio Recabarren. Una biografía histórica*, Santiago de Chile, LOM Ediciones, 2016.

Politzer, Patricia, *Altamirano*, Santiago de Chile, Melquíades, 1990.

Pombo. Un hombre en la guerrilla del Che, La Habana, Política, 1996.

Power, Margaret, *La mujer de derecha. El poder femenino y la lucha contra Salvador Allende, 1964-1973*, Santiago de Chile, Centro de Investigaciones Diego Barros Arana, 2008.

Prats González, Carlos, *Memorias. Testimonio de un soldado*, Santiago de Chile, Pehuén, 2014.

Prenafeta Godoy, Carla, *La leyenda negra de una araña. Frente Nacionalista Patria y Libertad: enigmas y estigmas*. Tesis de grado para optar al título de licenciada en Historia. Universidad Finis Terrae. Santiago de Chile, 2005.

Pujadas, Ignacio, *Joan Alsina. Xile al cor*, Barcelona, Aedos, 1976.

Pujades, Ignasi, *Vida, comiat i mort de Joan Alsina*, Barcelona, Proa, 2001.

Quezada Lagos, Fernando, *La elección presidencial de 1970*, Santiago de Chile, 1985.

Quiroga Z., Patricio, *Compañeros. El GAP: la escolta de Allende*, Santiago de Chile, Aguilar, 2001.

Quiroga, Patricio y Maldonado, Carlos, *El prusianismo en las Fuerzas Armadas chilenas. Un estudio histórico. 1885-1945*, Santiago de Chile, Ediciones Documentas, 1988.

Ramminger, Michael, *Éramos iglesia... en medio del pueblo. El legado de los Cristianos por el Socialismo en Chile. 1971-1973*, Santiago de Chile, LOM Ediciones, 2019.

Ravest Santis, Guillermo, *Pretérito imperfecto. Memorias de un reportero en tiempos chilenos de la Guerra Fría*, Santiago de Chile, LOM Ediciones, 2009.

Reforma Agraria chilena. 50 años. Historia y reflexiones, Santiago de Chile, Ediciones de la Biblioteca del Congreso Nacional de Chile, 2017.

Ríos V., Conrado, *El servicio sanitario militar en Chile*, Santiago de Chile, Imprenta Mejía, 1896.

Riveros, Cecilia, *Salvador Allende: un líder para la izquierda chilena. 1952-1970. Prólogo para un epílogo.* Tesis de licenciatura en Historia. Pontificia Universidad Católica de Chile. Santiago de Chile, 2006.

Robles Ortiz, Claudio, *Jacques Chonchol. Un cristiano revolucionario en la política chilena del siglo XX*, Santiago de Chile, Ediciones de la Universidad Finis Terrae, 2016.

Rodríguez, Aniceto, *Entre el miedo y la esperanza*, Santiago de Chile, Andrés Bello, 1995.

Rogic, Ivo, *Diplomazia e «Rivoluzione». Sguardi dalla Svizzera su Guatemala, Cuba e Cile (1950-1976)*, Berna, Documenti Diplomaciti Svizzeri, 2017.

Rojas Flores, Jorge, *Años turbulentos. Los comunistas durante el Gobierno de Gabriel González Videla, 1946-1952*, Santiago de Chile, Centro de Investigaciones Diego Barros Arana y Biblioteca Nacional de Chile, 2022.

Rojas Saavedra, Patricio, *Tiempos difíciles. Mi testimonio*, Santiago de Chile, Aguilar, 2013.

Rouquié, Alain, *El Estado militar en América Latina*, Buenos Aires, Emecé, 1984.

Roxborough, Ian *et al.*, *Chile: El Estado y la revolución*, México DF, El Manual Moderno, 1979.

Ruiz-Esquide, Mariano, *Chile 1938-1973. Historia, vida y pasiones*, Santiago de Chile, Inside, 2013.

Ruiz-Tagle P., Jaime, *La participación de los trabajadores en las empresas del área de propiedad social: Chile 1970-1973*, Santiago de Chile, Programa de Economía del Trabajo de la Academia de Humanismo Cristiano, 1982.

Sagues Jiménez, Nicolás, *Los partidos de izquierda y el Frente Popular.* Tesis para optar al grado académico de licenciado en Historia por la Pontificia Universidad Católica de Chile. Santiago de Chile, 1998.

Salazar, Gabriel, *Conversaciones con Carlos Altamirano. Memorias críticas*, Santiago de Chile, Debate, 2011.

Salvador Allende: Un Estado democrático y soberano. Mi propuesta a los chilenos, Santiago de Chile, Ediciones Allende Vive, 2003.

San Francisco, Alejandro, dir. *et al.*, *Historia de Chile 1960-2010. Tomo 5: Las vías chilenas al socialismo. El Gobierno de Salvador Allende (1970-1973). Primera parte*, Santiago de Chile, Universidad San Sebastián, 2019.

Sánchez Ibarra, Freddy, «La Revolución Cubana desde la visión de Salvador Allende Gossens: análisis de discursos del expresidente chileno en el contexto de Guerra Fría», México DF, *Revista de Historia de América*, nº 135, julio-diciembre de 2004.

Sandoval Ambiado, Carlos y Figueroa Ortiz, Enrique, *Carbón: Cien años de historia (1848-1960)*, Santiago de Chile, CEDAL, 1987.

Santa Cruz A., Eduardo, *Prensa y sociedad en Chile. Siglo XX*, Santiago de Chile, Editorial Universitaria, 2014.

Sapag M., Pablo, *Chile, frente de combate de la guerra civil española*, Alzira, Centro Francisco Tomás y Valiente de la UNED, 2003.

Schnake, Erich, *Un socialista con historia. Memorias*, Santiago de Chile, Aguilar, 2004.

Schneider Arce, Víctor, *General Schneider. Un hombre de honor. Un crimen impune*, Santiago de Chile, Ocho Libros, 2010.

Scully, Timothy R., *Los partidos de centro y la evolución política chilena*, Santiago de Chile, CIEPLAN, 1992.

Seguel Gutiérrez, Pablo, *Soldados de la represión. Anticomunismo, seguridad nacional y contrasubversión en las Fuerzas Armadas chilenas, 1970-1975*, Santiago de Chile, Ediciones de la Universidad Alberto Hurtado, 2022.

Seoane, Juan, *Los viejos robles mueren de pie. Relato autobiográfico de un policía leal*, Santiago de Chile, Editorial Universidad Bolivariana, 2009.

Sierra, Lucas, *Cien años de enseñanza de la Medicina en Chile*, Santiago de Chile, 1934.

Silva, Miguel, *Los cordones industriales y el socialismo desde abajo*, Santiago de Chile, 1998.

Silva Henríquez, Raúl, *Memorias, tomo II*, Santiago de Chile, Copygraph, 1994.

Simon, Roberto, *O Brasil contra a democracia. A ditadura, o golpe no Chile e a Guerra Fria na América do sul*, Sao Paulo, Companhia das Letras, 2021.

Soto, Hernán, «El Gobierno de Allende y las Fuerzas Armadas», en Miguel Lawner *et al.*, eds., *Salvador Allende. Presencia en la ausencia*, Santiago de Chile, LOM Ediciones, 2008.

Soto, Hernán y Villegas, Sergio, *Archivos secretos. Documentos desclasificados de la CIA*, Santiago de Chile, LOM Ediciones, 1999.

Stern, Steve J., *Recordando el Chile de Pinochet. En vísperas de Londres 1998*, Santiago de Chile, Ediciones de la Universidad Diego Portales, 2009.

Subercaseaux, Elizabeth, *Gabriel Valdés. Señales de historia*, Santiago de Chile, Aguilar, 1998.

Tapia Valdés, Jorge, «Sobre la factibilidad y el fracaso de la vía chilena al socialismo», en Federico G. Gil *et al.*, dirs., *Chile, 1970-1973. Lecciones de una experiencia*, Madrid, Tecnos, 1977.

Taufic, Camilo, *Chile en la hoguera*, Buenos Aires, Ediciones Corregidor, 1974.

Teitelboim, Volodia, *Un hombre de edad media*, Santiago de Chile, Sudamericana, 2000.

Timossi, Jorge, *Grandes Alamedas. El combate del presidente Allende*, La Habana, Editorial de Ciencias Sociales, 1974.

Toro, Carlos, *La Guardia muere, pero no se rinde... mierda*, Santiago de Chile, Partido Comunista de Chile, 2007.

Torres Dujisin, Isabel, *La crisis del sistema democrático: las elecciones presidenciales y los proyectos políticos excluyentes. Chile, 1958-1970*, Santiago de Chile, Editorial Universitaria, 2014.

Torres G., Osvaldo, *Democracia y lucha armada. MIR y MLN-Tupamaros*, Santiago de Chile, Pehuén, 2012.

Touraine, Alain, *Vida y muerte del Chile popular*, Santiago de Chile, Editorial USACh, 2020.

Ulianova, Olga, «Algunas reflexiones sobre la Guerra Fría desde el fin del mundo», en Fernando Purcell y Alfredo Riquelme, eds., *Ampliando miradas. Chile y su historia en un tiempo global*, Santiago de Chile, RIL Editores, 2009.

Ulloa Castillo, Erna, «Un llamado a la vida internacional: Hernán Santa Cruz en Naciones Unidas», en Ángel Soto y Cristián Garay, *Internacionalismo y anticomunismo en tiempos de*

Gabriel González Videla, Santiago de Chile, RIL Editores, 2018.

Urzúa, Germán, *Historia política electoral de Chile (1931-1973)*, Santiago de Chile, 1986.

Valdés, Gabriel, *Sueños y memorias*, Santiago de Chile, Taurus, 2009.

Valdés, Juan Gabriel, *Los economistas de Pinochet. La Escuela de Chicago en Chile*, Santiago de Chile, Fondo de Cultura Económica, 2021.

Valdés Navarro, Pedro, *El compromiso internacionalista. El Ejército de Liberación Nacional. Los elenos chilenos, 1966-1971. Formación e identidad*, Santiago de Chile, LOM Ediciones, 2018.

Valdivia, Verónica, «"Todos juntos seremos la historia: Venceremos". Unidad Popular y Fuerzas Armadas», en Julio Pinto Vallejos, coord., *Cuando hicimos historia. La experiencia de la Unidad Popular*, Santiago de Chile, LOM Ediciones, 2005.

Valdivia, Verónica, *Nacionales y gremialistas. «El parto» de la nueva derecha política chilena, 1964-1973*, Santiago de Chile, LOM Ediciones, 2008.

Valdivia, Verónica, «Chile: ¿un país de "excepción"? La Ley de Control de Armas y la máquina represiva puesta en marcha», en Julio Pinto Vallejos, ed., *Fiesta y drama. Nuevas historias de la Unidad Popular*, Santiago de Chile, LOM Ediciones, 2014.

Valdivia, Verónica, *La Milicia Republicana. Los civiles en armas. 1932-1936*, Santiago de Chile, Editorial América en Movimiento, 2016.

Valdivia, Verónica, *Pisagua, 1948. Anticomunismo y militarización política en Chile*, Santiago de Chile, LOM Ediciones, 2021.

Valenzuela, Arturo, *El quiebre de la democracia en Chile*, Santiago de Chile, FLACSO, 1989.

Valenzuela, Arturo, «Los militares en el poder: la consolidación del poder unipersonal», en Paul W. Drake e Iván Jaksic, eds., *El difícil camino hacia la democracia en Chile. 1982-1990*, Santiago de Chile, FLACSO, 1993.

Valenzuela G., Emiliano, *La generación fusilada. Memorias del nacismo chileno (1932-1938)*, Santiago de Chile, Editorial Universitaria, 2017.

Varas, Augusto, comp., *El Partido Comunista en Chile*, Santiago de Chile, FLACSO-CESOC, 1988.

Varas, Augusto *et al., Chile. Democracia. Fuerzas Armadas*, Santiago de Chile, FLACSO, 1980.

Varas, Florencia, *Gustavo Leigh. El general disidente*, Santiago de Chile, Aconcagua, 1979.

Vassallo, Eduardo y Contreras, Gonzalo, *La cultura con Allende. Tomo 1: 1970-71*, Santiago de Chile, Ediciones Alterables, 2014.

Velasco, Belisario, *Esta historia es mi historia*, Santiago de Chile, Catalonia, 2018.

Vera Castillo, Jorge, ed., *La política exterior chilena durante el Gobierno del presidente Salvador Allende. 1970-1973*, Santiago de Chile, Ediciones IERIC, 1987.

Verdugo, Patricia, *Interferencia secreta. 11 de septiembre de 1973*, Santiago de Chile, Sudamericana, 1998.

Verdugo, Patricia, *La Casa Blanca contra Salvador Allende. Los orígenes de la guerra preventiva*, Madrid, Tabla Rasa, 2004.

Vidal Molina, Paula, *El marxismo en Chile y la igualdad. Una reconstrucción de la izquierda socialista y comunista (1960-1973)*, Santiago de Chile, LOM Ediciones, 2022.

Vidaurrázaga Manríquez, Ignacio, *El MIR de Miguel. Crónicas de memoria*, Santiago de Chile, Negro Editores, 2021, Libro 1.

Vidigal Xavier, Da Silveira, Fabio, *Frei, el Kerensky chileno*, Buenos Aires, Cruzada, 1968.

Vitale, Luis *et al.*, *Para recuperar la memoria histórica. Frei, Allende y Pinochet*, Santiago de Chile, CESOC, 1999.

Waiss, Óscar, *Chile vivo. Memorias de un socialista. 1928-1970*, Madrid, Centro de Estudios Salvador Allende, 1986.

Whelan, James R., *Desde las cenizas. Vida, muerte y transfiguración de la democracia en Chile. 1833-1988*, Santiago de Chile, Zig-Zag, 1995.

Willoughby, Federico, *La guerra. Historia íntima del poder en los últimos 55 años de política chilena. 1957-2012*, Santiago de Chile, Mare Nostrum, 2012.

Winn, Peter, *La revolución chilena*, Santiago de Chile, LOM Ediciones, 2013.

Zaldívar, Andrés, *El Chile que he vivido*, Santiago de Chile, Catalonia, 2022.

Zapiola, José, *Recuerdos de treinta años*, Santiago de Chile, Zig-Zag, 1945.

Zerán, Faride, *Desacatos al desencanto*, Santiago de Chile, LOM Ediciones, 1997.

Zerán, Faride, *Tiempos que muerden. Biografía inconclusa de Fernando Castillo Velasco*, Santiago de Chile, LOM Ediciones-ARCIS, 1998.

Allende de Mario Amorós
se terminó de imprimir en enero de 2024
en los talleres de
Impresora Tauro, S.A. de C.V.
Av. Año de Juárez 343, col. Granjas San Antonio,
Ciudad de México